Catherine Hermary-Vieille

Johanna
die Wahnsinnige

Catherine
Hermary-Vieille

Johanna
die
Wahnsinnige

Die Geschichte einer Sehnsucht

ROMAN, aus dem Französischen
von Bettina Runge

Gustav Lübbe
Verlag

Für meine Mutter

Danksagung

Ich möchte Patrick de Bourgues
meinen Dank aussprechen für seine freundliche
Unterstützung beim Verfassen dieses Buches
und Dominique Patry für seine unschätzbare Hilfe
bei der Dokumentation.

Allons-nous-en ma mort ailleurs
parler folie
Puisque nous n'avons plus de
place dans la ronde
Sans nous le ciel fleurit, sans nous
le torrent gronde
Nous voici pour toujours
étrangers à ce monde
Puisque Grenade nous oublie.

Louis Aragon

Gehen wir, mein Tod,
Suchen wir uns einen anderen Ort,
Um vom Wahnsinn zu reden,
Denn für uns ist kein Platz mehr
in dieser Runde.
Ohne uns schmückt sich der Himmel,
Ohne uns tost der Sturzbach.
Für immer sind wir nun fremd
in dieser Welt,
Denn Granada vergißt uns.

Johanna blickt stumm umher. Schon eine ganze Weile verharrt sie reglos in einem Winkel des Zeltes, damit man sie vergißt. Nur wenige Schritte entfernt wimmelt es von Edelleuten, bewaffneten Männern mit ihren Maultieren, von ganzen Dienerscharen. Unablässig strömen sie vorüber, eifrig damit beschäftigt, vor den Toren Granadas ein Lager zu errichten. Johanna hat lange die graue Wand der Sierra Nevada betrachtet, das sanfte Wogen der Palmen im lauen Wind, die ockergelben Befestigungsanlagen der Stadt, in der sich nichts zu rühren scheint. An diesem Ort mit dem Namen »Die Brunnen von Guëtar«, wo sie erst am Morgen eingetroffen sind, wurden alle von einer sonderbaren Erregung befallen. Nun liegt sie vor ihnen, diese fremde, rebellische Stadt, die letzte, die sich gegen Kastilien auflehnt. Johanna lächelt. Granada wird sich ergeben müssen. Nichts und niemand hat sich je der Königin von Kastilien widersetzt. Nur das Meer wird ihren Vormarsch aufhalten können. Der Geruch von Staub, von Rosmarin und der Rauch der Feuer, die zur Verköstigung im Lager angezündet wurden, läßt die kleine Prinzessin einen Moment die Augen schließen. Leise wehen aus der Nähe die zarten Klänge einer Gitarre herüber. Gern würde sich Johanna erheben und tanzen, doch sie bleibt völlig reglos mit untergeschlagenen Beinen auf ihrem Brokatkissen sitzen. Königin Isabella hat ihren Töchtern lediglich das Recht zugestanden zu gehorchen, zu beten und gemessenen Schrittes durch ständig wechselnde Palastsäle zu schreiten – in Medina del Campo, Córdoba, Burgos, Valencia, Valladolid, Madrid und Toledo. Der Hof ist fortgesetzt auf Reisen, um seiner unermüdlichen Königin zu folgen. Johanna fürchtet sich nicht vor ihrer Mutter. Durch ständiges, stilles Beobachten hat sie deren innere Anspannung und deren Zweifel entdeckt; sie weiß, daß Isabella wegen der Untreue ihres Gemahls Qualen leidet. Ferdinand … Johanna empfindet soviel Liebe für ihren Vater, eine heimliche, glühende Liebe! Wenn sie an ihn denkt, krampft sich ihr Herz zusammen. Manchmal schließt er sie in die Arme, drückt ihr einen Kuß auf die Stirn und verscheucht damit sogleich ihr Schweigen und ihre Einsamkeit.

Die Gitarre ist verstummt. In der Stille erschallt von fern das Lachen eines Knaben.

»Was machst du da so ganz allein, meine Prinzessin?«

Die Sklavin hat den schweren, golddurchwirkten Seidenvorhang zur Seite gezogen, und ein Duft von Sandelholz dringt mit ihr ins Zelt. Johanna verspürt eine unmerkliche Regung von Zorn.

»Eure Mutter verlangt nach Euch.«

Langsam wandern die dunklen Augen der Kleinen zu der Frau, die vor ihr steht, betrachten sie lange, ohne etwas von den Empfindungen des Mädchens zu offenbaren. Draußen ertönt lautes Pferdewiehern. Schon sinkt die Nacht hernieder, die Bergspitzen färben sich rosa und violett. Aus der belagerten Stadt steigt ein kaum wahrnehmbares Geräusch auf, ein langer, eintöniger, beharrlicher Ruf, der die Haut erschauern läßt. Von der Stimme des Muezzins unwiderstehlich angezogen, hat sich die Sklavin in Richtung Granada gewandt. Ihr mit Henna gefärbtes Gesicht ist aufmerksam, Johanna läßt sie nicht aus den Augen. Was bewegt Fatma, was sehnt sie herbei? Ihre Freiheit? Doch wer kann sich schon frei nennen?

Mit ihren knapp dreizehn Jahren hegt Johanna keine Illusionen mehr. Ihre Schwestern und ihr Bruder fürchten ihre sparsamen, schneidenden Bemerkungen. Sie versteht es, ihnen die Freude zu verderben, und bleibt wegen ihres schroffen Benehmens eines Erwachsenen meist allein.

»Johanna ist eigenartig«, sagt Isabella manchmal nachdenklich. Das Mädchen ahnt, daß sie in diesen Augenblicken an ihre eigene Mutter Isabella von Portugal, die Irre von Arevalo, denkt.

»Wo ist die Königin?« fragt Johanna mit sanfter Stimme.

»In ihrem Zelt. Sie will Euch umarmen, bevor sie sich schlafen legt. Eure Schwestern und der Prinz sind schon bei ihr.«

»Und mein Vater?«

»Seine Majestät ist beim Marqués von Cádiz.«

Johanna steht auf, doch ihr Elan ist bereits wieder dahin. Ferdinand wird ihr also keinen Gutenachtkuß geben.

Das Zelt, das der Marqués von Cádiz Königin Isabella überlassen hat, besteht aus kostbarem, in Toledo gewirktem Damast. Ringsum flattern bunte Kriegsbanner, auf der Schwelle ist mit hübschen goldenen Lettern der Wahlspruch der Könige von Kastilien und Aragonien gemalt: »Tanto monta, monta tanto, Isabel como Ferdinando.«* Johanna betrachtet den Wahlspruch einen Augenblick, sie liebt diese Verbindung zwischen ihren Eltern, die stärker ist als jede Untreue.

Im hinteren Teil des Zeltes liegt die Königin auf einem niedrigen Bett, von ihrem Gefolge durch einen Seidenvorhang getrennt; sie wirkt erschöpft, diktiert ihrem Sekretär aber dennoch gerade einen Brief. Neben ihr schlagen die Kleinen, Katharina, Maria und der Infant Juan, stumm und ehrerbietig die Augen nieder. Die Königin hält inne.

»Da bist du ja endlich, Johanna, man hat überall nach dir gesucht!«

Sie macht sich Sorgen um ihr zweitältestes Kind, um dieses verschlossene und zerbrechliche Mädchen, das »den Mond im Kopf hat«, wie die maurischen Sklaven zu sagen pflegen, »den Mond und all seine Sterne«. In der Ehe wird sie gewiß aufblühen. Am Vortag hat Isabella eine Botschaft von Kaiser Maximilian von Österreich erhalten. Sein Sohn, Erzherzog Philipp, ist noch für kein Ehebündnis versprochen.

»Komm näher, Johanna!«

* Isabella und Ferdinand steigen zur gleichen Größe empor.

Den Blick gesenkt, tritt die Kleine vor. Ihre Schwestern und ihr Bruder beobachten sie. Ob sie sich einen Tadel gefallen lassen muß? Doch Isabella ist guter Laune. Bald wird sie Granada, die Schöne, die Geheimnisvolle, in ihren Besitz nehmen und im Alcázar schlafen.

Der Mond ist aufgegangen, die Sierra Nevada färbt sich silbern. Mit einem Wink entläßt die Königin ihren Sekretär Conchillo, sie lächelt ihren Kindern zu, am zärtlichsten dem Infanten Juan, ihrem Liebling, ihrem ganzen Stolz. Allen wird sie eine Krone verschaffen. Ihre älteste Tochter Isabella, die durch den Tod von Alfons von Portugal früh zur Witwe geworden ist, wird gewiß eines Tages bereit sein, mit dem neuen König Emanuel erneut eine Ehe einzugehen; für Juan und Johanna hat sie Margarete und Philipp von Österreich im Auge, eine geschickte politische Verbindung; bei Katharina und Maria ist sie noch nicht sicher; für Katharina käme Prinz Arthur, der Erbe von England, in Frage, aber sie ist erst sechs Jahre alt, und bis sie heiratsfähig ist, kann so mancher Pakt längst wieder gebrochen sein.

»Meine Kinder«, sagt die Königin mit klarer Stimme, »wir wollen zusammen das Abendgebet sprechen.«

Johanna denkt an den Ruf des Muezzins, an das Gesicht von Fatma. Hat Gott mehrere Augen, mehrere Ohren?

Erschrockenes Wiehern, schrille Schreie reißen Johanna plötzlich aus dem Schlaf. Das Licht draußen ist so blendend, daß man meinen könnte, die Sonne stünde des Nachts im Zenit. Johanna sieht, wie vor ihr von rascher Hand der Seidenvorhang hastig zur Seite gezogen wird; Fatma, ihre Gouvernante und ein Soldat erscheinen.

»Schnell, schnell, Prinzessin, das Lager steht in Flammen!«

»Wo ist mein Vater?«

»Er ist in Sicherheit, und auch die Königin, Eure Schwestern und Euer Bruder.«

Die Gouvernante packt sie grob am Arm.

»Das Feuer ist im Zelt Seiner Majestät ausgebrochen, wohl durch eine umgekippte Lampe. Schnell fort von hier, wir haben keine Zeit zu verlieren!«

Ihr Haar ist wirr. Ohne Haube, ohne Schmuck wirkt sie sehr viel älter und verbraucht. Nie mehr wird Johanna sie mit denselben Augen wie zuvor betrachten können.

In Begleitung der beiden Frauen folgt das Mädchen im langen weißen Nachthemd dem Soldaten, der unter dem stählernen Helm schwitzt. Johannas braunes Haar fällt lose über ihre Schultern. Sicher beobachten die maurischen Prinzen das Unglück im spanischen Lager von den Zinnen ihres Palastes aus.

»Möge unser Herr Jesus sie daran hindern, uns anzugreifen«, murmelt der Soldat, und die Gouvernante bekreuzigt sich.

Während Johanna fortgezerrt wird, blickt sie sich um. Das vom Wind angefachte Feuer verschlingt ein Zelt nach dem anderen, Brokat und Goldstickereien, kostbare Wandbehänge und exotische Hölzer gehen in Flammen auf. Ein beißender Qualm verursacht Hustenreiz, der Gestank von verkohltem Fleisch ruft Übelkeit hervor. Die Zelte stehen so dicht beieinander, daß Johanna und ihr Gefolge sich nur mit Mühe ihren Weg aus dem Lager bahnen können. Menschen und Tiere rennen verstört durcheinander und rempeln sich inmitten des Geschreis und Pferdewieherns an.

Am folgenden Tag bedeckt graue Asche das geschmolzene Silbergeschirr, die geschwärzten Truhen, die verkohlten Gewänder. Allem Unglück zum Trotz hat Gott die Christen beschützt, Granada hat sich nicht gerührt. Kurz vor Mittag haben sich die spanischen Truppen erneut gesammelt, es herrscht wieder Ordnung. Seite an Seite schreiten Isabella und Ferdinand durch das Lager, sprechen den Verletzten Trost zu, bekreuzigen sich vor den Toten, die unter weißen Leichentüchern ruhen. Der Wind hat sich gedreht, er weht in starken Böen von Nordwesten her, beladen mit den Düften der Sierra Morena.

»Hier und jetzt wollen wir eine Stadt errichten«, beschließt Isabella, »um die Mauren von unserem unerschütterlichen Siegeswillen zu überzeugen. Und um dem Feind unsere Entschlossenheit zu bekunden, werden wir sie ›Santa Fé‹, ›heiliger Glaube‹, nennen.«

Der Marqués von Cádiz ist reglos stehengeblieben.

»Hört, Majestät!«

Ein kehliger, spitzer Schrei dringt von der Befestigungsmauer der belagerten Stadt herüber.

»Sie greifen an«, murmelt die Königin. »Jeder soll sich bereithalten!«

Trotz ihrer Blässe bleibt sie gefaßt. Seit jeher steht Gott ihr zur Seite. Ihren Feinden zum Trotz hat er es ihr ermöglicht, die Macht in Kastilien an sich zu reißen, er hat ihr einen Sohn und den Stolz Spaniens geschenkt.

»Mein Pferd, schnell!« befiehlt Ferdinand.

Sie blickt ihm nach. Dieser Mann, der in ihr ebenso Kummer wie Zärtlichkeit erweckt, ist ihre sicherste Stütze.

Die trockene Erde dröhnt unter den Hufen der arabischen Pferde. Schreie und Flüche werden laut. Johanna hat zu ihrer Gitarre gegriffen. Sie und ihre Geschwister sind vorübergehend aus dem Lager an einen sicheren Ort gebracht worden. Die Finger des Mädchens gleiten über die Saiten. Sie spielt gern allein. Wenn ihre Eltern, stolz auf ihre Begabung, sie auffordern, ihren Gästen einige Stücke vorzuspielen, fügt sie sich nur unter Qualen. Die Musik ist ihre einzige Gefährtin; wenn es sie drängt, ihren Gefühlen Ausdruck zu verleihen, wendet sie sich der Musik zu.

Hinter der Trennwand beten die Frauen, monoton murmeln sie ihre Litaneien. Warum ohne Unterlaß beten? Verbringt Gott seine Zeit damit, den Menschen zu lauschen?

Nach einem kurzen Augenblick der Stille, die alle verwirrt, hören sie den Hufschlag eines herangaloppierenden Pferdes. Juan ist als erster hinausgetreten. Der Prinz zittert vor Furcht,

Unrast und Kampfeslust, so daß ihm die Worte, mehr noch als sonst, nur stockend über die Lippen kommen. Er verheddert sich, wiederholt sich und ist vor Ungeduld ganz aufgebracht.

»Die Unsrigen haben gesiegt«, sagt der Reiter. »Das Blut der Mauren bedeckt unseren Boden. Unsere Tritte werden seine Spuren tilgen.«

Johanna hat aufgehört zu spielen, sie stellt sich die leblosen Körper im roten Staub Andalusiens vor, die Pferde mit ihren aufgeschlitzten Bäuchen, die blitzenden Schwertklingen, die auf dem verwüsteten Schlachtfeld zurückgeblieben sind, das abgebrannte Lager, dessen Asche der Wind tanzen läßt. Dann nimmt sie mit dem Wind, für den Wind, ihre Musik wieder auf, und das Trugbild der Stadt aus Brokat und Samt des Marqués von Cádiz gleitet dahin und hüllt mit seinem Flimmern die Körper der Toten in zu Staub zerfallenen Seidenstoffen wie in ein Leichentuch ein.

Es herrscht eine trockene Winterkälte, die von der emporsteigenden Sonne gemildert wird. Der Augenblick ist gekommen. Schon haben die spanischen Truppen von der Großen Moschee Besitz ergriffen. Schon sind die aus den Kerkern Granadas befreiten christlichen Gefangenen von den Katholischen Königen aufgenommen, gekleidet und zum Te Deum nach Santa Fé geführt worden. Seltsamerweise aber lastet an diesem Tag des Triumphs eine undefinierbare Beklommenheit auf den Siegern. Nach all diesen Jahren des Kampfes und der Hoffnung hat sich der Traum erfüllt. Bald wird der junge Emir, der Überbringer der Stadtschlüssel, aus dem Haupttor treten, bald wird diese geheime, abgeschlossene, verbotene Welt den Augen aller preisgegeben, ihres Geheimnisses beraubt und vor den spanischen Blicken entblößt sein. Isabella, Ferdinand, Prinz Juan, Kardinal Mendoza, die Bischöfe, die Botschafter und die Heerführer warten zu Pferde. Hinter ihnen stehen Tausende von Soldaten, still und reglos. Der Augenblick selbst scheint erstarrt. Woher kommt diese Melancholie? Von den Ländereien, die Granada umgeben, vom Lauf des Genil, von den Hängen der Sierra Nevada, von dem Gefühl, daß eine Welt stirbt, daß ihr Geist von nun an auf den Wegen Andalusiens umherirren wird?

Endlich zeigt sich der junge Emir, el Rey Chico. Sein edles Roß ist so kostbar geschmückt, daß zunächst aller Augen nur darauf ruhen. Den Blick starr in die Ferne gerichtet, unnahbar, jenseits von Schmerz und Erniedrigung, trägt der Prinz den Kopf noch immer hoch. Wer hat ihm Feigheit nachgesagt? Nur seine Jugend ist offensichtlich.

Statuen gleich bleiben die christlichen Könige auf ihren Pferden sitzen. Boabdil bewegt sich auf sie zu. Das Schwert in der Rechten, stehen sich Sieger und Besiegter gegenüber. Der Emir schickt sich an abzusitzen. Mit einer Handbewegung hindert Isabella ihn daran. Sie will das Volk von Granada nicht demütigen, es ist fortan das Ihre, und sie liebt es. Weiter hinten beben die von den Soldaten getragenen Standarten, ragen die Kreuze in den Händen der Prälaten auf.

Es ist Zeit, in die Stadt einzuziehen. »Wir wollen aufbrechen!« befiehlt die Königin. Sie hat ihr Wort gegeben, daß nicht geplündert und keiner ihrer neuen Untertanen mißhandelt wird.

»Und ihre Seele?« hatte Mendoza im Flüsterton gefragt, als sie ihm ihre Sorge um die Bewohner von Granada mitteilte.

»Wir werden sie gewinnen, so wie wir ihr Königreich gewonnen haben.«

Vor dem geöffneten Stadttor bekreuzigen sich die Könige.

Die Soldaten marschieren mit weit aufgerissenen Augen durch die stillen, verlassenen Straßen. Die Blicke hinter den Mouscharabiehs* lassen sich erahnen, Gemurmel und manchmal der

* Schnitzwerk an den Fenstern der Frauengemächer

Schrei eines Kindes sind zu vernehmen. Auf den Plätzen ergießt sich das Wasser der Brunnen in die blauen Mosaikschalen. Hunde schleichen dicht an den weißgekalkten Hauswänden entlang, selbst der Wind zögert, erschauert, erstirbt vor den niedrigen Türen, die das Geheimnis der Gärten hüten. Im Hof eines verlassenen Funduk* spähen hinter einer Säule zwei Maultiere den Kastiliern nach; in schrägen Strahlen dringt die Wintersonne durch das Schilfdach. Jeder vernimmt seine eigenen Schritte auf dem Pflaster und dem festgestampften Lehmboden, der härter ist als Stein. Wer hat Granada »das Leben« genannt? Jenseits einer Mauer, von der Jasminblüten herabrieseln, erklingt die traurige Melodie einer Gitarre, wie Musikanten sie spielen, wenn sie einen Toten begleiten, oder ein Mädchen, das seinen untreuen Liebsten beweint. Zehntausend Pferde, fünfzigtausend Soldaten sind in Granada eingezogen.

König Ferdinand, in Goldlamé gekleidet, und Königin Isabella in einem golddurchwirktem Gewand mit einem Umhang aus schwarzem Samt halten ebenso wie Kardinal Mendoza ihre Pferde vor der Alhambra an.

»Man hisse unser Banner!« befiehlt Ferdinand. Langsam steigt die Fahne des heiligen Jakob am Mast des höchsten Turms empor. Der Wind verfängt sich darin, schmiegt sich hinein, läßt sie erzittern. Und sogleich erhebt sich, klar und schneidend wie ein Dolch, die Stimme eines Herolds:

»Santiago, Santiago, Castilla, Castilla, Granada, Granada.«

Da nimmt der von allen Kehlen wiederholte, tausendfach verstärkte Schrei wie ein tosender Sturm Besitz von der ganzen Stadt und steigt zum Himmel empor.

»Santiago, Santiago, Castilla, Castilla, Granada, Granada.«

Tränen rinnen Isabella über die Wangen. Für Gott und für Spanien hat sie gekämpft, gesiegt. Die Stärke und Macht, die sie an diesem strahlenden Wintertag in sich spürt, wird nichts und

* Herberge in arabischen Ländern

niemand bezwingen können. Sie treibt ihr Pferd ein Stück weiter, hält es entzückt wieder an: Diese Höfe, diese Gärten gleichen dem Paradies.

»Heute abend«, murmelt Ferdinand, »werden wir unser Zelt inmitten von Sternen aufschlagen.«

Die Königin betrachtet ihn.

»Eines Tages wird dies alles Juan gehören.«

Eine Strähne ihres blonden Haars schaut unter ihrer Haube hervor, sie ist vierzig Jahre alt und hat sich dennoch ihre feinen, ebenmäßigen Züge bewahrt, ihre blauen Augen haben noch immer denselben Glanz, dieselbe Intensität wie in ihrer Jugend, als sie sich gegen die Granden* von Spanien durchsetzte und sich zu ihrer Königin erhob.

Sie denkt an diesen Genuesen Christoph Kolumbus, den das gleiche Feuer durchglüht wie sie. Vielleicht kann er schon bald nach Indien, nach Cipango**, dem Reich des Großkhans, aufbrechen. Die Welt ist offen, frei. Sie, Isabella, hält sie in ihren Händen.

»Bittet ihn herein!«

Um die Königin und ihren Gemahl sind Gelehrte und Theologen in dunklen Gewändern versammelt. Über ihnen scheint ein großer Christus den nüchternen Saal zu umfangen, dessen einziger Schmuck aus hohen Wandbehängen mit religiösen Motiven besteht. In einer Ecke glüht ein Kohlenbecken. Ein Diener wirft gelegentlich eine Handvoll getrockneter Kräuter hinein, die einen angenehmen Duft verbreiten.

Der Genuese tritt vor. Sein über die Ohren herabreichendes Haar ist schon ergraut. Er trägt ein Gewand aus dunklem Tuch, belebt durch einen Kragen aus feinem Leinen, und einen schwarzen, über die Schultern geworfenen Umhang. Mit küh-

* die Vertreter des kastilischen Landadels

** Japan

ner Geste zieht er den schwarzen Filzhut mit Krempe, geht auf die Königin zu, ergreift ihre Hand und küßt sie, während er ein Knie zu Boden beugt. Isabella lächelt ihn an. Seit ihrer ersten Begegnung empfindet sie Freundschaft für diesen Mann, bewundert sie seine Tollkühnheit. Böse Zungen raunen sogar, es gebe eine geheime Anziehungskraft zwischen ihnen. Wissen sie denn nicht, daß Isabella nur Spanien am Herzen liegt?

In der Stille hallt ihre Stimme wider.

»Erhebt Euch! Der König und ich wollen Euch anhören.«

Kolumbus richtet sich wieder auf. Seitdem er hoffen kann, einen Gönner zu überzeugen und dessen Aufmerksamkeit zu fesseln, strebt er nur noch danach, seine Sache zu verfechten. Alle recken die Köpfe, um ihn besser zu verstehen. Der Windhund der Königin ist eingeschlafen.

»Majestät, Ihr kennt meine Ansichten, sie haben sich seit dem ersten Tag, da ich die Ehre hatte, sie Euch zu unterbreiten, nicht geändert; jetzt muß gehandelt werden!«

Ein Raunen geht durch die Zuhörerschaft. Die kalte Stimme von Kardinal Mendoza, der an der Seite der Herrscher sitzt, läßt sich vernehmen.

»Die Königin bedarf keiner Ermahnungen, Señor Colón.«

Isabella beschwichtigt ihn mit einer Handbewegung. Hinter dem Seefahrer tragen zwei Diener eine Weltkarte herbei. Kolumbus deutet darauf.

»Alles ist hier, damit der, der zu sehen weiß, es begreift.«

Der Hochmut des Genuesen reizt die Spanier. Droht er nicht damit, Spanien zu verlassen und sich nach Frankreich, nach England zu begeben, wenn er kein Gehör findet?

»All das haben wir bereits besprochen«, erklärt die Königin. »Was mich betrifft, so bin ich geneigt, Euch zu glauben. Sicher sind Indien, Cipango und Cathay* mit dem Schiff in wenigen Wochen zu erreichen.«

* China

»So ist es, Majestät. Davon bin ich so fest überzeugt wie von der Existenz Gottes, unseres Vaters.«

Erneutes Raunen. Kolumbus hat viele Feinde. Wer könnte einem Mann glauben, der von wer weiß woher kommt und behauptet, ein Schiff könne die glühendheißen Zonen und einen Ozean, dessen Grenzen außer Gott niemand kennt, durchqueren, ohne in Höllenschlünde zu stürzen? Gelehrte Geographen und Astronomen haben sich lange über die Karten gebeugt und waren nicht davon zu überzeugen. Wäre da nicht die Beharrlichkeit der Königin, sie hätten längst gefordert, diesen Mann davonzujagen. Im Halbdunkel des Saales sieht man fast nur das Weiß ihrer Leinenkragen und die schwere Goldkette, die Ferdinand auf der Brust trägt.

»Reden wir ganz offen!« greift nun der König mit ironischem Unterton ein. »Was kostet Eure … Überzeugung, Señor Colón?«

»Ich brauche zwei Millionen Maravedis, drei Schiffe mit Ausrüstung und Besatzung, Majestät.«

Man vernimmt Hüsteln, unterdrücktes Lachen. Isabella verbirgt ihre Enttäuschung. Weiß dieser Mann denn nicht, daß die Schatzkammer nach dem Krieg, den sie erst kürzlich geführt haben, leer ist?

Sie wendet sich fragend an Bischof Diego Deza, den Erzieher des Prinzen Juan, bei dem sie vom ersten Tag an Unterstützung gefunden hat. Er schüttelt den Kopf.

»Señor Colón, Eure absolute Zuversicht wird vielleicht Reeder und Bankiers davon überzeugen, daß ihr Geld in Euren Händen Gewinn bringen wird. Sie werden Euch die Maravedis, die Euch fehlen, gewiß vorstrecken.«

»Und die Genueser, Eure Landsleute – sind viele von ihnen nicht reich?« fragt Isabella.

Die Hand von Kolumbus bleibt über der Weltkarte schweben. Dieses Feilschen um so ein großes, hoffnungsvolles Unternehmen verletzt ihn. Schließlich legt er seinen Finger auf die Umrisse eines Streifen Lands.

»Von hier, Majestät, wird Euch mehr Gold zufließen, als Eure Untertanen jemals aufbringen können.«

Sein Blick kreuzt erneut den der Königin. Er muß sie noch heute überzeugen, sonst wird er Spanien verlassen.

»Vergessen wir das Geld!« beschließt Isabella. »Wahrscheinlich hat Monsignore Deza recht, wir werden es schon auftreiben. Was fordert Ihr sonst noch?«

Kolumbus tritt einen Schritt näher. Was die Versammlung für Provokation hält, ist nichts als der Stolz, Überbringer einer göttlichen Mission zu sein.

»Ich fordere den Titel eines Admirals des Ozeans und Vizekönigs mit allen Vollmachten über die von mir zu entdeckenden Inseln und Kontinente, die ich anlaufen werde – für mich und meine Erben.«

Verblüffung macht sich breit, jedes Lachen, jeder Spott verstummt.

Ferdinand bricht mit unverändert sanfter Stimme das Schweigen und stichelt:

»Donnerwetter, Señor Colón! Ihr wollt also meinem Onkel, dem Admiral von Kastilien, ebenbürtig werden?«

»Ich spreche nicht in meinem Namen, Hoheit, sondern im Namen unseres heiligen Glaubens; ich will, daß derjenige, der ihn in diese fernen Länder trägt, würdig ist, der Bote Gottes zu sein.« Die Stimme des Genuesen schwillt an, wird autoritär. »Der Großkhan und seine Vorgänger haben wiederholt Botschafter nach Rom geschickt, um Gelehrte unseres Glaubens zu konsultieren, nie aber hat der Heilige Vater seinerseits Vertreter zu ihm ausgesandt. Euer Glaube, Majestät, und Eure Pflicht verlangen, daß Ihr es an seiner Stelle tut.«

Der Windhund der Königin hat den Kopf gehoben, die Ohren gespitzt. Isabella zeigt keine Regung. Draußen spielt das goldene Licht des Nachmittags auf den Mosaiken, fließt über die Skulpturen aus weißem Stein, umschmeichelt die schlanken Säulen, die den Hof der Alhambra umgeben. Zu jeder Stunde schenkt die

Sonne den Gärten und Innenhöfen ein anderes Aussehen. In wenigen Tagen, wenigen Wochen wird sich überall der süße Duft der Hyazinthen entfalten, die in den Gärten des Gereralife zu Tausenden wachsen.

Nun erhebt sich lautes Stimmengewirr. Alle sprechen durcheinander. Die Königin weiß, daß sie ihre Berater nicht zum Schweigen bringen kann. Dem Genuesen ist der Hochmut zum Verhängnis geworden, aber sie will keine weiteren Spötteleien hören und erhebt sich.

»Señor Colón, wir müssen all das noch einmal überdenken.«

Der Seefahrer wirft ihr einen bitteren Blick voller Vorwürfe zu, erwidert aber nichts, sondern verbeugt sich nur. Einen Atemzug lang verspürt Isabella den Wunsch, sich zu rechtfertigen.

Kolumbus reitet auf seinem Maultier dahin, so tief in Gedanken versunken, daß er den Hufschlag des Pferdes nicht vernimmt, das ihm im Galopp nachsetzt. Er bedauert kein einziges seiner Worte. Was er zu bieten hat, stellt ihn auf eine Stufe mit den gekrönten Häuptern von Kastilien und Aragón. Er bringt den Fürsten die Kunde von neuen Ländern, von dem neuen Himmel, von dem Unser Herr durch den Mund des heiligen Johannes in der Apokalypse spricht. Da die Spanier taub und blind bleiben, wird er sich an andere Herrscher, an andere Länder wenden. Vor seinem geistigen Auge taucht das Bild des Großkhans auf, der ihm Gehör schenkt, des Priesters Johannes, jenes geheimnisvollen christlichen Herrschers über Asien, der ihm die Hand reicht. Granada liegt schon zwei Meilen hinter Kolumbus, befindet sich bereits am anderen Ende der Welt.

Beim Genuesen angelangt, ruft der Reiter:

»Einen Augenblick bitte, Señor Colón!«

Der Seefahrer hält sein Maultier an, der vergnügte Tonfall des Boten weckt in ihm plötzlich eine kühne Hoffnung.

»Ihre Majestäten wünschen Euch noch einmal zu sehen.«

Klopfenden Herzens fragt der Genuese:

»Haben sie mir nicht schon alles gesagt?«

Der Alguacil* schenkt ihm ein verschmitztes Lächeln.

»Die Herren Deza und Santangel, Eure Freunde, haben sich lange mit unseren Herrschern beraten. Gleich nach Abschluß der Verhandlungen hat man mich hinter Euch hergeschickt, um Euch tot oder lebendig zurückzubringen, Señor Colón!«

Trotz der Augusthitze bleibt es angenehm frisch in den Gewölben der Burg von Toledo. Man hat soeben zu Abend gegessen. Das Herrscherpaar, seine Kinder und Verwandten sind versammelt. Johanna lauscht aufmerksam. Der Mann, der zu ihnen spricht, ist aus Palos eingetroffen. Er ist den Rio Tinto hinaufgekommen, hat die Sierra Nevada, den Rio Guadiana und die Berge von Toledo überquert. Das Mädchen versucht, sich den Ozean vorzustellen, die sagenumwobenen Tiere, die dort beheimatet sind. Hätte sie den Mut, sich dorthin zu wagen? Ihre Gedanken folgen den drei Karavellen, die den Hafen verlassen, kehren aber schon bald zu den Worten ihrer Mutter zurück. Isabella hat ihr vor wenigen Tagen die Verlobung mit Erzherzog Philipp angekündigt, ein Verlöbnis, das zwar noch geheim, für ihre Eltern und für Kaiser Maximilian aber schon beschlossene Sache ist. In ein paar Tagen wird Johanna ein Porträt von ihm erhalten. Er ist vierzehn, sie selbst wird bald dreizehn Jahre alt. Es heißt, er sei schön, heiter, ein ausgezeichneter Reiter und ein leidenschaftlicher Jäger. Ihre Neugier ist nicht frei von Angst. Wie wird ihr Leben in Flandern sein? Wird sie fern von Spanien überhaupt glücklich sein können? Des Nachts wird sie oft wach, friert, starrt ins Dunkel, um darin eine Antwort auf ihre Ängste zu bekommen. Wer wird ihr zuhören, ihr helfen?

Der Bote erzählt. Die Königin lauscht ihm begierig. Sie sieht, wie die Seeleute auf den Knien ihre Gebete sprechen, wie die Se-

* Staatssekretär der Finanzen des Königreichs Kastilien

gel mit den großen, aufgemalten Kreuzen die hohen Masten emporsteigen. Die *Santa Maria*, das Admiralsschiff, segelt als erstes um das Vorgebirge, gefolgt von der *Pinta* und der *Niña*. Vor ihnen liegt der sichere Anlegeplatz auf den Kanaren, dahinter das sogenannte »Finstere Meer«, das alle Seeleute fürchten. Am Bug, neben Kolumbus, Juan de Torrez, der jüdische Gelehrte, der Hebräisch, Lateinisch, Griechisch, Arabisch, Koptisch und Armenisch beherrscht. Er wurde angeheuert, damit er mit der Bevölkerung der Länder verhandelt, die sie anlaufen werden. Außerdem soll er beim Großkhan als Dolmetscher dienen. Die Seeleute, größtenteils Sträflinge, schweigen verängstigt. Der Wind hat die kleine Flotte bald aufs offene Meer getrieben …

Der Bote verstummt, und jeder meint, auf seinem Gesicht den Wind zu verspüren, der die Spanier nach Indien und den Heiden das Kreuz Christi bringt. Johanna macht sich zum Vorwurf, keine stärkeren Gefühle zu empfinden. Verzweifelt versucht sie, sich Philipps Gesichtszüge vorzustellen.

SEIT EINER STUNDE PREDIGT Tomás de Torquemada. Der lodernde Blick des Großinquisitors wandert von der Herrscherfamilie zu den Granden, weiter zum Bischof von Toledo, Primas von Spanien, und schließlich zu den Verurteilten; besonders lange ruht er auf denen, die oben auf den höchsten Stufen der Estrade hocken und bald sterben werden. Seit Erlaß des Dekretes, mit dem die Vertreibung der Juden aus Spanien verfügt wurde, hat er freie Hand, um all jene verfolgen, einkerkern und verbrennen zu lassen, die als angeblich Bekehrte im Reich geblieben sind, heimlich aber weiter an ihrem alten Glauben festhalten. Für dieses große Autodafé hat er den König und die Königin gebeten, durch ihre eigene Gegenwart, die Anwesenheit des Prinzen Juan und der Infantinnen seinen Kampf öffentlich zu unterstützen. Dieser glorreiche Tag für den Glauben werde Toledo lange in Erinnerung bleiben, so hat er ihnen gesagt. Isabella hat eingewilligt. Gewiß, ihr gefällt der Anblick des Leidens nicht, doch sie will Torquemada bezeugen, daß sie auf seiner Seite steht. Spanien soll entweder katholisch sein oder gar nicht existieren. Ferdinand an ihrer Seite wirkt geistesabwesend, die langen Predigten langweilen ihn. Prinz Juan betrachtet die Banner und das Spiel, das der Wind mit ihren Bildnissen treibt; je nachdem, wie er bläst, verwinden sich die Kreuze, verzerren sich die Gesichter der Heiligen oder schrumpfen, scheint die Taube des Heiligen Geistes davonzufliegen. Nur die Infantin Isabella saugt gierig jedes Wort des Großinquisitors in sich auf. Sie ist zweiundzwanzig Jahre alt. Seit ihr Gemahl, König Alfons von Portugal, nach einem Sturz von seinem Roß gestorben ist, lebt sie wieder in ihre Heimat Spanien und versucht, die acht glücklichen Ehemonate durch glühendste Frömmigkeit zu vergessen. Ihre Mutter bemüht sich geduldig, sie zu einer Heirat mit dem neuen König Emanuel zu überreden, der um sie angehalten hat, doch die junge Frau sträubt sich. Sie will fortan allein Gott gehören.

Torquemada ist endlich verstummt. Er schwitzt. Der kastilische Herbst ist noch immer heiß, die Luft ist erfüllt vom Duft reifer Trauben und Äpfel, vom strengen Geruch der Schafe, jener Herden von Merinos, die den Reichtum Kastiliens begründen. Bald wird mit ihrem Abtrieb die lange Transhumanz beginnen, die dem ländlichen Leben seinen Rhythmus gibt.

Das leise Läuten der Glöckchen wirkt in diesem feierlichen Augenblick beinahe unpassend.

Unter dem Baldachin, der die königliche Familie vor der Sonne schützt, wandert der Schatten über Johannas hübsches Gesicht. Sie hat einen hellen Teint, schön geformte Lippen, dunkle Augen mit einem Stich ins Grüne, eine etwas zu lange, aber gleichwohl gerade und schmale Nase. Sie ist die hübscheste von den vier Infantinnen, »die Schönheit in unserer Familie«, wie ihr Vater sie manchmal hänselt, um ihr die Röte ins Gesicht zu treiben.

Die Herrscher, dann der ganze Hof, haben gelobt, den christlichen Glauben zu verteidigen. Jetzt liest ein Mönch die Urteilssprüche vor. Über sein rundes Gesicht rinnt in Strömen der Schweiß. Seine monotone Stimme läßt keine Gemütsbewegung erkennen, weder Haß noch Mitleid. Fünfunddreißig der Verurteilten sollen auf dem Scheiterhaufen verbrennen, andere in Kerker geworfen oder auf die Galeeren geschickt werden. Einige kommen mit einer entwürdigenden öffentlichen Buße davon. Nach jedem Namen verliest der Dominikaner Anklage und Geständnis. Die Sonne neigt sich. Seit über zwei Stunden ertragen Gefangene und Zuschauer die unerbittliche Hitze, ohne sich zu regen. Eine Frau auf den oberen Stufen fällt in Ohnmacht, die spitze Mitra kippt auf das gelbe Gewand mit dem Kreuz des heiligen Andreas.

Endlich verstummt der Mönch, der Augenblick ist gekommen, die Verurteilten der weltlichen Macht zu übergeben, und schon setzt sich die Menge zum Richtplatz in Bewegung. Mit halb geschlossenen Augen versucht Johanna, sich das flämische Volk vorzustellen, das ihr zu ihrer Vermählung einen Empfang bereiten wird. Was mögen es für Menschen sein? Es heißt, die Männer seien groß und blond, die Frauen weißhäutig und fett. Hinter sich hört sie Antonio und Alexandro Geraldini, die Lateinlehrer der Infantinnen, im Flüsterton miteinander reden. Johanna versteht, daß sie über dieses Autodafé empört sind. Wie können sie es nur wagen, Kastilien zu kritisieren? Auch wenn sie das Verhalten ihrer Mutter oft mißbilligt, ist es ihr unerträglich, wenn die Königin von Fremden getadelt wird. Alles, was Spanien herabsetzt, empfindet sie als Kränkung.

Pauken- und Trompetenspieler führen den Zug an. Auf den Standarten mit den Wappen der Inquisition entfalten sich das Kreuz, das Schwert und der Olivenzweig im Abendwind. Die Verurteilten folgen, jeder trägt eine gelbe Kerze in der Hand. Hinter ihnen ragt ein Wald von Kreuzen und entzündeten Fackeln auf, von den Geistlichen hochgehalten. Der aufgewirbelte

Staub klebt an den Gesichtern, legt sich auf Kleider und Haare, kratzt im Hals. Die Nacht bricht herein. Das von allen angestimmte Te Deum nimmt in der Dämmerung einen bedrohlichen Klang an.

Nun schicken sich die Inquisitoren an, dem Zug zu folgen. Die Königin hat sich erhoben, sie wird der Verbrennung nicht beiwohnen, Mendoza wird sie vertreten und in ihrem Namen für das Heil dieser verirrten Seelen beten. Kerzengerade folgt Torquemada dem Kardinal. Wie die Königin sorgt er sich nur um die Ehre Gottes, die weltlichen Güter sind ihm gleichgültig.

Ferdinand beugt sich zum Infanten hinab.

»Mein Sohn, Gott im Himmel und wir selbst werden heute abend ein wenig reicher sein; Er bekommt die Seelen dieser Sünder, der Staat begnügt sich mit ihrem Gold.«

Johanna lächelt, aus anderem Munde hätten diese Worte sie empört, doch für ihren Vater empfindet sie nur Nachsicht. Ob er nach dem Abendessen mit ihr durch die Gärten wandeln wird? Wenn sie zusammen sind, sprechen sie über Dinge, die sie lieben, über Tiere oder Musik; auch spotten sie gern über die sittenstrengen Gestalten in ihrer Umgebung, über die Schmeicheleien der Hidalgos, die Intrigen der Prälaten, der Bigotterie der Bischöfe. Warum herrscht dieses geheime Einverständnis zwischen ihnen nur so selten? Allzuoft ist Ferdinand gleichgültig, abwesend, unzugänglich. Dann wagt sie nicht, auf ihn zuzugehen, ihn anzusprechen. Sie wartet, lauert. Ihr Dasein ist von diesen winzigen Momenten der Hoffnung, von diesen flüchtigen Freuden erfüllt. Auch denkt sie sich gern ein anderes Leben aus, ihre Phantasie macht sie zur fahrenden Musikantin, zur Klavichord- oder Gitarrenspielerin, die von Schloß zu Schloß zieht. Manchmal stellt sie sich einen jungen Mann vor, der ihr galante Worte zuflüstert und ihre Hand sucht. Allein der Gedanke daran läßt sie erröten. Ihr eigener Körper ist ihr unheimlich. Hat die Anstandsdame ihr nicht mit allen Teufeln der Hölle gedroht, sollte sie versuchen, das geringste Vergnügen daran zu finden?

Und doch erschreckt, überwältigt dieser Körper sie in heißen Sommernächten. »Betet!« rät ihr die Gouvernante. Aber es langweilt sie, mit Gott zu sprechen. Mit all ihrer Kraft beherrscht sie sich, hindert sie ihre Hand daran, sich zu bewegen. Vor dem Teufel hat sie keine Angst, sondern nur vor der Selbsterniedrigung.

Der Zug der Verdammten entfernt sich, Diener führen Pferde und Maultiere in rotem und goldenem Geschirr herbei. Isabella und Ferdinand sitzen als erste auf, umringt von Edelleuten, Hofdamen und Dienern, die alle einen Blick, ein Wort zu erhaschen suchen. Beatrice de Bobadilla, die beste Freundin Isabellas, inzwischen Marquesa de Moya, zeigt sich in einem silberdurchwirkten Kleid und mit Hals- und Ohrenschmuck aus Perlen, einem Geschenk der Königin. Eine schwarze Samthaube mit einem Smaragd schmückt ihr kastanienbraunes, kupfern schimmerndes Haar. Auf dem Wams ihres Gemahls prangt eine goldene Kette, von der jedes Glied in einem anderen Muster ziseliert ist. Barfüßig, die Gesichter mit Henna bemalt, bewegen die maurischen Sklavinnen riesige Fächer, um ihre Herren zu erfrischen. Ein schwarzes, ganz in roten Samt gekleidetes Kind, führt das Pferd des Grafen de Benavente am Zügel. In der Ferne ertönt das abendliche Angelusläuten. Johanna liebt es, wenn solche Prachtentfaltung und Armut derart eng in Berührung kommen, genußvoll atmet sie den intensiven Geruch des Rosmarins, der Pinien, der Schafe ein, die goldene, transparente Luft des kastilischen Herbstes. Kein Mädchen ist zugleich so frei und so gefangen wie sie.

Der königliche Zug hat sich schon in Bewegung gesetzt, als Juan sein Pferd neben Johannas Maultier lenkt. Der Infant ist blond wie seine Mutter, hat ein rundes Gesicht und sehr wache Augen, den sinnlichen Mund seines Vaters, doch im Gegensatz zu Ferdinand einen grazilen Körper mit schmalen Schultern. Die Pläne zur flämischen Doppelhochzeit haben Bruder und Schwester einander nähergebracht.

»Ich habe heut morgen das Porträt von Margarete gesehen«, flüstert Juan.

Johanna zuckt zusammen, ihre dunklen Augen können ihre Neugier und ihre Erregung nicht verbergen.

»Und Philipp?«

Der junge Knabe bricht in Lachen aus.

»Margarete ist sehr schön, über Philipp kann ich dir nichts sagen, ich habe ihn kaum angesehen.«

Johannas Herz klopft zum Zerspringen. Wird ihre Mutter auch sie rufen, um ihr das Porträt ihres Verlobten zu zeigen?

»Sei nicht zu ungeduldig!« fügt der Infant hinzu, der seinen Worten besonderes Gewicht verleiht. »Es ist noch nichts entschieden. Vielleicht wirst du am Ende mit dem alten Herzog von Infentado vermählt, der in dich verliebt ist!«

Lachend gibt er seinem Pferd die Sporen. Johanna möchte hinter ihm her galoppieren, ihn einholen, ihn zum Reden zwingen, doch sie ist von Hofdamen und Pagen umringt. In jedem Schatten, jedem Busch am Wegesrand versucht sie, die Gesichtszüge des jungen österreichischen Erzherzogs zu erahnen. Ihre Sklavinnen sagen, daß die Geliebten sich zwischen Sträuchern, Zweigen und Steinen verbergen, um ihre Auserwählte zu überraschen. Wenn diese ein waches Auge hat, taucht das Gesicht des Liebsten so deutlich wie in einem Spiegel auf.

»Möge Gott diesen armen Sündern vergeben!« murmelt die Anstandsdame neben Johanna.

Von hinten ertönt die lachende Stimme von Marina Manuel, der hübschesten ihrer Ehrenjungfern:

»Doña Sabine, Ihr werdet doch nicht von uns verlangen, daß wir für ein paar Juden Tränen vergießen?«

Johanna hat das Autodafé vergessen, sie denkt nur noch an den Sohn Maximilians von Österreich und Marias von Burgund, die starb, als er noch ein kleines Kind war.

Feuchtigkeit durchdringt das Gemäuer der Gotteshäuser Santa Eulalia und Santa Maria del Mar, schimmert auf dem Pflaster von Barcelonas Gassen mit ihren dichtgedrängten Krämerläden, rieselt über die Hafenmauern. Ein paar Galeeren, die im Winter stilliegen, und Fischerboote in leuchtenden Farben dümpeln im Hafenbecken. Oberhalb der Gärten, die das Schloß umgeben, steht Johanna am Fenster ihres Gemachs. Sie sieht dem Rauch nach, der über den Dächern aufsteigt, verfolgt den schwerfälligen Flug einer Möwe. Obwohl sie jetzt schon dreizehn Jahre alt ist, muß sie immer noch den täglichen Unterricht mit ihren Lehrern, die endlosen Messen über sich ergehen lassen. Von ihrer Vermählung ist nicht mehr die Rede. Ob das Eheversprechen gelöst wurde? Isabella ist niemandem Rechenschaft schuldig, schon gar nicht ihren Kindern. Von den Qualen ihrer Tochter weiß sie nichts, will sie nichts wissen. Johanna hat das vom österreichischen Kaiser geschickte Porträt gesehen, hat das schöne Gesicht des jungen Erzherzogs andächtig betrachtet. Nicht ohne Schuldgefühle haben ihre Augen einen Atemzug lang auf seinem vollen, sinnlichen Mund geruht. Wird er sich auf ihre Lippen legen? Wird er ihr diese süßen Schauder durch den Körper jagen, von denen die Sklavinnen erzählen? Das Porträt wurde ihr wieder genommen und irgendwo versteckt, sie hat es nie wieder gesehen. Ihr Bruder Juan dagegen hat das Bild von Margarete behalten.

Geduldig hat Fatma das Haar ihrer Herrin mit Nelkenwasser eingerieben, es geflochten und für das Fest mit Schleifen geschmückt. Die Kammerfrau hat das smaragdgrüne Samtkleid mit dem versteiften Oberteil, den mit cremefarbener Seide gefütterten Brokatmantel auf dem Bett ausgebreitet. Die Königin verlangt von ihren Töchtern, daß sie sich nach ihrem Vorbild in einfaches Leintuch kleiden, und sie gestattet ihnen nur sehr selten, ihr kostbares Geschmeide anzulegen. Heute aber sind alle Extravaganzen erlaubt. Wird Isabella selbst nicht ihr prächtiges Rubinkollier tragen, um den Admiral des Ozeanischen Meeres feierlich zu empfangen, der eben aus Indien zurückgekehrt ist? Am Morgen hat Johanna ihre Mutter bei der Messe in der Kapelle beobachtet. Während ihr Beichtvater Jiménez de Cisneros seine Gläubigen ermahnte, sich noch mehr dem göttlichen Willen zu unterwerfen und Verlust und Tod bereitwilliger als irdischen Ruhm anzunehmen, ahnte Johanna, daß Isabella, die Hände wie zum Gebet vors Gesicht geschlagen, dem Priester gar nicht zuhörte. Ihre Gedanken kreisen nur um den Genuesen, hat sich das Mädchen gesagt. Ob es Sünde ist, an einen Mann zu denken? Begeht sie selbst eine Sünde, wenn sie zuläßt, daß das Gesicht Philipps von Österreich immer wieder vor ihren Augen auftaucht?

Um besser laufen zu können, hat Doña Felipa Guzmán, Johannas bevorzugte Hofdame, ihren bestickten Taftrock mit beiden Händen gerafft.

»Señora Infanta, sie haben die Stadt betreten!«

Kammerfrauen und Sklavinnen drängen sich um Johanna, bringen die Schmuckstücke in den Schatullen herbei, die perlenbestickten Seidenschuhe, den mit Vögeln und Blumen bemalten Fächer. Während sie die junge Prinzessin anziehen, plappern sie aufgeregt durcheinander. Von Mund zu Mund haben sich in der Stadt die sonderbarsten Berichte verbreitet; es heißt, der Admiral sei mit Vögeln aus Indien zurückgekehrt, die in den Farben des Regenbogens schimmern, mit halbmenschlichen Wesen, mit so kostbarem, schönem Goldschmuck, wie noch kein Mensch ihn je erblickt habe, und mit seltenen und verblüffenden Gegenständen. Fatma und Aicha zucken die Achseln, werfen sich wissende Blicke zu. Seit ihrer Kindheit haben sie aus dem Munde maurischer Frauen immer wieder solche Berichte gehört, die aus dem Orient bis nach Granada gelangten. In den Volieren inmitten ihrer Rosengärten hielten sich die Kalifen Dutzende dieser geschwätzigen und farbenprächtigen Vögel, ließen sich von turbangeschmückten indischen Dienern frische Luft zufächeln. Und was das Gold und den Schmuck der mongolischen Kaiser angeht – wer von diesen Christen könnte sich solche Reichtümer nur vorstellen?

»Harun, der Erhabene, Allah sei ihm gnädig, hätte Mitleid mit diesem Genuesen«, flüstert Fatma ihrer Gefährtin ins Ohr.

Sie hat sich das Durcheinander, den Lärm zunutze gemacht, um den Namen Gottes zu flüstern. Die zwangsweise zum Christentum konvertierten Maurinnen bleiben der Religion ihrer Kindheit treu, schweigen jedoch und verstellen sich. Aber im Schutz der Kammer, die sich die Sklavinnen teilen, können sie im Morgengrauen und bei Einbruch der Dämmerung ihre Gebete gen Osten sprechen. Doch immer, wenn sie sich niederwerfen, pocht ihnen vor Angst das Herz in der Brust. Denn sollte eine der christlichen Dienerinnen eintreten und sie verraten, so würden sie in den Kerker geworfen, vielleicht jener Inquisition übergeben, die sie sosehr fürchten. Es heißt, die Mönche würden sogar die Frauen foltern, ihnen die Daumen zerquetschen, die Gliedmaßen mit dicken Seilen abschnüren, sie mit Rollen vom Boden abheben, nachdem sie Gewichte an ihren Füßen befestigt haben. Wenn sie auf den Fluren christlichen Ordensleuten begegnen, senken die Maurinnen den Kopf und murmeln Verwünschungen zwischen den Zähnen, während der Messe sagen sie sich im Geiste alle geheiligten Namen Allahs auf, erfinden andere, die den Christen Unheil bringen sollen. Am Tag des Großen Festes, wenn Alia, die Älteste unter ihnen – behauptet sie nicht, direkt vom Großen Timur Lenk abzustammen? –, das Tamburin schlägt, tanzen sie, klatschen in die Hände und stoßen dabei manchmal ihren gedehnten kehligen Schrei aus, der überall im Palast widerhallt. Die Königin gestattet dieses ausgelassene Treiben unter der Voraussetzung, daß es keinen religiösen Charakter hat. Ob sie nicht weiß, daß im Islam alle Feste die Größe Allahs feiern?

Johanna ist schließlich fertig angezogen. Ihr grünes Kleid, das sich fest an ihre schmale Taille schmiegt, ihr geflochtenes, mit Blumen und Bändern am Hinterkopf aufgestecktes Haar und die schlichten, kleinen Perlen an den Ohren und am Hals verleihen ihr eine seltsame, geheimnisvolle Schönheit. Sie lächelt nicht, gerät nicht wie andere Mädchen ihres Alters ins Schwärmen, scheint sich zu jedem Wort, jedem Blick zwingen zu müssen. Trotz ihres zurückhaltenden Wesens ist sie von den vier Infantinnen diejenige, die am meisten Würde ausstrahlt. Man fürchtet sie, weil niemand behaupten kann, sie zu kennen.

Plötzlich zieht eine beringte Hand den Samtvorhang, der die Tür verdeckt, zur Seite. Ganz außer Atem tritt die Anstandsdame in das Gemach.

»Schnell, Señora Infanta, der Admiral nähert sich dem Palast!«

Johanna mißt ihre Gouvernante mit einem verächtlichen Blick. Trotz ihrer vierzig Jahre ist sie wieder einmal wie ein junges Mädchen angezogen. Ihr tiefrotes Kleid mit den üppig gebauschten Ärmeln, ihre Schuhe mit den übertrieben steilen Absätzen, auf denen sie wie eine Pute einherstolziert, und ihr gelocktes Haar, in das sie Schleifen gebunden hat, lassen sie lächerlich erscheinen.

Trotzdem beschleunigt Johanna ihren Schritt. Sie will dabeisein, wenn der Seefahrer mit seinem sonderbaren Gefolge in den Thronsaal einzieht, will diesen neuen Triumph Spaniens in ihrem tiefsten Innern mitempfinden. Die Anstandsdame eilt voraus, einen widerwärtigen Geruch nach Schweiß und Jasmin hinterherziehend. Johanna nimmt es ihr übel, daß sie sich so vor sie drängt, schließlich muß sie als inzwischen dreizehn Jahre alte Infantin nur ihrem Vater und ihrer Mutter, ihrer älteren Schwester Isabella und ihrem Bruder Juan den Vortritt lassen.

Im großen Thronsaal des Königspalastes von Barcelona drängen sich die Granden und Hidalgos, ganze Scharen von Geistlichen, Höflingen und Bürgern. Sie sind herbeigeströmt, um denjenigen zu feiern, den sie noch vor wenigen Monaten verhöhnt haben. Kardinal Diego Mendoza, der den Plänen des Seefahrers damals wie kein anderer feindlich gegenüberstand, hat die Hände in einer fast bewundernden Geste unter seinem Umhang gefaltet. Vor ihm auf der Estrade sitzen Seite an Seite Ferdinand, Isabella und Juan. Der König ist in schwarzen Samt gekleidet und trägt eine Goldkette um den Hals, auf dem Haupt einen großen Hut, dessen Federschmuck nach hinten weist. Isabellas Schönheit erstrahlt in der Schlichtheit eines weißen, goldbestickten Kleides, ihr blondes Haar ist streng zurückgekämmt und wird im Nacken von einem Goldnetz gehalten, das mit kleinen Diamanten und Perlen besetzt ist. Den schmächtigen, leicht fröstelnden Infanten Juan hat man in ein Gewand aus weißem, moirégefüttertem Satin gehüllt. Die Infantinnen sitzen auf kleinen, niedrigen Stühlen zu beiden Seiten der Estrade, Isabella in grauem Tuch, das sie seit Beginn ihrer Witwenschaft nicht mehr abgelegt hat, Katharina und Maria, die Jüngsten, in pastellfarbenen Seidenkleidern, die mit großen Spitzenkragen in venezianischen Mustern aufgeputzt sind. Überall glühen Kohlenbecken, sind Fackeln entzündet, Wandbehänge entfaltet worden. Den Frisuren und Korsagen entströmen schwere, betäubende Düfte von Ambra und Moschus, Rosen und Jasmin. Zu Füßen ihrer Herren schlafen die Windhunde und Bassets. Vom Schoß des Bischofs von Barcelona aus beobachtet eine Perserkatze mit blaugrauem Fell diese sonderbare Menschenansammlung mit halb geschlossenen Augen.

Beim Schall der Trompeten recken sich die Hälse, wenden sich die Gesichter zur geöffneten Flügeltür. Die Königin hält die Armlehnen ihres Sessels fest umklammert. In den sieben Monaten seiner Abwesenheit hat sie den Genuesen ständig in Gedanken begleitet und für den Erfolg seines Unternehmens gebetet. Die langen, schmalen Finger des Königs legen sich auf ihren Arm.

»Meine Freundin, der Glaube ist ein Akt der Hoffnung. Verzeiht mir, daß ich Eure Zuversicht für eine Illusion gehalten habe!«

Isabella schenkt ihm ein Lächeln, will etwas erwidern, doch

ein weiterer Trompetenstoß, Schritte, Stimmen und fremdartige Schreie hindern sie daran. Sie erahnt ihren nahenden Admiral Christoph Kolumbus mehr, als daß sie ihn sieht. Starr vor Staunen verstummt die Versammlung, man vernimmt nur noch die Geräusche, die die kleine Truppe beim Anmarsch verursacht. Johanna legt ihre Gleichgültigkeit ab, leichte Röte steigt ihr ins Gesicht. Ein Mönch mit einem schlichten Holzkreuz in der Hand führt den Zug an. Hinter ihm folgt der Admiral, seine hohe Gestalt und sein aufrechter Gang geben ihm das Auftreten eines römischen Senators. Sicheren Schrittes bewegt er sich auf das Herrscherpaar zu, steigt auf die Estrade, zieht den Filzhut und kniet nieder.

Als Zeichen ihrer Ehrerbietung erheben sich Isabella und Ferdinand von ihren Sitzen, helfen dem Admiral auf und weisen ihm einen Sessel an ihrer Seite zu. Isabella vermag ihre Gefühlsregung, ihre Freude nicht zu verbergen, sie greift erneut nach der Hand des Genuesen und drückt sie in freundschaftlicher Verbundenheit eine Weile, wobei sie einen Augenblick lang vergißt, daß sie Königin von Kastilien ist.

Wie schön er ist, denkt Johanna, schön wie Philipp. Und wieder sieht sie die Gesichtszüge des jungen österreichischen Prinzen vor sich. Männliche Schönheit verwirrt sie, und das bereitet ihr Verdruß. Sollte es möglich sein, sie in ihrer menschenverachtenden Haltung zu erschüttern, sollte sie verwundbar und erbärmlich werden wie die anderen Frauen, wie diese albern kichernden jungen Mädchen, diese keuchenden Anstandsdamen? Als ahne er ihre Gedanken, wendet Kolumbus sich den Infantinnen zu und verneigt sich. Johanna weicht seinem Blick aus, betrachtet den Einzug der Seeleute, auf deren Schultern grüne, gelbe und blaue Vögel hocken, und die sonderbare Gruppe mit schweren Ketten aus Gold und Muscheln geschmückter Indianer, die an den Fußgelenken Lederriemen mit kleinen weißen Federn tragen. Die Neugier läßt sie die goldbraunen Augen, den sinnlichen Mund des Genuesen vergessen.

»Seht nur!« flüstert Katharina aufgeregt. »Sie bringen uns Geschenke aus ihrem Land.«

Zwei der Männer mit der rötlichbraunen Haut und der langen, steifen Haartracht in der Farbe von Ebenholz schleppen goldgearbeitete Gegenstände, Ohrringe, Masken, schwere Schmuckstücke, die mit Perlen aus Ambra, Smaragd und Jade sowie mit schimmernden Federn verziert sind. Andere folgen mit Goldklumpen, groß wie Hühnereier, in den Händen. Zwischen den beiden aufmerksamen Herrschern sitzend, weist Kolumbus auf jeden Gegenstand, erklärt, woher er kommt. Der Infant scheint sich besonders für die Bögen, die Pfeile und den Federschmuck zu interessieren. Dieser Genuese, Sohn eines Wein- und Käsehändlers, ist vom Glück mehr begünstigt als er. Er kann die Ozeane überqueren, außergewöhnlichen Gefahren ins Auge sehen, ihnen trotzen und das Kreuz Christi in unbekannten Ländern aufrichten, während er, Juan, dazu verdammt ist, in zu weitläufigen Palästen wie ein Gefangener zu leben.

Die Infantinnen Katharina und Maria haben nur Augen für die Papageien. Katharina, acht Jahre alt, wirft den Indianern hin und wieder einen ängstlichen Blick zu. Johanna versucht, sich diese fernen Länder vorzustellen, die sie nie kennenlernen wird. Ob sie dort glücklich wäre? Sie träumt, daß sie mit ihrem Vater allein ist und Hand in Hand mit ihm einen Strand entlanggeht.

Mit ernster, leidenschaftlicher Stimme spricht Kolumbus von seinen Reisen, vom ersten Land, das er anlief und San Salvador nannte, vom Kreuz, das er, kaum daß sie den Strand betreten hatten, neben das Banner von Kastilien in den Sand rammte. Er erzählt von ihrer Begegnung mit den völlig nackten Indianern, denen man Halsbänder aus Glaskugeln und Glöckchen schenkte, von ihrer Fahrt von Insel zu Insel, von der Ankunft auf einem märchenhaften Eiland von nahezu unbeschreiblicher Schönheit, das sie Hispaniola* tauften. Niemand unterbricht

* Haiti

ihn, so groß ist die Faszination, die er auf die Versammelten ausübt. Velasquillo, Ferdinands Hofnarr, der sonst schnell spöttisch wird, sitzt völlig reglos auf seinem kleinen Hocker und reißt die Augen weit auf. Selbst die einstigen Gegner des Seefahrers lauschen entzückt.

Als der Admiral verstummt, hat er Tränen in den Augen. Isabella schluchzt. Sie erhebt sich, fällt auf die Knie; der König, Kolumbus, die ganze Versammlung ebenso. Aus allen Kehlen schallt das Te Deum. Stehen bleiben nur die wenigen Indianer, die nichts von diesem sonderbaren Ritual begreifen und in ihrer Benommenheit befremdlich und pathetisch wirken.

Ana de Viamonte tritt einen Schritt zurück und prüft aufmerksam die erzielte Wirkung. Die unzähligen Dienerinnen ringsum halten den Atem an.

»Ihr seid bellissima, Señora Infanta.«

Sie hat das italienische Wort verwendet und mit Nachdruck ausgesprochen.

»Und Ihr seid recht ungeschickt, liebe Ana«, bemerkt Johanna spöttisch. »Habt Ihr vergessen, daß Italien unserem Spanien nur Sorgen bereitet?«

»Eben diesen Sorgen verdankt Ihr Eure Vermählung.«

»Du hast recht«, murmelt Johanna. »Meine Mutter und Kaiser Maximilian haben die Dinge beschleunigt, um sich angesichts der französischen Besitzansprüche zu verbünden.«

Das junge Mädchen strahlt vor Glück. In wenigen Augenblikken wird durch einen Bevollmächtigten ihre Vereinigung mit Philipp vollzogen. Nach drei Jahren immer wieder enttäuschter Hoffnungen ist der Ehevertrag Anfang Dezember in Flandern schließlich unterzeichnet worden.

Mit zerstreutem Blick hat sie die endlose Liste von Klauseln und Bestätigungen überflogen. Auch wenn sie flüchtig den Eindruck hatte, das Objekt eines Tauschhandels zu sein, will sie das verdrängen, zählt für sie doch nur die Gewißheit, bald die Gemahlin dieses jungen Mannes zu sein, der seit ihrem zwölften Lebensjahr ihre Phantasie beschäftigt. Hundertmal, nein tausendmal hat sie das Porträt betrachtet und schüchtern den Finger über das reglose Gesicht gleiten lassen. Allmählich ist die Gestalt ihres zukünftigen Gemahls in ihrer Vorstellung lebendig geworden, sie sieht, wie er sich bewegt, lacht und mit einem Falken auf der Faust zur Jagd reitet. Wenn ihre Gedanken bei ihrer Hochzeitsnacht verweilen, versucht sie schnell, an etwas anderes zu denken. Über die Liebe weiß sie alles. Mehrmals hat sie Gesprächen zwischen den Dienerinnen gelauscht, und sie hat ihren derben Anspielungen entnommen, daß sich die Eheleute nicht mit Zärtlichkeiten und Küssen begnügen. Um diese verwirrenden Bilder, die ihrer Phantasie entspringen, zu vergessen, zwingt sie sich, lateinische Schriften zu lesen und auf dem Klavichord Melodien zu komponieren. Seit ihrer frühsten Kindheit haben ihr die Anstandsdamen, Gouvernanten und Beichtväter immer wieder eingeredet, daß Gott den menschlichen Körper verabscheue, vor allem den der Frau, die nur heiraten dürfe, um Kinder zu zeugen. Warum also dieses Lachen der Dienerinnen, warum die Röte auf ihren Gesichtern, wenn sie von ihren Geliebten sprechen, warum all die Geschichten und Lieder, mit denen die maurischen Sklavinnen sie in den Schlaf zu wiegen pflegten und die von Männern erzählen, die toll sind vor Verlangen, von Frauen, die sich liebkosen lassen und sich mit Wollust hingeben?

Die rothaarige, lebhafte Ana de Viamonte nimmt Johannas Hand.

»Bald sind wir in Flandern, aber wenn wir dort zusammen sind, wollen wir von unserem Land sprechen, nicht wahr?«

Johanna zieht ihre Hand zurück. Auch wenn sie der Freundschaft bedarf, verabscheut sie doch jede Vertraulichkeit.

»In meinem Herzogtum werde ich nur noch Flämin sein, Ana.«

»Señora Infanta, niemand schafft es, Spanien jemals zu entkommen.«

Isabella liest den Ehevertrag zwischen ihrer Tochter Johanna und Erzherzog Philipp ein zweites Mal durch. Juan soll bald mit dessen Schwester, Erzherzogin Margarete, vermählt werden. Diese beiden Verbindungen sollen Isabellas politischen Interessen aufs Vollkommenste dienen. Nicht ein einziger Punkt der Verträge ist zu vernachlässigen. Neben ihr gibt Francisco Rojas, ihr Botschafter in Flandern, gelegentlich einen knappen Kommentar zu einem Satz, einer Anmerkung. In Mecheln hat er bereits den Vertrag zwischen dem Erben der Katholischen Könige und der Enkelin Karls des Kühnen unterzeichnet, er ist ein Meister der diplomatischen Taktik und List, weiß jedem Wort einen doppelten Sinn zu geben. Sein einziger Fauxpas – er hat ihn sich bis heute nicht verziehen – war es, nicht gewußt zu haben, welchen Teil seiner Kleidung er aufknöpfen sollte, als er zum symbolischen Vollzug der Ehe den Gemahl auf dem Ehebett vertrat. Die junge, bezaubernde Margarete, die völlig bekleidet und geschmückt neben ihm ausgestreckt lag, war in ein derart unwiderstehliches, spöttisches Lachen ausgebrochen, daß sich alle anwesenden Flamen von ihrer Heiterkeit hatten anstecken lassen. »Euer Bein, Exzellenz, Euer Bein«, hatte der Kammerherr geflüstert. Und vor lauter Verwirrung hatten seine Finger so gezittert, daß er es nicht geschafft hatte, auch nur einen einzigen Knopf zu öffnen.

»Don Francisco, gibt es noch irgendwelche Unklarheiten, was die Mitgift betrifft?« fragt Isabella und legt das Dokument zur Seite.

»Nicht die geringsten, Majestät, weder Kaiser Maximilian noch Ihr müßt einen einzigen Taler hergeben.«

Die Hände gefaltet, denkt Isabella nach.

»Die jährliche Apanage von zwanzigtausend Goldtalern ist ausreichend. Spanien kann nicht mehr bieten, aber das dürfen die Flamen nicht wissen. Ich werde sie mit dem Prunk des Gefolges, das meine Tochter in ihr Land geleiten wird, beeindrucken. Doch kommen wir zum Wesentlichen: Ist der Kaiser von Österreich von der Richtigkeit unserer Italienpolitik überzeugt?«

»Er hat alles vertraglich gebilligt, seine Durchlaucht, der König der Römer, hat keinen einzigen Satz, kein einziges Wort zurückgenommen. Sein Sohn Erzherzog Philipp hat vor Johan van Berghes, dem Gouverneur seines Hauses, und zehn flämischen, spanischen und österreichischen Edelleuten unterzeichnet. Ich habe alle Unterschriften, alle Siegel überprüft. Anschließend hat der Erzherzog auf das Heilige Kreuz geschworen, daß er die Infantin Johanna zur legitimen Frau nehmen will und sie sein ganzes Leben als Gemahlin behalten und anerkennen wird.«

»Demnach können wir die Eheschließung vollziehen«, unterbricht ihn Isabella. »Laßt meine Tochter kommen, Señor de Rojas! Wenn sie den Kontrakt unterzeichnet hat, wollen wir ihr den Brief überreichen, den ihr zukünftiger Gemahl an sie gerichtet hat ...« Die Königin hält inne und fährt mit eindringlichem Blick auf den Botschafter fort: »Sagt mir in aller Ehrlichkeit, welchen Eindruck Ihr von dem jungen Mann habt!«

Der Diplomat scheint nach den passenden Worten zu suchen, die der Königin behagen werden, ohne sie zu hintergehen. Mehrfach nämlich hat er den Erzherzog in galanter Gesellschaft gesehen, und er weiß, daß dieser mit seinen siebzehn Jahren nichts mehr liebt als die Frauen, den Tanz und die Jagd. Da er schön von Gestalt und Antlitz ist, gefällt er allen, er versteht es außerdem, sich anmutig und verführerisch zu geben. Die Infantin Johanna, daran zweifelt er nicht, wird von ihrem jungen Gemahl betört sein, wie lange aber wird er es von ihr sein?

Rojas räuspert sich. Aufmerksam, wie sie ist, spürt Isabella seine Verlegenheit, ahnt, daß er ihr verheimlichen will, was sie bereits weiß.

»Der Erzherzog, Euer Majestät, besitzt die Würde der Herzöge von Burgund, seiner Vorfahren mütterlicherseits, und die

Kühnheit und die Liebenswürdigkeit der Habsburger. Er hat ein fröhliches Gemüt, liebt seine Freunde und kann ihnen zuhören.«

Die Königin unterbricht ihn.

»Schön, Señor Rojas. Das nenne ich gute Eigenschaften für einen Prinzen! Johanna wird also eine zufriedene Erzherzogin sein, ich wünsche es ihr von ganzem Herzen. Dieses Kind zeigt nur wenig Interesse für Staatsangelegenheiten, sie taugt nicht zum Regieren. In Flandern wird sie einen glanzvollen – vielleicht etwas zu leichtlebigen – Hofstaat haben, der mancherlei Zerstreuung bietet, und sie wird nicht mehr Entscheidungen treffen müssen als eben nötig. Ich will sie mit vertrauenswürdigen Menschen umgeben, die ihr in Dingen der Etikette behilflich sein werden.«

Rojas verneigt sich. Obwohl die Königin durchaus Zweifel hegt, hofft sie, daß ihre Tochter glücklich sein wird. Wenn das mit Österreich verbündete Spanien die Franzosen in Mailand und Neapel besiegen kann, wird ihr Leben als Ehefrau einen glänzenden Sinn erhalten. Gott hat seine Kreaturen nicht für das Glück bestimmt, denkt Francisco Rojas, Ritter von Calatrava, er hat nur an ihre Pflichten gedacht.

»Laßt die Infantin kommen!« befiehlt die Königin. »Ich will noch einmal einen Brief meines Admirals Don Colón lesen. Er schreibt, daß er auf seiner zweiten Reise ein riesiges Land entdeckt hat. Möge Gott ihn beschützen und segnen! Dieser Mann arbeitet genauso für die Größe Spaniens, wie wir mit all diesen Abkommen und Verträgen.«

Als ihr Botschafter den Saal verlassen hat, liest die Königin noch einmal den Brief, der eben aus Hispaniola vom anderen Ende des ozeanischen Meeres eingetroffen ist. Sie denkt oft an den Genuesen, doch jetzt, da sie diese Botschaft von ihm in Händen hält, fällt es ihr schwer, ihre Gedanken von Erzherzog Philipp zu lösen. Männer, das weiß sie, besitzen die Macht, die stolzesten Frauen zum Weinen zu bringen. Ferdinand ist am Vorabend nicht in ihr Schlafgemach gekommen.

Sorgfältig unterschreibt Johanna und bestätigt somit den Ehevertrag, der schon am 5. November von Francisco Rojas in Mecheln unterzeichnet worden ist, beglaubigt alle Urkunden, von denen zwei Notare eine Abschrift fertigen. Erst spät hat sich Ferdinand zu seiner Frau und seiner Tochter gesellt. Er steht ein wenig abseits und wirkt zerstreut. Ein undefinierbares Unbehagen hindert ihn daran, sich so über dieses gelungene Ehebündnis zu freuen, wie er es sich wünschte. Er weiß, daß seine Tochter ihn verehrt und Angst hat, ihn zu verlieren. Aber haben Prinzessinnen ihr Glück nicht allein in der Pflichterfüllung zu suchen? Die hübsche kleine Johanna kann sich keine andere Bestimmung wünschen ... Und trotzdem denkt er an Felipa, seine letzte Mätresse, an ihr Lachen, ihre Keckheit, ihre köstlichen Kindereien, ihre bezaubernden weiblichen Reize. Johanna wird niemals ein Anrecht auf diese Unbekümmertheit, auf diesen Hang zur Wollust haben. Er lächelt. Ist er dabei, den Verstand zu verlieren? Die Infantinnen haben seinen Interessen zu dienen, und so liebt er sie. Katharina ist mit dem Prinzen von Wales, dem Sohn Heinrichs VII., verlobt, Isabella hat endlich nachgegeben und sich bereit erklärt, ihr Witwendasein zu beenden und Emanuel von Portugal, den Cousin ihres verstorbenen Gemahls, zu ehelichen. Isabella hat als einzige Bedingung gefordert, daß ihr zukünftiger Gemahl alle Juden aus Portugal vertreibt, und die ersten Verhandlungen über diese neue Heirat dürften keinerlei Probleme aufwerfen.

Mit unbewegter Miene legt Johanna schließlich die Feder nieder. Nur Ferdinand ahnt, wie ergriffen sie ist. Sie hat von ihrem Vater die Gabe geerbt, ihre Gedanken zu verbergen, doch sie ist, im Gegensatz zu ihm, sehr verletzlich. Ein Küken in einer Eierschale, denkt er, und wie soll diese zerbrechliche Hülle sie gegen die Welt schützen?

Liebevoll legt die Königin die Hand auf die Schulter ihrer Tochter.

»Johanna, ich habe dir eine Botschaft des Erzherzogs zu überreichen. Du bist jetzt seine rechtmäßige Frau und kannst sie lesen, ohne den guten Geschmack zu verletzen.«

Die junge Infantin fühlt, wie ihr Herz sich zusammenschnürt. Muß sie diesen Brief, auf den sie schon so lange wartet, vor ihren Eltern, dem Botschafter, den Edelleuten, den Notaren lesen? Oder darf sie sich, allein in ihrem Gemach, in seinen Inhalt vertiefen?

»Lies, mein Kind!« befiehlt Isabella. »Der Erzherzog hat nichts schreiben können, was geheim bleiben soll.«

Die Worte tanzen vor Johannas Augen. Sie liest, ohne zu begreifen, versteht nur einzelne Satzteile. »Meine innigst geliebte Gemahlin ... Es fällt mir so schwer, noch eine Weile von Euch getrennt zu bleiben ... Möge unsere Verbindung mit einer glücklichen Nachkommenschaft gesegnet sein ...« Sie möchte weinen und muß sich anstrengen, damit der Brief ihr nicht aus den Fingern gleitet. So viele Träume und Gefühle verdichten sich angesichts dieser mit schwarzer Tinte gezeichneten Lettern! Sie sieht, wie der Philipp ihres Porträts sich über den Briefbogen beugt, das Herz erfüllt von ihr, wie das ihre von ihm.

Isabella bemerkt die tiefe Verwirrung ihrer Tochter. Hatte sie selbst nicht ähnlich empfunden, als Ferdinand, um ihre Feinde zu täuschen, als Maultiertreiber verkleidet, Aragonien verließ und zu ihr nach Kastilien kam? Sie sieht den blutjungen Mann von damals wieder vor sich, sein Gesicht, das noch glatt und von dichtem braunem Haar umrahmt ist, seinen kindlichen, gierigen Mund, seinen Blick, der manchmal spöttisch, dann wieder hart wie Stahl ist. Sogleich hatte er sie betört, und sie hatte sich ihm mit Leidenschaft hingegeben. Doch nur allzubald hatte Ferdinand andere Arme, andere Lippen gesucht. Sie hatte geweint, gefleht, dann hatte Gott ihr geholfen, indem er ihr nach neun Ehejahren einen Sohn schenkte. Was kümmern sie jetzt die Seitensprünge des Königs? Sie regiert über Kastilien, León, Andalusien, hat fünf Kinder und fast fünf Millionen Untertanen. Ferdinand ist ihr engster und teuerster Freund. Die körperliche

Liebe ist ein Feuer, von dem sie sich inzwischen fernhalten möchte.

»Mein Kind«, sagt sie sanft, beinahe zärtlich, »du darfst diesen Brief behalten. Wir müssen ihn in wenigen Tagen beantworten; ich werde mir mit Señor Rojas und Pater Jiménez de Cisneros über die angemessene Wortwahl Gedanken machen.«

Stumm betrachtet Johanna ihre Mutter. Sie ist so glücklich, daß sie mit einem ungewohnten Eifer Isabellas Hand ergreift und an die Lippen führt.

Die Augen der Königin begleiten die zierliche Gestalt, die, eingerahmt von ihrer Anstandsdame und einer Gouvernante, mit drei Brautjungfern im Gefolge den Saal verläßt. »Allmächtiger«, murmelt sie, »möge dieses Kind nicht allzubald in seinen Hoffnungen enttäuscht werden!«

Ihr Beichtvater und engster Vertrauter Jiménez de Cisneros hat ihre Worte gehört. Gleichzeitig mit der Königin bekreuzigt er sich.

Auf einem Kissen am Fenster sitzend, den Rücken an die Wand gelehnt, liest Johanna den Brief zum dritten Mal. In ihrer Nähe hocken Fatma und Aicha auf dem Fliesenboden und trällern mit ihren schrillen Stimmen eine melancholische Weise aus Granada. Die rauhen und zugleich sanften Worte in arabischer Sprache erzählen von glühender Liebe, von einem Frauenleib, rund und geöffnet wie eine Orange, vom Wind, der vom Duft Arabiens erfüllt ist und die Herzen betört. Lange kämmen, baden, parfümieren die Sklavinnen sie, ihre Hände lassen ihren Körper erschauern. Sie lachen, flüstern ihr fremdartige, beschwörende Sätze ins Ohr. Johanna befiehlt ihnen zu schweigen, der Teufel verbirgt sich im Mund dieser Frauen.

Doch in diesem Augenblick hört Johanna sie nicht, sie ist die geliebte Gemahlin, nach der man sich verzehrt. Philipp entbietet ihr sein Land, sein Flandern, das er von seiner Mutter geerbt hat und über alles liebt. Auch sie will es lieben, will für Margarete von York, Madame la Grande genannt, der Großmutter, die den kleinen Halbwaisen Philipp und seiner Schwester Margarete die Mutter ersetzt hat und von ihnen hoch verehrt wird, eine weitere Enkelin sein. Sie klemmt den Brief zwischen ihre übereinandergeschlagenen Beine und versucht, sich Mecheln, Brügge und Brüssel vorzustellen. Man hat ihr gesagt, daß in Flandern weder Eiben noch Oliven- oder Mandelbäume wüchsen, daß der Boden dort nicht rot und steinig, der Wind nicht von Staub und Wohlgerüchen erfüllt sei. Man hat ihr erzählt, auf dem ebenen Land trieben die Wolken dicht über den ruhig strömenden Flüssen und Bächen dahin, über Weiden, auf denen fette Kühe grasten. Wieder sieht sie Rojas vor sich, der vorwurfsvoll schwieg, als sie ihn nach den Frauen fragte, und der sich dann mit der vorsichtigen, ein wenig verächtlichen Bemerkung begnügte:

»Die Fläminnen, Señora Infanta, sind zu freizügig, und ich bezweifle, daß Gott daran Wohlgefallen hat.«

»Und die Männer, Exzellenz?«

»Sie sind schön, Señora Infanta, groß und schwer, fröhlich und immer bereit, sich zu vergnügen, aber auch fleißig und geschickt.«

Der Botschafter hat Johanna verschwiegen, daß die Flamen allzusehr zu Ausschweifungen neigen. Nicht einen hat er in diesem Land gesehen, der den Dienerinnen mit den prallen Hintern und Brüsten keine lüsternen Blicke nachwarf. Er selbst, Gott möge ihm vergeben, hat bei soviel dargebotenem Fleisch gesündigt.

Das Gesicht dem vergitterten Fenster zugewandt, das ein Fleckchen Himmel freigibt, an dem sich kleine Wolken zusammenballen, stellt Johanna sich in ihrem Hochzeitskleid zum ersten Mal die Frage nach den Umwälzungen, die ihr Leben verändern werden. Ihre Ehebande sind jetzt geknüpft, unwiderruflich, und plötzlich erscheint ihr alles, was sie verdammt, alles, über das sie sich oft mokiert hat, so vertraut und teuer. Sie denkt an die Sonne im Löwenhof der Alhambra, im Alcázar von Toledo, an die Orangengärten von Murcia, die Große Moschee von Córdoba, die Straßen von Medina del Campo beim großen Jahrmarkt und an die Kathedrale von Zaragoza in Aragonien. Flüchtige Bilder schießen ihr durch den Kopf: eine Prozession, Büßer, ein Stierkampf in Burgos, die Marienstatue im Kloster von Guadalupe, die an Festtagen auf einem goldenen Podest getragen wird. Ganz langsam tauchen die Gesichter ihrer Schwestern, ihres Bruders, dann die ihres Vaters und ihrer Mutter auf, und plötzlich möchte sie weinen.

VOM MORGENGRAUEN BIS LANGE NACH EINBRUCH der Dunkelheit bereitet Isabella in jenem Frühjahr 1496 unermüdlich Johannas Reise nach Flandern vor, die glanzvoll werden soll. Nach schwierigen Verhandlungen hat sie hundertzehn Schiffe angemietet und die schier endlose Liste der Männer und Frauen zusammengestellt, die ihre Tochter begleiten werden. Dabei geht es ihr nicht darum, Johanna ein prunkvolles Hochzeitsfest zu bescheren, vielmehr will sie die Welt, vor allem Frankreich und den jungen Karl VIII., beeindrucken.

Der Monat Juli hat die sengende Hitze zurückgebracht. Nur selten verläßt Isabella das Schloß La Mota in Medina del Campo. Wenn die Abenddämmerung den Horizont mit ihrem purpurfarbenen Schleier überzieht, läßt Isabella manchmal die Hand auf dem Papier verweilen und blickt mit verträumten Augen auf. Ihr Sekretär wartet und wagt nicht, seiner Herrscherin ins Gesicht zu sehen, um diese plötzliche Geistesabwesenheit zu verstehen. Isabellas Gedanken kreisen nicht oder recht selten um ihre Tochter Johanna, sondern um Juan und Margarete von Österreich. Wird diese Frau ihren geliebten Sohn glücklich machen, ihm schon bald einen Erben schenken? In der Ferne erblickt die Königin die dichtgedrängten Dächer ihrer Lieblingsstadt, hört die schwachen Geräusche, die aus den Gassen, Häusern und Geschäften dringen. Das Wohl ihres Volkes liegt ihr ständig am Herzen. Sie will einen gefestigten und mächtigen Staat, und das erfordert unablässige Anstrengungen. Sie hat bereits die Juden, die ihr für die Christengemeinschaft gefährlich erschienen, aus ihrem Königreich vertrieben, hat mit Geschick die Granden zu zügeln, die Hidalgos an sich zu binden gewußt, hat den Franziskanermönch Jiménez de Cisneros als Ratgeber durchgesetzt. Sie hat die Macht der Cortes geschwächt, die Rechtsprechung wiederhergestellt, die Einheit Spaniens vorangetrieben, indem sie die Stadt Granada den Mauren entriß. Heute wird sie diese neue Macht vor ganz Europa mit der österreichischen Doppelhochzeit weiter festigen.

Ein leises Rascheln läßt Isabella den Kopf wenden. Cisneros steht hinter ihr.

»Majestät«, sagt er mit seiner sanften, schmeichelnden Stimme, »verzeiht, wenn ich Eure Gedanken unterbreche, doch ich habe hier eine Botschaft vom König von Neapel. Er ist soeben in seine Hauptstadt eingezogen und bedrängt Monsieur de Montpensier.«

Ein Lächeln huscht über die Lippen der Königin.

»Er wird ihn aus Italien hinauswerfen und sein ganzes Heer mit ihm. Karl von Valois wird sich damit abfinden müssen, daß Neapel wieder an die Krone von Aragón gebunden ist.«

Das Spitzmausgesicht des Mönchs hellt sich auf, in dem Schädel mit der Franziskanertonsur funkeln die Augen wie immer, wenn es darum geht, die Franzosen zu demütigen.

Auf einer der Terrassen des wehrhaften Kastells sitzt Johanna und betrachtet den Sonnenuntergang. An ihrer Seite lauschen ihre Brautjungfern den feurigen andalusischen Weisen, die zwei Musikanten auf ihren Gitarren spielen. Johannas Gedanken schweifen ab. Mit den Vorbereitungen zu ihrer Abreise ist der schöne Traum plötzlich beängstigend, ja bedrohlich geworden. Seit so vielen Jahren spricht man nun schon von ihrer Hochzeit, daß es ihr vorkam, als läse sie einen einfachen Liebesroman, einen von jenen, an denen sich die jungen Mädchen und Frauen Spaniens, allen Vorhaltungen ihrer Beichtväter zum Trotz, so berauschen. Heute sieht sie, wie die Truhen sich füllen, hört, wie die Dienerinnen, die sie nach Flandern begleiten sollen, darüber klagen, daß sie ihre Familien und Freunde verlassen müssen und sich fürchten vor diesem Land, dessen Sprache ihnen unbekannt ist. Nach und nach, heimtückisch und nagend, hat sich Angst in ihr Herz geschlichen, eine quälende Unruhe, die dem Kummer nicht unähnlich ist. Vor ihrer Mutter verbirgt sie ihre Gefühle, um sich keinen Tadel einzuhandeln, und ihrem Vater, der seit langen Wochen abwesend ist, kann sie sich nicht anvertrauen. Manchmal wird sie von einem quälenden Zweifel befallen. Wenn nun der Hofmaler das Gesicht des Erzherzogs verändert hat, um ihn verführerisch zu machen, wenn Philipp in Wirklichkeit häßliche Züge, einen mißgestalteten Körper, unverbesserliche Laster hat? Wer könnte ihr dann helfen? Gesprächsfetzen, Sätze, die sie im Vorbeigehen von ihren Dienerinnen gehört hat, verstärken ihre Befürchtungen noch. Hatte Gräfin von Benavente nicht im Zusammenhang mit Philipps Namen das Wort »ausschweifend« ausgesprochen? Sollte ihre Mutter sie einem Wüstling ausliefern? Was wird er von ihr verlangen? Hier gebietet sie ihrer Vorstellungskraft Einhalt, sie will sich nicht diesen unbekannten Begierden überlassen, doch ihr Herz schlägt schneller.

Einer der beiden Musikanten hat jetzt zu singen begonnen, sein Lied erzählt von einer verzweifelten Liebe: »Tag und Nacht haben keinen Sinn mehr, ich war trunken, ohne es zu wissen.« Der Mann hat eine hohe, schrille Stimme. Am Horizont färbt sich die Hochebene purpurn, die Pferde wiehern auf dem Weg zur Tränke. Johanna empfindet die Farben, die Geräusche wie einen Abschiedsgruß von ihrer Kindheit, von Spanien. Wird sie ihr Vaterland eines Tages wiedersehen? Sie kämpft ihre Tränen nieder. Die Nacht bricht herein. In wenigen Augenblicken wird das schwere Eisengitter vor dem Eingangstor des Palastes herabgelassen, wird die Wache ihre Posten auf den Festungsmauern beziehen. Der Sänger ist verstummt und verneigt sich vor der Prinzessin.

»Wünscht die Señora Infanta ein letztes Lied zu hören?«

Johanna fährt auf. Ihre Gedanken kreisen nur noch um sich selbst. Lange wartet der Sänger auf eine Antwort, die nicht erfolgt.

Es ist schließlich Ana de Viamonte, die befiehlt:

»Señor, singt uns das Klagelied von Al Andalus!«

WIE EINE LITANEI LIEST DER SEKRETÄR mit monotoner Stimme die Namen der von Isabella ausgewählten Personen vor, die ihre Tochter in das ferne Land begleiten sollen.

»Geistlicher Berater der Infantin: Don Diego de Villaescusa.

Oberster Mundschenk: Don Rodrigo de Mendoza.

Oberster Stallmeister: Francisco de Luján.

Kammerherr: Diego de Ribeira.

Schatzmeister: Martín de Moxica.«

Die Königin unterbricht ihn mit einer Handbewegung.

»Ist es wahr, daß Cisneros ihn aufs wärmste empfohlen hat?«

»Er hat eine gute Meinung von ihm, Majestät.«

»Das genügt mir, fahrt fort!«

»Oberste Kellermeister: Martín de Tavera und Fernando de Quesada.

Ehrendamen: Doña Ana de Viamonte, Doña Beatrice de Tavara, Doña Maria de Villegas.

Gesellschaftsdamen: Doña Maria de Aragón, Doña Marina Manuel …«

Endlich hat der Sekretär seine Liste zu Ende vorgelesen. Über eine Stunde lang hat die Königin ihm reglos zugehört.

»Gut so, Señor! Wir haben damit einen noblen Hofstaat für die Infantin. Hoffen wir nun, daß die Vorbereitungen für die Abreise zügig vonstatten gehen. Wie sieht es mit dem Proviant aus?«

»Der wird eifrig zusammengetragen, Majestät. Ich habe erst heute morgen mit Eurem Verwalter und den Schatzmeistern gesprochen. Zwanzigtausend Maß Wein, zweitausend Zentner getrocknetes Rindfleisch, vierhundert Zentner gepökeltes Schweinefleisch, zwölftausend Stück getrockneter Kabeljau, hunderttausend gesalzene Heringe, dreihundert Zentner Stockfisch sind bereits zum Hafen von Laredo unterwegs; wenige Tage vor Auslaufen der Schiffe wird man die frischen Nahrungsmittel verladen. Es wird niemandem an Bord an etwas mangeln.«

Isabellas junger Windhund schmiegt sich an den Rock seiner Herrin. Sie beugt sich hinab und streichelt seinen schmalen Kopf.

»Wo ist Johanna?«

»Wohl allein in ihren Gemächern, Majestät.«

»Ihr Hang zur Einsamkeit macht mir Sorgen«, murmelt die Königin und, als bedauere sie dieses halbherzige Geständnis gegenüber ihrem Sekretär bereits, wirft sich in die Brust und fügt rasch hinzu: »Don Lopez, ich wünsche die Infantin sogleich zu sehen; laßt sie holen!«

Schweigend, die Augen niedergeschlagen, fast widerwillig, tritt Johanna vor ihre Mutter.

»Setz dich zu mir, mein Kind, ich habe mit dir zu reden!«

Die Stimme ist sanft, fast zärtlich. Isabella empfindet tiefe Zuneigung für ihre Kinder, auch wenn das Hofzeremoniell sie meist daran hindert, das offen zu zeigen.

Johanna nimmt auf einem Hocker zu Füßen der Königin Platz. Sie weiß nicht recht, welche Haltung sie einnehmen soll, ihre Mutter schüchtert sie ein wenig ein, und sie will sich ihre Verlegenheit nicht anmerken lassen.

»Ich habe heute morgen einen langen Brief aus Flandern erhalten.«

Bei diesen Worten hebt die Infantin lebhaft den Kopf, ihre Augen leuchten. Ob Philipp ihr geschrieben hat? Isabella bemerkt die Erregung ihrer Tochter, ergreift ihre Hand und hält sie fest.

»Du wirst einen guten Gemahl haben, Juanita, Philipp ist schön, fromm und voller Eifer, seinem Reich zu dienen, jedoch …«

Sie sucht nach Worten. Johanna zeigt so wenig Interesse für Staatsangelegenheiten, daß man sie schonen, ihr erst nach und nach begreiflich machen muß, welche Rolle sie im Interesse Spaniens zu spielen hat. »Vergiß nicht, sie ist erst sechzehn«, pflegt Ferdinand Isabella zu beruhigen, wenn er ihre Besorgnis bemerkt. »Laß sie nur erst zur Frau heranreifen, dann wird sie aufblühen, dessen bin ich gewiß!« Das Argument ihres Gemahls vermag sie indes kaum zu überzeugen. Sie, Isabella, sie wußte mit sechzehn Jahren ihr Leben selbst in die Hand zu nehmen.

»In diesem Brief«, fährt sie fort, Johannas Hand noch immer in der ihren, »läßt man mich wissen, daß deine zukünftige Großmutter, Madame la Grande, in ihrem Schloß in Mecheln Gemächer für dich herrichten läßt. Hör auf die Prinzessin von York! Sie wird dir bei deinen ersten Schritten in Flandern eine unschätzbare Hilfe sein, dir manchen Irrtum, manche Ungeschicktheit ersparen. Vergiß nicht, daß du Spanierin bist, daß dich viele Dinge dort aus der Fassung bringen werden …«

Johanna hört ihr mit äußerster Aufmerksamkeit zu. Isabella spricht von den Beziehungen des Hauses Burgund mit Frankreich, erinnert an die Überfälle, denen Maria, die verstorbene Mutter Philipps, zum Opfer fiel. So einfach wie eben möglich versucht sie, ihr die Bündnislage und die politischen Verbindungen zu erklären, die sie Kastilien zum Ruhme geschmiedet hat.

Die Erläuterungen ihrer Mutter langweilen Johanna ein wenig. Wann wird sie endlich auf Philipp zu sprechen kommen?

»Soll die Vermählung stattfinden, sobald wir an Land sind, Mutter?«

Ganz fest drückt Isabella die kleine Hand. Dieses plötzliche Zeichen der Zuneigung macht Johanna verlegen.

»Zuerst mußt du mit deinem Ehrengeleit feierlichen Einzug in Lier halten, wo die Trauungszeremonie stattfinden wird.«

»Werde ich den Erzherzog vorher zu Gesicht bekommen?«

»Der Erzherzog wird gewiß in Arnemuiden auf dich warten, wo du an Land gehen wirst. Ihr habt also Zeit, euch ein wenig kennenzulernen.«

Johanna versucht, sich diese erste Begegnung vorzustellen. Energisch hat sie ihre Hand zurückgezogen. Die Königin zeigt keine Regung, sie weiß, daß ihre Tochter scheu und unzugänglich ist.

»Hast du irgendwelche Bedenken, mein Kind?«

»Nein, Mutter, welchen Grund sollte ich dazu haben?«

Es drängt sie aufzustehen, in ihre Gemächer zurückzueilen. Doch Isabella hat sich wieder gefaßt und spricht jetzt mit fester Stimme von der Organisation des Hofes, von der Autorität, die Johanna vor all den spanischen Adeligen und Ehrendamen an den Tag legen muß. Sie erläutert die Verhaltensmaßregeln, erwähnt die Probleme der Schatzkammer, nennt Zahlen, betont immer wieder den Namen Martín de Moxica, ihres zukünftigen Schatzmeisters. Dann läßt sie sich unvernünftigerweise von ihrer alten Leidenschaft für Ordnung und Autorität hinreißen, sie vergißt Johanna und ihre Unbedarftheit, spricht vom französischen Einfluß, von dem sie Philipp fernhalten müsse, von Maximilian von Österreich, Johannas Schwiegervater, den es ständig für die spanische Sache zu gewinnen gelte, sie erwähnt Heinrich VII. und das Bündnis mit England, kommt auf Italien und die zermürbenden Kriege um Neapel und Mailand zu sprechen. Schließlich verstummt sie, senkt den Blick und spürt sofort Johannas Geistesabwesenheit.

»Du wirst einen bedeutenden Beichtvater haben«, schließt sie ein wenig enttäuscht. »Ich werde dir Don Diego de Villaescusa mit nach Flandern schicken; er ist ein angesehener Theologe und Dekan unserer Stadt Jaén. Er wird dir helfen, eine fromme Christin zu bleiben. Und jetzt laß uns gemeinsam zu

Gott beten, daß er dir beistehen möge, mein Kind! Auch wenn ich bald fern von dir bin, wird Er doch immer an deiner Seite sein.«

Die beiden Frauen knien auf dem Steinboden nieder, die Glocke der Kapelle schlägt neunmal an. Der letzte Julitag geht seinem Ende zu.

VON ALMAZÁN, WO SICH DER HOF Anfang August niedergelassen hat, bis zum Hafen von Laredo verläuft die restliche Reiseroute über den Ebro und das kantabrische Gebirge. Zu Pferd, in Sänften, auf den Rücken von Maultieren ziehen die Edelleute und Hofdamen vor dem Troß aus Bediensteten, dem bewaffneten Heer, den unzähligen mit Gepäck und Vorräten beladenen Karren her. An der Spitze des Zuges reisen Isabella und ihre Kinder. Alle sind sie da, die Infantin Isabella, Juan, Katharina und Maria, um ihre Schwester bis zum Ausgangspunkt ihrer großen Reise nach Flandern zu begleiten. Auf den Feldern schlagen die maurischen Sklavinnen Mandeln von den Bäumen, während Bäuerinnen mit gerafften Röcken sie von bunten Laken auflesen. Hier und da sieht man Schweine davonlaufen und magere Hühner im Dickicht der Kakteen Zuflucht suchen. In der sengenden Hitze werden Schläuche aus Ziegenleder mit kühlem Wein herumgereicht, dessen herber Geschmack niemandem mißfällt.

Auf ihrem kostbar geharnischten Maultier fühlt sich Johanna wie eine Gefangene. Nie hat sie über eine Wiese laufen, eine Mandel auflesen, einen Apfel pflücken können. Bisher ist sie noch nie auf solch einen Gedanken gekommen, und heute, da ihr all das so verlockend erscheint, entfernt sie jeder Schritt ihres Maultiers von der Verwirklichung eines solchen Wunsches.

Der lange Festzug meidet Malaporquera, von wo Pestfälle gemeldet worden sind, und zieht nach Norden Richtung Ebro. Bei jeder Etappe stellt sich das schwierige Problem der Unterbringung und der Verpflegung. Die Königin und ihre Kinder finden im geräumigsten Haus des Marktfleckens Herberge, die Edelleute und Dienerinnen lassen sich nieder, wo sie können, das Heer nächtigt unter freiem Himmel.

»Laßt uns in diesem Dorf übernachten, Majestät!« schlägt Don Juan de Guevara vor. »Morgen in aller Frühe überqueren wir den Fluß.«

Die Königin erblickt vor sich ein paar Häuser, die sich dicht um eine Kirche drängen. Ein halbes Dutzend ausgehungerter Hunde sind ihnen mit gespitzten Ohren entgegengelaufen, Kinder mit zerzausten Haaren nähern sich scheu.

»Der Priester ist benachrichtigt worden«, erklärt Guevara. »Er hat sein Haus hergerichtet, um Euch zu empfangen.«

In den übelriechenden, engen Gassen können die Sänften kaum passieren. Von den Hunden aufgeschreckt, schnauben die Pferde, eine der jungen Dienerinnen stößt einen schrillen Schrei aus, als ihr Maultier strauchelt.

Am Ende der Straße tritt ein alter Mann in langer Soutane, von einer Schar Dorfbewohnern gefolgt, der Königin mit gezogenem Hut entgegen. Er küßt ihre Hand, stammelt ein paar Worte des Willkommens. Sein strohiges Haar ist dünn und weiß wie Schnee, hinter seinen blassen Lippen fehlen die Zähne.

»Vater«, erwidert Isabella respektvoll, »der Infant, die Infantinnen und ich schätzen uns glücklich, die Nacht unter dem Dach eines Priesters zu verbringen. Macht unseretwegen keine Umstände, meine Diener kümmern sich um alles. Ich will nur heute abend in Eurer Kirche beten und wünsche, morgen früh einer Messe beizuwohnen.«

Ohne auf eine Antwort zu warten, treibt sie ihr Maultier weiter. Die Hitze und der Straßenstaub haben sie ermüdet, sie besitzt nicht mehr die unverwüstliche Kraft und Gesundheit ihrer Jugend. Schwindel und Unwohlsein überfallen sie bisweilen, doch sie will sich nicht schonen.

Angenehm umfängt sie die Kühle des Pfarrhauses. Es ist um

einen kleinen Hof gebaut. Darin liegt ein Brunnen, dessen Einfassung von einem schmiedeeisernen Kreuz überragt wird. Im Vorraum ohne jegliche Möbel schmücken Heiligenbilder die Wände, der Boden ist mit Steinfliesen ausgelegt, die von Wachs glänzen. Von ihrem Stallmeister geleitet, tritt Isabella ins Ehrenzimmer, das für sie in ein Schlafgemach verwandelt wurde: Ein einfaches Bett, zwei Stühle mit Lederbespannung, ein schwerer Zinnleuchter bilden das ganze Mobiliar. Die Fenster sind mit Wachspapier abgedeckt. Auf einer Truhe steht zwischen zwei Terracottaschalen ein Krug mit Erdbeerwasser.

Isabella fühlt sich unendlich matt und würde sich gern auf ihrem Lager ausstrecken und schlafen, doch sie muß zum Abendessen erscheinen. Selbst in diesem abgelegenen Dorf gilt es, zum Ruhme Spaniens die Etikette zu wahren.

In dem Zimmer, das sie mit Katharina und Maria teilt, läßt sich Johanna von ihrer Sklavin Fatma die Füße mit duftendem Öl massieren. Sie hat einen verstohlenen Blick auf die ärmliche Einrichtung, den bemalten hölzernen Christus an der Wand, das Standbild der betenden Mutter Gottes geworfen. Sie hat es inzwischen eilig, sich in Laredo einzuschiffen und nicht länger diese unerträglichen Gefühle durchleiden zu müssen, während sie spanischen Boden überquert. Katharina und Maria lassen sich ihre Haare bürsten, die vom Staub ganz stumpf und glanzlos geworden sind.

»Bald, meine Prinzessin, werde ich dich für deine Hochzeitsnacht herrichten«, flüstert die Sklavin.

Eine heftige Blutwallung rötet die helle Gesichtshaut der Infantin. Sie haßt die Anspielungen der alten Frau und wünscht doch zugleich, sie würde weitere Einzelheiten hinzufügen. Was wird Philipp im Hochzeitsbett von ihr verlangen, wird sie sich wirklich unterwerfen müssen?

»Ich werde dich parfümieren, dich enthaaren«, fährt Fatma, durch das Schweigen ihrer Herrin ermuntert, fort, »dich mit Jasminwasser massieren und deine Lippen und Brustwarzen rot malen.«

Johanna stammelt:

»Werde ich ein Hemd tragen, Fatma?«

Die alte Frau bricht in Lachen aus.

»Nein, mein Täubchen, für das Opfer der Liebe muß man nackt sein.«

Das junge Mädchen springt auf, entflieht den Händen ihrer Sklavin, die noch immer lacht. Die Bilder, die Fatma in ihr heraufbeschworen hat, schnüren ihr den Magen zusammen.

Für das Abendessen der Königin und ihrer Kinder haben die Diener die Vorräte des Dorfes geplündert. Gleich darauf haben sich die Küchenjungen an die Arbeit gemacht, um auf behelfsmäßigen Kohlenbecken Hühner und Rebhühner zu garen, Ragouts mit Safran, Knoblauch und Pfeffer aufzuwärmen, eilig Süßspeisen mit Eigelb und Zucker anzurühren. Der Tisch ist unter einem alten Feigenbaum im Hof aufgestellt worden. Es ist mild. In der untergehenden Sonne haben die Steine eine rötliche Ockerfärbung angenommen. Seit Isabella sich am Tisch niedergelassen hat, verspürt sie eine tiefe, innere Ruhe, sie ist im Herzen ihres Landes, ist ein Teil Spaniens, weiter nichts. In der Friedlichkeit dieses Hofes zeigt sich deutlich, daß sich ihre Sorgen und Mühen lohnen. Hinter der Königin stehen in aufrechter Haltung die Vertreter des höchsten kastilischen Adels, sie sind ihre Haushofmeister, Mundschenke, Kammerherren. In einem Winkel bereiten sich die Ehrendamen und Gesellschafterinnen, auf Kissen am Boden sitzend, auf das Essen vor.

Ohne genaue Reihenfolge treffen die Gerichte ein. Die Diener drängen sich, verständigen sich durch Zurufe, die Windhunde der Damen betteln bei den Tischgenossen um Leckerbissen. Johanna nimmt kaum etwas zu sich. Ihr Bruder an ihrer Seite ißt gierig. Ihn stimmt die Aussicht auf seine baldige Hochzeit euphorisch.

Die Sonne ist untergegangen. Am Wein, der die Rundbogentür des Pfarrhauses umrankt, machen sich emsig die letzten Bienen zu schaffen. An den Plätzen der Damen häufen sich abgenagte Knochen, Olivenkerne, leere Granatapfelschalen am Boden. Die Männer sind an sie herangerückt, und ihr Gelächter mischt sich. Mit ihren Kindern allein am Tisch, denkt die Königin an Ferdinand, der noch lange Wochen abwesend sein wird. Sie weiß, wie sehr Johanna ihrem Vater zugetan ist, und hat noch nicht gewagt, ihr mitzuteilen, daß er nicht in Laredo erscheinen wird, um ihr Lebewohl zu sagen. »Wenn er nicht sogar vergißt, ihr wenigstens einen Brief zu schreiben!« Doch der König nimmt nicht viel Rücksicht auf andere, auch wenn es sich dabei um seine Familie handelt. Unermüdlich fädelt er komplizierte Intrigen ein, um seine Gegner zu lähmen. Bleibt ihm da die Zeit, sich um das Glück eines sechzehnjährigen Mädchens zu kümmern?

Neben Isabella nascht Johanna mit abweisender Miene von den Trauben.

Allmächtiger, denkt Isabella, gib diesem Kind das rechte Bewußtsein für die Größe, die es repräsentiert, schwäche seine Reizbarkeit, schenke ihm Nachsicht und Entschlossenheit!

Obwohl sie ihrer Tochter gern ein paar wohlwollende Worte sagen würde, hält sie sich zurück. Oft, wenn sie mit der Lektüre eines Berichts, der Beglaubigung eines Dokuments, der Untersuchung eines Verwaltungsproblems beschäftigt ist, verweilen Isabellas Gedanken bei ihrer Tochter, doch immer fehlt ihr die Zeit, sie anzuhören, allmählich ihr Vertrauen zu gewinnen und zu erlauben, daß sie ihr Herz ausschüttet. Dazu ist es heute zu spät, ihre Tochter wird nach Flandern reisen, sie wird sie wohl nicht mehr wiedersehen. In der Ehe wird sie aufblühen, wiederholt sie sich und versucht, es zu glauben.

Der Hafen von Laredo kann die herrliche Flotte nicht vollständig aufnehmen. Zahlreiche Schiffe müssen außerhalb der Bucht, auf dem offenen Meer, Anker werfen; Schaluppen verbinden sie in ständigem Hin und Her mit dem Kai. Die Stadt wimmelt von Soldaten, Matrosen, Lieferanten, die frische Vorräte – Eier, Käse, Früchte, Gemüse – an Bord bringen. Viehhändler treiben Rinder- und Schafherden vor sich her, die von Hafenaufsehern zur Laderampe der zwei riesigen genuesischen Handelsschiffe geschleust werden.

Seit Mitte August grollt in jeder Nacht der Donner, Blitze durchzucken den Himmel, doch es fällt kein Regen. Die alten Frauen deuten das als schlechtes Omen; sie glauben, der Teufel umkreise die Armada und halte nach einer Bresche Ausschau, durch die er sich auf sie stürzen könne.

Jeden Morgen lauscht Don Juan Enriquez, Admiral von Kastilien und Vetter von Ferdinand, aufmerksam den Berichten der Lotsen. Endlich scheint der Wind sich von Westen nach Süden zu drehen und die Aussicht zu bestehen, daß er diese Richtung beibehält.

»Und das Gewitter?« fragt er.

Die alten Seeleute schütteln die Köpfe.

»Ein Gewitter ist kein Sturm, Exzellenz. Sobald wir auf hoher See sind, werden wir das Tief hinter uns lassen.«

Der Admiral denkt nach. Die Königin wird jederzeit in Laredo erwartet. Man kann sie nicht zwingen, länger in dieser Stadt zu verweilen, die nicht geeignet ist, eine königliche Eskorte aufzunehmen. Wenn das Risiko gering ist, muß es eingegangen werden.

»Gebt der Mannschaft Bescheid, daß meine Flotte morgen früh bereit ist, in See zu stechen!« befiehlt Enriquez. »Alle Männer müssen an Bord schlafen, damit es zu keiner Verzögerung kommt.«

Wie von den Lotsen vorausgesagt, weht der Wind an diesem 22. August mäßig stark und anhaltend aus südlicher Richtung. Auf dem königlichen Schiff ist der Augenblick des Abschiednehmens gekommen. Isabella hat ihre Tochter nicht vor Lichten der Anker verlassen wollen und beschlossen, während der langen Stunden des Wartens bei ihr an Bord zu bleiben. Plötzlich verliert Johanna die Fassung. Verzweiflung, mächtiger als ihr Stolz, übermannt sie, schmettert sie nieder. Angesichts der endgültigen Trennung versagt ihr Wille. Katharina und Maria schlingen tröstend die Arme um sie, stellen ihr naive Fragen, die sie nicht beantworten kann. Juan schweigt. Ihn stimmt die Abreise seiner Schwester kaum traurig. Wird ihm die Flotte, die sie nach Flandern trägt, nicht auf dem Rückweg seine Verlobte nach Spanien bringen? Da er mit seinen achtzehn Jahren noch unschuldig ist, kann er seine Phantasie nicht mehr zügeln, seit er die Gewißheit hat, daß er bald eine Frau besitzen wird. Die Nächte bringen ihm keine Erholung. Noch magerer und blasser als gewöhnlich, betrachtet er zerstreut seine drei jüngeren Schwestern. Isabella hat für Johanna eine kleine, erbauliche Rede vorbereitet und wartet auf den geeigneten Augenblick, sie vorzutragen. Sie hat die Ehe kennengelernt und will die junge Verlobte überzeugen, daß ein Paar, wenn es dies nur innig wünscht, fähig ist, die eheliche Verbindung als etwas Heiliges zu erleben und unendliche geistige Gnade sowie die zur Regierung eines Reiches unerläßliche Kraft daraus zu schöpfen. Die Königin ist so bewegt, daß sie schweigt, fürchtet sie doch, man könne ein Zittern in ihrer Stimme vernehmen.

Eine Dienerin hat Katharina und Maria fortgeführt. Bald darauf geht auch Juan von Bord, begleitet von der Infantin Isabella, die enttäuscht ist, daß ihr Vortrag Johanna völlig gleichgültig gelassen hat.

Die Königin bleibt mit ihrer Tochter allein. In der fast dunklen Kajüte vermischt sich der ziemlich strenge Geruch von Salzlake mit dem von Wachs. Das Schiff schaukelt sacht.

»Mein Kind«, läßt sich die Königin so ruhig wie möglich vernehmen, »der Augenblick ist gekommen.«

Johanna starrt sie an, noch nie hat sie ihre Mutter so angesehen. Die Königin wird unruhig unter diesem allzu bohrenden Blick, der sie durchdringt, sie anzuklagen scheint. Anklagen – warum? Sie ist ihr immer eine aufmerksame Mutter gewesen.

»Hat mir mein Vater geschrieben?« stammelt Johanna.

»Er hat es zweifellos getan, doch der Kurier ist noch nicht in Laredo eingetroffen. Ich werde dir seinen Brief nach Flandern schicken.«

Johanna hat die Augen niedergeschlagen, die Kehle ist ihr wie zugeschnürt. Sie wünscht sich, auf der Stelle allein zu sein, damit sie ihren Tränen über die Gleichgültigkeit ihres Vaters freien Lauf lassen kann.

»Gottes Segen sei mit dir!« fährt Isabella mit kaum vernehmlicher Stimme fort. »Wende dich an Ihn, wenn du das Bedürfnis nach Hilfe verspürst. Bete und beichte so oft wie möglich!« Sie weiß, daß Johanna nicht mit solchen Worten rechnet, findet aber keine anderen: »Willst du mich umarmen, Juanita?«

Dieser Name aus ihrer frühsten Kindheit bringt Johanna aus der Fassung. Wer wird sie fortan so nennen? Da breitet Isabella in einer Gebärde, die sie nicht mehr unterdrücken kann, die Arme aus, und Johanna schmiegt sich hinein. Endlich schluchzt das Mädchen auf, weint Tränen, so heftig, als könnten sie nie mehr versiegen. Sanft streicht ihre Mutter ihr über das Haar. »Juanita, Juanita.« Und die Wiederholung dieses Kosenamens steigert den Kummer der Infantin nur noch. Diese Mutter, der sie oft Gefühlskälte vorgeworfen hat, überhäuft sie plötzlich mit Zärtlichkeit.

»Ich liebe Euch, Mutter«, stößt sie hervor. »Vergeßt mich nicht!«

Mit ungeheurer Willenskraft löst Isabella sich von ihrer Tochter und nimmt wieder ihre gelassene Herrschermiene an.

»Johanna, mein Kind, fasse dich! Du wirst Erzherzogin in einem Lande sein, in dem es sich, wie es heißt, angenehm leben läßt, du wirst mit einem jungen Mann vermählt sein, der große Vorzüge in sich vereint, du wirst Spanien, seine Interessen, seine Größe vertreten, und du wirst Mutter sein. Gott hat dich mit seiner Gunst überhäuft, bringe ihm für seine Wohltaten keine Tränen, sondern Dankgebete entgegen. Ich habe dir ein Gefolge von Freunden mitgegeben, die dich unterstützen, dich beraten werden. Denk heute nur an dein zukünftiges Leben!«

Johanna hat sich nun endlich wieder in der Gewalt, das Verlangen, ihr Herz auszuschütten, hat sich unter dem reservierten Blick ihrer Mutter gelegt.

»Ja, meine Mutter«, murmelt sie, einen Schritt zurückweichend, »ich will versuchen, Euch zu gehorchen.«

Isabella nähert sich ihr erneut, diesmal jedoch nur zu einer raschen, fast zeremoniellen Umarmung.

»Vergiß nie, daß du eine spanische Prinzessin bist!«

Schon verwischen sich die Konturen der Küste. In der Ferne ist nur noch eine schmale graue Linie zu sehen, die immer wieder von den Wogen unterbrochen wird.

Seitdem die Flotte die Anker gelichtet hat, hüllt Johanna sich die meiste Zeit in brütendes Schweigen. Freilich hat sie ihrem Onkel, dem Admiral von Spanien, einen guten Tag wünschen, einer Messe beiwohnen und laut das Gebet vorlesen müssen, das sie alle dem Schutz Gottes empfiehlt.

Schon als die Anker gelichtet wurden, hat man ihr ein Mahl angeboten, das sie beharrlich abgelehnt hat. Die starke Dünung bekommt den meisten Passagieren nicht, zwei Dienerinnen liegen schon seekrank auf ihren Pritschen.

Die Sonne steht hoch, es ist heiß. Die Matrosen dämmern auf der Brücke vor sich hin. Als Johanna endlich allein in ihrer Kajüte ausgestreckt auf dem Rücken liegt, die Hände auf dem Bauch gefaltet und die Augen zur Decke gerichtet, weint sie heiße, seltene Tränen, die langsam über ihre Wangen rinnen und ihren Spitzenkragen benetzen. Sie versucht, an Philipp zu denken, doch es will ihr nicht gelingen. Sein Bild wird ständig von dem ihres Vaters, ihrer Mutter, Juans und ihrer Schwestern ausgelöscht. Sollte ich die Flamen nicht lieben, sagt sie sich immer wieder, werde ich mich einfach dem Tod überlassen. Dann wird meine Mutter ihr Unterpfand verlieren und mein Vater eine Tochter, die ihm gleichgültig ist.

Ein leises Kratzgeräusch läßt sie zusammenfahren. Wer wagt es, sie zu stören? Sie hat befohlen, daß man sie allein läßt.

Ganz sanft öffnet sich die Tür, ein kleiner schwarzgekleideter Mann tritt auf Zehenspitzen ein, kommt einen Schritt auf sie zu.

»Señora Infanta«, murmelt er mit einem freundlichen Lächeln, »ich habe mir gedacht, wir könnten an diesem Tage, da wir unser geliebtes Spanien verlassen müssen, gemeinsam trauern.«

»Pater Andreas!« ruft Johanna.

Sie setzt sich auf, versucht zurückzulächeln, doch ihre Tränen fließen nur noch heftiger. Der kleine Mann tritt näher, schließt sie in seine Arme, wiegt sie sanft.

»Mein Kind, es gibt keinen Schmerz, den ein Mann Gottes nicht teilen könnte. Ich bin Euer Beichtvater seit dem Tag Eurer Erstkommunion und betrachte mich als Euren Vater. Laßt das Weinen! Aus einer harten Prüfung erwächst stets größtes Glück. Man muß das eine bestehen, um das andere zu verdienen.«

In seinen Armen gibt die kleine Prinzessin, zerbrechlich wie eine geschnittene Blume, jeden Widerstand auf. Der Beichtvater richtet sich auf, legt die Hände um die des jungen Mädchens. Seine blauen Augen glänzen sanft in seinem hageren Gesicht.

»Wollen wir nicht ein Glas Wein aus Jerez zusammen trinken? Es ist keine Sünde, wenn man sich ein wenig traurig fühlt.«

Ohne ihre Antwort abzuwarten, holt er ein Fläschchen aus einer Ebenholztruhe, öffnet es und füllt zwei Gläser.

»Es soll unser Geheimnis bleiben. Eure Dienerinnen werden uns nicht ertappen, dazu schaukelt ihr Magen viel zu heftig im Auf und Ab der Wogen.«

Johanna lächelt. Trotz seiner strengen Erscheinung gehört Pater Andreas am Hof ihrer Eltern zu den wenigen Geistlichen, die sie stets aufzuheitern wußten. Bei ihm gestaltet sich die Beichte zu einem Augenblick der Zerstreuung.

»Mir ist so bang«, gesteht sie, »wenn ich an mein Leben in Flandern denke. Was erwartet man dort von mir? Meine Mutter hat mich überzeugen wollen, ich müsse spanisch bleiben, wie eine spanische Prinzessin denken und sprechen, aber werde ich damit nicht meinen Gemahl erzürnen?«

Pater Andreas ist erstaunt über dieses vertrauliche Geständnis der Infantin, das erste, seit er ihr Beichtvater ist. Der Wein aus Jerez muß ihr geholfen haben, ihr Herz auszuschütten.

»Señora Infanta«, entgegnet er, ohne lange zu überlegen, denn auch ihn läßt der Wein seine übliche Vorsicht vergessen. »Ihr seid zuallererst dem Gemahl verpflichtet, den Gott Euch gegeben hat, und Euren zukünftigen Kindern. Behaltet Spanien in Eurem Herzen, so wie man das Andenken einer Mutter ehrt! Euer zukünftiges Leben aber wird das einer flämischen Erzherzogin sein.«

Rasch verstummt er, verwirrt darüber, daß er gewagt hat, der Königin zu widersprechen.

Als sich die Armada der englischen Küste nähert, braut sich ein heftiger Sturm zusammen. Er peitscht das Meer auf, setzt weiße Kronen auf die Wellen, und das Wasser, bisher eintönig grau, wird grün, wenn die Wolken aufreißen.

Mittags, beim Wechsel der Gezeiten, nimmt die Brandung noch an Stärke zu, hohe Wogen schlagen mit furchtbarem Getöse über Deck. Barfuß, das Haar verklebt von der Gischt, reffen die Matrosen auf den Brücken die Segel, bemüht, die Gruppe von Schiffen zusammenzuhalten. Sie sind die einzigen an Deck, die Passagiere haben in ihren Kajüten Schutz gesucht. In den Frachträumen brüllt erbärmlich das Vieh.

Johanna liegt auf ihrem Lager, von heftigen Krämpfen geschüttelt, Ana de Viamonte an ihrer Seite. Sie glaubte sich längst am tiefsten Punkt der Verzweiflung angelangt, und nun rebelliert auch noch ihr Körper. Jeder Anfall von Übelkeit peinigt sie, läßt sie fast den Tod herbeisehnen, um endlich erlöst zu sein. Eiskalter Schweiß bedeckt ihr Gesicht, ihren Körper. Selbst die dicke Decke vermag sie nicht zu wärmen. Mit ohrenbetäubendem Lärm hämmern die Wellen gegen den Schiffsrumpf. Das Krachen der Planken ist furchterregend.

Nach und nach hat der Sturm nachgelassen, das Meer sich beruhigt. Im Licht der untergehenden Sonne färben sich die Fluten rosa. Auf der Brücke erhebt sich der Gesang der Matrosen, die erneut die Segel hissen – sie singen ein altes kantabrisches Lied von einem in Seenot geratenen Schiff, das von der Jungfrau Maria gerettet wird.

Johanna sitzt auf ihrem Lager. Gott hat sie beschützt. In wenigen Tagen wird sie in ihrer neuen Heimat an Land gehen. Die überstandene Gefahr hat sie beruhigt, als hätte der Wind die Tür zu den spanischen Erinnerungen zugeschlagen und nur das Tor der Zukunft offen gelassen.

Außer sich vor Erregung, erscheint eine der Ehrendamen, von Fatma gefolgt, in ihrer Kajüte.

»Señora Infanta, das Schiff mit Eurer Habe, Eurem Schmuck ist gesunken!«

Fatma wimmert und schlägt sich mit den Fäusten ins Gesicht, das noch immer von den Auswirkungen des Unwetters gezeichnet ist. Der Schreck läßt Johanna auf ihrem Bett erstarren. Von der prächtigen Aussteuer, die ihre Mutter zusammengestellt, von dem kostbaren Geschmeide, das sie mit hohen Kosten für sie erworben hat, ist also nichts geblieben? Gott will, daß ich als neuer Mensch in Flandern ankomme, denkt sie, befreit von allem, was meine Mutter für mich gewollt hat. Und plötzlich kommen ihr wieder die Worte der Sklavin in den Sinn: »Für das Opfer der Liebe muß man nackt sein.«

»Land in Sicht!« schreit der Matrose auf dem Ausguck. Nach einer kurzen Zwischenstation im englischen Hafen von Portland, wo die beschädigten Schiffe notdürftig repariert worden sind, steuert die Flotte jetzt auf die seeländische Küste zu. Johanna und ihr Gefolge sind von ihrem allzu schweren Schiff auf eine leichtere Karavelle umgestiegen. Nachdem sich die erste Aufregung gelegt hatte, wurden auf einem anderen Schiff Kleider und Schmuckstücke entdeckt, die vom Orkan verschont geblieben sind, die Infantin wird also einen würdigen Einzug in ihre neue Heimat halten können. Bevor die Flotte landet, erteilt der Admiral von Kastilien Befehl auf Befehl, um nichts dem Zufall zu überlassen: Er läßt die Decks scheuern, bis sie blitzen, die Anker überprüfen, die Banner entfalten, die Pauken und Trompeten aus den Kisten holen, die Maulesel schirren, die seine Nichte und ihr Gefolge tragen werden. Die Flamen sollen von dem Prunk der Spanier unweigerlich geblendet sein.

Seit Portland, wo es anhaltend regnete, hustet Johanna. Die Reise, der Sturm, die stets um dasselbe kreisenden Gedanken und die neue Verantwortung haben sie ermattet. Vor Kälte und Nässe zitternd, steht sie neben ihrem Onkel auf der Kommandobrücke und beobachtet, wie ihre neue Heimat näher rückt.

»Mit Gottes Gnade sind wir nun endlich am Ziel, liebe Nichte«, erklärt der Admiral zufrieden. »Sobald wir angekommen sind, wird eine unserer Karavellen nach Spanien zurücksegeln, um Ferdinand und der Königin die beruhigende Nachricht zu überbringen. Willst du einen Brief schreiben?«

Johanna schüttelt verneinend den Kopf.

Das Festland rückt immer näher. Die junge Infantin erkennt Sanddünen und hohe Gräser, die sich im Winde neigen.

»Wo sind wir, Onkel?«

»Wir laufen den Hafen Arnemuiden auf der Insel Walcheren an. Von dort aus wird man dich wohl nach Middelburg geleiten, einem großen, reichen Marktflecken, wie mir berichtet wurde.«

Und Philipp? denkt Johanna verzweifelt. Wird er dasein, um

mich zu empfangen? Brennt er darauf, mich kennenzulernen? Ohne ihren Onkel anzuschauen, fragt sie mit bemüht gleichgültiger Stimme:

»Hat man unsere Ankunft angekündigt?«

»Gleich bei unserer Abfahrt aus Laredo ist ein Kurier zu Pferde aufgebrochen, mein Kind, doch der Krieg zwischen Spanien und Frankreich kann ihn aufgehalten haben. Gott allein weiß, wo er sich im Augenblick befindet.«

»Soll das heißen, mein Onkel, daß wir nicht erwartet werden?«

Ihre Stimme bebt. Sie ist so erschöpft, daß es ihr schwerfällt, sich mit diesem Mißgeschick abzufinden. Sie hat sich immer vorgestellt, Philipp würde sie persönlich willkommen heißen, ihr helfen, all die unbekannten Gesichter und die fremden Worte zu ertragen. Der Gedanke, allein vor ihr neues Volk treten zu müssen, läßt sie noch stärker frösteln.

Der Hafen ist jetzt ganz nahe. Schon erkennt man die Menge der Schaulustigen, die sich versammelt haben, um die Spanier zu begrüßen. Hinter der Karavelle des Admirals laufen die Schiffe, eines nach dem anderen, in die Bucht ein. Es sind so viele, daß sie bald Seite an Seite ankern und das Wasser wie ein gewaltiger Schild bedecken. Zunächst neugierig, dann starr vor Erstaunen, sehen die Flamen dem Spektakel zu. Will das ganze spanische Heer hier landen? Wie sollen sie nur all die Menschen beherbergen und beköstigen?

Doch schon hat man eine Landungsbrücke von der Karavelle zur Hafenmauer hinabgelassen. Eine Reihe von Pagen, alle in Scharlachrot gekleidet und Samthüte tragend, lassen ihre Trompeten erschallen, während an den Masten die Banner flattern. Mit großen Augen beobachten die Kinder, wie viele seltsam gekleidete Gestalten sich auf den Decks zu schaffen machen. Sie sehen schnaubende Maulesel in kostbarem Geschirr, Soldaten, deren Eisenhelme in der Septembersonne blitzen. So weit das Auge reicht, drängen sich große und kleine Schiffe.

Mehr tot als lebendig und durch ihr zu steifes Kleid eingeengt, schreitet Johanna an der Hand ihres Onkels die Kommandobrücke hinunter. Der freudestrahlende Admiral bemerkt nichts von der Verzweiflung seiner Nichte und führt sie feierlichen Schrittes zum Landungssteg.

»Serenissima Señora Infanta«, ruft auf Kastilisch eine Frauenstimme, »es ist mir eine große Ehre, Euch in diesem Land, das nun das Eure ist, empfangen zu dürfen!«

Johanna fährt zusammen. Doch dann gewahrt sie Maria Manuel de la Cerda, die früher oft am Hof Isabellas weilte und inzwischen die Gemahlin von Boudewijn von Burgund ist, dem Bastard Philipps des Guten, der ihrem Schwiegervater Kaiser Maximilian als Berater und Kammerherrn dient. Während Pauken und Trompeten erschallen, will Maria Manuel Johannas Hand küssen, die Infantin indes zieht sie zurück und umarmt die Frau, die einst eine Freundin ihrer Mutter war.

»Doña Maria, ist der Gesandte der spanischen Majestäten in Mecheln eingetroffen?« fragt der Admiral besorgt.

»Nein, Don Fadrique, uns hat nur das Schiff erreicht, das Euch vorausgeeilt ist, und wir haben umgehend einen Boten nach Österreich geschickt, um den Erzherzog, der bei seinem Vater weilt, von Eurer Ankunft in Kenntnis zu setzen.«

Johanna, den Tränen nahe, würde sich am liebsten in Luft auflösen, um diesen Männern und Frauen zu entkommen, die sie anstarren, als wäre sie ein exotisches Tier.

Mit Hilfe eines kleinen goldverzierten Trittbretts, das Pagen herbeigetragen haben, steigen Johanna und Maria auf ihre Maulesel. Der Admiral folgt ihnen auf einem schwarzen Roß mit Silberharnisch, während sich die Eskorte in Paradeuniform aufstellt und die Ehrendamen ebenfalls aufsitzen. Die staunende Menge weicht zur Seite, um sie passieren zu lassen, heißt sie mit lautem Hurra willkommen. Die Schaulustigen stoßen sich gegenseitig an, um gemeinsam über diese fremdartigen Gestalten, diese sonnengebräunten Gesichter, diese übertrieben steifen

Frauen zu lachen. Sehr schnell aber wandern ihre Blicke wieder zu den Schiffen, deren Leiber einen nicht abreißenden Strom von Menschen ausspeien, als neben ihnen die Schaluppen anlegen, mit denen die Passagiere derjenigen Karavellen, die keinen Landeplatz mehr im Hafen gefunden haben, an Land gebracht werden. Mit ungläubigem Staunen beobachten die Gaffer, wie massive Möbel, Kisten, Truhen von schreienden, fluchenden Dienern und Matrosen ausgeladen werden.

»Allmächtiger!« ruft eine Matrone. »Da landet ja das ganze Gefolge des Großen Türken!«

Alles lacht und gibt Kommentare ab. Nach dem Erstaunen macht sich unverhohlene Heiterkeit breit.

»Lacht nur, lacht nur nach Herzenslust!« ertönt die dröhnende Stimme eines Bäckerjungen. »Wenn ihr diese Mohren bei euch aufnehmen müßt, wird euch das Lachen schon vergehen!«

In einem geräumigen Bürgerhaus von Middelburg sitzt Johanna an einem Kamin, den man für sie entzündet hat, damit sie wieder zu Kräften kommt. Fatma hat ihr einen Orangenblütentee bereitet und ihr die Kleiderschnüre ein wenig gelockert, um ihr das Atmen zu erleichtern. Jetzt, da die Infantin wieder festen Boden unter den Füßen hat, schwindelt ihr fast noch mehr als auf der bewegten See. Schweigend, noch gänzlich benommen, im Kopf nichts als Leere, nippt sie von dem heißen Getränk. Angeführt von einem Pagen, tritt eine üppige Dienerin mit Spitzenhäubchen ein.

»Euer Hoheit, die Prinzessin von Burgund läßt fragen, ob Ihr sie empfangen könnt.«

Sie hat kaum zu Ende gesprochen, als Maria Manuel de la Cerda auch schon mit trippelnden Schritten hereinkommt, sich der Infantin nähert und sich schließlich in dem Sessel an der anderen Seite des Kamins niederläßt, nachdem sie vergeblich auf ein Zeichen gewartet hat, das ihr erlaubt hätte, Platz zu nehmen.

»Doña Johanna, ich bin hier, um Euch über die verschiedenen

Vorkehrungen zu unterrichten, die für Eure Weiterreise nach Lier getroffen wurden, wo Eure Vermählung stattfinden wird.«

»Meine Vermählung? Aber ich habe doch keinen Gemahl!«

Die Stimme der Infantin ist schneidend. Ihre Niedergeschlagenheit hat einer verbitterten, aufbegehrenden Haltung Platz gemacht. Sie ist zu erschöpft, um sich versöhnlich zu zeigen. Warum soll sie ihre Enttäuschung verbergen? Sie wurde aus ihrer vertrauten Umgebung herausgerissen und mußte die Gefahren der stürmischen Seefahrt überstehen, um dieses Land zu erreichen, wo sie weder vom Kaiser noch vom Erzherzog, noch von irgendeinem anderen Mitglied der Familie erwartet wird.

»Jeden Augenblick kann der Erzherzog von Eurer Ankunft erfahren, Doña Johanna, und er wird sich unverzüglich auf den Weg hierher machen, dessen seid gewiß. Ich weiß, wie sehr er darauf brennt, Euch kennenzulernen.«

Diese letzte, vertrauliche Bemerkung besänftigt die Infantin. Für ein freundliches Wort streckt sie bereitwillig die Waffen.

»Erzherzogin Margarete«, fährt Maria Manuel fort, »hat den Hennegau verlassen, um Euch zu treffen. Sie kann es kaum erwarten, die junge Prinzessin zu umarmen, die zweifach ihre Schwägerin ist.«

Johanna denkt an dieses junge Mädchen, das so alt ist wie sie selbst. Vermutlich fürchtet auch Margarete sich vor ihrer bevorstehenden Seereise mit einer spanischen Flotte und vor der ersten Begegnung mit einem Gemahl, den sie nur von einem Porträt her kennt. Vielleicht werden sie sich miteinander anfreunden.

In aller Frühe haben die Infantin und ihr Gefolge Middelburg verlassen, um nach Bergen op Zoom weiterzureisen. Während die Spanier die flämische Landschaft durchqueren, machen sie große Augen. Alles ist ihnen fremd, die schwere braune Erde, die vielen Dörfer, die sich dicht aneinanderreihen und nur durch saftige, grüne Wiesen getrennt sind, das Fehlen jeglicher Erhebung. Das Grau des tiefhängenden Himmels drückt ihnen aufs Gemüt, der kalte Wind, der von Norden weht, läßt sie in ihren leichten Mänteln frösteln. Als der Zug bei Roelshoek den Arm der Halbinsel überquert hat, sind die Gewänder von der Gischt durchnäßt, die Frisuren der Damen zerzaust. Johanna, die neben dem Admiral und Maria Manuel reitet, nimmt begierig all die neuen Eindrücke auf, betrachtet ihre freundlich grüßenden Untertanen mit ihren runden, lachenden Gesichtern, ihren hübschen Kleidern aus feinem Tuch. Nie hat sie so fette Kühe, so fleischige Hühner gesehen. Der einfachste Flame erscheint ihr reicher als mancher kastilische Herr, die Kinder sind wohlgenährt, sorgsam gekämmt und tragen Schuhwerk aus gutem Leder. Sollte die Bevölkerung Spaniens arm sein? Zum ersten Mal überkommt sie die Sorge, ihr Gefolge könne nicht den von ihrer Mutter erhofften Eindruck machen. Stolz richtet sie sich auf ihrem Maultier auf und trägt den Kopf hoch. Die Flamen sollen sehen, daß eine kastilische Infantin sich zu betragen weiß.

Johan van Berghes und seine Gemahlin Adriane erwarten sie in ihrem Schloß, wenige Meilen von der Stadt entfernt. Von den schier unerschöpflichen Erklärungen Maria Manuels hat Johanna behalten, daß Johan van Berghes nicht nur Philipps Erster Kämmerer, sondern auch sein guter Freund ist, und das trotz des nicht unerheblichen Altersunterschieds. Die Eheleute haben vor kurzem eine kleine Tochter bekommen und Johanna um die Ehre bitten lassen, ihre Patin zu werden, was bereits in ihrem Namen zugesagt wurde.

Auf dem höchsten Turm des Schlosses, dem sich der Festzug nun nähert, flattern die Banner von Kastilien und Aragón. Zu beiden Seiten des massiven, weitgeöffneten Tors stehen Wappenträger, die in den Farben des Herrn van Berghes gekleidet sind und eine Trompete in Händen halten. Ein Orientteppich mit Blumenranken bedeckt die mit Zweigen geschmückte Zugbrücke. Der Oberste Kämmerer Diego de Ribeira hält das Maultier der Infantin durch einen Zug an den Zügeln an.

»Doña Juana, wir werden hier warten, bis unsere Gastgeber uns begrüßen kommen.«

In so kurzer Zeit hat sich so viel Neues ereignet, daß die Prinzessin ganz benommen ist. In Middelburg hat sie in dem allzu weichen flämischen Bett schlecht geschlafen und nach ihren Möbeln verlangt. Ihr Husten hat sich noch verschlimmert, ihr Kopf schmerzt unablässig. Maria Manuel hat gestern abend am Kaminfeuer die Bemerkung fallenlassen: »Der Erzherzog ist der schönste Mann von ganz Flandern.« Doch um jedes Nachfragen zu unterbinden, hat sie sich wieder der Liste mit den Festlichkeiten zugewandt, die Johanna zu Ehren geplant sind.

Bei lauten Trompetenstößen schreitet Johan van Berghes, auch »der schöne Berghes« genannt, dem spanischen Festzug entgegen. Obwohl er die Vierzig überschritten hat, ist er schlank geblieben, sein Haar unter dem Samthut ist schwarz und dicht, der Blick seiner hellbraunen Augen warm und klug. Mit gezogenem Hut verneigt er sich tief vor der Infantin, ohne jedoch das Knie vor ihr zu beugen, wie es in Kastilien Sitte ist. Dann reicht er ihr die Hand, um ihr aus dem Sattel zu helfen, wobei er ihre zarten Finger fest umschließt wie ein Mann, der gewohnt ist, über Frauen zu verfügen.

»Serenissima Infanta«, verkündet er mit herzlicher Stimme und einem fast vertraulichen Unterton, »ein Festmahl erwartet Euch. Meine Freunde sind stolz und glücklich, Euch vorgestellt zu werden.«

Verstohlen mustert er dieses blutjunge Mädchen, das bald die Gemahlin seines Freundes wird. Dessen Vorlieben, was die Frauen angeht, sind ihm hinreichend bekannt, und ihm kommt nicht der geringste Zweifel, daß dieses kleine, zerbrechliche Geschöpf mit dem leicht wilden Blick seine Begierde wecken wird.

Auf der Schwelle ihres Hauses sinkt Adriane van Berghes in einen tiefen Hofknicks. Sie hat erst vor einer Woche entbunden und allen Ermahnungen ihrer Umgebung zum Trotz ihr Bett verlassen, um ihre Erzherzogin willkommen zu heißen. Die kleine

Prinzessin, die im Gegensatz zu ihrem zukünftigen Gemahl so schwach und hilflos wirkt, rührt sie. Wenn ihr eigener Mann sie betrügt, was ständig der Fall ist, hat sie immerhin Verwandte, ihre Schwestern und Vettern, um sich. Johanna dagegen wird ganz allein sein.

Während sich die Herren schon in den Bankettsaal begeben, führen die flämischen Damen die Infantin in ein geräumiges, mit Tapisserien geschmücktes Gemach mit einem Baldachinbett, dessen schwerer Brokatstoff von Engeln aus Ebenholz gehalten wird.

Immer neue Fragen gehen Johanna durch den Kopf. Sie hat den prüfenden Blick des Herrn van Berghes auf dem Weg zum Schloß wohl gespürt. Wird er dem Erzherzog einen Bericht übermitteln? Zu der Empörung, auf diese Weise taxiert zu werden, gesellt sich die Angst, nicht zu gefallen. Ihr Husten ist trocken und hartnäckig. Wo ist ihr Kastilien mit seiner wärmenden Sonne, seinen dufterfüllten Gärten?

Die Dienerinnen bürsten ihre Kleider aus, richten ihre Frisur her. Fatma fährt ihr mit einem parfümierten Tuch über den Nakken, während Aicha immerzu vor sich hin murmelt. Verängstigt durch diese unbekannte Welt, diese fremdartigen Sitten, jammern und stöhnen die maurischen Sklavinnen unentwegt.

Doña Beatrice de Tavara, eine der Ehrendamen, trägt das Kästchen mit den Schmuckstücken herbei, die dem Unwetter entgangen sind. Die Miene der spanischen Gräfin ist angespannt und finster. Keine der Frauen aus Johannas Gefolge zeigt ein heiteres Gesicht, denn das flämische Klima und die fremden Sitten bringen sie durcheinander. Trotz ihrer eigenen Verwirrung kann Johanna angesichts des elenden Zustands ihrer Eskorte plötzlich ein Lachen nicht unterdrücken. Verdutzt starren sich die Hofdamen an. Ist die Infantin im Begriff, den Verstand zu verlieren? Dieses Land scheint wahrhaft niemandem zu bekommen.

Das Gastmahl geht seinem Ende zu. Eingerahmt von Johan van Berghes und dem Bürgermeister der Stadt, hat Johanna Mühe, die Augen offenzuhalten. All die Speisen mit den schweren Soßen, von denen sie hat kosten müssen, das mit Butter und geschlagener Sahne zubereitete Gebäck liegen ihr schwer im Magen. Die Gäste haben viel getrunken, lachen, unterhalten sich laut über die Tafel hinweg, während die Diener schweigend und in tadelloser Haltung noch Platten mit Krapfen herumreichen. Obwohl sie schockiert ist, Männer und Frauen in solch empörend vertraulichem Umgang zu sehen, ist Johanna fasziniert von den Dekolletés, die den Ansatz praller, milchweißer Brüste zeigen. In Flandern scheint es keine Scham, kein Geheimnis, keinen Respekt vor dem anderen Geschlecht zu geben. Würde Isabella solche Freizügigkeit zulassen? Muß sie selbst sich den lockeren Sitten anpassen? Der korpulente Bürgermeister hält weitschweifige Reden, denen Johanna kein Gehör schenkt. Johan van Berghes spricht wenig, doch jedes seiner Worte erweckt in ihr ein nie gekanntes Wohlgefallen.

»Erlauchte Prinzessin«, murmelt er und beugt sich zu ihrem weißen Hals, »Ihr habt uns schon zuviel von Eurer Zeit und Euren Kräften geschenkt. Ich weiß nicht, wie ich Euch für diese Güte danken soll.«

Der Atem des Flamen liebkost ihre Haut, mit Mühe kämpft Johanna gegen ihre Benommenheit an und erhebt sich. All die anwesenden Frauen schüchtern sie ein. Sie grüßt und entfernt sich, gefolgt von ihrem Hofstaat. Die erste Ehrendame versinkt in einen tiefen Knicks, ihr Haar ist von der feuchten Luft gekräuselt, das Prunkgewand klebt an ihrem mageren Körper.

»Don Juan«, sagt sie feierlich in holprigem Französisch, »im Namen Ihrer Hoheit danke ich Euch sehr für Eure Gastfreundschaft.«

Mit würdiger Miene richtet sie sich wieder auf, verneigt sich noch einmal, wendet sich ab. Ihre hohen, hölzernen Absätze klappern auf den Steinfliesen.

»Selbst um dem Teufel zu entkommen, würde ich diese Schindmähre nicht besteigen!« raunt Johan van Berghes seinem Nachbarn zu.

In farbenfrohen Gewändern führen die Vertreter der Gilden und Zünfte den feierlichen Einzug in die Stadt an. Um seine Erzherzogin willkommen zu heißen, hat Antwerpen seine Straßen prächtig geschmückt, Triumphbögen und Estraden errichtet, Spiele, Turniere und Feuerwerke vorbereitet. Nach der Enttäuschung der ersten Stunden spürt Johanna jetzt die Freude, mit der ihr Volk sie begrüßt. Man jubelt ihr zu, überhäuft sie mit Aufmerksamkeiten, und trotz ihrer hartnäckigen Erkältung fühlt sie sich fast glücklich. Philipp ist sicher längst auf dem Weg zu ihr, und auch Margarete wird ungeduldig erwartet. Der Anblick der fröhlichen Menge, der sie anfangs verwirrte, belustigt Johanna heute sogar. Ihre kindliche Neugier berauscht sich an dem Reiteraufzug der prunkvoll gewandeten Edelleute, an dem Gefolge der Ritter, die alle von einem Pagen in den Farben seines Herrn und von Herolden mit brennenden Fackeln begleitet werden. Kleine Kinder in Engelsgewändern begrüßen die junge Infantin vor einem mit purpurnen Gladiolen geschmückten Triumphbogen mit fröhlichen, lauten Chorrufen. Johanna hält ihr Maultier an, lächelt einem kleinen Mädchen zu, dessen blondgelocktes Haar mit einem Kranz aus Rosenknospen geschmückt ist. Der Weihrauch, der am Straßenrand aus den vielen Räuchergefäßen aufsteigt, benebelt ihre Sinne. Alles ruft begeistert: »Hoch lebe die spanische Prinzessin, hoch lebe Prinzessin Johanna!« Ihre Ehrendamen Ana de Viamonte und Beatrice de Tavera haben ihr ein Kleid aus Goldlamé ausgewählt, in das Perlen und Diamanten eingewebt sind. Wie alle jungen Mädchen Kastiliens trägt sie einen Schleier, der von einem Reif aus Gold und Samt auf ihrem Kopf gehalten wird. An ihrem Hals schimmert die große Perle, die ihre Mutter ihr zum sechzehnten Geburtstag geschenkt hat. Die Schaulustigen klatschen bewundernd Beifall, jubeln den vorbeiziehenden Hofdamen zu und brechen beim Anblick der ältlichen Anstandsdame auf ihrem störrischen Maultier in lautes Gelächter aus.

Der Festzug erreicht die Abtei des heiligen Michael, den Prinzenhof. Die Nacht bricht herein. Der Vorplatz der Abtei wimmelt von Geistlichen, von denen einige in Priestergewänder, andere in braunes oder schwarzes Tuch gekleidet sind; im Halbdunkel funkeln die Goldfäden der Bischofsmützen, die edelsteinbesetzten Vermeilkreuze. Zwei in weißen Satin gekleidete Pagen helfen der Infantin von ihrem Maultier, während Chöre im Kircheninnern in ergreifender Harmonie den ersten Psalm anstimmen.

Als Johanna das Gewölbe betritt, empfindet sie tiefe Trübsal. Es war unrecht von ihr zu zweifeln. In diesem neuen Land wartet das Glück auf sie, sie wird lieben, geliebt werden und Kinder haben und sich der Zuneigung ihrer Familie und ihres Volkes erfreuen. Die Wunde, die der schmerzliche Abschied von Spanien gerissen hat, verheilt allmählich. Schon hört sie nicht mehr auf den Rat ihres Ersten Beichtvaters, sie duldet nur Pater Andreas um sich, wird ungehalten, wenn ihr Oberster Kammerherr Diego de Ribeira sie wegen einer Geste oder einer Bemerkung tadelt, die sich seiner Auffassung nach für eine spanische Infantin nicht ziemt. Sie will nichts weiter als dem süßen Traum vom großen Glück nachhängen.

Johanna hat sich eben von ihrem Bett erhoben. Als man ihr das Frühstück, eine Tasse heiße Milch und einen süßen Krapfen, reicht, tritt Gräfin von Hallewin in ihr Gemach. Diese Frau, die einst die beste Freundin Marias von Burgund und den beiden Halbwaisen eine zweite Mutter war, mißtraut der spanischen Infantin seit ihrer ersten Begegnung. Für die edle Flämin ist Philipp wie ein Sohn, den Johanna ihr entreißen will. Sie hält das Mädchen für unaufrichtig und mißtrauisch und vermutet einen eisernen Willen hinter der zerbrechlichen Erscheinung. Philipp dagegen ist willensschwach, er haßt nichts mehr als Konflikte und Vorwürfe. Wird er sich dem Willen der kleinen Spanierin beugen? Zum Glück werden ihn seine Ratgeber schnell zur Vernunft bringen, sollte er den durchtriebenen Worten, die der Infantin von den Katholischen Königen eingeflüstert wurden, Gehör schenken wollen.

Johanna hat die Feindseligkeit der Gräfin von Hallewin wohl bemerkt. Hätte ihr die Flämin ihre mütterlichen Arme geöffnet – sie hätte sich in ihrem Bestreben, all die zu lieben, die Philipp verehrt, gewiß hineingeflüchtet. Ihre Kühle und Reserviertheit indes haben die Infantin verletzt und ihren Trotz geweckt.

»Ich bin gerade aufgestanden, Madame«, sagt Johanna in hochmütigem Ton.

»Das sehe ich wohl, Hoheit, doch ich habe Euch eine gute Nachricht zu überbringen.«

Johanna kapituliert sofort, ihre Stimme hat alle Arroganz verloren.

»Den Erzherzog betreffend?«

»Nein, Hoheit, wir haben noch keine Nachricht von Monseigneur erhalten.«

Um ihre Enttäuschung zu verbergen, trinkt Johanna einen großen Schluck von ihrer Milch.

»Auch wenn wir noch nichts von Monseigneur gehört haben, Hoheit, so ist doch soeben ein Kurier von seiner Schwester, der Erzherzogin, eingetroffen. Sie wird jeden Augenblick mit ihrem Gefolge in Antwerpen erwartet.«

Der Blick der Gräfin verrät tiefe Freude. Erzherzogin Margarete war kaum zwei Jahre alt, als sie ihr von ihrer Mutter, Maria von Burgund, auf dem Sterbebett anvertraut wurde. Inzwischen, vierzehn Jahre später, ist sie eine blonde, geistreiche Schönheit, die von allen geliebt wird.

»Ich werde sie mit Freuden in meine Arme schließen«, erwidert Johanna mit ruhiger Stimme, »und habe nur sehr Lobendes über meine zukünftige Schwägerin gehört.«

Nach der Eintönigkeit der letzten Wochen freut Johanna sich darauf, mit einem jungen Mädchen ihres Alters plaudern zu können. Seit dem triumphalen Einzug in den Herzogspalast von Antwerpen leiden die spanischen Damen an Langeweile und schlechter Laune, die untätigen Dienerinnen sind geschwätzig und zänkisch, die Truppe, die bei Middelburg ihr Lager aufgeschlagen hat, schickt unentwegt Beschwerdebriefe: Es fehle ihnen an Lebensmitteln, Wein, Betten, die Flamen behandelten sie wie Hunde.

Die Gräfin zieht sich nicht zurück, wie Johanna gehofft hat, sondern bleibt vor dem Bett stehen.

»Hoheit«, sagt sie mit vorwurfsvoller Stimme, »mir wird von mangelnder Disziplin in Eurer Dienerschaft berichtet. Seit sechzehn Jahren obliegt mir die ehrenvolle Aufgabe, die herzöglichen Paläste zu verwalten, und ich kann in meinem Amt keine Störungen dulden. Tragt Sorge dafür, daß dieser Schlendrian ein Ende hat!«

Johanna hört das Wort »Schlendrian« zum ersten Mal, begreift aber sofort, daß man die Ihren kritisiert und tadelt. Die Röte steigt ihr in die Wangen.

»Wollt Ihr damit andeuten, Madame, daß die Spanier sich nicht zu betragen wüßten?«

»Ich versuche, Euch begreiflich zu machen, Hoheit, daß Eure Domestiken zuviel Bewegungsfreiheit genießen, sich dem Müßiggang hingeben und ihren Pflichten nicht nachkommen wollen.«

»Ist es nicht eher so, Madame, daß sie von Eurer Dienerschaft übergangen werden? Wahrscheinlich wissen sie gar nicht, wo ihr Platz ist?«

»In der Tat, Hoheit«, murmelt die Gräfin mit dumpfer Stimme, »ihr Platz ist nicht in Flandern. Ein Hofstaat will geführt sein, und mir scheint, daß der Eure ohne Führung ist.«

Damit verstummt sie und fällt in einen tiefen Knicks. Johanna hat ihre Tasse so abrupt abgesetzt, daß sich die Milch über die Leinenlaken ergießt. Herr im Himmel, denkt sie zornig, muß ich, um Erzherzogin zu werden, auch Verwaltungspflichten übernehmen? Nie hat sie in Spanien von solchen Problemen gehört. Erledigt ihre Mutter diese Aufgaben ebenso, wie sie Kastilien regiert? Johanna erinnert sich an deren Ermahnungen kurz vor der Abreise nach Flandern, an die wichtige Rolle, die ihre Mutter diesem Moxica zugedacht hat und die sie, Johanna, ihm so beharrlich verweigert. Aber wie könnte sie sich in diesen Tagen, da all ihre Gedanken und Gefühle auf ihre baldige Begegnung mit Philipp gerichtet sind, für solche Nichtigkeiten interessieren? Erneut ist sie versucht, sich zurückzuziehen, der Welt zu entfliehen und nur die Sklavinnen in ihrer Nähe zu dulden, um für immer deren Geschichten von Liebe und Tod zu lauschen.

»Liebe Schwester, wie es mich freut, Euch endlich empfangen zu können!«

Margarete hat ein frisches Lachen, einen strahlenden Blick. Kaum ist sie, von den Rittern des Ordens vom Goldenen Vlies eskortiert, in Antwerpen eingetroffen, ist sie zu ihrer Schwägerin geeilt, die wegen ihrer Erkältung noch immer das Bett hüten muß – ein niedriges, hartes Bett ohne Decke, wie Margarete erstaunt feststellt. Ob sie sich in Spanien solch spartanischen Sitten wird anpassen müssen?

»Es wird Euch bald wieder bessergehen«, sagt sie, um die junge, leichenblasse Infantin zu trösten. »Meine Großmutter, die Prinzessin von York, begleitet mich. Sie trifft in wenigen Stunden ein und wird Euch wie eine Mutter pflegen.«

Johanna antwortet mit einem schwachen, traurigen Lächeln. Bei dem endlosen Regen wird sie bestimmt nicht genesen, und die Vorstellung, Philipp bei ihrer ersten Begegnung mit roter Nase und tränenden Augen entgegenzutreten, ist unerträglich.

»Fühlt Ihr Euch kräftig genug, an dem Festessen teilzunehmen, das wir Euch zu Ehren heute abend geben wollen?«

Johanna nickt, sie will Madame la Grande kennenlernen, an

der Philipp so hängen soll. Sie kennt ihre eigenen Großeltern nicht; nie hat Isabella ihre Kinder nach Arévalo mitgenommen, wo ihre Mutter seit Jahrzehnten in stillem Wahnsinn dahinsiecht.

Die Prinzessin, die Erzherzogin und die Infantin beenden ihr Mahl. Madame la Grande hat auf jedes Protokoll verzichtet, um mit ihren Enkeltöchtern allein zu sein. Einige Diener decken schweigend das Geschirr ab, schenken Wein nach, reichen vergoldete Schalen mit duftendem Wasser an. Auf der Tischdecke aus Brügger Klöppelspitzen verströmen die letzten Rosen des Gartens ihren süßen Duft. Die dicken Teppiche, die Tapisserien, die polierten Möbel, das Feuer, das im Kamin knistert, verleihen dem Raum eine Behaglichkeit, wie Johanna sie nie gekannt hat. Sie denkt an die Schmucklosigkeit der spanischen Paläste, an das fröhliche Durcheinander beim Auftragen der Speisen. Sie kann den Blick nicht von den edlen Zügen der Prinzessin von York lösen. Die blauen Augen sind unendlich gütig, und das runde Gesicht unter der von hauchfeiner Spitze gesäumten Haube zeigt kaum Falten. Diese alte Dame, die durch Adoption zur Großmutter geworden war, hat Margaretes Mutter Maria aufgezogen, sie umsorgt und ihr in allen Nöten beigestanden, bis sie mit ansehen mußte, wie Maria mit fünfundzwanzig Jahren starb. Sie ist englischer Abstammung und hat noch immer einen leichten Akzent, der ihren Worten eine singende Note gibt, dazu eine ausgeprägte Vorliebe für Traditionen und die Annehmlichkeiten des Lebens.

»Ephedra- und Baldriantee wird Euch guttun«, rät sie. »Ich lasse Euch heute abend eine Tasse ins Zimmer bringen. Dieser Husten wird Euch schwächen, wenn Ihr ihn nicht auskuriert.«

Sie lächelt der Infantin zu. Sie spürt, wie verloren, wie hilflos sie ist! Doch ihr Gespür diktiert ihr, kein Mitleid zu zeigen. Noch ist Johanna nicht bereit, sich ihr anzuvertrauen. Der Augenblick wird kommen. Sie wird diese kleine, stolze Spanierin erst zähmen müssen. Ob sie sich mit Philipps Charakter abfinden wird?

Die bevorstehenden Vermählungen ihrer beiden Enkelkinder bereiten Madame la Grande große Sorgen, doch sie will es sich nicht anmerken lassen. Sie hat erfahren, daß der Infant Juan stottert, daß er nervös und von schwacher Gesundheit ist. Welches Schicksal ist ihrer geliebten Enkelin bestimmt, und wie wird Philipps Leben an der Seite dieses Mädchens, das sowenig zu ihm zu passen scheint, wohl aussehen?

»Meine lieben Kinder«, verkündet sie mit heiterer Stimme, »wir wollen mit Champagnerwein auf Euer zukünftiges Glück anstoßen!« Und flüsternd setzt sie hinzu: »Möge Gott, der Allmächtige, sie beschützen!«

ALS SICH JOHANNA, VON IHREM GEFOLGE UMGEBEN, im Ehrensaal des Stadtpalais Berthout-Mecheln aufhält, schallt vom Hof plötzlich ein ungewöhnlicher Lärm herauf. Das Protokoll vergessend, stürzen zwei Dienerinnen ans Fenster.

»Der Erzherzog, Señora Infanta!«

Johanna fürchtet, ohnmächtig zu werden. Seit ihrer Ankunft in Lier, wo ihre Vermählung gefeiert werden soll, wartet sie mit wachsender Unruhe auf diesen Augenblick.

An diesem Oktobertag ist die Luft mild, zum ersten Mal seit einer Woche regnet es nicht, und das Sonnenlicht hüllt die Altstadt und die ruhig dahinfließende Nethe in die warmen Farben reifer Früchte. Die Turmuhr des Nonnenklosters hat eben fünf geschlagen; langsam verdunkelt die Dämmerung diesen Herbsttag. Der hübsche Palast, in dem Johanna mit ihrem Hofstaat untergebracht ist, liegt am Fluß. Von den Fenstern ihrer Gemächer aus kann die Infantin über das Wasser blicken, in dem sich graue und blaue Enten tummeln.

Wie durch Zauberhand ist es plötzlich still in dem großen Saal geworden. Vor Neugier brennend, hält jeder den Atem an. Johanna wird von panischer Angst erfaßt. Die Ehrendamen, ihr Kammerherr, ihr geistlicher Berater sind zu Standbildern erstarrt. Warum ist ihre Mutter nicht da, um ihr beizustehen? Doch schon hört man Pferdegewieher, Rufe von Männern und den anschwellenden Lärm von Hufschlag.

Philipp springt vom Pferd und wirft einem Stallburschen die Zügel zu. Er ist von Innsbruck hierhergeprescht, hat nachts nur wenige Stunden geschlafen, um endlich das Geschöpf zu erblicken, das offiziell längst seine Frau ist. Eine ungewohnt heftige Erregung hat ihn ergriffen. Seit seinem vierzehnten Lebensjahr hat er so viele Frauen besessen, daß er sich keiner tiefen Gefühle mehr fähig glaubte, doch heute ist er aufgewühlt, das kann er nicht leugnen.

»Monseigneur«, ruft ihm ein Edelmann nach, »bedenkt, die Etikette …«

Philipp hört nicht auf ihn. Drei Stufen auf einmal nehmend, stürmt er die breite Treppe hinauf, die zur Empfangshalle führt. Er ist vom eiligen Ritt erhitzt, sein dunkelblondes Haar von Schweiß und Staub verklebt. Atemlos hasten zwei Pagen hinter ihm her, doch Philipp ist so an körperliche Ertüchtigung gewöhnt, daß er sie schnell hinter sich läßt. Alle, die ihm entgegenkommen, weichen zur Seite. Der Erzherzog gebärdet sich wie ein Kind. Jede Einzelheit dieser ersten Begegnung ist genau geplant und mit aller Sorgfalt vorbereitet worden. Was wird Madame la Grande dazu sagen? Der junge Mann nähert sich dem Ehrensaal, seine Kehle ist wie ausgetrocknet.

Johanna starrt unverwandt auf die Tür, sie ahnt, sie weiß, daß Philipp ihr entgegeneilt. Sie vernimmt Schritte. Jetzt legt sich wohl eine Hand auf den Türgriff. Sie hält den Atem an. Die schweren geschnitzten Holzflügel drehen sich in den Angeln, die Tür fliegt auf. Er ist noch schöner als in ihren Träumen, ein Jüngling mit strahlendblauen Augen, vollen Lippen. Jetzt ist er so nah, daß sie nur die Hand ausstrecken müßte, um ihn zu berühren, sie fühlt seine Hitze auf ihrer Haut, seinen Atem auf ihrem Haar.

»Doña Johanna«, stammelt der Erzherzog, »niemand hat Euch so früh in Flandern erwartet.«

Was hat er gesagt? Sie spürt, daß er sie anstarrt, und errötet heftig. Philipp läßt seine Verlobte nicht aus den Augen. Sie ist hübsch, gewiß, aber reserviert, ohne Liebreiz. Und doch sind ihr tiefschwarzes Haar, ihre schmale Nase, ihre elfenbeinfarbene Haut, ihre noble Haltung anziehend, sie wirkt überaus unschuldig und verletzlich!

Als er den Blick auf ihre Lippen heftet, sieht er das Blut in ihre Wangen schießen, und diese Schamröte rührt ihn. Demnach ist dieses jungfräuliche Geschöpf keineswegs kalt, sondern nur zutiefst verwirrt durch ihn. Die Erregung, die er sieht, läßt sogleich heftige Leidenschaft in ihm aufsteigen.

»Man möge unserer Verbindung unverzüglich den priesterlichen Segen erteilen!« verlangt Philipp mit unsicherer Stimme.

Er hat das Wort an Don Diego de Villaescusa, Johannas geistlichen Berater, gerichtet, der sich mit einer ratlosen Geste an Johanna wendet, da er kein Französisch spricht.

»Was verlangt Monseigneur?« fragt er.

Johanna weiß nicht mehr, wo sie ist, was sie tut. Philipps Wille ist auch der ihre.

»Traut uns auf der Stelle!« befiehlt sie auf Kastilisch.

Der Geistliche murmelt ein paar wirre Sätze, bittet wohl um Hilfe, die niemand ihm gewähren kann, ruft Gott zum Zeugen an für diesen Skandal, der einen Angriff auf die Würde Seines Dieners darstellt. Philipp hat Johannas Hand ergriffen. Die Finger des jungen Mädchens liegen eiskalt in den seinen. Sie knien vor dem Prior des Klosters von Jaén nieder, so daß der Priester nicht mehr zurückweichen kann. Mit kaum vernehmlicher Stimme spricht Villaescusa den Segen und macht das Zeichen des Kreuzes.

»Komm!« drängt Philipp ungeduldig.

Er hilft Johanna auf und zerrt sie eilends aus dem Saal in ihr Schlafgemach.

Die Tür hat sich kaum hinter ihnen geschlossen, da erheben sich auch schon Stimmen, und das Lachen einiger Männer donnert durch den Ehrensaal. Der Prior zieht sich mit gesenktem Kopf und verkniffenem Mund in seine Wohnräume zurück.

»Meine Frau!« flüstert Philipp.

Er nimmt sie in die Arme, zieht sie fest an sich, sucht die Haut ihres Nackens unter dem Spitzenkragen. Verwirrt schließt Johanna fest die Augen, läßt alles mit sich geschehen, während seine Hand – deren Geübtheit sie nicht bemerkt – ihr Kleid aufschnürt, das Mieder öffnet, sich zu ihrem zarten Busen vortastet. Als seine Lippen ihre Brüste berühren wollen, verbirgt das junge Mädchen sie in einer instinktiven Geste der Scham hinter ihren Handflächen. Philipp schiebt ihre Hände entschlossen beiseite.

Sie ist nun völlig nackt und hält die Augen geschlossen, während seine Lippen über ihren Körper wandern. In ihrer Verteidigung der christlichen Ehe hat ihre Schwester Isabella nichts von diesen Liebkosungen gesagt, nichts von der Erregung, die sie im Schoß der Frauen anfachen. Philipp hebt Johanna hoch und trägt sie auf seinen Armen zum Bett, wo sein Körper schwer auf dem ihren lastet. Er spricht nicht mehr, atmet schwer, drückt rasche Küsse auf ihre Lippen, ihre Schultern, ihre Brüste. Johanna wimmert, leise Wehlaute vermischen sich mit ihren Seufzern. Schonungslos öffnet er mit den Knien die Schenkel seiner Frau, sie verspürt einen reißenden Schmerz, doch sie will nicht schreien und sich schon gar nicht bewegen. Philipps Atem ist rauh und keuchend, er stößt ein »mein Gott« hervor und läßt sich neben Johanna niederfallen. Sie wendet ihm das Gesicht zu, liebkost seine Stirn, seine Wangen und lächelt zärtlich.

Sie ist sein – ganz und für immer.

Die Stiftskirche Sankt Gummarus ist überfüllt. Wegen der Hochzeit Philipps des Schönen, seines hochgeschätzten Erzherzogs, drängt sich das flämische Volk seit Mitternacht auf dem Kirchenvorplatz und in den Straßen, die der Festzug passieren wird. Die Jungen, Flinken sind auf die Hausdächer geklettert, wohlhabende Bürger schauen von ihren Balustraden aus zu, in den Ästen der Bäume hängen ganze Trauben von Kindern. Wasserträger, Krapfen- und Waffelverkäufer ziehen durch die Menge. Blumenkränze, Zweige und Banner bilden ein vergängliches Mauerdekor in den Farben der Habsburger, der Herzöge von Burgund und der Wappen von Kastilien und Aragón. An den Häuserfassaden rings um die Kirche sind Spruchbänder mit Lobesworten und Willkommensgrüßen für die junge Braut befestigt. In ganz Lier und Umgebung ist kein Lehrling mehr bei der Arbeit. Nur die Köche mit ihren Gehilfen im alten Herzogspalast sind eifrig dabei, das Festessen zu bereiten, das auf den kirchlichen Segen folgen soll.

Bei Tagesanbruch haben Philipp und Johanna sich trennen müssen, um angekleidet, parfümiert und festlich geschmückt zu werden. Die Infantin ist wie in Trance, sie hat keinen Augenblick geschlafen. Die ganze Nacht hat Philipp sie geliebt, und kurz vor Morgengrauen empfand sie ein so unbeschreibliches Lustgefühl, daß sie schreien, sich unter ihm aufbäumen mußte. Jetzt will sie diese heftige Begierde immer und immer wieder auskosten, diesen Mann spüren und genießen, der gestern noch ein Fremder war und heute schon Mittelpunkt, Sinn und Ziel ihres Daseins ist. Sie weiß jetzt, daß sie ihr ganzes Leben auf ihn gewartet hat, daß ihre einsame Kindheit und Jugend ein Hoffen auf diese unvorstellbaren Augenblicke waren.

Mit vorwurfsvollem Schweigen tragen die Ehrendamen das azurblaue Gewand mit einem aus Gold- und Silberfäden gestickten Blumenmuster und die Schmucktruhe herbei, die nun auch ein Perlen- und Diamantgeschmeide enthält – ein Geschenk von Madame la Grande an ihre Enkeltochter. Fatma bürstet das lange schwarze Haar, reibt es mit duftenden Ölen ein. Aicha und sie haben Verständnis für Johannas Handlungsweise, die beiden maurischen Sklavinnen denken jedoch wehmütig an das alte, durch Kodifizierung beinahe schon magische Ritual zurück, das die Darbietung einer Jungfrau regelt.

Philipp läßt sich in seinen Gemächern eilig ankleiden. Johan van Berghes tritt ein, die Kette mit dem Orden vom Goldenen Vlies in Händen.

»Monseigneur sieht heute morgen ein wenig abgespannt aus«, stellt er mit ironischem Lächeln fest.

Der Erzherzog legt seinem Ersten Kämmerer freundschaftlich die Hand auf die Schulter.

»Wußtest du, daß diese Spanierinnen wie Fackeln sind? Einmal entzündet, brennen sie die ganze Nacht.«

»Seid Ihr etwa verliebt?«

Die Stimme ist spöttisch. Philipp und Johan van Berghes haben gemeinsam um so viele Mädchen geworben, daß sich keiner mehr Illusionen über den anderen macht.

»Ich bin ... beschäftigt, mein lieber Berghes, vorübergehend beschäftigt.«

Schon in der ersten Nacht hat er in seiner jungen Frau Lust erweckt, und das erfüllt ihn mit eitlem Stolz.

Mit einem Respekt, an dem es ihm eben noch fehlte, legt der Erste Kämmerer die Kette mit dem Orden vom Goldenen Vlies um den Hals seines Freundes, der sie mit feierlichem Ernst entgegennimmt. Sein Urgroßvater Philipp der Gute hat diesen Ritterorden gegründet, sein Großvater Karl der Kühne achtete ihn hoch und opferte sein Leben für den Traum, das ehemalige Königreich Lothringen wiederherzustellen.

»Man erwartet uns, Monseigneur, wir müssen gehen.«

Philipp wirft einen raschen Blick in den Spiegel, den seine beiden Diener halten. Zu seiner Vermählung trägt er Kniehosen, schwarze Samtschuhe, ein smaragdgrünes, mit Satin brochiertes Wams aus plissiertem Taft mit Marderbesatz, einen hohen, ebenfalls grünen Samthut, an dem mit einem Diamanten eine schwarze Feder befestigt ist. Da er von seiner Großmutter, von

Gräfin Hallewin und von allen Frauen seit frühster Kindheit vergöttert wird, weiß er, daß er schön und unwiderstehlich ist.

»Gehen wir!« sagt er.

PHILIPP GREIFT NACH DEM BRIEF mit dem Siegel Isabellas. Jedes Schreiben aus Spanien muß ihm ausgehändigt werden, so lautet sein Befehl. Er will nicht dulden, daß die Katholischen Könige über ihre Tochter Einfluß auf die flämische Politik nehmen. Nachdem er das Schreiben überflogen hat, reicht er es seinem Oberstem Haushofmeister.

»Bringt ihn der Erzherzogin!«

Isabella berichtet vom Tod ihrer Mutter in Arévalo; nach jahrelanger geistiger Umnachtung ruht die arme Frau nun endlich in Frieden. Sie äußert sich erfreut über die glückliche Ankunft ihrer Tochter in Flandern, schreibt von ihrer Ältesten, die in wenigen Monaten nach Portugal abreisen wird, von Katharina, deren Verlobung mit Arthur, dem Prinzen von Wales, vertraglich beschlossen wurde, besonders ausführlich aber läßt sie sich über den Infanten Juan und seine bevorstehende Hochzeit aus, die sie und Ferdinand zu einem unvergeßlichen Ereignis machen wollen.

Einen Augenblick verweilen Philipps Gedanken bei seiner Schwester, der kleinen Margot, die sich in einem knappen Monat nach Kastilien einschiffen wird. Was erwartet sie in diesem fernen Land, das so ganz anders als Flandern ist? Nach der Annulierung der Verlobung mit dem Dauphin Karl von Valois, der ihr Anne de Bretagne vorgezogen hat, hofft er, daß ihr weitere Enttäuschungen erspart bleiben. Margaretes Abreise soll im Januar erfolgen. Zum Glück werden mit ihr auch all die hochmütigen und schmarotzenden Spanier aufbrechen, die in Flandern herumlungern und mit denen niemand etwas anzufangen weiß.

»Hat man mit dem Kämmerer der Erzherzogin gesprochen?« fragt Philipp.

Vom Fenster seines Palastes zu Mecheln betrachtet der junge Mann die Dächer des Beginenhofes auf der anderen Straßenseite. In wenigen Augenblicken wird er sich zu seiner Großmutter begeben, bei der sich auch schon Johanna befindet. Er hat auf die dringenden Zeilen seiner jungen Frau nicht geantwortet. Wohl entflammt ihn ihr Verlangen noch immer und belustigt ihn ihre hingebungsvolle Liebe, ihre allzu fordernde Art aber ärgert ihn. Der Dezembertag ist kalt, vereinzelte Schneeflocken wehen an die Fensterscheiben, im Kamin von Philipps Arbeitszimmer knistert ein lebhaftes Feuer und wirft sein flackerndes Licht auf den großen Wollteppich, wo seine beiden Hunde schlafen. An den Wänden hängen Gemälde der bedeutendsten flämischen Meister.

Respektvoll wartet Willem van Chièvres, daß ihm der Erzherzog seine Aufmerksamkeit zuwendet. Als einflußreichstes Mitglied seines Hofrates weiß er genau, welche Macht er über den jungen Prinzen hat. Noch vor wenigen Tagen hat er Philipp den Vorschlag gemacht, sich das Vertrauen von Johannas Kämmerer Martín de Moxica zu erschleichen. Warum sollte man die zweitausend Escudos, die der Erzherzogin alljährlich zur Haus- und Hofhaltung von den Katholischen Königen zufließen, nicht direkt kassieren?

Philipp hat sich leicht überzeugen lassen. Johanna zeigt in der Tat keine Neigung, sich um ihre Hofhaltung zu kümmern, sondern zieht es vor, auf ihrer Gitarre zu spielen, Vögel für ihre Voliere zu kaufen, sich für ihren Gemahl zu schmücken, auf ihn zu warten … Sein eigener Schatzmeister wird sich um die Verteilung dieses spanischen Goldes kümmern. Philipp dreht sich unvermittelt um.

»Nun, Chièvres?«

»Der Mann hat unser Angebot angenommen. Er ist überzeugt, daß die Erzherzogin unfähig ist, ihre Einnahmen zu verwalten. Mehrmals hat er mit ihr darüber sprechen wollen, wurde aber stets abgewiesen.«

Philipp entfernt sich vom Fenster, bleibt vor dem Kamin stehen, streckt die Hände dem wärmenden Feuer entgegen.

»Chièvres, unser Entschluß ist gefaßt. Der Hofstaat der Erzherzogin verpflichtet uns, in Mecheln wie in Brüssel Vergrößerungsarbeiten an den Palästen vorzunehmen, man weiß ja nicht mehr, wie man diese ganze Horde unterbringen soll. Wer zahlt dafür?«

Die beiden Männer stehen jetzt nebeneinander. Willem van Chièvres ist kleiner als Philipp, er besitzt edle Züge, sein blondes Haar ist leicht gewellt. Er liebt den Luxus, umgibt sich mit kostbaren Kunstgegenständen und schmückt seine Gemahlin Maria mit prächtigem Geschmeide.

»Seit der Ankunft der Spanier macht man sich Sorgen um die Finanzierung Eures Haushalts.«

»Die meisten werden uns bald verlassen.«

»Und doch bleiben noch viel zu viele!«

Philipp lacht hell auf.

»Wenn sie erst richtig ausgehungert sind, werden auch die letzten in ihre Heimat zurückkehren wollen. Was gibt es sonst zu berichten? Habt Ihr Thomas van Plaines gesehen?«

»Er weilt im Badehaus, Monseigneur, und bedauert, auf Eure Gegenwart verzichten zu müssen.«

Wieder bricht Philipp in Lachen aus.

»Jungvermählte müssen vorübergehend auf ihre üblichen Beschäftigungen verzichten, doch, bei Gott, ich werde ihn bald wieder begleiten.«

Zerstreut lauscht Johanna den Worten von Madame la Grande, die ihr Kaiser Maximilians geplante Reise nach Mecheln ankündigt. Philipp ist während der Mittagsruhe, die sie und ihr spanisches Gefolge stets einhalten, nicht zu ihr gekommen. Er hat nicht einmal auf ihr Billett geantwortet. Wo war er? Welche Beschäftigung hat ihn ferngehalten? Obwohl er sie jede Nacht in ihrem Schlafgemach aufsucht, möchte sie ihn noch öfter sehen.

Madame la Grande verstummt, ein Kammerherr meldet ihr den Besuch der Gräfin von Hallewin.

»Tretet näher, liebe Gräfin«, ruft sie erfreut, »die Erzherzogin und ich erwarten Euch schon voller Ungeduld!«

Die Gräfin und Margarete von York umarmen und küssen sich. Johanna ist erstaunt über diese intime Geste, die am kastilischen Hof völlig unbekannt ist. Küsse tauschen die Katholischen Könige mit niemandem außer mit ihren Kindern. Ihr Zögern spürend, begnügt sich die Gräfin mit einem leichten Knicks.

»Nehmt Platz, meine liebe Freundin!« sagt Madame la Grande. »Wir sprachen gerade über den baldigen Besuch des Kaisers.«

Obgleich Gräfin von Hallewin eine tiefe Freundschaft mit Maximilian verbindet, fürchtet sie immer noch dessen Ermahnungen und Tadel, die er häufig an Philipp richtet. Der junge Erzherzog führt eine so unabhängige flämische Politik, daß sein Vater mehrfach in heftigen Zorn ausgebrochen ist und Philipps vertrauten Ratgeber Frans van Busleyden, den er verdächtigt, seinen Sohn gegen Österreich aufzuwiegeln, davongejagt hat. Maximilian hat seiner geliebten Gemahlin an deren Sterbebett geschworen, Burgund dem französischen König wieder zu entreißen, und trotz der ablehnenden Haltung vieler Flamen, die seine Pläne für unrealistisch erachten, will er sein Versprechen halten.

»Die kleine Margot wünscht sich so sehr, ihren Vater zu sehen, und weigert sich abzureisen, ohne ihn noch einmal umarmt zu haben.«

Bei den Worten der Frau, die Philipp und Margarete erzogen hat, muß Johanna an Ferdinands Lieblosigkeit denken, und ihr Herz krampft sich zusammen. Der Brief, den sie am selben Tag von Isabella empfangen hat, enthält keine einzige Zeile, nicht einmal ein Grußwort ihres Vaters.

Der Schnee fällt jetzt in immer dichteren Flocken. Johanna starrt aus dem Fenster, beobachtet das Schneetreiben und versucht, sich das Leben ihrer Eltern vorzustellen. Halten sie gerade Hof in Granada? Werden sie sich bald in Burgos niederlassen, wo die Vermählung von Margarete und Juan stattfinden wird? Sie sieht ihr Gemach in der Alhambra vor sich, das auf einen Innenhof hinausführt, der mit Orangenbäumen und Jasmin bepflanzt ist, sie hört das fröhliche Plätschern der Brunnen. Wird sie ihr Land wiedersehen? Manchmal drängt es sie, mit einer ihrer Ehrendamen von ihrer Heimat zu sprechen, doch stets hält sie sich zurück. Sie ist inzwischen Flämin, und nicht mehr aus Gründen der Vernunft, sondern aus Liebe.

»Wie sind Eure Leute untergebracht?« erkundigt sich Gräfin von Hallewin. »Hat man im Gesindehaus ein paar Zimmer hergerichtet, wie ich es angeordnet habe?«

Die junge Frau weiß nicht, was sie erwidern soll. Obwohl sie jeden Tag die Klagen und Vorwürfe der Spanier anhören muß, die das feuchte, kalte Klima plagt und die mangels Geld unzureichend versorgt sind, wagt sie es nicht, vor dieser Frau, die Philipp wie eine Mutter ist, Beschwerden vorzubringen. Was kann sie anderes tun, als vage Versprechen zu geben? Ihr Onkel, der Admiral von Kastilien, ist erkrankt und aufs äußerste erzürnt. Da die Bevölkerung ihre Vorräte nur zu Wucherpreisen verkauft, sind viele seiner Matrosen an Hunger gestorben. Die strenge Kälte begünstigt das Massensterben noch. All seine Männer haben nur den Wunsch, so bald als möglich das Land zu verlassen. Pater Andreas, der seit Tagen das Bett hüten muß, hat Johanna gebeten, mit Erzherzogin Margarete nach Spanien zurückreisen zu dürfen. Die Wahrheit wäre zu bitter für die rundliche, heitere Gräfin von Hallewin.

»Meinen Leuten geht es sehr gut«, antwortet Johanna in einem Tonfall, der jede weitere Frage ausschließt, »ich bin sicher, daß alles nach Euren Befehlen ausgeführt wurde.«

Die Gräfin empfindet wenig Zuneigung für Johanna, läßt es sich aber nicht anmerken, um Philipp nicht zu mißfallen. Schon bei ihrer ersten Begegnung mit der Infantin war ihr klar, daß sie ihr trotz deren hochmütigen Gebarens ihren Willen aufzwingen wird.

Philipp hat sich noch immer nicht eingefunden. Das Warten versetzt Johanna allmählich in einen Zustand äußerster Nervosität. Am liebsten würde sie aufspringen, zu seinen Gemächern eilen, die Tür aufreißen, doch sie muß still sitzen bleiben und den belanglosen Worten dieser beiden Frauen lauschen. Die Augenblicke, in denen Philipp neben ihr im Bett liegt, sind die einzigen, in denen sie sich wohl und glücklich fühlt. Mit seiner unbeschwerten, heiteren Art bringt er sie zum Lachen, er gibt kleine Boshaftigkeiten über den einen und anderen zum besten und amüsiert sich über ihre Ungeschicklichkeit, ihre Scheu. Nie hat eine Frau, dessen ist sie sicher, soviel Liebe für einen Mann empfunden.

»Seine Hoheit Erzherzog Philipp«, kündigt der Kammerherr an.

Die Tür öffnet sich. Auf den Gesichtern der drei Frauen erscheint der gleiche schwärmerische Ausdruck.

»Wo warst du?«

Johannas Stimme ist schrill und streitsüchtig. Die ganze Nacht hat sie auf Philipp gewartet, der zum ersten Mal seit ihrer Heirat nicht zu ihr gekommen ist. In der Morgendämmerung hat sie sich nicht länger beherrschen können und ist zur Tür seines Gemachs geeilt, vor der zwei bewaffnete Soldaten Wache hielten. Die stumme Ironie in ihren Gesichtern ließ sie aufgebracht und tief gedemütigt umkehren.

Als ihr gerade ihre heiße Morgenmilch ans Bett gebracht wurde, ist Philipp, mit verschlossenem Gesicht, endlich erschienen. Ohne auf ihre Frage zu antworten, geht er auf seine Gemahlin zu und starrt sie verächtlich an.

»Bist du toll, mitten in der Nacht zu meinem Schlafzimmer zu schleichen?«

In ihrem langen, am Kragen und an den Ärmeln mit Spitzen besetzten Hemd zittert Johanna vor Erregung und Kälte.

»Ich habe mir wegen deiner Abwesenheit Sorgen gemacht.«

Ihre Stimme ist sanfter geworden, schon die Gegenwart ihres Gemahls mindert ihre Reizbarkeit.

»Weißt du nicht, daß ich hin und wieder bis spät in die Nacht beschäftigt bin? Muß ich dir erklären, was es bedeutet, ein Land zu regieren?«

»Deine Ratssitzung war vor Mitternacht beendet.«

Da sie eine Dienerin zur Erkundung ausgeschickt hat, weiß Johanna, daß sich Philipp gleich nach Ende der Sitzung in seine Gemächer zurückgezogen hat.

»Spionierst du mir nach?«

»Ich habe so auf dich gewartet!«

Das unterdrückte Schluchzen seiner Frau stimmt Philipp ein wenig versöhnlicher. Er hat die Nacht mit einem hübschen Ehrenfräulein aus Margots Gefolge verbracht, einem jungen Ding, das ihn mit seiner Dreistigkeit provozierte. Ihre Keckheit war ihm eine willkommene Abwechslung nach all der ehelichen Schamhaftigkeit, die ihn allmählich langweilt. Jetzt aber muß er sich unnachgiebig zeigen, damit Johanna ihm nicht mit Fragen zusetzt.

Mit ihren feuchten Augen, dem langen, gelösten schwarzen Haar wirkt seine junge Frau unendlich kindlich. Philipp ist gerührt. Mit geübter Hand löst er die Bänder ihres Hemdes, läßt seine Finger hineingleiten, streichelt die kleinen Brüste, die sogleich auf die Zärtlichkeit reagieren. Der unersättliche Liebeshunger seiner Frau, der ihn eben noch erzürnt hat, erregt ihn jetzt.

»Du bist also heute nacht gekommen«, haucht er ihr zu, »um dich von mir besteigen zu lassen?«

»Um dich zu sehen«, stammelt Johanna.

Sie ist solch derbe Worte nicht gewohnt und kann sie nicht wiederholen, wenn Philipp es ihr befiehlt.

»Nun gut, du sollst haben, was du so begehrt hast!«

Ruhig, glücklich schmiegt sich Johanna in die Arme ihres Gemahls.

»Liebst du mich?« flüstert sie.

Der junge Mann möchte schlafen, hat er doch in der letzten Nacht kein Auge zugetan. Er streicht über ihr langes Haar, vergräbt die Hand darin.

»Mein Herz gehört dir.«

Johanna bleibt einen Augenblick stumm.

»Wenn du mich nicht mehr liebtest, würde ich sterben.«

Hundertmal hat Philipp diese Worte aus dem Mund seiner Mätressen gehört. Nur die Freudenmädchen verstehen nach der Liebe zu schweigen, das schätzt er an ihnen.

»Dann wirst du ewig leben.«

Gierig saugt die junge Frau jedes seiner Worte auf, nach den Ängsten der letzten Nacht möchte sie diesen Satz immer und immer wieder hören. Sanft streicht ihre Hand die Schenkel und den Bauch des Gemahls. Der Kontakt mit dieser Haut macht sie trunken, sie könnte ihn stundenlang so liebkosen.

Die Jagd war erfolgreich. Auf dem Rückweg nach Mecheln reiten Philipp und Johan van Berghes Seite an Seite; ein eisiger Wind bläht ihre Mäntel und verwandelt den anhaltenden Nieselregen in Rauhreif.

»Sobald sich Margot eingeschifft hat, wollen wir unsere Dörfer und Städte bereisen. Das seßhafte Leben wird mir allmählich zur Qual«, erklärt der Erzherzog seinem Freund.

»Ist es nicht vielmehr das Eheleben? Von Mann zu Mann und ganz im Vertrauen, die Erzherzogin scheint mir recht eifersüchtig zu sein.«

»Rasend eifersüchtig! Ich muß mir täglich Neues einfallen lassen, um mich mit der kleinen Susanne zu treffen. Kannst du dir vorstellen, daß ich Ausreden ersinnen muß wie ein Mecheler Bürger?«

Der schöne Berghes ist nachdenklich.

»Gib ihr eine Beschäftigung! Findet sie keinen Geschmack an der Politik, an der Führung ihres Hofstaates?«

»Politik – du beliebst zu scherzen! Schon die Briefe ihrer Mutter sind mit Ratschlägen gespickt, auf die ich gut verzichten kann.«

»Dann verschaff ihr Zerstreuung! Um sie herum gibt es nur verknöcherte Anstandsdamen, die mich an Störche erinnern, und Prälaten mit säuerlichen Mienen. Soll ich ihr meine Beichtväter schicken?«

Die beiden Männer brechen in schallendes Gelächter aus. Johan van Berghes hat ein paar leichtlebige Mönche aus Paris kommen lassen, um die sich viele flämische Damen hartnäckig bemühen.

Die Jagdgesellschaft zieht in gemächlichem Trab an einem Bach entlang, überquert eine hölzerne Brücke. Die Hunde, die den ganzen Tag Reiher, Hasen und Schnepfen aufgescheucht haben, sind erschöpft. Hinter dem Erzherzog und seinem Ersten Kämmerer trotten die Pferde einiger junger Männer, enge Freunde und Gefährten des Prinzen.

»Und ich glaubte«, gesteht Philipp nach einer Weile, »eine Prinzessin von so edler Herkunft würde sich wie eine Erzherzogin und nicht wie eine Frau aus dem Volk benehmen.«

Vierzig Lebensjahre haben Johan van Berghes alle Illusionen genommen, was die Frauen betrifft. Ob Prinzessin oder Dienstmagd – reden sie nicht alle unentwegt von Treue, während die Männer nur an ihre Freiheit denken?

SEIT ZWEI MONATEN WEILT PHILIPP schon fern von Mecheln. Nach Margaretes Abreise hat er sein Gefolge und seine Freunde um sich geschart, um seine Städte zu bereisen. Johanna empfindet tödliche Langeweile. Ihr spanischer Hofstaat, der ihr gestern noch eine Last war, fehlt ihr plötzlich sehr. Granden und Hidalgos, Prälaten, Ehrendamen und Seeleute – alle waren sie froh, Flandern den Rücken kehren zu können. Viele fanden sich nicht einmal zu der üblichen Abschiedszeremonie ein, so eilig hatten sie es, sich einzuschiffen. Die Höflinge und Damen, die ausgewählt wurden, bei Johanna in Flandern zu bleiben, liefen tagelang mit Trauermienen umher.

Gegen Ende April trifft ein langer Brief aus Kastilien ein, der von der Vermählung Juans mit Margarete berichtet. Der junge Bräutigam ist in Liebe entbrannt und überhäuft seine Gemahlin mit Aufmerksamkeiten. In allen Einzelheiten schildert Isabella die Trauungszeremonie in der Kathedrale zu Burgos, die Predigt von Jiménez de Cisneros, die nachfolgenden Festlichkeiten im Beisein des Seefahrers Christoph Kolumbus. Ferdinand und sie haben zusammen getanzt, »was seit unserer Jugend nicht mehr vorgekommen ist«, schreibt die Königin. Die Neuvermählten hatten es so eilig, sich zurückzuziehen, daß der Infant den vergnüglichen Teil der Feier abgekürzt hat.

Isabella führt eine gewandte Feder, und jedes ihrer Worte zeugt von solch übergroßem Glück, daß Johanna nur noch trauriger wird. Hat die Mutter den schmerzlichen Abschied von ihr in Laredo schon aus ihrem Gedächtnis ausgelöscht?

Sie ist allein, Juan und Margarete sind dagegen jeden Augenblick zusammen; ihr Bruder besitzt Salamanca, Zamora, Toro, Arévalo, Jaén, Randa, sie selbst hat nicht einmal einen eigenen Palast. Ihre Diener, die seit Monaten keinen Lohn erhalten haben, murren ohne Unterlaß. Madame la Grande ist nach Margaretes Abreise niedergeschlagen und hat ihre alte Heiterkeit verloren. Ihre Unterhaltungen beschränken sich jetzt auf gutgemeinte, aber energische Ratschläge und Ermahnungen seitens der alten Dame: Johanna soll Flämisch lernen, ihre Ehrendamen beaufsichtigen, alle möglichen frommen Pflichten erfüllen, Künstler und Gelehrte durch Einladung an ihren Hof unterstützen. Den Gemahl auf seinen Reisen zu begleiten rät sie ihr freilich nicht, weiß sie doch, daß er allein sein will, und auch den Grund. Aber wer könnte ihren Philipp ändern? Johanna wird sich damit abfinden müssen.

Indes, Johanna findet sich nicht damit ab. Sie lauert unermüdlich auf eine Botschaft, wirft sich in ihrem Bett hin und her und lehnt jede Zerstreuung ab. Fatma und Aicha haben wieder ihren alten Platz neben ihr eingenommen und schlafen nun auf einer Matratze, die auf den Boden von Johannas Schlafgemach gelegt wurde. Kummer und Leid verlassener Frauen sind ihnen vertraut, und sie kennen die Zauberformel, um untreue Männer zurückzugewinnen.

»Ein Kind, ein Sohn«, raunen sie Johanna zu, »und der Prinz wird zu dir zurückkehren.«

Mit aller Macht versucht Johanna, ihren Argwohn zu zerstreuen. Immer wieder denkt sie an die Worte, die Philipp ihr vor der Liebe zuflüstert: »Mach mit mir, was du willst, ich gehöre dir ... Ich lebe für dich, spürst du meine brennende Liebe?« Andere Sätze fallen ihr ein und treiben ihr die Röte in die Wangen.

Am ersten Maitag kündigt Philipp durch eine kurze Mitteilung seine Rückkehr an. Madame la Grande gibt der jungen Erzherzogin bekannt, daß sie soeben die obere Etage des benachbarten Klosters erworben hat, um den Jungvermählten künftig ihren Palast zu überlassen. Eine offene Galerie soll die beiden Gebäude miteinander verbinden und der alten Dame gestatten, ihre Enkel, wann immer sie es möchte, zu besuchen.

Philipps baldige Rückkehr und die Aussicht, schon bald ein eigenes Haus zu bewohnen, machen Johanna neuen Mut. Auch die Arbeiten am Coudenbergpalast zu Brüssel kommen gut voran. In wenigen Monaten können sie Mecheln und die allzu besitzergreifende Großmutter verlassen und endlich unabhängig sein. Philipp wird dann nur ihr allein gehören.

Der Mai ist mild, und endlich verläßt Johanna ihre Gemächer. Sie spaziert durch die Gärten und unternimmt sogar Ausritte in Begleitung von Johan van Berghes, Frans van Buysleyden und Willem van Chièvres, die stets ein galantes Wort auf den Lippen haben. Sie sind ihrem Prinzen nach Mecheln vorausgeeilt und erzählen Johanna von dem begeisterten Empfang in Städten und Dörfern, vom Jubel des Volkes, der ihrem Herrscher allerorten entgegenschlug. Ausführlich schildern sie die Begrüßungsreden, die Messen in den Gotteshäusern, verschweigen aber die Gelage im intimen Kreis, bei denen die Frauen sich streiten, wer eine Nacht im Bett des allzu schönen Erzherzogs verbringen darf. Beim Nachtisch wählt er eine aus, manchmal auch zwei, die anderen überläßt er seinen Freunden.

Der schöne Berghes pflückt eine Rose und überreicht sie, ein Knie am Boden, Johanna.

Eines Nachts, als sie schon schläft, umfangen sie zwei kräftige Arme. Philipp ist da, so wie er vom Pferd gestiegen ist. Ohne sie auch nur zu küssen, nimmt er sie wortlos, fast brutal.

Eng an ihn geschmiegt, lauscht sie am nächsten Morgen seinem ausführlichen Reisebericht. Die Sonne dringt durch die geöffneten Fenster, umschmeichelt die Seidenbezüge der Sessel, streift über das Grün der Tapisserien und ruht auf dem Rot der gewachsten Steinfliesen. Die jungen Eheleute trinken heiße Milch, tauschen Küsse, knabbern gemeinsam an einer Waffel, lassen die goldbraunen Stückchen von Mund zu Mund wandern. Philipp ist heiter wie nie zuvor und flüstert ihr zärtliche Worte zu. Johanna wünscht sich, der Augenblick solle nie vergehen.

»Welches Geld?« fragt Philipp schroff.

Bei der Abendmahlzeit hat Johanna gewagt, nach ihrer jährlichen Apanage von zweitausend Goldtalern zu fragen, die ihr von der kastilischen Schatzkammer versprochen worden ist. Erst am Nachmittag hat Ana de Viamonte die Entlohnung der Dienerschaft und des Gefolges angemahnt. Die Ehrendamen haben seit ihrer Abreise aus Spanien keinen einzigen Maravedi erhalten und sind allein auf ihr persönliches Vermögen angewiesen. Wie schon so oft wäre Johanna ihr gern ausgewichen, der entschlossene Ton ihrer Freundin aber zwingt sie zum Handeln.

»Hat Moxica nicht mit dir gesprochen?«

»Dein Kämmerer hat nur einen Teil der vertraglich zugesicherten Summe bekommen.«

»Ich habe ihn nicht erhalten.«

Philipps Blick ist sonderbar, zugleich angriffslustig und verlegen.

»Er wurde bereits ausgeteilt.«

Mit ihrem Gemahl über Geld zu sprechen kostet Johanna große Überwindung.

»Kein Mitglied meines Hofstaats hat seit sieben Monaten auch nur einen einzigen Maravedi ausgezahlt bekommen.«

Der junge Mann stößt ein kurzes, verächtliches Lachen aus.

»Dein Gefolge gibt sich dem Müßiggang hin. Die Flamen sind es, die euch ernähren, euch bedienen. Deshalb ist es nur recht und billig, daß sie ihren Lohn zuerst empfangen!«

In seinen Augen ist keine Spur mehr von der Zärtlichkeit, die sie am Morgen noch so beglückt hat. Er haßt es, wenn seine Frau ihm Scherereien macht. Gerade erst hat ihn sein Staatsrat ermahnt, er hat unzählige Berichte lesen und schwerwiegende Entscheidungen treffen müssen, was seinem zögerlichen Charakter zuwider ist. Längst hat er die kindlichen Spiele der letzten Nacht vergessen und denkt nicht einen Augenblick daran, daß sie für Johanna unvergeßlich sein könnten.

Müde und gereizt hat Philipp befohlen, das Essen ohne Protokoll in seinen Privatsalon bringen zu lassen. Dort wird diskret die Tafel gedeckt. Wegen der anwesenden Diener zügelt der Erzherzog seinen Zorn, tritt ans Fenster und blickt schweigend auf die hübsche Terrasse mit der gotischen Balustrade, die den Innenhof ziert. Da Johanna die Gereiztheit ihres Mannes bemerkt, wechselt sie rasch das Thema, das ihr selbst unangenehm ist.

»Ich habe Nachrichten aus Spanien bekommen. Meine Mutter berichtet von Margot und Juan, die beide sehr ineinander verliebt sind. Mein Bruder besteht darauf, seine Frau immer bei sich zu haben.«

Diesen törichten Satz, den Isabella gar nicht geschrieben hat, mußte sie einfach aussprechen, doch Philipp scheint ihr gar nicht zuzuhören. Wie gewöhnlich ist Isabellas Brief von einem seiner Räte gelesen worden, bevor man ihn Johanna aushändigte, und Philipp kennt seinen Inhalt bereits.

»Hast du geantwortet?«

»Noch nicht.«

Nicht ein einziges Mal hat Johanna seit ihrer Hochzeit an ihre Eltern geschrieben. Was sollte sie ihnen auch mitteilen? Ein undefinierbares Unbehagen hindert sie daran, die richtigen Worte zu finden. Sie nimmt nie an den Ratsversammlungen teil, wird von keiner politischen Entscheidung in Kenntnis gesetzt und ahnt sogar dunkel, daß man sie bewußt von allem fernhält. Nur Philipp und ihre Liebe zu ihm erfüllen ihr Dasein, und das kann sie nicht schreiben.

Das Essen ist serviert. Maiglöckchen und Veilchen schmükken den Tisch und verbreiten ihren betörenden Duft. Schweigend nimmt das junge Paar die Mahlzeit ein: Hecht aus der Dyle, mit Kräutern gewürzte Gemüse. Die Lammkeule und den Hühnerbraten rühren sie kaum an. Der Erzherzog denkt an die letzte Ratssitzung. Frans van Busleyden drängt ihn zu einer Annäherung an Frankreich, wovon sein Vater nichts hören will. Hat Maximilian ihn nicht mit der Spanierin vermählt, um sein Bündnis gegen Karl von Valois zu stärken? Trotz seiner kurzen Verlobung mit Anne de Bretagne, die ihn angeblich immer noch liebt, obwohl sie mit Karl VIII. vermählt ist, verabscheut der Kaiser die Franzosen. Hundertmal hat er seinem Sohn erzählt, wie Ludwig XI. nach dem Tod Karls des Kühnen der jungen Maria, die doch sein Patenkind war, das Herzogtum Burgund geraubt hat. Doch Philipp hat all das nicht miterlebt und ist im Grunde seines Herzens den Franzosen freundlich gesonnen. Sollte eine Allianz mit Frankreich im Interesse Flanderns sein, wird er sie auch gegen den Willen seines Vaters durchsetzen.

Man trägt die Nachspeisen auf, Eierkuchen, süße Torten,

kandierte Früchte. Philipp und Johanna trinken wenig – der Erzherzog lieber Bier als Wein, Johanna meist Wasser mit einem Schluck Rotwein wie schon ihre Eltern.

Nach dem langen Schweigen klingt Philipps Stimme fast feierlich.

»Meine Räte haben beschlossen, deinen Hofstaat umzubesetzen: Fürst von Chimay wird das Amt des Oberhofmeisters übernehmen; Christobal de Barroso wird dein Kammerherr, Johanna von Hallewin Erste Hofdame. Was dein Gefolge betrifft, ist es wünschenswert, daß ihm auch Töchter des flämischen Adels angehören.«

Johanna stockt der Atem. Sie hat den Eindruck, in einen Schraubstock geraten zu sein, der immer fester angezogen wird. Wozu all diese Veränderungen? Immer stärker wird sie von ihren spanischen Gefährten isoliert. Und obwohl sie wenig freundschaftlichen Kontakt zu ihnen gepflegt hat, schmerzt sie die Trennung sehr. Jetzt verbleiben ihr aus ihrer Heimat nur noch einige Diener, ein Dutzend Ehrendamen, ihre Sklavinnen, ihre Freundin Ana de Viamonte und Martín Moxica, dem sie mißtraut.

»Das hätte man mir mitteilen sollen.«

»Das ist hiermit geschehen«, entgegnet Philipp mit ruhiger Stimme.

»MEIN KIND, JUAN IST VON UNS GEGANGEN, Dein Vater und ich sind völlig niedergeschmettert. Urplötzlich ist das Unglück über uns und unser Volk hereingebrochen. Gegen Ende September, als ich, noch geschwächt von den Strapazen der Hochzeitsfeier Deiner Schwester Isabella, in Valencia de Alcántara das Bett hüten mußte, brachte ein Kurier die Nachricht, daß der Infant schwer erkrankt sei. Ich selbst war leider außerstande, die lange Reise nach Salamanca anzutreten, Dein Vater aber machte sich eilends auf den Weg. Als er im Bischofspalast eintraf, war Juans Zustand schon hoffnungslos. Margarete weilte Tag und Nacht am Krankenbett, und die Ärzte taten ihr Bestes, doch Gott wollte ihn zu sich nehmen. Sein Wille geschehe! Am 4. Oktober ist Juan in den Armen seines Vaters gestorben, in Gegenwart seiner Gemahlin, die er mit einer für seine schwache Konstitution allzu heftigen Leidenschaft geliebt hat. Seine letzten Worte galten ihr: ›Meine Seele wird von nun an in dir wohnen.‹ Wir haben ihn in Avila beigesetzt. Ich habe Bruto, seinen geliebten Windhund, zu mir genommen; er weicht nicht mehr von meiner Seite.

Johanna, bete für den Frieden Deines Bruders, und danke Gott für die Wohltaten, die er Dir erweist! Gott läßt Seine Kinder nie gänzlich im Stich. Margarete ist schwanger.«

Johanna läßt den Brief sinken. Sie war so glücklich gewesen, weil sie sich endlich im fertiggestellten Palast von Brüssel hatte einrichten können. Jetzt ist alle Freude dahin. Bilder tauchen vor ihr auf – Juan als Kind, der an ihren Haaren zerrt, weil sie sein hölzernes Pferd zerbrochen hat, der im weißen Seidengewand den Festzug bei Isabellas Hochzeit anführt oder beim Einzug in Granada stolz an Ferdinands Seite reitet. Sie sieht ihren Bruder wieder vor sich, wie er lacht, schmollt, ernst oder heiter ist. Der Altersunterschied, nur ein Jahr, trennte und verband sie zugleich. Manchmal, wenn sie auf ihrer Gitarre spielte, schlich er sich still an ihre Seite und murmelte: »Könnte ich doch sprechen wie deine Musik!« Auch er traute den anderen nicht, den Granden, den Höflingen, und zweifelte stets an der Selbstlosigkeit ihrer Freundschaft.

Johanna denkt dann an Margarete, an die kleine Margot, die, kaum schwanger, schon Witwe ist. Ihr Kummer wird Philipp erschüttern, und sie, Johanna, wird ihn noch mehr lieben müssen, um ihn zu trösten.

In ihrem hübschen Gemach mit den maurischen Möbeln, die sie aus Spanien mitgebracht hat, ist alles friedlich. An diesem Ort mit all den Gemälden, Silbervasen, prächtigen Tapisserien und Orientteppichen und der kostbaren Uhr – einem Geschenk ihres Schwiegervaters – scheint jeder Gedanke an den Tod so unpassend. Hier im Palast Coudenberg fühlt sich Johanna ein wenig mehr als Hausherrin. Sie hat eine riesige Voliere mit exotischen Vögeln gekauft, eine Menagerie einrichten lassen. Selbst an die ständige Gegenwart der Gräfin von Hallewin beginnt sie sich zu gewöhnen, ja, sie bittet sie sogar gelegentlich um Rat.

Nach einem Ehejahr nimmt Philipp sich wieder seine ungebundene Lebensweise heraus, die er mit unwiderlegbaren Argumenten zu rechtfertigen versteht. Johanna akzeptiert sie und hat, trotz all der böswilligen Gerüchte und geflüsterten Anspielungen ihrer Umgebung, grenzenloses Vertrauen zu ihrem Gemahl.

Ihr Blick fällt wieder auf den Brief: Isabellas Hand hat wohl ein wenig gezittert, ihrem Namenszug fehlt der gewohnte kühne Schwung. Johanna kann sich die Königin von Kastilien nicht als gebrochene Frau vorstellen. Und Ferdinand? Juan war sein Liebling, sein ganzer Stolz. Der Gedanke an den Schmerz ihres Vaters treibt Johanna die Tränen in die Augen.

Der flämische Hof trauert. In Mecheln und in Brüssel werden Totenmessen abgehalten. Johanna und Philipp führen den Trauerzug an, der sich im Herbstnebel noch düsterer ausnimmt. Die ausgelassenen Feste, mit denen die Infantin in Flandern empfangen wurde, scheinen schon weit zurückzuliegen, in wenigen Wochen wird sie achtzehn Jahre alt, doch die Zeit ist zwischen dem tiefen Himmel und dem flachen Land, den Belfrieden und den spitzen Türmen der Kathedralen, die sich in den friedlichen Wassern der Kanäle spiegeln, gleichsam stehengeblieben. Während Margarete guter Hoffnung ist, erwartet Johanna noch kein Kind. »Schuld daran, Hoheit, tragt Ihr selbst«, murmelt der französische Mönch in seinem Beichtstuhl. »Die Sinneslust macht die Frauen unfruchtbar, man sagt, daß Ihr für den Erzherzog allzu glühende Liebe empfindet.« Verwirrt senkt Johanna den Kopf.

Von Fatma oder Aicha mit duftenden Ölen massiert und festlich frisiert, wartet sie allabendlich sehnsüchtig auf Philipps nahende Schritte. Pater Antoine hat recht, sie begehrt ihren Ehemann allzu heftig; schon wenn er seine Hand auf ihren Körper legt, vergißt sie sogar, daß es einen Gott gibt.

Der Erzherzog, der um die Abhängigkeit und bedingungslose Liebe seiner Frau weiß, wird immer besitzergreifender. Er befiehlt, fordert, verlangt, und sie beugt sich glücklich all seinen Wünschen, auch wenn die Augenblicke der Zuneigung, der freundlichen Worte, der zärtlichen Küsse selten geworden sind. Dieser Frauenkörper, der ihm gehört, löst plötzliche, heftige, fast brutale Gelüste in ihm aus. Wenn Johanna unter seinem Gewicht zu stöhnen beginnt, denkt er mit Genuß an Isabella von Kastilien, die stolze Katholische Königin, die glaubt, ihn zu beherrschen.

»Mein Sohn, verzeih einer alten Dame, die dich von ganzem Herzen liebt, ihre Ehrlichkeit! Doch wer könnte dich besser beraten als ich?«

In ihrem Schloß zu Mecheln beenden Madame la Grande und ihr Enkelsohn das Abendessen unter vier Augen. Der geräumige Salon der verwitweten Fürstin mit seinen weichen Teppichen und den schweren Wandbehängen ist vom Duft welkender Rosen und Lilien erfüllt. In dem reichverzierten Kamin brennt ein behagliches Feuer.

Der Erzherzog liebt diese friedlichen Stunden an der Seite seiner Großmutter und reist oft allein nach Mecheln, um sie zu besuchen. Als Kind saß er oft zu ihren Füßen, den Kopf auf ihren Knien, und genoß es, wenn ihre schmalen Hände liebevoll über sein Haar strichen. Später als Jüngling nahm er sie, von der Jagd heimkehrend, gern in seine kräftigen Arme und wirbelte sie umher, bis sie schrie und lachte. Heute begnügt er sich damit, ihre vom Alter gezeichnete Hand zu nehmen und in der seinen zu halten.

»Nur zu, Großmutter, ich bin ganz Ohr!«

Die Ellbogen auf den Tisch, das Kinn in die Hand gestützt, um seine Aufmerksamkeit zu demonstrieren, sieht er sie erwartungsvoll an. Margarete von York ist gerührt: Der Erzherzog, der mit seiner Männlichkeit den Frauen den Kopf verdreht, verhält sich ihr gegenüber wie ein kleiner Junge.

»Mich brauchst du nicht mit schmachtenden Augen anzublikken«, schilt sie lächelnd. »In meinem Alter läßt man sich nicht mehr betören. Außerdem hab ich schon zu oft gesehen, wie du irgendein junges Ehrenfräulein, wenn nicht gar eine Dienerin oder noch üblere Person, zu verführen suchtest.«

»Großmutter, ich muß mich nicht groß bemühen, die Frauen zu verführen; sie wissen selbst nur allzu gut, wie man den ersten Schritt tut.«

»Und das ist eine große Schande, mein Kind. Der Mann muß eine Frau wie eine Stadt erobern, denn für ihn zählt der Stolz zu siegen mehr als der zu besitzen. Unsere Zeit gewährt den jungen Mädchen zu viele Freiheiten … Doch nicht darüber wollte ich mit dir sprechen. Alte Frauen wiederholen sich endlos, und die Jugend muß wohl mit ihrer Zeit leben. Ich wollte mit dir über Johanna reden.«

Philipp macht ein enttäuschtes Gesicht. Er ahnt schon, was er gleich hören wird, und legt sich eine beschwichtigende Antwort zurecht.

»Großmutter, sagt mir jetzt bitte nicht, daß ich meine Gemahlin unglücklich mache! Sie bekommt von mir, was sie begehrt.«

»Sie ist einsam, sehr einsam. Du bist die Hälfte der Zeit unterwegs und läßt sie, wenn ich den Gerüchten glauben darf, oft ohne Nachricht.«

»Meine Städte erwarten mich, und ich kann nicht eine besuchen, ohne auch die andere zu ehren.«

»Dann bitte deine Frau, dich zu begleiten! Deine Untertanen werden dich noch freudiger begrüßen.«

Der junge Mann seufzt. Er fühlt sich stets unbehaglich, wenn er sich rechtfertigen muß. Madame la Grande weiß von seinen Eskapaden und hat sie immer mit nachsichtigem Auge betrachtet. Glaubt sie, die Ehe hätte ihn gesetzter gemacht?

»Großmutter, ich brauche meine Freiheit. Johanna ist ... sehr besitzergreifend.«

»Du willst sagen, sie sei allzu verliebt?«

Die Augen der alten Dame funkeln. Es belustigt sie, ihren Enkel verlegen zu sehen.

Der lächelt schließlich und schenkt ihr ein Schlückchen Moselwein ein.

»Schrecklich eifersüchtig!«

»Argwöhnt sie etwa, du könntest dich für andere interessieren?«

»Wie könnt Ihr so etwas denken?«

Beide brechen in herzhaftes Lachen aus. Madame la Grande faßt sich als erste. Sie macht sich Vorwürfe, nicht streng genug zu sein.

»Sorge dafür«, murmelt sie, »daß Johanna nie etwas davon erfährt! Die Spanierinnen sind stolz, sie wäre zutiefst verletzt. Glaube einer alten Frau, mein Kind! Flandern hat bei einem Streit mit Kastilien nichts zu gewinnen. Wenn du auf deine Liebschaften nicht verzichten kannst, so schone Johanna wenigstens. Sie vergöttert dich und ist sehr allein. Sie rührt mich manchmal geradezu.«

Madame la Grande erhebt sich mit Mühen, beugt sich über ihren Enkel und küßt ihn auf die Stirn.

»Mein Kind, Johanna liebt dich mehr, als du sie liebst, das ist ihr Unglück, und sie ahnt es wohl. Es scheint dein Schicksal zu sein, den Frauen weh zu tun.«

»Habe ich Euch jemals Leid zugefügt, Großmutter?«

Er schlingt die Arme um sie, legt die Stirn an ihre Brust, die eine Kette aus leicht vergilbten Perlen schmückt. Seine Großmutter hat recht: Wie bei der Jagd oder im Krieg liegt für ihn auch der Reiz der Liebe im Angriff und in der gewaltsamen Eroberung. Die Frauen, die sich zu schnell hingeben, verderben ihm dieses Vergnügen. Wäre Johanna abweisender geblieben und hätte sie sich anders als die übrigen verhalten – vielleicht hätte er sie dann lieben können.

»Wenn sie mich weiter so heftig lieben will – bitte! Nur sollte sie nicht so finster, nicht so fordernd sein.«

»Die Eifersucht, mein Kind, stirbt nicht immer mit der Liebe. Vergiß das nie!«

PHILIPP ZÖGERT EINE WEILE, bevor er den Ratssaal betritt. In wenigen Augenblicken wird sein Kummer, der jetzt noch sein Geheimnis ist, nicht mehr ihm allein gehören. Die Seinen werden die Neuigkeit begierig aufnehmen, sie zerpflücken, erörtern und lediglich als eine gewöhnliche Staatsangelegenheit betrachten. Die arme Margot hat ein totes Kind zur Welt gebracht. Am Vortag hat er die Nachricht erhalten, sich die ganze Nacht in seine Gemächer eingeschlossen und niemanden sehen wollen.

Die große Flügeltür öffnet sich, der Erzherzog erblickt zunächst Willem van Chièvres, Frans van Busleyden, Johan van Berghes, dann seinen Kaplan neben Thomas van Plaines, der mit einem spitzen, dolchförmigen Brieföffner spielt. Sie sind eilig zusammengekommen, um über diese neue Lage zu konferieren, die, wenn man sie geschickt auszunützen weiß, dazu dienen kann, das Ansehen und die Macht des Erzherzogs noch zu vergrößern.

Philipp erwidert die Grüße, schenkt einigen Anwesenden ein Lächeln oder ein freundliches Wort. Er wird die Tränen seiner Schwester wohl vergessen müssen, wenn er aus den traurigen Ereignissen seinen Nutzen ziehen will.

Nach einem kurzen Gebet des Kaplans erhebt sich lebhaftes Stimmengewirr, das Johan van Berghes mit einer energischen Geste zum Verstummen bringt.

»Monseigneur, meine Herren, da die Königreiche Kastilien und Aragonien nach dem Tod ihrer Herrscher nicht länger an eine männliche Nachkommenschaft übergehen können, stellt sich die Frage, warum sie nicht an Seine Hoheit, Erzherzog Philipp, und Seine Gemahlin fallen sollten. Das Kind, das Königin Isabella von Portugal unter dem Herzen trägt, wird die Zukunft ihres eigenen Landes, nicht die Spaniens, sichern müssen. Wir können nicht zulassen, daß die ganze Iberische Halbinsel unter einem Zepter vereint wird. Ist es nicht so, Monseigneur?«

Dem jungen Erzherzog, einem echten Nachfahren der Herzöge von Burgund, fehlt es nicht an Machtgelüsten, und der Titel »Prinz von Kastilien« erscheint ihm äußerst verlockend. Auch wenn die spanischen Karavellen noch nicht das erhoffte Gold aus dem fernen Indien herbeigeschafft haben, könnten dort bald sagenhafte Schätze entdeckt werden. Bereitet Kolumbus nicht eben seine dritte Reise vor?

»Mir scheint in der Tat«, erwidert der Erzherzog mit fester Stimme, »daß wir berechtigte Ansprüche auf das Erbe der kastilischen und aragonischen Krone haben. Hat sich der Kaiser schon geäußert?«

»Seine Majestät hat noch keine Nachricht auf unser Schreiben geben können, doch ich denke, Ihr kennt seine Meinung.«

»Mein Vater hat den Wunsch, unsere Familie auf den höchsten Stufen des Ruhms zu sehen. Es würde ihm nicht mißfallen, wenn die kastilische Krone an Habsburg überginge.«

»Dann greift danach, Monseigneur, die Gelegenheit ist jetzt günstig!«

Thomas van Plaines spielt noch immer mit seinem Brieföffner. Er ist der jüngste Ratgeber des Erzherzogs und soll die Nachfolge des alten Kanzlers Carondelet antreten.

»Monseigneur«, läßt er sich mit ruhiger, fester Stimme vernehmen, »vergeßt nicht, daß es, wie überall sonst, auch in Kastilien Gesetze gibt, welche die Thronfolge regeln!«

»Mein lieber Thomas«, entgegnet Philipp spöttisch, »hat

meine Schwiegermutter, Königin Isabella, etwa gezögert, ihre Nichte, die Beltraneja, zu entthronen, um die Macht an sich zu reißen?«

»Das war eine Auseinandersetzung unter Kastiliern, Monseigneur. Ihr seid zu weit von Spanien entfernt, als daß Ihr ein solches Spiel wagen könntet.«

»Die Katholischen Könige lieben die Autorität und werden von meiner Tatkraft beeindruckt sein.«

Geräuschvoll läßt Thomas van Plaines seinen Brieföffner auf den Tisch fallen.

»Und die Erzherzogin, Monseigneur, was hält sie von diesem Vorhaben? Wenn es hier eine Krone zu erben gibt, dann ist es an Eurer Gemahlin, die Hand danach auszustrecken.«

Mehrere Stimmen geben ihm lautstark recht. Johan van Berghes greift sofort ein; er weiß, wie leicht sein Prinz zu beeinflussen ist.

»Die Erzherzogin kümmert sich nicht um Staatsangelegenheiten und hat in diesen Dingen uneingeschränktes Vertrauen zu ihrem Gemahl.«

»Hat man sie wenigstens dazu befragt?«

Philipp wird ungeduldig, denn die Auseinandersetzung begibt sich auf schwankenden Boden.

»Genug, meine Herren! Wir wollen diese Frage erst wieder erörtern, wenn wir Nachricht vom Kaiser haben. Ohne seine Zustimmung will ich mich nicht ›Prinz von Kastilien‹ nennen.«

Wie ein Blitz schlägt Isabellas Nachricht in Brüssel ein: Ihre Tochter Isabella und deren Gemahl, König Emanuel von Portugal, sind ihre einzigen Thronerben. Schon im März wird das Paar den Treueeid der Cortes von Kastilien und Aragón entgegennehmen. So sind die Titel »Prinz von Kastilien« und »Prinz von Aragonien« nicht mehr verfügbar.

Philipp ist außer sich. Bis zum Eintreffen von Maximilians Antwort sollte sein Vorhaben geheim bleiben. Wer kann ihn verraten haben? Der Brief aus Burgos ist ihm fast gleichzeitig mit der begeisterten Zustimmung seines Vaters ausgehändigt worden. Diese ist in der Tat so begeistert, daß Philipp zunächst an ein Intrigenspiel seiner Räte denkt, ein Verdacht, den er freilich gleich wieder verwirft. Wer also sonst? Ein spanischer Spion, einer von diesen Müßiggängern aus Johannas Gefolge? Hätte er sie doch damals nur allesamt davongejagt! Jetzt sind ihm die Hände gebunden, denn es jetzt zu tun hieße, seine Enttäuschung öffentlich einzugestehen. Solange sein Zorn nicht verraucht ist, will er seine Gemahlin nicht aufsuchen.

Verwirrt, fast beschämt, vernimmt Johanna die letzten Worte, die ihr geistlicher Berater ihr vorliest. Isabella hat Diego de Villaescusa eine Abschrift ihres an Philipp gerichteten Briefes geschickt. Sie hat einige Zeilen hinzugefügt, die nur für den Geistlichen bestimmt sind und in denen sie ihm ihre Sorgen bezüglich der Ehe ihrer Tochter mitteilt. Aus den Berichten der zurückgekehrten Spanier hat sie erfahren, daß sich Johanna ihrem Gemahl derart unterwerfe, daß sie von ihm selbst Unannehmbares ertrüge, ihre christlichen Pflichten vernachlässige, ja sogar vor Pariser Mönchen mit zweifelhafter Moral die Beichte ablege? Auch soll das von Ferdinand gesandte Geld nicht an das Gefolge verteilt worden sein. Wo ist es verblieben? Die Königin beschließt ihr Schreiben mit den lakonischen Worten: »Dura veritas sed veritas.«*

Bewußt hat der Geistliche es unterlassen, die wenigen Zeilen vorzulesen, die ihm zu vertraulich erscheinen. Auf den letzten lateinischen Satz aber legt er besonderen Nachdruck und forscht dabei in Johannas Zügen nach einer Gefühlsregung. Die junge Erzherzogin indes hält die Augen weiter starr auf das Buch in ihren Händen gerichtet. Um keinen Preis will sie ein Gefühl der Demütigung zeigen, das bereits durch ihren Stolz und ihre Liebe besänftigt wird. Da Diego de Villaescusa – das sieht sie sehr deut-

* Die Wahrheit ist hart, aber es ist die Wahrheit.

lich – ein Feind von Philipp ist, wird er sogleich auch zu ihrem Gegner. Daß ihr Gemahl unbesonnen gehandelt hat, ist ihr gleichgültig, sie wird nie aufhören, ihn zu lieben. Und niemand, weder ein Neider noch ein naher Verwandter, ja nicht einmal Gott, hat die Macht, die Bande zu lösen, die sie an Philipp ketten. Der graue, drohende Himmel scheint die Fensteröffnungen zu verhängen. In der kleinen Kammer neben Johannas Schlafzimmer stimmen die maurischen Sklavinnen ein Klagelied aus Granada an. Nacheinander schlagen alle Glocken von Brüssel drei Uhr. Die junge Frau spricht in frostigem Ton:

»Danke, mein Vater. Ich will Euch nicht länger aufhalten. Meine Ehrendamen erwarten mich zu einem Spaziergang in unseren neuen Gärten.«

»Euer Hoheit, dieser Brief erfordert eine Antwort.«

Als sich Johanna erhebt und die Augen schließlich auf den Geistlichen heftet, drückt sich darin Hochmut, fast Feindseligkeit aus.

»Fragt Seine Hoheit, den Erzherzog, er kennt sich besser als ich in Staatsangelegenheiten aus, den einzigen Dingen, die meine Mutter bewegen!«

In den letzten drei Wochen waren Philipp und Johanna nur in den seltenen Augenblicken des Tages beisammen, da es die Etikette verlangte. Allein in ihrem Schlafgemach hat die junge Frau nachts zunächst geweint, bevor sie vollständig den Kopf verlor. Was hat sie gesagt oder getan, um diese Strafe zu verdienen? Mehrmals schon wollte sie eine Erklärung verlangen, hat dann aber doch geschwiegen aus Angst, Philipp könne glauben, sie erwarte eine Rechtfertigung für sein unbesonnenes Handeln. Dafür, daß sie ihn nur hat schonen wollen, bestraft er sie so grausam.

Die Palmsonntagmesse geht ihrem Ende zu. Mit den Prozessionen, der Lesung des Evangeliums, der langen Predigt hat sie weit über zwei Stunden gedauert. Da seit den frühen Morgenstunden dichter, eisiger Regen fällt, wartet vor dem Eingangsportal ein von vier Pferden gezogener Wagen auf das Herrscherpaar. Obwohl Johanna schon über ein Jahr in Flandern weilt, ist sie noch immer entzückt über diese Annehmlichkeit, die es in ihrer Heimat nicht gab, bis Margarete zwei Kutschen nach Spanien verladen ließ. Ob sie sie wieder nach Flandern zurückbringt? Die junge Witwe wird von ihrer Großmutter, ihrem Bruder und dessen Untertanen sehnlich erwartet. Nur Johanna fürchtet diese Rückkehr. Mit dem endgültigen Lösen der Bande, die ihre Schwägerin mit Spanien verknüpft, wird ihre eigene Einsamkeit und das schmerzliche Gefühl, ein Faustpfand zu sein, nur noch wachsen.

Nachdem ein Page die Brokatvorhänge vor den Fenstern der Karosse hinabgelassen hat, setzen sich die Pferde in Bewegung, gefolgt von berittenen Ehrenleuten, die der Kälte und dem Regen standhalten müssen. Der Erzherzog beobachtet seine junge Frau von der Seite. Umrahmt von einer golddurchwirkten, mit kleinen Perlen bestickten Haube, wirkt ihr zartes Profil wie eine kunstvolle Miniatur. Seine Augen ruhen eine Weile auf der Wölbung ihrer Lippen, wandern zu ihrem zerbrechlichen Hals hinab, der, mit einem Diamantkollier geschmückt, fast ganz in dem Pelzkragen ihres Umhangs verschwindet. Er weiß sehr genau, daß sie leidet, und ihr Schmerz bereitet ihm heute Gewissensbisse. Am Vortag hat er sein Verhältnis mit Susanne beendet, die ihm allmählich lästig wurde. Das Ehrenfräulein hat geschluchzt und gedroht, sich das Leben zu nehmen, doch schon in wenigen Wochen, allerhöchstens Monaten, wird gewiß ein neuer Liebhaber ihre Tränen trocknen. Das kleine, kokette Ding ist viel zu naschhaft, um lange auf die Freuden der Liebe verzichten zu können.

»Du siehst mich nicht an, Johanna?«

Die Stimme ist zärtlich. Philipp weiß, wie man Frauen behandeln muß.

Johanna zittert, ein Gefühl, das sie nicht unterdrücken kann, läßt ihr Herz schneller schlagen. Und doch sträubt sie sich, diesem Ruf, auf den sie so lange gewartet hat, sogleich nachzugeben. Hartnäckig hält sie den Blick zu Boden gesenkt.

Die schmalen Finger, die sie so gerne geküßt hat, legen sich um ihr Kinn, drehen ihren Kopf.

»Du weinst?«

Tränen, die sich nicht länger unterdrücken lassen, laufen ihre Wangen hinab und verlieren sich in dem Pelzkragen.

»Verzeih mir!«

Sanft küßt Philipp ihre Augen, ihre Lippen. Als er spürt, daß Johanna ihm widerstehen will, steigert sich seine Begierde.

Warum versteht sie so wenig, ihr weibliches Spiel zu spielen, etwas Abwechslung in das Gleichmaß zu bringen, das ihn langweilt?

Ihr Körper bleibt reglos unter seinen Händen. Wie lange wird es dauern, bis er ihm gefügig ist? Derbe Bilder entstehen in seinem Innern, deutlich und so erregend, daß er seine Frau, sollte sie ihm heute abend ihre Tür verschließen, wohl anflehen wird, ihn einzulassen.

Die Karosse schaukelt langsam über das Brüsseler Pflaster. Rufe ertönen in den Straßen: »Hoch lebe unser Herrscher, hoch lebe der Erzherzog!« Johanna hebt die Augen und betrachtet Philipp aufmerksam. Unter der hochgebogenen Krempe seines runden Samthuts schauen ein paar Strähnen seines blonden Haars hervor. Ihr Blick gleitet über seine vollen, reifen Lippen, auf denen eine kleine Wunde eben zu vernarben beginnt. Wie viele Frauen haben wohl diese Lippen geküßt und gebissen, haben ihre Finger zärtlich über diese Wangen, die schöne gerade Nase gleiten lassen?

»Nach dem Essen«, murmelt Philipp, »komme ich zu dir. Schick deine Hofdamen fort!«

Ohne Unterlaß prasselt der Regen gegen die dicken, in Blei gefaßten Fensterscheiben. Auf der seidenen Bettdecke, die mit bunten Wiesenblumen bestickt ist, ruhen zwei nackte Leiber. Johanna hat sich Philipps Forderungen gefügt, hat gewagt, was sie sich vor Monaten nicht einmal hat vorstellen mögen. Sie hat ihn leidenschaftlich umarmt, hat die Worte gemurmelt, die er von ihr hören wollte. Nun betrachtet sie verwirrt diesen Körper, den sie gefangenhalten möchte und doch nur sanft mit den Fingerspitzen zu berühren wagt.

Philipp bewegt sich nicht, hält weiter die Augen geschlossen. Erst als Johanna ihre liebkosende Hand zurückzieht, wendet er sich ihr zu.

»Ich habe dir verziehen«, murmelt Johanna, die die Mattheit seiner Züge für Traurigkeit hält.

Sogleich gewahrt sie in seinem Blick diesen vertrauten Schimmer von Ironie, der sie stets verwirrt und ängstigt. Philipp will etwas erwidern, besinnt sich jedoch. Seine Hände packen den nackten Körper der jungen Frau, reißen ihn so gewaltsam an sich, als wolle er sie erneut verletzen, sie dafür strafen, etwas ausgesprochen zu haben, was die Wunden der Demütigung wieder aufgerissen hat und seinen Groll gegen Spanien und alles, was spanisch ist, neu entfacht hat. Ohne Zärtlichkeit, ohne einen Blick dringt er in sie ein, so brutal, daß sie einen Schmerzensschrei ausstößt.

MIT EINZUG DES SOMMERS hat Margarete ihr helles Lachen und ihre Heiterkeit wiedergefunden. Ihr Aufenthalt in Spanien erscheint ihr jetzt unwirklich wie ein böser Traum. Die unermüdliche Zuwendung und Liebe von Madame la Grande haben ihren Lebenshunger und ihren Appetit auf die flämischen Köstlichkeiten neu geweckt und ihre Wangen wieder frisch und rosig werden lassen. Bruder und Schwester haben ihre gemeinsamen Ausritte wiederaufgenommen und speisen oft im Schloß zu Mecheln bei ihrer Großmutter, während Johanna, die ihr erstes Kind erwartet, meist in Brüssel bleibt und die Zeit mit Spaziergängen durch die Alleen ihres neuen Parks totschlägt oder stundenlang die vielen exotischen Vögel in ihrer Voliere beobachtet. Nur ihre Freundin Ana ist ihr geblieben. Wenn die beiden jungen Frauen beisammen sind, sprechen sie ausschließlich Kastilisch, sie kleiden sich nach spanischer Mode und lassen sich Gerichte aus ihrer Heimat zubereiten, die, wenn auch unvollkommen, eine Quelle großen Genusses für sie sind. Fatma und Aicha backen ihnen süße Honigkrapfen, Mandel- und Pistazienkuchen, die sie im Schatten der Pappeln verzehren. Der Juli beginnt so schön, daß die Bauern sich schon zur Ernte rüsten. Auf den Wiesen und Feldern jenseits der Parkmauern weiden die Kühe, drehen sich die Mühlenflügel, summen emsige Bienenschwärme, tummeln sich Kinder, gehen fliegende Händler und Landarbeiter eifrig ihren Geschäften nach. Wie anders sind diese Geräusche doch als in Spanien! Gern würde Johanna manchmal die Schloßmauern hinter sich lassen, ihr neues Land durchstreifen, sich unter dieses Volk mischen, das sie so wenig kennt, aber Philipp scheint nichts davon zu halten, und sie möchte nichts gegen seinen Willen tun. Seitdem sie schwanger ist, sucht er sie wieder regelmäßig auf, überhäuft sie mit Aufmerksamkeiten und liebt sie sanft, fast zärtlich.

»Ist es ein Sohn?« fragt er oft und küßt ihren Bauch, der sich bereits gerundet hat.

Sie streicht über sein blondes Haar, schließt die Augen, um ihr Glück festzuhalten.

Ana sitzt ihr zu Füßen und spielt spanische Weisen auf ihrer Gitarre. Fliegen, betäubt von der Hitze, schwirren um die Spalierbäume, an denen die ersten Äpfel reifen. Der Erzherzog weilt seit gestern in Mecheln. Als er sich zum Abschied über Johanna beugte, verströmte seine Haut einen süßlichen Duft nach Veilchen oder Rosen, und sie fragte scherzend: »Parfümierst du dich wie ein junges Mädchen?« Mit einem Lächeln ist er der Frage ausgewichen. »Gib auf mein Kind acht!« Noch lange hat sie ihm nachgeschaut. Ob er ihr wirklich untreu ist, wie man am Hofe munkelt?

Das Kind bewegt sich. Ihr ist heiß, kleine Schweißperlen bilden sich auf ihrer Stirn und rinnen die Schläfen hinab. In den friedlichen flandrischen Gärten wirken die leichten Gitarrenklänge sonderbar fremd. Ana blickt zu ihrer Freundin auf.

»Habt Ihr Eurer Mutter geantwortet, Señora?«

»Ach, wozu! Meine Schwester Isabella kann jeden Augenblick ihr Kind zur Welt bringen, da wird meine Mutter weder Zeit noch Lust haben, meine Zeilen zu lesen.«

»Werdet Ihr Pater Thomás de Matienzo empfangen?«

»Gewiß nicht. Meine Mutter kündigt mir den Prior von Santa Cruz als einen Freund an, der mich besuchen möchte, ich weiß aber, daß er mich ausspionieren soll.«

Ana hört zu spielen auf.

»Doña Juana, Ihre Majestät, die Königin, hat vielleicht berechtigte Gründe, sich zu sorgen.«

Wie immer, wenn sich die Erzherzogin in die Enge gedrängt fühlt, flüchtet sie sich in Schweigen. Sie hat die Anspielung ihrer Freundin wohl verstanden: Bis heute hat kein Spanier aus ihrem Gefolge einen einzigen Maravedi erhalten, während die flämischen Würdenträger korrekt und großzügig entlohnt werden. Moxica läßt die von Spanien gezahlten Summen nach wie vor in die Kassen von Philipps Schatzmeister fließen – soll sie sich deshalb etwa wie eine betrogene Hausverwalterin aufführen?

»Ihr müßt ihn empfangen«, beharrt Ana de Viamonte. »Der fromme Mann hat die beschwerliche Reise aus Segovia nur auf sich genommen, um Euch zu sehen. Sicher bringt er Neuigkeiten von Eurer Familie, vielleicht sogar einen Brief von Seiner Majestät, Eurem Vater.«

Der plötzlich veränderte Ausdruck in Johannas Gesicht verrät Ana, daß sie den Gesandten Isabellas empfangen wird. Mit Gottes Hilfe wird es ihm vielleicht gelingen, die junge Erzherzogin, über die man bei Hofe bereits spottet, zur Vernunft zu bringen. Philipp hat mehrere junge Frauen aus dem Gefolge seiner Gemahlin verführt, und es hat ihn nicht viel Mühe gekostet. Ana hat alles beobachtet, die vielsagenden Blicke, die heimlichen Gesten. »Felipe el hermoso«, flüstern die übermütigen Spanierinnen. »Philipp der Schöne«, murmeln die Fläminnen. Ana fürchtet, daß es für die Infantin ein böses Erwachen geben könne. Wird ihr Stolz über ihre Enttäuschung siegen?

»Gib mir meinen Fächer!« bittet Johanna.

Mit kleinen Bewegungen fächelt sie sich kühlende Luft zu. Die Tage sind so lang, so trostlos ohne Philipp. Sie wird sich in ihre Gemächer zurückziehen, sich einschließen und das Abendessen verweigern, um, auf ihren Kissen ruhend, nur an ihn zu denken. Die Zeit ist ein Gefängnis.

»Ich hab verloren – ein Pfand für dich!« ruft Margarete.

Rotblonde, in der Mitte gescheitelte Locken umrahmen ihr jugendliches Gesicht. Sie trägt ein schlichtes ockerfarbenes Kleid mit Silberstickerei und weitem, rechteckigem Ausschnitt. Eine dazu passende kleine Kappe ziert ihren Hinterkopf. Der Rosengarten zu Mecheln, dessen Pflege von Madame la Grande streng überwacht wird, verströmt den Duft unzähliger Sorten – Rosen aus ihrer Heimat England, Rosen aus Flandern, aus Provins, aus Spanien, aber auch von weither, aus Damaskus und Isfahan. An der Mauer, die den Garten umgibt, rascheln die Blätter hoher Pappeln. Neben dem großen Brunnenbecken liegt eine schattige Laube, der kühlste Ort des ganzen Parks an diesem Sommernachmittag.

»Was gibt es als Pfand, liebe Margot?«

Die junge Frau zögert.

»Vielleicht einen Kuß.«

»Einen Kuß?«

Die Geschwister drehen sich gleichzeitig um; durch den Laubengang, von dem in schweren Trauben lilafarbene Glyzinenblüten herabhängen, nähert sich Johan van Berghes.

»Habe ich recht gehört? Da komme ich ja gerade im richtigen Moment, um das Pfand einzulösen!«

Ehrerbietig küßt er die Hand der Erzherzogin.

»Genug!« ruft Philipp. »Versuche nicht, mich herauszufordern, dazu bist du nicht mehr jung genug.«

»Für den Kampf mit der Waffe vielleicht, Monseigneur. Doch bei anderen Duellen bin ich wohl immer noch stark genug, um Euch zu schlagen.«

»Da hat mir die schöne Alexandra gestern nacht aber etwas anderes erzählt!«

Philipp lacht hell auf. Seitdem er Brüssel verlassen hat, um nach Mecheln zu reiten, hat er seine kindliche Unbeschwertheit und Lebensfreude wiedergewonnen. Seine Beziehung zu Johanna ist noch immer voller Maßlosigkeit. Irgend etwas Undefinierbares erschreckt ihn an seiner Frau, eine unterdrückte Gewalttätigkeit, ein schmerzhafter Widerstreit zwischen ihrer Sinnlichkeit und ihrem Stolz, ein übertriebener Hang zu Einsamkeit und Verschwiegenheit. Keinen Augenblick kommt es ihm in den Sinn, daß er selbst der Grund dafür sein könne. Bei keiner Fürstin in ganz Flandern hat er je solch wilde Ausbrüche der Leidenschaft erlebt. Dabei hat er Johanna geheiratet, weil sie dem Geschlecht der Habsburger Erben schenken soll, und nicht etwa, damit sie sich wie ein törichtes, verliebtes Bürgermädchen aufführt.

Ein Diener trägt ein Silbertablett mit einem Krug Mandelmilch und einer Karaffe kühlen Weines herbei. Hoch über der Bank mit den Löwenfüßen, auf der Philipp, Margot und dann Johan van Berghes Platz nehmen, ranken blühendes Geißblatt und Weißdorn ineinander.

Margot legt den Kopf an die Schulter ihres Bruders und schließt einen Moment die Augen.

»Wie schön, wieder daheim zu sein!«

Von Spanien spricht sie selten, von Juan und dem toten Kinde nie. Weder ihre Großmutter noch ihr Bruder haben ihr jemals

Fragen gestellt. Sie hat ihre alten Gemächer im Mechelner Schloß, ihr Gefolge und ihre Freundinnen wiedergefunden, sie spielt manchmal wieder auf ihrer Laute oder ihrem Klavichord und hat erneut Freude am Singen.

Berghes leert seinen Weinbecher.

»Der Prior von Segovia kann jeden Tag eintreffen, Monseigneur. Nehmt Euch vor ihm in acht, er ist zu sehr Kastilier, um ehrlich zu sein!«

»Ich will ihn trotzdem empfangen, mein lieber Berghes. Der Mann wird sich wundern, wie schnell man die kleine Verschwörung meiner Schwiegermutter aufgedeckt hat. Johanna verheimlicht mir nichts.«

Das schlichte, tief ausgeschnittene Hemd aus weißem Tuch mit Spitzenkragen und die engen, wadenlangen Beinkleider bringen den kräftigen und doch schlanken Körper des Erzherzogs vorteilhaft zur Geltung.

Nach der schweren Kränkung beim Tod von Margots Kind fühlt er sich durch diese neuerliche Einmischung der Katholischen Könige in sein Privatleben aufs äußerste brüskiert. Welche üblen Gerüchte mögen die aus Flandern entlassenen Spanier wohl verbreitet haben, um Isabella so zu beunruhigen? Philipp hatte zunächst geplant, Soldaten auszuschicken, um Thomás de Matienzo höflich zurück zu geleiten, doch dann war seine Neugier erwacht. Wenn es gelänge, die spanischen Intrigen aufzudecken, könnte man vielleicht Nutzen daraus ziehen. Seit dem Tod Karls VIII. im April und der Thronbesteigung Ludwigs XII. ist er fest entschlossen, die Bande zu Frankreich enger zu knüpfen. Selbst wenn diese Annäherung gegen den Willen seines Vaters oder des englischen Bündnispartners erfolgen muß, die Interessen Flanderns machen sie dennoch erforderlich. Soll Matienzo nur auf Johanna einreden – seine Predigten werden auf taube Ohren stoßen.

Die Sonne neigt sich, ein leichter Wind spielt mit den gefiederten Blättern einer hohen Akazie.

»Ich muß mich für das Abendessen bei Großmutter herrichten«, sagt Margarete unvermittelt.

Sie erhebt sich, und ihr Haar lodert im goldenen Licht.

HOCHMÜTIG EMPFANGEN PHILIPP UND JOHANNA den spanischen Emissär Thomás de Matienzo. Nachdem die üblichen Höflichkeitsfloskeln ausgetauscht worden sind, klagt der Besucher über große Müdigkeit nach der beschwerlichen Reise und bittet die Erzherzogin demütig, aber bestimmt um mehrere private Audienzen.

»Der Zustand der Erzherzogin erfordert viel Ruhe«, läßt sich ihr Kammerherr, Fürst von Chimay, vernehmen. »Sie wird Euch nur wenig Zeit widmen können.«

Umsonst hat Philipp allen Prunk des burgundischen Hofes entfaltet, denn Matienzo zeigt sich nicht im geringsten beeindruckt, ist er doch gleichgültig gegenüber irdischen Gütern und unnachgiebig in Glaubensdingen und Fragen der Moral, in denen die Fürsten ihrem Volk Vorbild sein sollten.

»Serenissima«, erklärt er mit trockener Stimme und blickt Johanna geradewegs in die Augen, »ich wurde von den Katholischen Majestäten entsandt. Ich habe die Ehre, Eure erlauchten Eltern während meines Aufenthalts hier in Flandern zu vertreten. Mich abzuweisen hieße, sie zu beleidigen.«

Der kastilische Akzent, das ärmliche Gewand und das ausgemergelte Gesicht des Geistlichen verunsichern Johanna. Hilfesuchend blickt sie ihren Gemahl an.

»Nun gut«, stimmt dieser zu, »Ihr könnt die Erzherzogin sprechen, wenn sie Euch rufen läßt.«

Mit einem knappen Gruß wendet er sich ab. Johanna möchte etwas hinzufügen, doch ihre flämischen Hofdamen geleiten sie eilig fort. Wenn der Prior einen Brief ihres Vaters überbringen sollte, so wird sie ihn heute abend nicht lesen können.

»Vergeßt nicht«, raunt ihr Philipp zu, »daß Euch niemand

Lektionen zu erteilen hat! Hier seid Ihr die Erzherzogin, und Ihr seid meine Frau. Jede Kritik, die Ihr bereitwillig anhört, beleidigt mein Land und weckt meinen Zorn.«

Nervös beißt Johanna sich auf die Lippe. Glauben ihre Mutter und ihr Gemahl, über sie verfügen zu können wie über irgendeinen Gegenstand?

»Ihr braucht mich nicht zu belehren, wie sich eine spanische Infantin und Erzherzogin zu verhalten hat. Mein Ehrgefühl ist ebenso groß wie das Eure.«

Es ist drückend heiß in dem kleinen Privatsalon. Johanna hat schlecht geschlafen, so sehr fürchtet sie das erste Gespräch mit Thomás de Matienzo. Philipp hat darauf bestanden, daß mehrere flämische Hofdamen zugegen sind. »Aus Gründen der Schicklichkeit«, hat er erklärt, aus Mißtrauen, hat sie bei sich gedacht. Zum Glück sind die Damen des Kastilischen nicht mächtig.

Kaum hat sie in einem der halbrunden, nach rheinischer Mode mit Brokat bezogenen Sessel Platz genommen, als sich auch schon die Tür öffnet und der Subprior eintritt. Der in grobes braunes Wolltuch gekleidete Geistliche mustert mit kritischem Blick die schweren Wandbehänge, die kostbaren Silbergegenstände, die venezianischen Gläser und die profanen Gemälde, die so gar nicht dem strengen spanischen Geschmack entsprechen. Schließlich verneigt er sich vor Johanna, die ihm mit einer knappen Geste den Sessel neben sich anweist.

»Welche Nachrichten bringt Ihr mir aus Spanien?«

Schweigend zieht der Emissär der Katholischen Könige einen versiegelten Umschlag aus dem Ärmel seiner Kutte. Die junge Frau greift hastig danach, bricht das Siegel. In wenigen Zeilen legt Isabella ihrer Tochter nahe, ihren Emissär freundlich zu empfangen. Die Worte sind in Eile geschrieben, als hätte die Königin dringendere Pflichten zu erfüllen. Darunter hat Ferdinand hinzugesetzt: »Juanita genießt die Zuneigung ihres Vaters.«

Johanna beherrscht sich, um ihre Enttäuschung nicht offen zu zeigen.

»Ihre Majestäten beklagen sich über Euer Schweigen.«

Der Priester spricht so leise, daß Johanna ihn kaum versteht.

»Ich habe meiner Mutter vor wenigen Monaten geschrieben.«

»Sie erwartet weitere Briefe.«

»Ich habe ihr im Augenblick nichts zu sagen.«

Johanna hat den letzten Satz bewußt laut ausgesprochen, damit jeder ihn hören kann.

Noch immer flüsternd, teilt Matienzo ihr die neusten Nachrichten aus Spanien mit. Die Königin von Portugal wird bald niederkommen, man hofft auf einen Sohn; die Verhandlungen des Herrscherpaars mit Heinrich VII. über die Vermählung ihrer Kinder Arthur und Katharina versprechen Erfolg; der Bischof von Córdoba hat der Königin in Medina del Campo einen langen Besuch abgestattet … Wie eine Litanei dringt der Bericht des Geistlichen an Johannas Ohr. »Die Arbeiten am Mausoleum über dem Grab des verstorbenen Infanten Juan sind fast abgeschlossen …«, fährt die gedämpfte Stimme des Geistlichen fort. Ein Unwohlsein überkommt Johanna: Ihr Bruder ist tot, ihr Land ist tot für sie, ihr Leben ist tot. Sie erhebt sich, von zwei Hofdamen gestützt.

»Auf ein anderes Mal, Vater!«

Sie hat Französisch gesprochen, als schmerze sie der Gebrauch des Spanischen zu sehr.

Zwei Wochen schließt Johanna sich in ihren Gemächern ein. Philipp ist wieder abgereist; er hält sich in Gent, Lüttich, Brügge auf, überall, nur nicht in Brüssel. Nachts wird die junge Frau von Alpträumen heimgesucht, sie fühlt sich hin- und hergezerrt, verlassen, und sie weint im Schlaf. Geduldig legt ihr Fatma ein mit Jasminwasser getränktes Tuch auf die Stirn und murmelt arabische Beschwörungsformeln.

An einem Augustmorgen trifft ein spanischer Kurier mit einem Brief von Pater Andreas ein, in dem er seiner Tage in Flandern gedenkt und sich nach dem Wohlbefinden der Prinzessin von York, des Erzherzogs und der Gräfin von Hallewin erkundigt. Die Bande, die Johanna an Spanien binden, sind damit sichtbar und auf friedliche Weise erneuert. Nun kann sie Thomás de Matienzo wieder empfangen.

Die Gespräche werden fortgeführt. Der Priester beklagt sich über die Preise in den flämischen Herbergen und die täglichen Schikanen, denen er ausgesetzt ist. Schon fahren die Bauern mit Hilfe der Soldaten die Ernte ein, was durch gewittrige Regenfälle erschwert wird. Am 15. August kehrt Philipp nach Brüssel zurück. Die Sonne hat seine Haut gebräunt, sein Haar noch heller werden lassen. Unter dem Vorwand, Johanna wegen der fortgeschrittenen Schwangerschaft schonen zu müssen, meidet er das eheliche Lager. Seine junge Frau beobachtet oft, daß er nachts manchmal das Schloß verläßt. Wohin geht er mit seinen Begleitern?

Matienzo wird nicht müde, sie auszufragen.

»Warum führt Ihr Euer Hauswesen nicht selbst?«

»Gräfin von Hallewin kümmert sich um alles.«

»Die Katholischen Majestäten sind besorgt, Ihre Tochter von dieser Dame bevormundet zu sehen.«

»Sie kennt die burgundische Etikette und die Gebräuche bei Hofe besser als ich.«

Jede seiner Fragen verletzt den Stolz der Infantin. Was soll sie antworten? Ihre schüchternen Versuche, selbst Initiativen zu ergreifen, sind kläglich gescheitert. Dies einzugestehen hieße, Philipp anzuklagen, und jedes Geständnis würde ihrer Mutter umgehend in verschlüsselter Sprache mitgeteilt, das weiß sie ganz sicher. Johanna fühlt sich von allen Seiten eingekreist.

Nachts sehnt sich ihr Körper nach dem ihres Mannes. Ihre prallen Brüste, ihr runder Leib, der die Frucht ihrer Liebe zu ihm trägt, lechzen nach Liebkosungen, die ihnen verweigert werden. Sie stellt sich vor, wie er bei einer anderen Frau liegt, und der

Schmerz, den sie dabei empfindet, brennt wie Feuer. Warum ist die Liebe, die sie in der Zeit ihrer Unschuld für ein unbeschwertes Glück hielt, so bitter und unendlich schwer zu ertragen?

»Du bist mein Immergrün, mein blauer Vogel.«

Die junge Frau räkelt sich in Philipps Armen. Drei Monate hat sie dem Erzherzog widerstanden, doch in der spätsommerlichen Schwüle hat sie schließlich nachgegeben. Wie ein Kater ist Philipp um sie geschlichen: Geschenke, verliebte Briefe, erst flüchtige, dann längere Berührungen, bis sie umgarnt war und ihr durch einjährige Witwenschaft entwöhnter Körper hell entflammte. Jetzt will sie nur noch diesen Mann. Die Nacht hat sie liebestoll gemacht.

Vor dem Fenster, das dem dämmernden Morgen geöffnet ist, steht eine silberne Vase mit einem Strauß aus Lupinen, Astern und Rosen. Der Erzherzog hält die junge Gräfin noch immer umschlungen, als zwei heftige Schläge an die Tür des Schlafgemachs sie jäh auseinanderfahren lassen.

Draußen wartet ein Knappe mit einem Brief. Fiebernd bricht Philipp das Siegel mit den Wappen der Katholischen Könige, stößt einen Fluch aus.

»Meine Kleider, schnell!«

Im Hof des Schlosses wartet schon eine Eskorte. In weniger als einer Stunde wird er seinen Staatsrat versammeln und seinen Freunden die unglaubliche, die phantastische Nachricht überbringen, die er soeben erfahren hat: Isabella, die älteste Tochter der Katholischen Könige, ist in Zaragoza bei der Geburt ihres Sohnes gestorben. Dieser Säugling ist nun alles, was ihn, Philipp, noch vom kastilischen Thron trennt.

JOHANNA WUNDERT SICH, wie leicht die Schmerzen zu ertragen sind. Am Morgen des 30. November haben die Wehen eingesetzt. Im Kamin brennt ein großes Feuer, Dienerinnen laufen geschäftig umher, die Hofdamen stehen ein wenig verlegen da, während sich Gräfin von Hallewin mit gewichtiger Miene vergewissert, daß alles bereit ist, um das Kind würdig zu empfangen. In den Kirchen von Brüssel wird für eine glückliche Niederkunft der Erzherzogin gebetet, und man wartet nur noch auf die Bekanntgabe des freudigen Ereignisses, um das Te Deum anstimmen zu können.

»Wird der Erzherzog kommen?« fragt Johanna.

Zehnmal schon hat sie dieselbe Frage gestellt, und immer hat Gräfin von Hallewin geduldig geantwortet, Philipp sei beim Federballspiel und werde zu ihr eilen, sobald das Kind auf der Welt sei. Vorher sei die Anwesenheit des Erzherzogs unschicklich und nicht wünschenswert.

Heftigere Wehen entlocken Johanna ein leises Stöhnen. Warum sprechen die kastilischen Frauen mit solchem Grauen von ihren Entbindungen? Sie erinnert sich an die markerschütternden Schmerzensschreie einer Dienerin im Schloß La Mota. Katharina und sie hatten sich ängstlich aneinandergeklammert. »Das Los der Frauen!« hatte die Anstandsdame geseufzt, die selbst allerdings kinderlos war. Die sooft verspottete Marquesa, die seit Johannas Geburt immer bei ihr gewesen war, ist mit den meisten Ehrenfräulein und Hofdamen ihres Gefolges nach Spanien zurückgekehrt. An diesem Tag, da sie ihr erstes Kind zur Welt bringt, bedauert Johanna, sie nicht um sich zu haben. Ihr vertrautes Gesicht hätte ihr das ihrer fernen Mutter ersetzen können. Die junge Frau denkt an ihre ältere Schwester, die in den Armen ihrer Mutter starb, als sie Miguel das Leben schenkte. Isabella und Juan, die Lieblinge der Königin, sind für immer dahingegangen; Katharina wird bald nach England aufbrechen; Maria in ein anderes Land; die Königin wird allein mit einem Gemahl zurückbleiben.

Die Abstände zwischen den Wehen werden immer kürzer, die Schmerzen heftiger, doch da Philipp sie verursacht hat, nimmt Johanna sie tapfer auf sich.

Fatma und Aicha, von den Flamen nur geduldet, sind aus Johannas Gemächern vertrieben und in ihre Kammer verbannt worden. Philipp hat mehrmals in scherzhaftem Tone gesagt, man solle »die Hexen« zurückschicken, doch Johanna hat keine Antwort darauf gegeben. Sie bedarf ihrer Beschwörungen, ihrer gemurmelten Zauberformeln, ihrer Hände, die es verstehen, einen Frauenkörper verführerisch zu machen.

»Pressen, Hoheit!« befiehlt der Arzt, der an ihrem Bett steht. »Das Kind kommt!«

Johanna tut, wie ihr geheißen, ein heftiger Schmerz durchzuckt sie, scheint sie zerreißen zu wollen.

»Das Kind ist da!«

Die Damen drängen sich um das Bett. Die Luft ist stickig, erfüllt vom Geruch nach Duftwässern, Schweiß und Blut.

»Ein Mädchen«, verkündet Gräfin von Hallewin.

Mit Tränen in den Augen sinkt Johanna in ihre Kissen zurück. Philipp wird so enttäuscht sein!

Die Kerze auf dem nackten Holztisch ist fast niedergebrannt. Hinter den Fenstern der Herberge pfeift ein feuchtkalter Winterwind, der sich im Kamin verfängt und die Asche eines halberloschenen Feuers aufwirbelt. Fröstelnd zieht der Subprior die Decke, die ihn kaum wärmt, noch fester um seine Schultern. Wie kann der Herrgott eine solche Eiseskälte zulassen, und wie kann er dulden, daß einer seiner eifrigsten Diener so schändlich behandelt wird? Von der Summe, die er dem Herbergsbesitzer allmonatlich zahlen muß, könnte eine spanische Familie ein ganzes Jahr leben! Die von der Königin versprochenen Gelder treffen nicht ein, und er hat sogar seinen Rosenkranz aus Gold und Onyx verkaufen müssen, um überleben zu können. Erwartet man, daß ein Emissär mit einem so wichtigen Auftrag wie dem seinen von der Luft lebt? Er hat dieses Flandern satt, die Flamen und die Erzherzogin. Ob es den Katholischen Königen gefällt oder nicht – er wird die erste Gelegenheit nutzen, um in sein geliebtes Kastilien zurückzukehren.

Mit einer knappen, fast zornigen Geste unterzeichnet Matienzo den Brief, den er soeben beendet hat, bevor er ihn, unter dem groben braunen Tuch zusammengekauert, noch einmal durchliest.

»Erhabene und erlauchte Señora, seit dem 1. Dezember, da ich Euch die glückliche Geburt Eurer Enkelin Eleonore meldete, bin ich ganz ohne Nachricht aus Spanien. In unbeschreiblicher Kälte haben wir die Geburt unseres Herrn Jesus Christus gefeiert, doch die Not, in der ich mich derzeit befinde, erlaubt mir nicht einmal, einen wollenen Mantel zu erwerben. Sicher sind widrige Umstände daran schuld, daß die von Eurer Majestät gesandten Gelder noch auf sich warten lassen. Ohne weitere Zuwendungen sehe ich mich freilich gezwungen, bald nach Spanien zurückzureisen.

Meine Mission ist ohnehin beendet, vermag ich doch nicht mehr in Erfahrung zu bringen als das, was die Erzherzogin mir anzuvertrauen geruhte, sehr wenig leider, trotz meiner häufigen Besuche und des Beistands, den ich ihr anbieten wollte. Die junge Frau hat mir jede Freundschaft verweigert.

Nach meinem nunmehr sechs Monate währenden Aufenthalt in den Niederlanden vermag ich leider nicht die freudigen Nachrichten zu übermitteln, die Eure Majestät gerne hören würde. Die Erzherzogin ist nicht Herrin ihres Hauses, das nun ganz und gar flämisch ist. Vielmehr haben Fürst von Chimay und Gräfin von Hallewin dessen Verwaltung übernommen. Señora Infanta fügt sich ihnen in allem, freilich nicht, weil sie die Hofhaltung nicht selbst übernehmen wollte, sondern aus Gehorsam zu ihrem Gemahl, der sie beherrscht. Mehrfach hat sie versucht, ihren Willen durchzusetzen, hat sich beschwert, unter welch unwürdigen Verhältnissen die wenigen Spanier leben müssen, die noch zu ihrem Gefolge gehören. Doch alle Zuwendungen, einschließlich der Summe, die Eure Majestät zur Geburt Eleonores geschickt haben, sind in die flämischen Kassen gewandert. Moxica ist ein Verräter und folgt nur den Anweisungen des Erzherzogs. Bis heute hat er sich geweigert, mich auch nur ein einziges Mal zu empfangen. Die Infantin selbst ist so in Geldnot, daß ihr kaum ein Maravedi zur Verteilung von Almosen bleibt. Sie wagt aber nicht, sich zur Wehr zu setzen, weil sie ihren Schatzmeister fürchtet.

Auch die politischen Ziele Eurer Majestät scheinen die Erzherzogin gleichgültig zu lassen. Monseigneur Philipp ist um eine Annäherung an seine französischen Nachbarn bemüht und geht dabei so weit, deren Machtansprüche in Italien gutzuheißen, was sich für unsere Reiche sehr ungünstig auswirken kann. Von allen Nachrichten, von jedem Kontakt mit Euren Botschaftern abgeschnitten, merkt Eure Tochter wohl gar nicht, daß man sie isolieren will, um sie besser bevormunden zu können. Doña Juana, hochverehrte Señora, ist völlig verblendet. Bei der Erfüllung kirchlicher Pflichten läßt sie sich von französischen Mönchen beraten, deren Einfluß, wie Ihr Euch denken könnt, ein höchst zweifelhafter ist. In Flandern sind alle nur denkbaren Freizügigkeiten gestattet, was einen abscheulichen Verfall unseres Heiligen Glaubens nach sich zieht. Die Erzherzogin beichtet äußerst selten, besucht nur ein- oder zweimal wöchentlich die Messe. Betet sie? Gott allein weiß es. Ihre Gedanken kreisen einzig und allein um ihren Gemahl, den sie abgöttisch liebt. Schiene nur ein einziges meiner Worte ihn zu kränken, so geriete sie außer sich und entließe mich auf der Stelle. Nie ist mir eine solche Verirrung begegnet, und diese unglückliche Leidenschaft hat zur Folge, daß die Erzherzogin den Sinn für die Wirklichkeit verliert. Der Prinz, ihr Gemahl, ist ihr keineswegs treu. Weiß die Erzherzogin nichts von seinen Ausschweifungen? Euer Diener, Majestät, neigt zu der Auffassung, daß sie nichts davon wissen will. Jede Gewißheit würde sie niederschmettern; ihr Gemahl behandelt sie schlecht, Doña Juana ist oft allein, und die Geburt ihrer Tochter Eleonore hat nichts an den Gewohnheiten dieses Gemahls zu ändern vermocht, der über Eure Tochter verfügt wie über eine Dienerin.

Dennoch habe ich mir erlaubt, Majestät, der Erzherzogin bei meinem letzten Besuch vorzuwerfen, sie habe ein hartes und gefühlloses Herz. Darauf hat sie mir geantwortet: ›Im Gegenteil, Vater, ich habe ein sehr empfindsames Herz, und wenn ich daran denke, wie weit ich von meinen Eltern und von Spanien entfernt bin, muß ich bitterlich weinen.‹

Diese Worte ließen mich hoffen, daß die Infantin mit Gottes Hilfe auf den rechten Weg zurückfinden kann. Dafür bete ich ohne Unterlaß, wie ich auch für Eure Größe und Euer Wohlergehen bete.

Euer demütiger und ergebener Diener Thomás de Matienzo.«

Der Subprior läßt das Wachs über seiner Kerze schmelzen und versiegelt den Brief. Nachdem er ihn ein zweites Mal durchgelesen hat, ist sein Zorn einer sonderbaren Melancholie gewichen. In wenigen Wochen wird er wieder in Segovia sein, wird den kastilischen Frühling genießen können, sein goldenes Licht, das silbrige Grün der Olivenbäume, den würzigen Geruch des Windes, der über die Hochebene weht, die tanzenden Schatten in den kühlen Innenhöfen, Johanna aber wird im Coudenbergpalast zurückbleiben. Gefangen, denkt er, so wie man von einem Landsmann denken würde, der in Feindeshand gefallen ist. Auch wenn er keine Zuneigung für die Infantin empfindet, die durch ihre schroffe Art, ihre Verschlossenheit und ihr Schweigen seinen Eifer gelähmt hat, ihr Vertrauen zu gewinnen, berührt ihn die Einsamkeit dieser jungen Frau, die Traurigkeit, die er oft in ihren Augen wahrgenommen hat, zutiefst.

»Ich will für sie beten«, beschließt er.

Johanna bietet Philipp die Stirn.
Als der Erzherzog seine Absicht kundtut, dem französischen König Ludwig XII. den Lehnseid für die Herzogtümer Flandern, Artois und Charolais abzulegen, erwacht in der jungen Infantin zum ersten Mal der spanische Nationalstolz, und sie wagt es, ihrem Gemahl zu widersprechen.

Philipp steht am offenen Fenster und beobachtet, wie seine Gärtner mit regelmäßigen Sensenhieben das Gras in seinem Park mähen. Er hat sich an diesem Juninachmittag zu seiner Frau begeben, doch ihre naiven und drohenden Äußerungen langweilen ihn. Was versteht sie schon von seiner Politik? Seine Mutter Maria von Burgund hat beim Tod Karls des Kühnen mit beispielhaftem Mut darum gekämpft, ihrem Sohn diese Herzogtümer zu erhalten, und er wird, allen Widersachern zum Trotz, dafür sorgen, daß sie ihm, reich und unabhängig, erhalten bleiben. Der Feudaleid gegenüber Ludwig ist eine Formalität ohne wirkliche Bedeutung. Sein Vater Maximilian, der dem neuen König von Frankreich zunächst feindselig gegenüberstand, hat schließlich einen Waffenstillstand unterzeichnet. Europa bedarf einer Atempause.

Johanna unterdrückt ihre Nervosität und bleibt reglos sitzen, während ihre Finger die Stickerei umklammern, die sie gerade fertiggestellt hat.

»Mein Vater hat aus Spanien ein Land gemacht, das Ihr alle fürchtet.«

Das höhnische Lachen ihres Gemahls läßt sie zusammenfahren.

»Ferdinand ist klug, das will ich nicht leugnen, aber er gebärdet sich allzu selbstsicher. Der Dünkel erlischt wie die Glut, wenn man eine Schaufel Schlamm darauf wirft.«

Johannas Stimme bebt.

»Beleidige meinen Vater nicht!«

Philipp ist nähergetreten, dieser ungewohnte Zornausbruch seiner Frau belustigt ihn. Die Mutterschaft hat sie fülliger, reizvoller werden lassen, die kleinen Brüste sind üppiger, der Bauch ist leicht gewölbt, ganz nach seinem Geschmack. Noch ehe die Zeit ihres Wochenbettes vorbei war, hat er die Tür zu ihrem Schlafgemach geöffnet, und sie hat ihn leidenschaftlich empfangen.

Eleonore, jetzt sieben Monate alt, ist ein hübsches, ruhiges und fröhliches Kind, das er zärtlich liebt und jeden Tag besucht.

»Beruhige dich! Ich weiß, ich bin deinem Vater zu Dank verpflichtet, bekam ich von ihm doch dich zum Geschenk.«

Der scherzhafte Unterton macht Johanna klar, daß Philipp kein weiteres Wort über seine geplante Reise nach Frankreich verlieren will. Sie muß sich fügen, auch wenn es sie heute heftig erzürnt. Madame la Grande und Gräfin von Hallewin täuschen sich, wenn sie Johanna für willensschwach halten. In Wirklichkeit flüchtet sich die junge Erzherzogin bei dem geringsten Problem in eine Welt, zu der Philipp keinen Zugang hat. Nur so kann sie ihre Isolierung ertragen, ihre Zweifel, die Eifersuchtsqualen, das Herumspionieren ihrer Gefolgschaft, das schreckliche Verhör durch Thomás de Matienzo, die heftigen Kämpfe, um durchzusetzen, daß Eleonore einer spanischen Gouvernante anvertraut wird. Sie verriegelt ihre Tür, läßt sich von der Stille hinwegtragen, bis die Wirklichkeit vollständig verlorengeht. Dann löst sich ihre Anspannung, ihr Körper beunruhigt sie nicht mehr, sie kann auf ihrer Gitarre spielen oder stundenlang still auf ihren Kissen sitzen – zusammengekauert, unzugänglich, gerettet.

Philipp steht hinter ihr, löst die Bänder ihres Kleides, legt die Hände auf ihre prallen Brüste, streichelt sie. Johanna ist wieder schwanger, hat es ihrem Mann jedoch bisher verschwiegen aus Angst, er käme sonst nicht mehr zu ihr. Sie schließt die Augen voller Scham, so schnell nachzugeben.

Während Philipp neben seiner Frau liegt, läßt er seine Gedanken schweifen. Seit der Geburt von Eleonore ist Johanna nicht mehr so unbeholfen in seinen Armen. Auch wenn sie wegen ihrer sittenstrengen Erziehung und ihres übersteigerten Ehrgefühls nie eine ideale Geliebte werden wird, haben ihre Heftigkeit und ihre Ungeduld nachgelassen. Sie hat gelernt, lange Liebkosungen entgegenzunehmen und zu erwidern sowie ihre unerträglichen Liebesschwüre zu unterlassen.

Philipp glaubt, mit seinen einundzwanzig Jahren einiges erreicht zu haben. Die von seiner Mutter ererbten Herzogtümer sind reich, befriedet, unabhängig. Er hat ein ehrenhaftes Abkommen mit Frankreich getroffen, indem er sich bereit erklärt hat, auf den großen burgundischen Traum zu verzichten. Auf flämischem Boden geboren, spricht er die flämische Sprache so gut wie die französische und bemüht sich, ein liberaler Monarch zu sein. Von seinem Großvater Karl dem Kühnen hat er eine ausgeprägte Liebe zu Malerei, Musik und Tanz geerbt, und Mecheln und Brüssel sollen ihre Überlegenheit in diesen Bereichen glanzvoll demonstrieren. Er will seinen Kindern ein Erbe hinterlassen, auf das sie stolz sein können.

Johanna scheint zu schlafen. Er betrachtet sie im hellen Licht des Nachmittags, ihr etwas scharfes Profil, das schwere schwarze Haar, den Mund, dem eine kaum wahrnehmbare Falte einen Ausdruck von Bitterkeit verleiht.

Ahnt sie wohl, daß er sie unentwegt betrügt? Wenn sie ihn dabei ertappt, wie er mit einer Frau scherzt, sieht sie ihn forschend an, sagt aber kein Wort. Ist sie wirklich »ein Wildwasser, das nur von einem schwachen Damm zurückgehalten wird«, wie seine Großmutter sich auszudrücken pflegt?

Philipp lächelt, er hat keine Angst vor den Fluten. Seit Jahrhunderten können seine Landsleute sichere Deiche bauen, um sie aufzuhalten.

Der Schrei eines Kindes dringt vom Hof hinauf. Philipp denkt an den kleinen, schwächlichen Miguel, der von Isabella mit großer Hingabe umsorgt wird.

Als Maximilian seinen Sohn mit Johanna, der dritten Erbin

der Katholischen Könige, vermählte, ahnte er nie und nimmer, daß ein Habsburger einmal das spanische Erbe antreten könnte. Gott hat gewiß seine Pläne …

Im grossen Ballsaal des Palastes zu Gent haben die Mitglieder des Rates in schwarzen Roben mit pelzverbrämten Kragen Platz genommen. Ältere Damen, die alle einen Schleier tragen, stehen plaudernd beieinander und beobachten aus den Augenwinkeln die Tänzer, die sich langsam um die Estrade mit den Flöten-, Harfen- und Lautenspielern drehen. Hunderte von Kerzen aus kostbarem Wachs sind entzündet worden, und in dem gewaltigen Kamin brennt ein loderndes Feuer. Der Februarabend dieses beginnenden Jahrhunderts ist bitter kalt, doch der eisige Wind hat die Edelleute und reichen Bürger von Gent nicht davon abgehalten, sich auf dem großen Ball des Erzherzogs einzufinden.

Der Festsaal des nüchternen Palastes ist mit Zweigen exotischer Bäume geschmückt, an der frisch bemalten Kassettendecke prangen verschlungene Blumenmotive, die großen roten Steinfliesen glänzen vom frischen Wachs. Sorgsam gekämmte, mit Schleifen geschmückte und parfümierte kleine Hunde tollen umher, und festlich gekleidete Kinder versuchen kichernd ihre ersten Tanzschritte.

Beim Erscheinen des Erzherzogs geht bewunderndes Raunen durch den Saal. Von vier weißgekleideten Pagen angeführt, schreitet er feierlich neben seiner Gemahlin einher, er in schwarzem und saphirblauem Samt, sie in einem weiten kirschfarbenen Gewand aus Goldbrokat. Ihre Ohren ziert kostbarer Perlenschmuck, ein Geschenk ihrer Mutter. Obwohl Johanna hochschwanger ist, hat sie ihren Gemahl begleiten wollen. Hat ihr Ehrenfräulein Susanne von Limburg nicht gestern einer Freundin zugerufen: »Morgen werde ich den Erzherzog zurückerobern!« – So laut, daß Johanna es gar nicht überhören konnte?

Seit dem Morgen hat sie sich auf das Ereignis vorbereitet. Fatma und Aicha haben ihren unförmigen Körper gesalbt und massiert, ihr Haar gebürstet und geflochten. Sie hatte es seit Winteranfang ein wenig vernachlässigt und mit einer pelzbesetzten Männerkappe, die ihr reizend zu Gesicht stand, bedeckt. Die beiden Sklavinnen haben ihren Leib und ihren Busen fest eingeschnürt und über ihre Schultern einen Seidenumhang gelegt, der so duftig ist, daß er bei der leichtesten Bewegung anmutig schwingt. Lange hat sich Johanna im Spiegel betrachtet. Auch noch kurz vor ihrer Niederkunft ist sie schön. Weder Susanne noch eine andere wird ihr Philipp nehmen, der jetzt alle Blicke auf sich lenkt. Auf seinem saphirblauen Samtwams prangt der Orden vom Goldenen Vlies. Lächelnd schreitet er voran, bedenkt jeden mit einer Geste, einem Wort. Das Wippen der Feder auf seinem kleinen Hut mit Stulpe wirkt wie eine Aufforderung. Die Mädchen und Frauen können die Augen nicht von diesem geschmeidigen Körper lassen, diesem sinnlichen Gesicht, das sündhaft schön ist. Jetzt versinkt Susanne von Limburg vor ihm in einem tiefen Hofknicks, doch der Erzherzog nimmt sie gar nicht zur Kenntnis, hat er doch eine Genter Bürgersfrau mit loderndrotem Haar im Sinn.

Feierlich geleitet Philipp seine Gemahlin zu dem Sessel, der für sie hergerichtet wurde, vertraut sie Gräfin von Hallewin an und entfernt sich, während erneut fröhliche Musik einsetzt. Johan van Berghes tritt zu ihm, flüstert ihm etwas ins Ohr; beide lachen, Johanna dagegen kämpft ihre Tränen nieder, versucht verzweifelt, gelassen zu bleiben. Sind denn alle, die nur widerwillig das Wort an sie richten, ihre Feinde? Wenn das Kind, das sie unter dem Herzen trägt, ein Knabe ist, wird sie Philipp wieder an sich fesseln können. Das Kind in ihrem Leib ist schon so schwer und drückt gegen ihren Rücken. Johanna von Hallewin rät ihr, sich nicht zu bewegen, ganz ruhig zu bleiben. Ganz ruhig, während Philipp unverschämten Weibspersonen den Hof macht? Angst überkommt sie. Und wenn die Geburt kurz bevorsteht? Auf Philipps Befehl erklingt jetzt eine schnellere, fröhlichere Tanzweise. Er stürmt vor, nimmt eine Rothaarige mit milchweißem Teint bei der Hand. Johanna sieht, wie sich das smaragdgrüne Kleid dem saphirfarbenen Wams nähert, sie schließt die Augen und murmelt: »Mein Gott!« Sie fühlt Schmerzen, die heftiger werden und wieder nachlassen. Eine lauwarme Flüssigkeit rinnt plötzlich unaufhörlich ihre Schenkel und Waden hinab, Gräfin von Hallewin und Fürstin von Chimay aber bemerken nichts. Zwei Diener werfen einen riesigen Holzscheit ins Feuer, Funken sprühen auf, und ein weißes Hündchen, das mit gelben Bändern geschmückt ist, beginnt zornig zu bellen. Mit dem Schmerz nimmt jetzt auch die Verzweiflung der jungen Frau zu. Sie hat nur den einen Wunsch, sich in ihre Gemächer zurückzuziehen, die Tür hinter sich zu verriegeln und ihr Kind in einem geschützten Raum, in ihrem eigenen Reich, zur Welt zu bringen. Doch zu spät, es wird in der Öffentlichkeit das Licht der Welt erblicken, und man wird es ihr wie Eleonore gleich nach der Geburt wegnehmen. Eine noch heftigere Wehe nimmt ihr den Atem, sie erhebt sich, totenbleich.

Gräfin von Hallewin blickt sie erstaunt an.

»Ich … ich muß mich zurückziehen.«

»Soll ich mitkommen?«

»Das ist nicht nötig – Ana de Viamonte wird mich begleiten.«

Der Tanz nähert sich seinem Ende, die Tänzer stehen einander gegenüber, nehmen sich bei den Händen.

»Das Kind kommt«, murmelt sie.

Erschrocken umklammert Ana de Viamonte ihren Arm.

»Wir müssen einen Arzt rufen!«

»Später!«

Anas Hand zittert so heftig, daß sie die Erzherzogin kaum führen kann. Eine einzige Kerze erleuchtet den kleinen, mit hellem Eichenholz getäfelten Raum spärlich, der nur mit einem Klosettstuhl, einem Tisch, einem Sessel und einem wollenen Teppich ausgestattet ist. Johanna fröstelt, mehr vor Schmerz als vor Kälte. Bei Eleonore waren die Schmerzen erträglich gewesen, heute abend aber preßt ein Schraubstock ihren Leib, ihre Lenden, ihre Schenkel zusammen. Das Kind wird größer, kräftiger sein. Ob es ein Knabe ist? Seit Monaten behorchen, betasten Fatma und Aicha den Bauch der jungen Frau. »Du trägst einen Sohn«, haben sie immer wieder strahlend erklärt.

»Ich lasse einen Arzt holen«, beschließt Ana. »Rührt Euch nicht von der Stelle!«

Vor der Tür warten ungeduldig mehrere Hoffräulein, die ihre Herrin in den Ballsaal zurückgeleiten sollen.

»Die Erzherzogin kommt nieder!« ruft Ana. »Holt die Dienerinnen herbei! Sie sollen heißes Wasser und eine Decke für das Kind bringen!«

Gent jubelt vor Freude und stößt auf das Wohl des Knaben an, der in der vergangenen Nacht ohne jede Zeremonie zur Welt gekommen und nach seinem berühmten Urgroßvater, dem »Kühnen«, Karl benannt werden soll. Aufgeregt bereden die Frauen auf den Straßen das freudige Ereignis, während von allen Türmen stundenlang die Glocken läuten. Und sogleich macht sich die ganze Stadt daran, Vorbereitungen für eine Tauffeier zu treffen, die bei den Gentern einen tiefen Eindruck hinterlassen soll. Keine Mühen, keine Kosten werden gescheut, der Bürgermeister und alle Beigeordneten haben bereitwillig die notwendigen Gelder zur Verfügung gestellt, um ihren Erzherzog zufriedenzustellen.

Bereits Anfang März, fünf Tage bevor der kleine Erzherzog von Luxemburg zum Taufbecken getragen werden soll, stellen die Schreiner den erhöhten Holzsteg fertig, der vom Herzogspalast bis zur Johanniskirche führt. Er ist mit Zweigen, Blumengebinden und Wappenschildern geschmückt und wird von mehreren Triumphbögen mit Phantasienamen überspannt – Tor der Weisheit, Tor der Gerechtigkeit, Tor des Friedens. Tausende von Fackeln sind zu beiden Seiten des Prachtwegs angebracht worden, und am Ufer der Leie ist ein flaches Flußboot vertäut, auf dem die Trompetenspieler Platz nehmen sollen.

Ein eilends aus Italien herbeigeholter Feuerwerker arbeitet in schwindelerregender Höhe auf einer Seilbrücke, die den Belfried mit dem Kirchturm von Sankt Niclaas verbindet. Er hat einen gewaltigen Papierdrachen mitgebracht, der Feuer und Funkengarben aus seinem Rachen und seinem Schwanz speien wird. Auf allen Plätzen und an den Straßenecken sind Estraden errichtet, wo vom Erzherzog gestiftete Getränke und Speisen ausgeteilt werden sollen. In der Nacht zum 7. März werden Wein und Bier in Strömen fließen, man wird tanzen, jedoch nicht feierlich wie bei Hofe, sondern wilde Galoppaden, bei denen sich Mann und Frau um die Taille fassen, um sich näher zu sein.

Seit der Geburt ihres Sohnes scheint Johannas Leben plötzlich ausgefüllt. Philipp hat ihr eine große, wunderschön geformte Perle mit einem unvergleichlichen Schimmer geschenkt. Dabei hat er sie fest an sich gezogen und gemurmelt: »Du bist so einzigartig wie dieses Schmuckstück.« Überrascht und beglückt hat sie diese Liebesbeweise entgegengenommen. Jeden Morgen und jeden Abend setzt Philipp sich an ihr Bett, berichtet von den Ereignissen des Tages, den Scherzen seiner Freunde, hin und wieder sogar von Staatsangelegenheiten, die er mit seinen Räten besprochen hat. Dann verlangt er, seinen Sohn zu sehen, der sogleich von der Amme herbeigeholt wird. Manchmal kommt auch Eleonore zu ihnen. Gerührt nimmt Philipp seine Kinder in die Arme, Johanna indessen sieht schweigend zu, als fürchte sie, dieses Glück könne ihr allzu schnell wieder genommen werden. Gräfin von Hallewin hat inzwischen sogar die Aufsicht über die Kammerzofen übernommen.

Am Abend des 7. März ist alles bereit. Trotz der Kälte drängt sich das Volk neben dem Holzsteg, auf dem unzählige Teppiche entrollt wurden. Bei Einbruch der Dunkelheit werden die Fakkeln entzündet, die Musikanten nehmen auf der Barke Platz; vor allen Fenstern hängen bunte Papierlaternen. Ganz Gent hat sich in ein Lichtermeer verwandelt und funkelt in der Winternacht.

Im Herzogspalast wartet der Festzug auf das Zeichen zum Aufbruch. Noch bettlägerig, hat Johanna die Stirn des Säuglings geküßt, der in feinste Klöppelspitze gehüllt ist, und dann ihrem Gemahl die Hand gereicht. Philipp trägt ein golddurchwirktes Seidenwams, auf dem der Orden vom Goldenen Vlies prangt, einen fehgefütterten Umhang und einen pelzverbrämten runden Hut. Nie zuvor hat Johanna ihn so stolz und glücklich gesehen.

»Madame«, spricht er mit warmer, klarer Stimme, »Euch verdankt das Volk diese Stunden des Glücks, nehmt seinen Dank aus meinem Mund entgegen!«

All die Drohungen, die Schikanen, die Demütigungen sind vergessen, und Johanna ist an diesem Tag überzeugt, daß Philipps Liebe so groß und unermeßlich ist wie die ihre. Sie hat recht daran getan, nie an seinem Gefühl zu zweifeln, auf ihn zu warten, ihm zu gehorchen und sich ihm mit Herz und Seele auszuliefern!

In einen Brokatmantel gehüllt, tritt Margot in das Gemach, geht auf ihre Schwägerin zu, küßt ihre Stirn und nimmt dann den kleinen Herzog von Luxemburg auf den Arm.

»Eine Patin hat auch Rechte«, lacht sie.

Johanna entdeckt einen Anflug von Traurigkeit in ihren Augen.

»Ich gebe ihn heute abend in Eure Obhut. Paßt gut auf ihn auf!«

Jetzt tritt auch Madame la Grande, die zweite Patin, ein. Sie ist erfreut, ihre Enkelin so glücklich zu sehen, und küßt Johanna ebenfalls.

»Chimay hat mich wissen lassen, daß man auf uns wartet; wir müssen gehen.«

Durch das Fenster sieht Johanna die tanzenden Lichtflecken, hört die Jubelrufe der Genter. Sie bekreuzigt sich. »Möge Gott mir beistehen!« murmelt sie auf Kastilisch.

Die Ältesten der Zünfte und Gilden eröffnen die Prozession, dann folgen die Ratsmitglieder und die Ritter vom Goldenen Vlies. Das Licht der Fackeln erleuchtet die feierlichen Gesichter. Hinter Karl von Chimay schreiten Johan van Berghes, Madame la Grande und Margarete, die den Säugling auf einem Spitzenkissen trägt, sowie Johan von Luxemburg mit der kleinen Eleonore auf dem Arm, die in ein rosa Seidengewand mit Hermelinfutter gekleidet ist. Die Menge jubelt: »Hoch lebe Prinzessin Eleonore! Hoch lebe Prinz Karl!« Die Frauen stellen sich auf die Zehenspitzen, um einen Blick auf die beiden Kinder und ihren strahlenden Vater werfen zu können.

Sobald die Prozession in die Johanniskirche einzieht, erschallen Musik und Chöre, und der Wind, der durch das Eingangsportal fegt, bewegt die seidenen Tapisserien, läßt die Flammen der Kerzen flackern, deren Licht auf den dunklen Mauern tanzt. Vor dem mit Edelsteinen besetzten Taufbecken versammeln sich Paten und Patinnen, der Erzherzog, der Bischof von Tournay, der von fünf Prälaten mit goldglänzenden Mitren begleitet wird. Aller Augen sind auf das schlafende Kind gerichtet. Niemand denkt an Johanna. Auf der Tribüne stimmen die Chöre das Te Deum an.

HINTER DER ZYPRESSENALLEE erstreckt sich der Rosengarten. In der heißen Julisonne ergießt sich das kühle Brunnenwasser ohne Unterlaß in die grünen und blauen Mosaikschalen. Bunte Schmetterlinge tanzen um die duftenden Jasminsträucher und die langstieligen rosa Lupinen. Schon breitet sich Schatten zwischen den Marmorsäulen aus und legt sich über die gewaltigen steinernen Löwen, die in der nachlassenden Hitze aufzuatmen scheinen.

In ihrem Arbeitszimmer läßt Isabella die Feder sinken, um sich noch einmal an der Schönheit und Harmonie der Alhambra zu erfreuen.

Sie denkt an den Tag zurück, an dem sie, staunend und entzückt, den Palast zum ersten Mal betrat.

Wie viele Jahre sind seither vergangen, und wie oft hat die Sichel des Todes ausgeholt, ihr das Liebste genommen und all ihre Pläne zunichte gemacht?

Zu ihren Füßen liegt Juans Windhund Bruto, den sie selbst füttert und pflegt, als wollte sie ihrem Sohn einen letzten Dienst erweisen. Von ihrer Tochter Isabella ist ihr der kleine Miguel, ihr kostbarster Schatz, geblieben. Der schwächliche Knabe kränkelt wieder, und obwohl er Tag und Nacht von drei Ärzten umgeben ist, lebt die Königin in ständiger Sorge. Miguel ist ihre letzte Hoffnung für die Einigung von Kastilien und Aragonien unter einem Herrscher, der von spanischem Boden stammt und aus spanischem Blut hervorgegangen ist. Sollte es Gott gefallen, ihn zu sich zu nehmen, so würde Johanna den Thron erben und mit ihr Philipp, ein Habsburger!

Isabella lehnt sich in ihrem hohen Ledersessel zurück und schließt die Augen. Philipp liegt nur sein Flandern am Herzen, allein sein Ehrgeiz läßt ihn nach der spanischen Krone streben, nicht die Sorge um das Wohl dieses Landes, das er nicht kennt. Neben diesem machthungrigen Mann ist Johanna nur eine leichte Feder. Jede Nachricht, die aus Brüssel eintrifft, erfüllt Isabella mit großer Sorge.

Ihre Tochter hat sich die Verwaltung ihres Hofstaats, ja sogar die Aufsicht über ihr Gesinde von den Flamen aus den Händen nehmen lassen, »aus übermäßiger Liebe zu ihrem Gemahl«, wie der spanische Gesandte schreibt. Königin Isabella hat sich nie vor Ferdinand gebeugt, den sie von ganzem Herzen liebt. Ihre Beziehung ist jetzt nur noch von Zuneigung, Achtung und Vertrauen geprägt, und das zieht sie der Leidenschaft und den Illusionen ihrer Jugend vor. Gewiß hat Ferdinand Mätressen, doch das kümmert sie nicht. Ihr Körper ist müde und mehr noch ihr Herz.

Der Abendwind frischt auf, erfüllt von den Düften der sonnenverbrannten andalusischen Erde, der trockenen Pinien. Bruto ist aufgesprungen und spitzt die Ohren. Die Tür fliegt auf.

»Majestät, kommt schnell«, ruft die erste Hofdame, »der Infant wird von Krämpfen geschüttelt!«

Ihre Stimme zittert. Isabella springt auf und eilt ihrer Hofdame nach, so schnell sie kann. Gespenstisch huschen ihre Schatten durch den Säulengang aus weißem Marmor.

Vor der Tür zum Gemach des kleinen Miguel stehen zwei Ärzte, kreidebleich, die Hüte in den Händen.

»Schnell, Majestät, schnell!« Der Raum ist kühl und dunkel. In einer Ecke schluchzt die Amme. Zwei kleine Hunde tollen über den Teppich. Aus seinem schmiedeeisernen Käfig blickt ein Papagei starr auf das Bett des Kindes.

Isabella tritt näher, sinkt auf die Knie. Miguel scheint friedlich zu schlafen. Sie murmelt: »Es geht ihm besser, nicht wahr?«, doch sie weiß bereits, daß auch er ihr genommen ist.

»Hat man den König benachrichtigt?«

»Er ist soeben gekommen, Majestät.«

Ferdinands Hand legt sich auf ihre Schulter. Sie drückt einen letzten Kuß auf die Stirn des toten Kindes und wendet sich langsam ihrem Gemahl zu.

»Nun ist Johanna unsere Thronerbin.«

»Eine wahrhaft unglaubliche Nachricht!« ruft Philipp atemlos.

Der Kurier hat ihn beim Ballspiel angetroffen, und trotz seines leichten Leinenhemds ist der Erzherzog in Schweiß gebadet.

»Berghes, vor dir steht der Prinz von Kastilien!«

Sein Freund wirft einen Blick auf die kurze Nachricht, die Philipp ihm gereicht hat.

»Die Erzherzogin ist die Erbin des Königreichs Kastilien«, sagt er mit Nachdruck, »ein Detail von gewisser Bedeutung, Monseigneur.«

»Du weißt genau, Berghes, daß es auf dasselbe hinausläuft.«

Von diesem Sommermorgen an überstürzen sich die Ereignisse für Johanna. Trotz heftiger Proteste des Erzherzogs und der Räte hat die Delegation aus Granada nur mit ihr sprechen wollen, und obwohl man sie einzuschüchtern versuchte, hat sie sich vor dem Staatsrat durchgesetzt. Ferdinand hat sie in einem – endlich – zärtlichen Brief aufgefordert, wie eine spanische Prinzessin zu handeln, und diese wenigen Zeilen haben ihr ungeheure Kraft gegeben. Sie verläßt ihre weichen Kissen, ihre Gitarre, ihre Gemächer, verzichtet auf die Sänger, die sie über die Langeweile hinwegtäuschen sollen, und meidet die zärtlichen Hände ihrer Sklavinnen. Erbin des Throns von Kastilien … Sie denkt nicht an die schwere Verantwortung, die dieser Titel mit sich bringt, sondern nur an den Wert, den er ihr in den Augen ihres Gemahls verleiht. Endlich braucht er sie, und sie wird ihm mit vollen Händen seine Wunschträume erfüllen können: Bistümer, Pfründe, Ehrenämter und das Gold der Neuen Welt. Admiral Kolumbus ist wieder in Hispaniola, in der neuen Hauptstadt Santo Domingo; die Erde beginnt Früchte zu tragen, die Indianer werden zu Tausenden getauft, Gold, Gewürze und Edelhölzer scheinen in unbegrenzten Mengen verfügbar zu sein. In fünf Jahren, so hat der Genueser versprochen, lassen sich mit den Erträgen fünfzigtausend Mann Fußvolk und fünftausend Reiter bezahlen. Wie könnte sich Philipp da von ihr abwenden? Sie hat ihm einen Sohn geschenkt, und jetzt stellt sie ihm unschätzbare Reichtümer zur Verfügung. Welche Flämin, wie schön sie auch sein möge, könnte ihre Rivalin werden?

Eines Morgens treffen Kuriere von Maximilian ein, die Philipp allein empfängt. In den Fluren des Coudenbergpalastes begegnen sich österreichische und spanische Gesandte, ohne miteinander zu sprechen. Und nach all den Unterredungen hat das Wort »Kastilien« plötzlich nicht mehr die gleiche Bedeutung wie vorher.

PHILIBERT VAN VEYRE und der Erzbischof von Besançon, die beiden Emissäre, die Philipp zu den Katholischen Königen entsenden will, sind im Begriff, Brüssel zu verlassen. Lange hat man sich beraten, wer am geeignetsten sei, die Ankunft des erzherzöglichen Paars in Spanien vorzubereiten. Seit dem Tod des Infanten Miguel ist Flandern plötzlich zum Zentrum des gärenden Europas geworden. Auf Philipp, den legitimen Nachfolger Maximilians, des Kaisers von Österreich und Königs der Römer, sollen jetzt auch die Thronfolgerechte von Kastilien und Aragonien übergehen. Das bedeutet eine ungeheure Macht, die Neid und Befürchtungen weckt. Der Erzherzog ist jung, leichtfertig, lenkbar, wer wird ihn zu beeinflussen und zu betören suchen?

Gleich nach Bekanntwerden der Nachricht sind Botschafter und Emissäre im Coudenbergpalast zusammengekommen und von Philipp triumphierend empfangen worden. Die Zeit vergeht wie im Fluge, September und Oktober sind schon verstrichen. Den meisten der flämischen Räte sowie auch den privaten Beratern ist die Spanienreise ihres Prinzen ein Dorn im Auge. Sie sind entschlossen, seine Abreise zu verhindern, wissen sie doch, daß die Katholischen Könige keine Mühen scheuen werden, die jungen Eheleute in ihrem Sinne zu beeinflussen.

Philipp sitzt an seinem eichenen Arbeitstisch und liest den Brief seiner Großmutter, der eben aus Mecheln eingetroffen ist. Die Verhandlungen über die Wiedervermählung Margots mit dem Herzog von Savoyen gehen gut voran. Die junge Frau, die sich anfangs gegen das Vorhaben sträubte, hat sich schließlich gefügt. Es heißt, Philibert sei edelmütig und schön und die savoyische Landschaft lieblich. Trotz der herzlichen Anteilnahme ihrer Großmutter fühlt sich Margot einsam.

»Chièvres«, verkündet Philipp, »Margot wird Erzherzogin von Savoyen, eine erfreuliche Nachricht.«

Hinter den Fenstern seines Arbeitszimmers schimmert der Park des Coudenbergpalastes in Ocker- und Purpurtönen. Hin und wieder dringt der rauhe Schrei eines Papageis von der Menagerie herüber.

»Übrigens erwäge ich«, fährt Philipp fort, »meinen Sohn Karl mit Claude von Frankreich zu verloben. Diese Bande werden unsere beiden Länder auf immer miteinander verknüpfen.« Ohne Chièvres Zeit zu lassen, sich von seinem Staunen zu erholen, fügt er hinzu: »Und da ich schon einmal dabei bin, von meiner Familie zu sprechen, will ich Euch ein weiteres Geheimnis anvertrauen …«

»Die Erzherzogin ist wieder guter Hoffnung«, verkündet Fürst von Chimay. »Deshalb muß ihre Spanienreise mit dem Erzherzog aufgeschoben werden.«

Der spanische Gesandte schaut die anderen Mitglieder seiner Delegation fragend an. Erst heute morgen hat er einen Kurier nach Granada geschickt, um den Katholischen Königen die baldige Abreise des Prinzenpaares anzukündigen. In allen Gesichtern ist die gleiche Enttäuschung zu lesen.

»Wann ist mit der Niederkunft zu rechnen?«

»Im Juli. Doch die Erzherzogin wird drei Monate brauchen, um sich von der Geburt zu erholen. Vor Oktober ist also nicht an eine Abreise zu denken.«

»Aber Ihre Majestäten bestehen darauf! Die Cortes sind bereit, den Treueid zu schwören!«

»Eure Cortes werden warten müssen, Exzellenz! Es ist das Schicksal der Parlamente, zu tagen und doch nichts zu entscheiden.«

Mit einem Abschiedsgruß wendet sich Chimay ab. Die neue Schwangerschaft der Erzherzogin ist für die Flamen ein wahres Himmelsgeschenk. Der dadurch entstandene Aufschub wird dem Staatsrat Gelegenheit geben, Einfluß auf Philipp zu nehmen; zu groß ist die Gefahr, daß er Isabellas eisernem Willen und Ferdinands Hinterlist zum Opfer fallen könnte. Maximilian von Österreich hat seine besten Ratgeber aus Innsbruck herbeigesandt. Die Interessen Österreichs werden mit Eifer und großem Geschick verteidigt. Die Politik, so denkt Chimay, ist eine zu ernste Angelegenheit, um sie unerfahrenen jungen Menschen zu überlassen. Gewiß, Philipp ist intelligent, doch zum Verwalten eines so bedeutenden Landes, wie Flandern es inzwischen geworden ist, bedarf es eines Scharfsinns und einer Beschlagenheit, die man nur mit zunehmendem Alter erwirbt. Schon die Wahl der Emissäre Besançon und Veyre war ein Meisterstück. Chimay lächelt bei dem Gedanken, wie enttäuscht die Katholischen Könige sein werden. Der Erzbischof von Besançon ist der frankreichfreundlichste unter den Beratern des Erzherzogs. Und Veyre hat die spanischen Herrscher brüskiert, als er versuchte, eine Heirat zwischen Margot und Emanuel, dem Witwer der Infantin Isabella, zu arrangieren. Der portugiesische König hat sich zwar am Ende für seine junge Schwägerin, die Infantin Maria, entschieden, doch die kastilische Königin steht im Ruf, ein gutes Gedächtnis zu haben, und so wird Veyres Anblick sie gewiß erzürnen.

Gut so, denkt Chimay, bevor man den Gegner angreift, muß man seine Abwehr schwächen.

Der eisige Dezemberwind dringt in die langen Flure des Coudenbergpalastes, läßt die samtenen Tapisserien an den Wänden beben, das venezianische Glas der Kandelaber klirren. Chimay zieht seinen Mantel noch fester um die Schultern und beschleunigt seine Schritte. Er will der Erzherzogin mitteilen, daß die spanischen Gesandten ihm versichert haben, wie sehr sich die Katholischen Könige über die neue Schwangerschaft freuen und daß sie sich Zeit nehmen solle, um sich von der Geburt zu erholen. Die Cortes würden ihre Ankunft geduldig erwarten.

»DER AUFRUHR DER TEUFEL scheint sich gegen den Satan persönlich zu richten«, murmelt Fuensalida und tritt ans Fenster seines Gemachs.

Seitdem die Erzherzogin ihre Tochter Isabella zur Welt gebracht hat, folgt ein heftiges Sommergewitter auf das andere. Der neu ernannte Botschafter, der von den Katholischen Königen nach Brüssel entsandt worden ist, hat noch nie ein so wildes Naturschauspiel erlebt; fasziniert beobachtet er den tiefschwarzen, von Blitzen durchzuckten Himmel und lauscht dem zornigen Grollen des Donners. Schließlich bekreuzigt er sich. Gott, dessen ist er sicher, bekundet so seinen Unmut über die Dreistigkeit der Flamen. Es ist unmöglich, ihnen eine bindende Zusage zu entlocken. Ständig hält ihn dieser verfluchte Staatsrat mit leeren Versprechungen hin. »Ende Oktober werden der Erzherzog und die Erzherzogin sich einschiffen«, wird ihm an einem Tag versprochen, »Ende November erscheint uns vernünftig«, heißt es am nächsten. Am Morgen hat er seinen Zorn nicht länger unterdrücken können. »Niemand sagt mir die Wahrheit!« hat er angesichts eines weiteren Verzögerungsversuches geschrien. »Sie haben ebenso wenig Lust, nach Spanien zu reisen, wie zur Hölle zu fahren!«

Langsam begibt Fuensalida sich in sein Arbeitszimmer. Noch einmal wird er all sein diplomatisches Geschick aufbieten müssen, um an die spanischen Herrscher einen Brief aufzusetzen, der weder zu große Hoffnungen noch allzu große Sorgen weckt. Während er über die passenden Formulierungen nachdenkt, stürzt sein Sekretär zur Tür herein.

Der Botschafter zwingt sich zu einem Scherz:

»Don Alonzo, Ihr lauft ja plötzlich wie ein junger Mann! Das hiesige Klima scheint Euch besser zu bekommen als mir.«

Es dauert einen Augenblick, bis der betagte Sekretär wieder zu Atem gekommen ist.

»Exzellenz, ich hab Euch die denkbar unangenehmste Neuigkeit zu überbringen.«

Alonzo befleißigt sich gewöhnlich einer eher pompösen Ausdrucksweise, deshalb ist Fuensalida wegen seiner Unvermitteltheit auf das Schlimmste gefaßt. Was können die Flamen schon wieder gegen Spanien im Schilde führen?

»Soeben hat eine Delegation Brüssel verlassen, um den Heiratsvertrag zwischen Prinz Karl und Claude von Frankreich aufzusetzen!«

Alonzo hat den Satz in einem Atemzug gesprochen, Fuensalida steht wie versteinert da.

»Großer Gott!« ruft er schließlich. »Der Nachfolger der Katholischen Könige mit der Thronerbin Frankreichs verlobt! Es wird lange dauern, bis Isabella und Ferdinand dem Erzherzog diesen Affront gegen Spanien verzeihen! Wo soll der Vertrag unterzeichnet werden?«

»In Lyon, Exzellenz. Dort sind mehrtägige Festlichkeiten vorgesehen. König Ludwig, Königin Anna und ihr Staatsrat werden zugegen sein. Der Papst läßt die Neuigkeit offenbar schon auf allen Plätzen Roms verkünden. Die Franzosen hoffen auf eine Allianz mit Österreich und auf die Lehnsherrschaft über das Herzogtum Mailand. Don Fernando wäre bereit, sich diesem Friedensvertrag anzuschließen, sollte es zur Unterzeichnung kommen.«

Mit einer heftigen Geste wischt Fuensalida diese Vermutung beiseite.

»Don Fernando wird sich der Österreicher nur bedienen, um sie zur rechten Zeit wieder fallenzulassen. Er hat ganz andere Pläne mit dem Königreich Neapel.«

»Exzellenz, die Habsburger werden so mächtig, daß unser König sie ernst nehmen muß.«

»Ja«, seufzt Fuensalida. »Diese Familie ist wie die Hydra, sie wird immer größer und mächtiger. Erinnert Ihr Euch an den Leitspruch Friedrichs III.? ›Austria est imperare orbi universo.‹«*

* Es ist Österreichs Bestimmung, die ganze Welt zu regieren.

Ein noch lauterer Donnerschlag läßt die beiden Männer zusammenzucken. Plötzlich prasselt dichter Hagel auf den Park hernieder, trommelt gegen die Scheiben oder dringt durch die offenstehenden Fenster in die Zimmer.

Johanna scheint fasziniert von der Heftigkeit des Unwetters. Isabellas Geburt und die Spannungen der letzten Monate haben sie so geschwächt, daß sie mehrmals in Ohnmacht gesunken ist. Die Spanier bedrängen sie unentwegt, endlich ihre Reise nach Kastilien anzutreten, um sich von den Cortes als Thronerbin anerkennen zu lassen. Philipp zaudert. Heute hat er ihr triumphierend mitgeteilt, daß seine Gesandten nach Lyon aufgebrochen sind, um der Verlobung des kleinen Karl mit Claude von Frankreich beizuwohnen. Im September werden die Vorbereitungen für die Hochzeit seiner Schwester Margot mit Philibert von Savoyen beginnen. Für eine Schiffsreise sei die Jahreszeit nicht günstig. Hin- und hergerissen zwischen Philipp und Fuensalida, flüchtet Johanna sich einmal mehr in Schweigen. Sie wünschte sich so sehr, voller Stolz an der Seite ihres schönen Gemahls durch Kastilien zu reiten …

»Wie geht es meinen Kindern?« fragt Johanna geistesabwesend.

»Eleonore«, erwidert Gräfin von Hallewin, »spricht mit jedem Tag ein wenig besser. Heute morgen hat sie ihre Gouvernante gefragt, ob der Mond am Himmel zerbrochen sei, da nur ein Teil von ihm übriggeblieben sei. Monsieur Karl scheint von seiner Verlobung wenig beeindruckt zu sein, er hat mit Appetit gegessen. Die kleine Isabella schläft. Wollt Ihr sie sehen?«

»Nein, ich möchte ein wenig ruhen.«

Johanna lehnt sich in ihre Kissen zurück. Ist sie eine schlechte Mutter, weil sie nur an ihren Gemahl denkt?

Heute morgen hat Philipp ihr angekündigt, daß er sie am Abend nicht aufsuchen wird. Eifersucht quält sie. Seit dem Tag, da sie ihn im Morgengrauen in Begleitung des schönen Berghes den Palasthof betreten sah, macht sie sich nichts mehr vor. Die beiden Männer lachten, ihre Haare und Kleider waren in Unordnung. Was Johanna so lange verdrängt hat, ist plötzlich zur unumstößlichen Gewißheit geworden. »Dienerinnen, Huren«, hat Aicha erklärt, »das hat doch keine Bedeutung! Alle Männer sind so. Du bist die Mutter deines Sohns, du bist die Einzige, also lebe in Frieden!« Doch sie kann keinen Frieden finden.

Das Gewitter zieht ab, vom feuchten Boden steigt ein würziger Geruch nach Humus und Pflanzen auf. Gräfin von Hallewin tritt ans Bett.

»Begehrt Ihr noch etwas, Hoheit, bevor ich um die Erlaubnis bitte, mich zurückziehen zu dürfen?«

Ich begehre nur Philipp, denkt Johanna und erwidert: »Geht nur, ich brauche nichts!«

PARIS, DAS PHILIPP UND JOHANNA erst vor wenigen Tagen verlassen haben, scheint schon fern. Der endlose Zug der Gepäckwagen, mit Möbeln, Wandteppichen, Tafelsilber und Kochgeschirr beladen, bewegt sich langsam über die Straße nach Etampes. Die bedrohliche Kälte des Winters beunruhigt den Haushofmeister, läßt den Troß der Diener murren, rötet die Nasen der Ehrendamen, die in dicke, pelzgefütterte Mäntel gehüllt sind. Bis zur Ankunft in Blois, wo der französische Hof residiert, wird man mehrmals in einfachen Herbergen übernachten und essen müssen, was die Bevölkerung zu geben bereit ist. Man wird die Messe in windigen Kirchen hören und weiter über holprige Wege reisen, die sich bei Regen in tiefen Morast verwandeln. Umgeben von seinen engsten Freunden Frans van Busleyden, dem Erzbischof von Besançon, Johan van Berghes, Johan van Ville, Philibert van Veyre, führt Philipp den Zug an. Ludwig hatte ihnen einen Trupp von vierhundert Landsknechten als Geleit entgegengeschickt, eine Aufmerksamkeit, die Philipp entzückt, Johanna indes erzürnt hat, weil sie den Schutz des französischen Königs als lästig empfindet. In Paris hat sich Johanna von den Feierlichkeiten ferngehalten; der Jubel der Menge, das schreckliche Gedränge, bei dem mehrere Menschen erdrückt wurden, die Aufdringlichkeit einiger Gaffer, die beim Anblick der zwölf in leuchtendroten und schwarzen Samt gekleideten Pagen Philipps so laut applaudierten und so nahe herandrängten, daß die Pferde zu scheuen begannen – all das mißfiel Johanna. Nur widerwillig hat sie die endlosen Ansprachen, die Messen, das Te Deum, die Besichtigung des Justizpalastes über sich ergehen lassen. Da Philipp von den französischen Edelleuten in Anspruch genommen war, bekam sie ihn fast nie zu Gesicht. Da ihr das ewige Warten unerträglich wurde, beschloß sie, sich nach Longjumeau zu begeben, das drei Meilen von Paris entfernt liegt. Dort hört sie Musik und schafft sich, so gut sie kann, wieder ihre eigene Welt. Ihre Gedanken wandern nach Spanien zu ihren Eltern, die sie nach so langer Zeit wiedersehen wird. Erinnerungen werden in ihr wach, überfluten sie mit Macht. Bald wird Philipp diese Erinnerungen mit ihr teilen. Er wird seine Gemahlin brauchen, um ihr Land zu entdecken, es kennen- und liebenzulernen. Seit ihrer Abreise aus Brüssel lebt sie nur noch für den Augenblick, in dem sie in Philipps Gesicht Freude und Stolz darüber lesen wird, in Kastilien zu sein. In Frankreich fühlt er sich fast wie zu Hause, sie sich selbst dagegen noch fremd.

Der langsame Schritt seines Pferdes wiegt Philipp beinah in den Schlaf. Seit seiner Abreise aus Paris ist er müde. Die vielen Feierlichkeiten, Ansprachen, Zeremonien haben ihn erschöpft, auch wenn er jede Minute zutiefst genossen hat. Vergessen sind die schmachvollen Demütigungen, die man seiner Mutter bereitet hat. Die Franzosen bringen dem Hause Burgund jetzt nur noch Achtung entgegen, und ihr Eifer bereitet Philipp große Genugtuung.

»Ihr scheint mir heute recht geistesabwesend«, bemerkt Johan van Berghes. »Denkt Ihr vielleicht an die Damen Dunois und Vendôme?«

»Ich habe nur ein wenig gedöst. Doch, zum Teufel, du hast recht, Berghes, dieses Wortgefecht mit Madame Dunois und Madame Vendôme war äußerst vergnüglich! Ich hätte es gerne fortgesetzt.«

Die Erinnerung an diese Augenblicke erheitert Philipp und weckt seine Lebensgeister.

»Weißt du, daß mich die reizende Blanche nach dem Ball aufgefordert hat, ihr in ihr Schlafgemach zu folgen? Glaub mir, Berghes, die Französinnen kennen sich in der Kunst der Liebe genauso gut aus wie in der des Tanzes. Am nächsten Morgen war ich schwach wie ein Neugeborenes.«

Das vergnügte Lachen der beiden Freunde hat Frans von Busleyden angelockt.

»Ich wette drei Golddukaten, daß Ihr über Frauen sprecht.«

»Ihr habt sie gewonnen, Busleyden.«

»Genießt die Französinnen, Monseigneur! Die Kastilierinnen werden Euch solche Wonnen nicht bereiten. Es bedarf dort vieler Mühen für einen kargen Lohn.«

»Und der wäre?«

»Vielleicht ein Handkuß, ein verliebter Blick.«

»Sind sie so prüde?« fragt Johan van Ville, der sein Pferd neben das des Erzherzogs lenkt. »Ich dachte, sie seien so feurig.«

»Sie sind ungestüm und leidenschaftlich wie Rassestuten, wenn der Reiter sie auf Trab zu bringen versteht. Doch der muß viel Geduld aufbringen.«

»Dann werde ich mich eben gedulden«, ruft Philipp, »allerdings nicht allzu lange! Ich kenne die Spanierinnen ein wenig und glaube zu wissen, wie man sie behandeln muß.«

»Ich rate Euch, Monseigneur, seid vorsichtig in Kastilien! Die Menschen dort haben ein ausgeprägtes Ehrgefühl und können nicht verzeihen, wenn sie glauben, man habe es verletzt.«

»Wem erzählt Ihr das, mein lieber Ville! Leidenschaft, Eifersucht, Jähzorn – das erlebe ich täglich. Eine zweite Johanna würde ich nicht verkraften. Ich will mich mit Frauen begnügen, die es einem leichter machen.«

»Seht, dort liegt Etampes! Endlich können wir unsere müden Glieder auf weichen Samtkissen ausstrecken.«

»Oder auf Holzpritschen«, bemerkt Besançon resigniert. »Nicht sehr angenehm in Anbetracht der endlosen Ansprachen, die uns dort sicher erwarten!«

Etampes, Angerville, Artenay, Saint-Laurent-des-Eaux, Beaugenay – in Tagesetappen von nicht mehr als zwanzig Meilen bewegt sich der Reisezug voran. Bei dem eisigen Nieselregen senken die Reiter die Köpfe, hüllen sich die Kutscher noch fester in ihre langen Umhänge. Blois ist jetzt nicht mehr fern. Johanna weiß, daß sie vor dem französischen Königspaar spanische Würde zeigen muß. Juan de Fonseca, Bischof von Córdoba und Ratgeber ihrer Mutter, der vor ihrer Abreise in Brüssel eingetroffen ist, um sie mit ihren Pflichten vertraut zu machen, erteilt ihr die letzten Ratschläge, auf die sie jedoch kaum hört. Glaubt er etwa, sie würde versagen?

Drei Meilen vor Blois werden sie von Monsieur de Rohan, dem Marschall des Rieux, dem Erzbischof von Sens und dem Bischof von Castres erwartet. Zwei Meilen vor der Stadt schließen sich Fürst von Talemont und Monsieur de Laval ihrem Zug an und eine halbe Meile vor Blois schließlich der Kardinal von Luxemburg, der Kardinal von Saint-Georges, die Herzöge von Bourbon und Alençon. Mit gezwungenem Lächeln erwidert Johanna die Grüße und dankt für die Willkommensworte.

Die Franzosen sprechen schnell, die junge Frau kann sie kaum verstehen, muß angestrengt lauschen und ist deshalb gereizt. In Kastilien hat man sich, solange sie zurückdenken kann, vor diesem leichtfertigen, ehrgeizigen und verlogenen Volk gehütet. Ihre Mutter pflegte zu sagen: »Es ist leichter, einen toten Esel zum Schreien zu bringen, als sich auf einen Franzosen zu verlassen.« Französische Reisende, die sich auf die andere Seite der Pyrenäen vorwagen, machen sich über die spanischen Herbergen und die Speisen lustig, sie spotten über die bäuerlichen Sitten, die verschleierten Frauen, wundern sich über die Art, Turniere auszutragen, lästern über die Stierkämpfe und glauben, nur ihr Land sei Heimat aller Zivilisation.

Am Hof zu Brüssel oder zu Mecheln hat Johanna mit dem Luxus viele Annehmlichkeiten kennengelernt, dicke türkische Teppiche, venezianische Gläser, Nippes aus Silber oder Porzellan, Fayenceöfen, die behagliche Wärme spenden, besondere Räume für die Verrichtung der Notdurft … Trotzdem bevorzugt sie die Einfachheit der Schlösser, in denen sie aufgewachsen ist, die Schattenspiele hinter den geschlossenen Fensterläden und schmiedeeisernen Gittern, den Sonnenstrahl, der unerwartet auf ein am Boden vergessenes Samtkissen fällt, die zinnerne Wasserkanne, den Krug mit Mandelmilch oder Orangenblütenwasser. Noch heute hört sie die rauhen Stimmen der Sklavinnen, die ihre schmucklosen Klagelieder singen.

Nun erblickt Johanna die Mauern der Stadt, die Dächer der Häuser. Die Dunkelheit bricht herein. Zu beiden Seiten des Stadttors stehen die Pagen des Königs von Frankreich, Fackeln in der Hand.

»Madame«, flüstert Fürst von Talemont der Erzherzogin zu, »unser erlauchter König und unsere Königin wünschen Euch wie eine Schwester zu empfangen. Sie werden Euch mit einem Kuß auf die Wange begrüßen.«

Der Fürst schätzt sich glücklich, die Erzherzogin von dieser Ehre, die ihr zuteil werden soll, unterrichten zu dürfen, doch zu seiner großen Überraschung zeigt Johannas Gesicht keine Spur von Freude.

»Am kastilischen Hof ist es nicht Sitte, sich zu küssen.«

»Madame«, protestiert Talemont, »am Hofe von Frankreich ist es üblich, den Gast auf diese Weise zu ehren. Seht darin nichts als ein Zeichen des Wohlwollens und der Zuneigung!«

Johanna will eben etwas erwidern, als sie plötzlich Philipps Stimme neben sich vernimmt. Er hat unbemerkt sein Pferd neben das ihre gelenkt, als der Fürst das Wort an sie richtete.

»Die Erzherzogin ist beglückt, mit solchen Ehren empfangen zu werden.«

Vom Eingang des Schlosses bis zum Thronsaal bilden hundert Schweizergardisten und vierhundert Bogenschützen das Ehrenspalier.

Von seinen Edelleuten angeführt, schreitet Philipp auf den König zu, während Johanna von den Gräfinnen von Nevers und Dunois empfangen wird. Am Ende des großen Saals sitzt Ludwig XII. auf seinem Thron und beobachtet, wie der Enkel Karls des »Kühnen«, der Sohn des österreichischen Kaisers und Schwiegersohn der Katholischen Könige, mit einer tiefen Verbeugung näher tritt. Dann erhebt der König sich, lüftet den Hut und verneigt sich seinerseits, während Philipp in einer zweiten Verbeugung verharrt.

»Welch wahrhaft schöner Prinz!« ruft der König aus.

Er schreitet auf seinen Gast zu, umarmt ihn fest und hindert ihn an einer dritten Verneigung. Nur wenige Tage sind ihm gewährt, diesen unentbehrlichen Alliierten für die französische Sache zu gewinnen.

Nun betritt auch Johanna den Thronsaal. Trotz der beschwörenden Blicke ihres Gemahls, der neben dem Bischof von Angoulême und dem Kardinal von Rouen steht, ist sie fest entschlossen, sich dieser Liebdienerei zu entziehen.

Die silbernen Kronleuchter, die von der Decke herabhängen, spenden ein helles Licht. Johanna macht einen steifen Hofknicks, während der König bloßen Hauptes auf sie zukommt. Die junge Frau sieht seine kleine, gedrungene Gestalt, sein glattes Haar, seine energischen Züge. Als die Herzogin von Bourbon ihren Arm ergreift, will sie sich losreißen, doch die Hand hält sie so fest umklammert, daß sie gezwungen ist, einen zweiten Hofknicks auszuführen, bevor Ludwig ihre Wange küßt.

»Es ist mir eine Ehre, Madame, Euch im schönen Frankreich willkommen zu heißen.«

Damit wendet er sich wieder dem Erzherzog zu. Die Gegenwart dieser hochmütigen spanischen Prinzessin bereitet ihm Unbehagen, und er weiß ihr nichts weiter zu sagen. Vielleicht wird die Königin sie gewinnen können, der Augenblick ist gekommen, sie in ihren Gemächern aufzusuchen.

Anne de Bretagne sitzt auf einem Prunksessel unter einem rotseidenen Baldachin, umgeben von ihren Hofdamen. Mit einem liebenswürdigen Lächeln erhebt sich die Königin von Frankreich und betrachtet Philipp, der sich tief verneigt.

»Wir wollen uns küssen, lieber Cousin.«

Johanna, die nur zwei Schritte entfernt in starrer Haltung wartet, versteht kein Wort.

»Liebe Cousine, küssen wir uns!«

Johanna hört nichts und bleibt stehen. Und wieder wird sie von Madame de Bourbon am Arm gepackt und zur Königin gezerrt.

Trotz all der gespielten Heiterkeit, all der höflichen Komplimente möchte Johanna am liebsten fliehen, sich in ihre eigene Welt zurückziehen, fern von diesen belastenden Zwängen. Sie merkt wohl, daß Philipp erzürnt ist, weiß aber auch, daß es ihr gelungen ist, Spanien würdig zu vertreten. Tief in Gedanken versunken, bemerkt sie kaum, daß man sie in ein Gemach geführt hat, in dessen Mitte ein hübsches holzgeschnitztes Baldachinbett mit Spitzenkissen steht.

Auf einer cremefarbenen, mit Wiesenblumen bestickten Decke sitzt ein mageres kleines Mädchen, das von einer Schar prächtig gekleideter Kinder umringt ist, und blickt sie mißtrauisch an.

»Madame Claude, Eure Schwiegertochter«, verkündet die Königin stolz.

Erst jetzt erwacht Johanna aus ihren Tagträumen und nimmt das zweijährige Kind neugierig in Augenschein. Die Verlobte

Karls, seine zukünftige Braut, weicht zurück und flüchtet sich in die Arme von Mademoiselle d'Angoulême.

»Claude, mein liebes Kind, gebt der Erzherzogin einen Kuß!«

Die Kleine aber wendet sich ab und bricht in Tränen aus, als ahne sie, daß diese spanische Dame sie nicht lieben könne.

Anne de Bretagne lacht verlegen, während ihr Kind immer heftiger weint.

»Ihr müßt müde sein, liebe Cousine, wollt Ihr Euch nicht in Eure Gemächer begeben? Es ist alles zu Eurer Bequemlichkeit hergerichtet worden.«

Das große Schlafgemach ist mit Goldstoffen und weißem Satin ausgeschlagen, mit Samtkissen und Blumen in vergoldeten Vasen geschmückt.

Zwei Stufen, die mit einem dicken Teppich bedeckt sind, führen zur Estrade, auf der ein Bett aus rotem Damast thront. Johanna fühlt sich verloren in all diesem Prunk. Nirgendwo ein Eckchen, in das sie sich zurückziehen könnte, kein Musikinstrument, um sich zu zerstreuen. Wo befinden sich Philipps Gemächer? In der Nähe ihres Zimmers oder am anderen Ende des Schlosses? Die junge Frau fühlt sich beobachtet und ist sich sicher, daß sie bekrittelt wird. Das ewige Lächeln der Französinnen, ihre Schönheit und ihr raffinierter Putz irritieren sie.

»Hier gibt es noch ein kleineres Gemach für Euch, Madame«, erklärt die Herzogin von Bourbon in liebenswürdigem Ton.

Sie weist auf eine geöffnete Tür. Johanna folgt ihr und entdeckt ein reizendes Zimmer mit Taftbespannung, dessen Einrichtung aus einem einfachen Bett mit aschfarbenen Vorhängen, einem bequemen Sessel und einer vergoldeten Waschschüssel besteht. Ein Feuer brennt im Kamin, in dessen Sims Blumenornamente gemeißelt sind.

»Euer Abendessen wird um sieben Uhr serviert.«

Die Herzogin von Bourbon tritt zurück, indem sie sich leicht verneigt. Endlich sind alle Französinnen fort!

Johanna nimmt Platz und wartet. Seit ihren frühsten Kindertagen hat sie nicht aufgehört zu warten.

Am folgenden Morgen wird sie von dreißig jungen Damen in pelzgefütterten Satinumhängen zur Messe abgeholt. Philipp hat sich nicht blicken lassen. Sie hofft, ihn in der Kapelle zu sehen, erfährt aber, daß er mit dem König beim Ballspiel ist. Verzweifelt versucht sie, seinen Zorn zu ermessen. Und doch hat sie die Gewißheit, daß ihr Verhalten untadelig war, daß ihre Eltern stolz auf sie wären. Die Predigt scheint kein Ende zu nehmen. Unruhig spielt Johanna mit ihrem Meßbuch, beim Klang der Glocke senkt sie den Kopf.

Die Andacht ist zu Ende. Obwohl sie gern im Park spazierenginge, führt man sie wie eine Gefangene in ihre Gemächer zurück. Die Flügeltür schließt sich, Pagen stellen sich rechts und links davor auf.

»Wo ist der Erzherzog?« fragt Johanna knapp.

»Er spielt Karten mit dem König, Madame.«

Johanna läuft unruhig auf und ab.

»Bringt ihm diese Nachricht!«

Sie schreibt schnell ein paar Zeilen, faltet das Papier, reicht es einer der Ehrendamen.

»Soll ich sagen, daß Ihr eine Antwort erwartet?«

Johanna zögert, weiß sie doch, daß Philipp jede Art von Zwang, besonders wenn er von ihr kommt, zuwider ist.

»Nein.« Dann wendet sie sich an die Hofdamen: »Ich wünsche, allein zu sein.«

Sie will sich ihren lähmenden Gedanken hingeben, jedes Wort, jedes Bild immer wieder an sich vorüberziehen lassen, um ihr Bewußtsein zu schärfen. Jetzt hat sie die Gewißheit, daß Philipp sie ablehnt. Was macht er beim König? Sicher hecken die beiden tausend Pläne gegen ihre Eltern aus.

Als die Dämmerung hereinbricht, klopft es leise an ihre Tür. »Madame, wir möchten Euch zur Vespermesse begleiten.«

Johanna erhebt sich automatisch. Philipp hat ihren Brief nicht beantwortet, sie ist einsam, alles ist ihr gleichgültig.

Nachts nagt die Angst an ihr. Übelkeit überkommt sie, Krämpfe schütteln sie, und sie übergibt sich. Hektisch zieht sie am Klingelzug, eine Dienerin eilt herbei.

»Laßt Juan de Fonseca holen!«

In ihrer äußersten Verzweiflung hat Johanna das Verlangen, Kastilisch zu sprechen.

LUDWIG UND PHILIPP SIND AUF HIRSCHJAGD. Es hat geschneit. Die Wälder um Blois glitzern im Licht der Sonne, die sich nach langer Zeit zum ersten Mal wieder zeigt. Die Meute jagt über die Äcker und Felder, gefolgt von den Treibern in der gelb-blauen Livrée des französischen Königshauses. Zwei Wölfe nehmen Reißaus, ohne daß ihnen die Jäger Beachtung schenken.

»Monseigneur, seht diese Spuren!« ruft der Jagdleiter. »Der Fußabdruck sagt mir, daß sie von einem Zwölfender stammen.«

Philipp ist bei bester Laune, sein Aufenthalt in Blois gestaltet sich ganz nach seinem Geschmack. Mit Ausnahme von Johanna, die weiterhin eine kühle und abweisende Haltung wahrt, haben sich Flamen, Burgunder und Franzosen verbrüdert. Der Vermählung der beiden Kinder Karl und Claude steht jetzt nichts mehr im Wege, bald soll der Heiratsvertrag unterzeichnet werden. Durch den Klang der Hörner angetrieben, fallen die Pferde in den Galopp. Philipp unterdrückt jeden Gedanken an Johanna. Um nicht die Geduld zu verlieren, zieht er es vor, sie fernzuhalten und nur an sein eigenes Vergnügen zu denken. Ludwig hat schnell begriffen, wer der eigentliche Erbe des kastilischen Thrones ist, und hat Johanna nie aufgefordert, an ihren Beratungen teilzunehmen. Soll sie doch in ihren Gemächern bleiben!

Ohne zu zögern, dringen die Hunde ins Unterholz, während die Diener den Boden nach Spuren absuchen; schon ein geknickter oder abgebrochener Ast kann mancherlei verraten.

Plötzlich schlagen die Hunde an, von den Schreien der Treiber ermuntert. Die Jagdhörner blasen zum Angriff. Von den Zweigen fällt der Schnee auf die Mäntel und Hüte der Jäger. Amseln und Raben fliegen mit schwerem Flügelschlag auf. Endlich hat man den Hirsch entdeckt, er springt über eine Lichtung.

»Laßt die Hunde los!« befiehlt der Jagdleiter.

Genußvoll atmet Philipp die würzige Waldluft ein. Während sein Pferd hinter dem des Herzogs von Rohan galoppiert, kehren seine Gedanken zu seiner Frau zurück. Wie konnte sie es wagen, das französische Königspaar so zu brüskieren? Doch statt durch Vorhaltungen straft Philipp sie lieber durch Schweigen. Allein in ihren Gemächern, wird sie sich schon besinnen und in drei oder vier Tagen demütig Abbitte tun. Trotzdem bleibt ihm ein Rest von Zweifel. Noch nie hat Johanna gewagt, ihm derart unvermutet zu trotzen, noch nie hat er in ihrem Blick solch kühle Entschlossenheit und solchen Hochmut wahrgenommen.

Der Hirsch hat sich in einen Teich geflüchtet. Ein besonders mutiger Spürhund springt ins Wasser, die anderen hinterdrein.

Ihr wütendes Gebell wird vom triumphierenden Halali der Jagdhörner übertönt.

»Nein, nicht dieses Kleid«, sagt Johanna energisch. »Heute will ich in spanischer Hoftracht erscheinen.«

Die Kammerzofe ist überrascht. Warum verlangt die Erzherzogin eines dieser schweren, mit Gold- und Silberfäden durchwirkten und deshalb steifen Gewänder, während sich die französischen Damen in leichte Stoffe, feines Leinen, weiche Pelze hüllen?

»Habt Ihr verstanden?« fragt Johanna.

Bei dieser feierlichen Messe will sie in Anwesenheit der französischen Königin nicht als Untertanin des Königs, sondern als Erbin des kastilischen Thrones auftreten. Es regnet. Ganz Blois scheint in Wasser und Nebel zu versinken. Mit heftigen Böen entlaubt der Nordwind die Bäume des Parks und wirbelt die

Blätter um die Schloßtürme, bevor er sie in das graue Wasser der Gräben fegt.

Gefolgt von zwei Hoffräulein, trägt die Erste Kammerfrau ein langes Kleid mit golddurchwirktem, tailliertem Oberteil herbei, dessen Ärmel mit Perlenstickereien überladen sind.

»Gut«, nickt Johanna, »kleidet mich an!«

Im Grunde verabscheut sie solches Zurschaustellen und solch steife Gewänder, doch diese Hoftracht ist ein Zeichen von Macht, ein Beweis ihrer Autorität. Je zerbrechlicher sie sich fühlt, desto auffallender muß ihre Erscheinung sein.

»Meine Perlen!« befiehlt sie.

Man holt die lederne Schatulle mit dem Schmuck von Isabella und dem Kleinod, das Philipp ihr zur Geburt des kleinen Karl geschenkt hat.

Als sie fertig angekleidet und geschmückt ist, läßt sie sich noch einmal einen Spiegel bringen. Sie hat ihr Gesicht in Aloe- und Gurkensaft gebadet, um die Spuren der schlaflosen Nächte daraus zu vertreiben, hat sich lange von Aicha kämmen und das Haar zusammen mit Goldfäden und schwarzen Samtbändern flechten lassen. Ihr eigener Anblick im Spiegel macht ihr Mut. Sie ist schlanker geworden und findet sich schön.

Angeführt von mehreren Pagen, setzt sich der Zug der sechs Frauen in Bewegung. Am Ende der Galerie führt eine Treppe zu einem kleinen Hof hinab, der von Eiben umgeben ist. Johanna verlangsamt den Schritt. Auf einer anderen Galerie erscheint die Königin, in weiße, maderverbrämte Seide gekleidet. Ihre Hofdamen tragen dunkelrote, mit schwarzem Lammfell gefütterte Gewänder. Als die beiden Züge vor der Kapelle zusammentreffen, beobachten die Damen sich gegenseitig, während sie sich liebenswürdig lächelnd begrüßen. Anne de Bretagne preßt die Lippen ein wenig zusammen und trägt den Kopf noch höher als gewöhnlich. In ihrer prunkvollen Hoftracht macht Johanna großen Eindruck und ist in der Tat sehr schön. Während sie noch nach einem doppelsinnigen Wort sucht, erscheinen Ludwig und Philipp.

»Ihr … in spanischer Tracht, liebe Cousine!« ruft der König aus und fügt rasch ein »Sehr charmant!« hinzu.

Philipp sagt kein Wort, wirft seiner Gemahlin nur einen frostigen Blick zu.

In einer langen Prozession betreten die Geistlichen die Kapelle. Rechts und links vom Mittelschiff stehen sich die Kantoren des Königs und die des Erzherzogs gegenüber. Sie singen im Wechsel, während zu beiden Seiten des Chorraumes der Erzbischof von Sens, die Bischöfe von Albi, Poitiers, Tournay und Lodève, der Erzbischof von Besançon und der Bischof von Córdoba Platz nehmen. Vier Prunksessel für die Herrscherpaare stehen am Fuße des Altars. Johanna sitzt kerzengerade da, die Augen starr auf ihr Meßbuch gerichtet, während Anne de Bretagne ihrem Gemahl etwas zuraunt.

»Madame«, flüstert Gräfin von Dunois und hält Johanna ein Beutelchen mit Münzen hin, »die Königin möchte Euch etwas Geld für die Opferschale überlassen, damit Ihr es in ihrem Namen spenden könnt.« Schon will Johanna die Hand ausstrecken, um den Beutel entgegenzunehmen, doch dann besinnt sie sich.

»Ich habe stets Münzen für die Opferschale bei mir und wünsche, sie in meinem eigenen Namen zu spenden.«

Sie hat sehr laut gesprochen, und aller Augen sind auf sie gerichtet. Philipp muß sich beherrschen, um sich nicht auf sie zu stürzen. Anne de Bretagne starrt Johanna an.

Gemeinsam stimmen die französischen und flämischen Kantore das Te Deum an. Im Halbkreis um den Altar sitzend, lauschen die Prälaten mit halb geschlossenen Augen; sie sind, wie die gesamte Zuhörerschaft, ganz und gar hingerissen.

Der Gottesdienst ist beendet, der König und Philipp sind schon hinausgegangen. Jetzt erhebt sich auch die Königin, verläßt die Kapelle in der Hoffnung, Johanna werde sich wie eine Untergebene ihrem Gefolge anschließen. Johanna aber rührt sich nicht. Minuten verstreichen. Während die zornige Königin draußen in der Dezemberkälte friert, verweilt die junge Frau mit ihren Damen noch immer in der Kapelle.

Schließlich verläßt die Erzherzogin ihren Platz, schreitet gemessenen Schrittes durch das Kirchenschiff zur Tür hinaus, an Anna und ihrem Gefolge vorbei, ohne sie eines Blickes zu würdigen. Dann zieht sie sich, den Kopf stolz zurückgeworfen, über die Galerie wieder in ihre Gemächer zurück.

Ihr Herz klopft zum Zerspringen. Sie hat gesiegt.

Der endlose Reisezug hat sich wieder in Bewegung gesetzt. Johanna, die an der Seite von Philipp reitet, ist froh, Blois und den Königshof endlich hinter sich zu lassen. Sie hat sich mit Philipp versöhnt und geschworen, sich ihm fortan nicht mehr zu widersetzen. Es regnet noch immer. Die Räder der schweren Gepäckwagen versinken im Morast, Schlamm spritzt auf, besudelt das Fell der Pferde, die Stiefel der Reiter, die Röcke der Damen. In jeder Stadt, die sie passieren, erwarten sie endlose Begrüßungsreden, Bankette, Tänze. Je mehr sie sich Spanien nähern, desto mehr fügt sich Johanna ihrem Gemahl, als ahne sie seine Ängste und wolle ihn trösten, indem sie ihm ihr absolutes Vertrauen schenkt. Fünfzehn Meilen vor Poitiers beschließen sie, sich in dem Dorf Melle niederzulassen, um dort das Weihnachtsfest zu verbringen. In diesen Zufallsherbergen gibt es keine getrennten Schlafgemächer. Meist teilen sie dasselbe Zimmer, oft dasselbe Bett. Johanna genießt ein zerbrechliches Glück. Fern der Welt der Politik und der diplomatischen Winkelzüge wird Philipp wieder heiter und übermütig. Eines Morgens in Cadillac ruft er Johanna ans Fenster. Es hat die ganze Nacht geschneit. Im Licht der aufgehenden Sonne sieht die Landschaft märchenhaft aus. Philipp nimmt eine Handvoll Schnee und läßt ihn in Johannas Ausschnitt rieseln. Seitdem sich sein Zorn gelegt hat, empfindet er sogar eine gewisse Bewunderung für seine

Frau. War es nicht mutig von ihr, jede unterwürfige Geste vor dem Königspaar vermieden zu haben? Bei ihrer Abreise ist der König sehr behutsam und sanftmütig gewesen.

»Ich will einen Botschafter nach Kastilien entsenden«, hat er erklärt. »Soll er erst beim König oder bei der Königin vorsprechen?«

»Schickt ihn zu mir!« hat Philipp geantwortet. »Die Zukunft dieses Landes liegt in meinen Händen.«

Eine heiße Milch, warmes Brot und Konfitüre, und schon geht es weiter. Mensch, Tier und Gepäckwagen überqueren auf einer Fähre die Gironde. Die Strömung ist reißend, ein Pferd scheut, reißt sich los und springt ins Wasser, der Stallknecht hinterher. Der Mann klammert sich an die Mähne des Tieres und zwingt es, ans Ufer zu schwimmen. Johanna schaut gebannt zu. Sie trägt ein wollenes Reisekleid und einen mit rotbraunem Hasenfell gefütterten Mantel. Ihre Haare, zu Zöpfen geflochten und um den Kopf gelegt, geben ihr ein mädchenhaftes Aussehen. Sie sucht Philipp mit den Augen. Am Bug des Schiffes plaudert er fröhlich mit einer unbekannten Frau.

In Dax wird das Erzherzogpaar vom König von Navarra begrüßt, der ihnen trotz des meterhohen Schnees in den Pyrenäen entgegengezogen ist. Philipp beschließt, den Weg entlang der Adour nach Bayonne zu nehmen. Saint Jean-de-Luz wird die letzte Etappe auf französischem Boden sein.

»Doña Juana, ein Bote aus Toledo wünscht Euch sofort zu sprechen«, kündigt Maria Manuel an.

Der kleine Mann in der Livree der Katholischen Könige bleibt ehrerbietig drei Schritte vor der Tür stehen und wartet. Johannas Wangen färben sich rosig.

»Führt ihn schnell herein!«

Mit entblößtem Haupt tritt der Kurier der Erzherzogin entgegen. Er hält einen versiegelten Brief in Händen. Sein Mantel und seine Stiefel sind mit Schlamm bespritzt.

»Regnet es auch in Kastilien?« fragt Johanna.

Sie ist überglücklich, sich ihrer Muttersprache bedienen zu können. Bald werden sie endlich spanischen Boden betreten.

»In Toledo sprießen die ersten Hyazinthen aus dem Boden, Señora Infanta.«

»Die Königin wird beglückt sein, sie liebt Blumen so sehr!«

»Ihre Majestät kränkelt ein wenig, doch die Ankunft Eurer Hoheit bereitet ihr große Freude.«

»Und Don Fernando?«

»Seiner Majestät geht es vorzüglich, er hat sogar vor einigen Tagen an einem Rohrspeerturnier teilgenommen!«

Lächelnd bricht Johanna das Siegel auf.

Mit liebevollen Worten heißt Isabella ihre Tochter und ihren Schwiegersohn willkommen. Ein Sekretär hat hinzugefügt, daß die kräftigsten Maulesel der Biscaya sie an der spanischen Grenze erwarteten, um Möbel, Truhen und Säcke über die Pyrenäen zu tragen, da die schweren flämischen Gepäckwagen auf den engen Pfaden des Landes unbrauchbar seien.

Gleich hinter der spanischen Grenze kommt dem Reisezug eine Eskorte prächtig gekleideter Edelleute mit ihrem Gefolge entgegen. Hinter ihnen zeichnen sich die schneebedeckten Gipfel der Pyrenäen im Morgenlicht gegen den stahlblauen Himmel ab. Die Luft ist klar, nach Wochen ist endlich die Sonne zurückgekehrt.

Jetzt erkennt Johanna Don Gutierre de Cardenas, Großmeister von Santiago, und Don Francisco de Cuñiga, den Grafen von Miranda. Die beiden Edelmänner springen vom Pferd und entblößen die Häupter. Zu Philipps großem Erstaunen beugen sie vor ihm das Knie und begrüßen ihn mit einem Handkuß, bevor sie Johanna auf gleiche Weise willkommen heißen.

Der Erzherzog, der die Sprache der Gastgeber nicht versteht, stammelt ein paar Worte auf Französisch, während seine junge Frau mit strahlendem Lächeln Spanier und Flamen einander vorstellt.

»Ist es Landesbrauch, die Hand zu küssen?« fragt Philipp mit gedämpfter Stimme.

»Ja, und ich finde den Brauch weit nobler als das Wangenküssen der Franzosen.«

Doch schon sitzen Cardenas und Cuñiga wieder in ihren Sätteln, und der Zug setzt seinen Weg zum Schloß von Biscaya fort, wo alles zum Empfang der Thronerbin Isabellas und ihres Gemahls bereit ist. Die Flamen machen große Augen. Eine Dienerin zeigt auf ein Kind, das trotz der Kälte barfuß zwei Ziegen vor sich hertreibt; ein Lakai lacht beim Anblick eines jungen Mädchens mit zerzausten Haaren, das einen Krug auf dem Kopf trägt. Alle haben den Eindruck, eine andere Welt zu betreten.

WÄHREND SICH DER ZUG von Burgos nach León, von León nach Valladolid durch die karge kastilische Landschaft windet, geraten die flämischen Edelleute von einem Staunen ins andere. Sehr bald schon weigert sich Philipps Gefolge, die Speisen anzurühren, die mit Olivenöl zubereitet sind, den Wein, der nach dem Leder der Schläuche schmeckt, die Süßwaren aus rohem Eigelb, die in Zucker gewälzt sind. Zweimal schon hat Philipps Kammerherr die spanischen und flämischen Diener trennen müssen, weil sie handgreiflich werden wollten, und jeden Morgen muß der Hofmeister seine Leute ermahnen, sich ihren Gästen gegenüber höflich und geduldig zu zeigen. Spötter und Raufbolde haben sich in unterschiedlichen Gruppen zusammengeschlossen. Johanna sieht und hört nichts davon. Sie wünscht sich so sehr, daß zwischen ihrer alten und ihrer neuen Heimat Harmonie herrschen und Philipp in Spanien glücklich werde möge, daß sie sich eine eigene Wirklichkeit schafft und die Realität gar nicht wahrnimmt. Der vorübergehende, gleichwohl bittere Machtrausch, der sie überkommen hatte, ist verflogen. Ihre Rolle ist überflüssig geworden. Hier in Kastilien erhebt sich hinter Philipps Schatten der noch gewaltigere ihrer Mutter. Die

Ehefrau, Tochter, Thronerbin wird wieder zum Auge, zum Ohr, zur Zuschauerin.

»Liebe Nichte, wie es mich freut, eine Dame von so erhabenem Reiz willkommen zu heißen!«

Der Admiral von Kastilien öffnet die Arme. Hinter seinem liebenswürdigen Lächeln verbirgt sich tiefe Sorge um seine Nichte. Vor fünf Jahren hat er eine junge, vor Leidenschaft blinde Frau in Flandern zurückgelassen, jetzt steht sie vor ihm, von drei Schwangerschaften und einer Bitterkeit gezeichnet, die selbst ihr Lächeln nicht verdecken kann. Das wird auch Isabella und Ferdinand nicht verborgen bleiben, und die Traurigkeit ihrer Tochter wird sie kaum nachsichtig stimmen gegen denjenigen, der die Schuld daran trägt. Don Enriquez bereitet dem Erzherzog einen höflichen, aber kühlen Empfang. Nie wird er das Elend seiner Seeleute vergessen, die in Flandern vor Kälte und Hunger starben, auch nicht die Verachtung, mit der sie behandelt wurden. Sollte Philipps flämisches Gefolge es wagen, irgendwelche Beschwerden vorzubringen, wird er ihnen endlich gründlich seine Meinung sagen!

»Johanna, deine Eltern und ich erwarten dich ungeduldig!«

Während Härte die junge Frau oft gleichgültig läßt, treiben ihr liebevolle Worte die Tränen in die Augen, doch sie fängt sich wieder, befreit sich aus den Armen ihres Onkels, setzt ein förmliches Lächeln auf.

Die Bewohner von Valladolid bereiten dem Thronfolgerpaar einen begeisterten Empfang. Philipp und Johanna reiten unter einem golddurchwirkten Baldachin, der von den Notablen der Stadt getragen wird. Das Schloß des Admirals ist mit kostbaren Wandbehängen und den Bannern der Katholischen Könige und der burgundischen und österreichischen Häuser geschmückt; Blumen und Bänder zieren die Fenster. Als Kind hat Johanna dieses Gebäude geliebt, war es doch soviel heiterer als die Königspaläste. Bei jedem ihrer Besuche schenkte der Onkel ihr ein

Tier: ein Hündchen oder Kätzchen, einen jungen Affen oder ein Vogelpaar. Er nannte sie »mein Wildfang« und verschonte sie mit lästigen Fragen oder Liebkosungen. An einem Sommermorgen hatte er sie zum großen Brunnen in der Mitte des Innenhofs geführt.

»Schau dir dieses Wasser an, Juanita, es sieht so rein und frisch aus! Und doch darfst du es niemals trinken, weil es beim Durchfließen der Stadt von den Menschen verunreinigt worden ist. Hüte dich vor dem äußeren Schein und bewahre dir den Scharfblick und die Willenskraft, die ich an dir so schätze! Gib nie nach!«

»Eine Truhe mit Geschirr ist verschwunden, Monseigneur!«

Philipp stößt einen Fluch aus. In letzter Zeit erzürnt ihn so vieles, daß er beim geringsten Anlaß die Fassung verliert. Die langen Reden in einer Sprache, die er nicht versteht, die unzähligen Gottesdienste, der Mangel an Zerstreuung und Liebesabenteuern und die ständige Gegenwart von Johanna machen ihn so gereizt, daß er am liebsten auf der Stelle umkehren und nach Flandern zurückreiten würde. Gewiß sind die Paläste und maurischen Bauwerke, die Kirchen und Klöster von großer Schönheit, sicher ist die karge, sonnige Landschaft atemberaubend, die Bevölkerung aber, ob Knecht oder Edelmann, hat eine Art, die ihn und seine Freunde irritiert. Der zerlumpteste Bauer trägt den Kopf hoch, und die ärmlichste Frau fühlt sich in ihrer Ehre verletzt, wenn man in ihrem Beisein eine zweideutige Bemerkung macht; sie halten sich für den König und die Königin und sind doch nur von Flöhen und Ungeziefer geplagte Hungerleider.

»Sucht den Dieb!« befiehlt Philipp. »Bis morgen will ich diese Truhe wiederhaben.«

»Beruhigt Euch, Monseigneur!« erwidert Berghes. »Ein spanischer Domestik wird sich geirrt und unser Geschirr mit dem seines Herrn verwechselt haben. So etwas kann vorkommen!«

Die Gegenwart seines Freundes, seine heitere Stimme beruhigen Philipp.

»Johan, wann hast du endlich eine angenehme Nachricht für mich? Sag mir, daß mich die Königin sofort als Thronerben einsetzen will, daß Johanna sich in ein Kloster zurückzuziehen gedenkt oder daß Señora Alvarez mich endlich erhören wird!«

Mit seinem Lachen gelingt es Berghes, Philipp restlos aufzuheitern. Man soll die Dinge nicht so schwarz sehen. Das Wesentliche steht kurz bevor: seine erste Begegnung mit den Katholischen Königen.

»Spaß beiseite, Johan! Wir müssen möglichst bald in Erfahrung bringen, welche Absichten die Spanier in Süditalien verfolgen, um diese dann mit der französischen Politik in Einklang zu bringen. Ich habe Ludwig versprochen, die Vermittlerrolle zu übernehmen.«

»Ist die Unparteilichkeit der rechtschaffenen Leute auch die der Fürsten, Monseigneur?«

»Sagen wir so, Berghes, meine Ehrlichkeit entspricht der Ferdinands. Genießt er, was diese betrifft, nicht einen einzigartigen Ruf?«

»Er ist ein gerissener Spieler, Monseigneur, ihn matt zu setzen, wird nicht einfach sein.«

»Ich bin sein Schwiegersohn, bei mir wird er weniger wachsam sein.«

»Glaubt Ihr? Ich traue dem alten Fuchs zu, sein eigenes Kind aus dem Bau zu jagen, wenn er ihn allein bewohnen will.«

»Du unterschätzt mich. Seit meiner Ankunft in Spanien lasse ich unentwegt Predigten über mich ergehen und bin bereit, weitere zu ertragen. Das Spiel lohnt sich. Weißt du, daß sich die Katholischen Könige bereit erklärt haben, dem Admiral Kolumbus für seine vierte Reise vier Karavellen zur Verfügung zu stellen? Er behauptet, er sei in der Lage, auf halbem Weg Vasco da Gama zu treffen, Indien von Westen her zu erreichen und Unmengen von Gold zurückzubringen.«

Johanna läßt sich von der Märzsonne liebkosen. Ein stilles Glück wiegt sie ein, sanft wie die kleinen Wellen, die an den Rand des Brunnens plätschern. Sie genießt diese Augenblicke, auch wenn sie weiß, wie vergänglich sie sind. Unter dem Dach des verehrten Onkels, in der Nähe ihres Gemahls atmet sie in tiefen Zügen die trockene, würzige Luft Kastiliens ein und lauscht den Geräuschen dieser Stadt, mit der sie nur glückliche Erinnerungen verbindet. Philipp ist gut gelaunt aufgewacht, wahrscheinlich gewöhnt er sich an dieses Land, das sie ihm zum Geschenk machen will. Bald wird sie der Admiral von Kastilien zur Universität geleiten, die Mendoza, der Kardinal von Spanien, gegründet hat. Acht Jahre studieren die Schüler dort nach Belieben Medizin, Physik, Gesetzeskunde und andere Wissenschaften, bewohnen kleine Einzelzimmer und verfügen über die reichste Bibliothek, die man sich vorstellen kann. Eine Hand im kühlen Wasser des Brunnens, versucht Johanna, sich andere Daseinsformen als ihre eigene vorzustellen. Auch sie hat gerne studiert und gelesen, doch Gott hat für sie ein anderes Schicksal erwählt, eines, das allzuoft schwer wie ein Fels auf ihren Schultern lastet.

JOHANNA ERGEHT SICH auf der oberen Galerie eines Bürgerhauses in dem kleinen Ort Olías, nur wenige Tagesreisen von Toledo entfernt. Man hätte sich schon längst wieder auf den Weg gemacht, wäre Philipp in diesen ersten Maitagen nicht plötzlich an Masern erkrankt. Nach einem viel zu kurzen Besuch hat ihr Gemahl sie wieder einmal fortgeschickt. Gern hätte sie ihm aus einem Buch vorgelesen oder einfach nur seine Hand gehalten, doch nichts schien ihm Freude zu machen. Stumm und unbewegt hat sie an seiner Seite gesessen und sein Gesicht betrachtet, das mit unzähligen kleinen roten Flecken übersät ist. Es hat sie gerührt, ihn so geschwächt zu sehen.

Über der steinernen Bank, auf der sich die junge Frau eben niedergelassen hat, rankt duftendes Geißblatt. Vögel müssen darin ihr Nest gebaut haben, denn sie fliegen, kleine Insekten im Schnabel, eifrig hin und her. Johanna läßt den Blick über die steinernen Bögen der Galerie wandern und träumt vor sich hin. Philipps Krankheit ist eine Atempause. Ihre Müdigkeit ist vergessen, sie hat ihren Appetit und ihre Fröhlichkeit wiedergefunden. Am Vortag ist ein Kurier nach Toledo entsandt worden, um ihre Eltern wissen zu lassen, daß der flämische Zug seine Reise unterbrechen mußte.

Der Ruf eines Wasserträgers, der Schrei eines Esels dringen von der Straße zu ihr herauf. Dann ist wieder alles ruhig, bis plötzlich Hufschlag und metallenes Klirren von Hellebarden an ihr Ohr dringen. Johanna lauscht gebannt. Jetzt läßt eine Hoffnung, eine jähe Freude ihr Herz höher schlagen. Im Hof werden Befehle gerufen. Johanna springt auf, tritt an die Balustrade. Von einem schwarzen Pferd mit maurischem Sattelzeug springt Ferdinand, in schlichtem Tuch und ohne jeden Schmuck, er reicht dem Herzog von Albuquerque die Hand zum Kuß. Hinter ihm steht Kardinal Diego de Matienzo.

»Vater!« ruft Johanna.

Die strenge spanische Hofetikette vergessend, ist sie nur noch ein vom Glück überwältigtes kleines Mädchen. Und während sie sich weit über die Balustrade beugt, scheint ihr die Sonne ins Gesicht und umspielt ihr blaues Kleid mit den silberdurchwirkten Ärmeln.

Ferdinand sieht zu ihr hinauf.

»Juanita!«

Lachend und weinend zugleich, rafft Johanna ihre Röcke, läuft die Galerie entlang, bleibt einen Augenblick atemlos auf dem oberen Treppenabsatz stehen und strahlt. Nur noch wenige Stufen trennen sie von ihrem Vater. Sie stürzt auf ihn zu. Ferdinand öffnet die Arme, sie wirft sich hinein, umschlingt seinen Nacken und drückt ihre Lippen auf seinen Mund.

»Vater, Vater!«

Ferdinand zieht sie fest an sich, und sie atmet wieder den

Duft nach Orangen, spürt die vertraute Wärme. Nichts Böses kann ihr mehr geschehen.

»Wie schön du bist, Juanita!«

Er streicht ihr sanft übers Gesicht, trocknet ihre Tränen, lächelt.

»Du hast Don Diego noch nicht begrüßt.«

Nur widerwillig löst sich Johanna aus den Armen ihres Vaters und deutet einen Knicks an.

»Keine Förmlichkeiten heute, mein Kind!« murmelt der Geistliche. »Ich überlasse Euch Eurem Vater, wir werden uns heute beim Nachtmahl sehen.«

»Ich will Euch zu Philipp führen.«

Seinetwegen bin ich hier, hätte Ferdinand fast geantwortet, doch er besinnt sich im letzten Augenblick.

»Sag mir zuerst, ob du glücklich bist!«

Johanna umklammert die väterliche Hand noch fester. Auf diesen Felsen gestützt, scheint ihr alles leicht zu sein.

»Ihr werdet sehen, Vater, wie schön, klug und bewundernswürdig Philipp ist.«

Die Stimme seiner Tochter verblüfft Ferdinand, sie scheint eine Litanei aufzusagen. Er weiß aus verschiedenen Quellen, wie schroff und herrisch Philipp seine Frau oft behandelt, und läßt sich durch die naiven Worte Johannas nicht täuschen. Es wird erforderlich sein, daß Isabella und er diesen jungen Mann fest in der Hand haben, sollte er den kastilischen und aragonesischen Thron erben wollen, und ihm seine Treulosigkeit und seine politischen Flausen austreiben.

»Dann führ mich zu ihm, Juanita!«

Die Fensterläden sind geschlossen. Ferdinand und Johanna bleiben einen Augenblick an der Tür stehen, während Philipp hastig seine Nachtmütze vom Kopf reißt und die Laken zurückschlägt, um sich zu erheben. Schon tritt Ferdinand ans Krankenlager.

»Nichts da, mein Schwiegersohn, ich will, daß Ihr im Bett bleibt!«

Nur aufgrund des Tonfalls und der Gestik versteht der junge Mann den Sinn der Worte. Der so lang erwartete Augenblick ist da, doch Philipp ist vor Überraschung wie erstarrt. Er weiß sich keinen anderen Rat, als nach der Hand seines Schwiegervaters zu greifen und sie an seine Lippen zu führen, wie es in Spanien Sitte ist. Ferdinand hat sein Haupt entblößt.

»Lassen wir die Etikette beiseite, mein lieber Philipp! Ich bin als Vater hier, der sich nach Eurem Befinden erkundigen will.«

Johanna ist ans Bett getreten und übersetzt. Dabei wartet sie ängstlich auf ein noch so geringes Zeichen der Zuneigung zwischen den beiden Männern. Doch ihr Vater legt eine aufgesetzte Heiterkeit an den Tag, während Philipp weiter angespannt bleibt. In ihrem verzweifelten Streben nach Harmonie versucht sie, Ferdinands banalen Sätzen einen herzlichen Ton und Philipps kühlen Höflichkeitsfloskeln eine dankbare Note zu verleihen.

Ferdinand hat sich auf einem Stuhl neben dem Krankenlager niedergelassen. Während er im Plauderton spricht, mustert er seinen Schwiegersohn durchdringend. Nicht auf die Schönheit des Mannes achtet er, vielmehr forscht er in dessen Mienenspiel und Gestik nach seinem wahren Charakter.

Gedemütigt durch seine mißliche Lage, benimmt sich der Erzherzog wie ein mürrisches Kind. Seine Vorsicht läßt nach. Ferdinand bemerkt, daß sich hinter dem freundlichen Blick Mißtrauen, übertriebene Eigenliebe, Ehrgeiz, Sinnlichkeit und ein Hang zur Gewalttätigkeit verbergen.

In seine Kissen gelehnt, lauscht Philipp den von Johanna übersetzten salbungsvollen Worten seines Schwiegervaters. Nichts entgeht ihm. Der alte Fuchs glaubt, ihn um den Finger zu wickeln, doch er täuscht sich, wenn er meint, eine leichte Beute vor sich zu haben. Wahrscheinlich wird er nach diesem langen Geplänkel die Karten auf den Tisch legen. Philipp ist darauf vorbereitet. Nichts kann fortan in Kastilien ohne Johanna geschehen, und Johanna wird nichts ohne ihn entscheiden.

Unermüdlich wechselt Johanna von einer Sprache zur anderen. Ferdinand und Philipp bedürfen ihrer Hilfe, sie brauchen ihr Wissen. Sie ist überglücklich.

»DIESER LEICHTFUSS, DIESER DUMMKOPF!« stößt Ferdinand gereizt hervor. »Den französischen Botschafter in Olías zu empfangen! Will er mich zum Narren halten?«

Die Königin schließt die Augen. Sie ist erschöpft und ahnt, daß die Ankunft ihrer Kinder sie noch mehr ermüden wird. Doch sie hat keine andere Wahl und muß die Dinge so nehmen, wie Gott es bestimmt hat.

»Ludwig glaubt, in unserem Schwiegersohn eine leichte Beute gefunden zu haben, doch wir werden ihn davon überzeugen, daß seine Interessen in Zukunft an unsere gebunden sind. Wir müssen nur etwas Geduld haben.«

»Wir müssen Entschlossenheit beweisen«, wettert Ferdinand. »Philipp ist beeinflußbar, Johanna ängstlich und zaghaft.«

»Wie recht du hattest, diesen französischen Botschafter auf der Stelle nach Toledo zu zitieren! Wenn Philipp Einzug in die Stadt hält, soll er ihn an deiner Seite sehen. Das wird ihm eine Lehre sein.«

Der Palast des Marqués de Moya, den die Katholischen Könige manchmal dem Alcázar vorziehen, ist den Winden ausgesetzt und trotz der schon heißen Maisonne angenehm kühl. Isabella freut sich, Beatrice de Bobadilla, die Marquesa de Moya, wiederzusehen, mit der sie seit ihrer Kindheit eine tiefe Freundschaft verbindet.

Von ihrem Fenster aus blickt die Königin auf die Liebfrauenkirche, die von reichverzierten Bürgerhäusern und Gärten umgeben ist, und auf das rege Treiben der Handwerker, Händler und Angestellten von Schreibstuben in den Gassen. Die Stadt ist wohlhabend und dank der berühmten Bewässerungsanlage, für die der Schatzmeister jährlich über dreitausend Golddukaten ausgibt, reichlich mit Wasser versorgt. Unterhalb des Palastes fließt der Tajo, auf dem Limonen aus Isabellas geliebter kastilischer Meseta* transportiert werden. Ihr Blick verweilt auf dem Bischofssitz, den sie einige Jahre zuvor dem Franziskaner Jimenéz de Cisneros geschenkt hat, da sie seine Treue, seine Klugheit und Unbestechlichkeit überaus schätzt. Pater Francisco beugt sich keiner weltlichen Macht, die Königin indessen fürchtet sein hitziges Temperament nicht. Befremdet über seine Heftigkeit, hatte sie ihn einst vorwurfsvoll gefragt: »Wißt Ihr überhaupt, mit wem Ihr sprecht?« Er hatte geantwortet: »Mit der Königin Isabella, die, wie ich selbst, nichts als Staub und Asche ist.«

»Philipp wird der Verantwortung gewachsen sein, die ihm sein Titel auferlegt«, erklärt sie mit dumpfer Stimme. »Dort, wo ihm der Rat einer Schwiegermutter lästig erscheinen mag, wird das Interesse des Volkes sein Ratgeber sein. Es heißt, er sei klug.«

Ferdinands Haar ist schütter geworden, und er hat mehrere Zähne verloren. Doch trotz seiner fünfzig Jahre sind sein Blick und sein Lächeln noch immer die eines jungen, ehrgeizigen und gerissenen Mannes, der gemeinsam mit seiner Gemahlin das spanische Reich zu seiner Größe geführt hat. Zärtlich lächelt ihm die Königin zu.

»Ich bin eher um Johanna besorgt. Sie ist so verschlossen.«

»Wir können auf ihre Empfindsamkeit zählen, und auf die glaube ich, Einfluß zu haben. Johanna wird mir gehorchen.«

Als erste treten Philipp und Johanna die königlichen Falkner entgegen, die in grüne Gewänder mit grauen Ärmeln gekleidet sind und ihre Vögel auf der behandschuhten Faust tragen. Darauf folgen die Alkalden**, die Bürger und Magistrate in schar-

* Hochebene
** Bürgermeister und Dorfrichter

lachroten Roben. Vor dem König, der von den Botschaftern Frankreichs und Venedigs begleitet wird, schreiten alle kirchlichen Würdenträger.

Eine erste Warnung meines Schwiegervaters, denkt Philipp, doch ich werde ihm jeden Schlag mit gleicher Münze heimzahlen.

Der barsche Befehl, mit dem der Botschafter Ludwigs XII. nach Toledo gerufen wurde, hat ihn um so mehr erbost, als er wußte, daß es gute Gründe dafür gab und er folglich nichts dagegen unternehmen könne.

Auf seinem Ritt überdenkt Philipp unentwegt die an die Katholischen Könige zu entrichtenden Begrüßungsworte, die Besançon ihm eingeflüstert hat. Er ändert einige davon, kehrt zur ursprünglichen Version zurück, um sie erneut zu korrigieren. Nicht einen Augenblick vermag er sich Ferdinand und Isabella zu beugen, und er will ebensowenig überheblich oder allzu siegessicher auftreten. Die Königin scheint ihm wohlgesonnen zu sein. Trotz ihrer Unpäßlichkeit hat sie Ferdinands Beispiel folgen und sich zu seiner Begrüßung aufmachen wollen. Aus Gründen des Anstands und auch aus Stolz hat Philipp mit allem Nachdruck auf diese Ehre verzichtet.

Lächelnd reitet ihm der König entgegen. Jetzt treibt auch Philipp sein Pferd voran, will absitzen, doch Ferdinand hindert ihn daran.

»Nur weiter!« sagt er leutselig. »Man erwartet uns zum Te Deum in der Kathedrale.«

»Wird Mutter dasein?« fragt Johanna.

Das bevorstehende Wiedersehen ängstigt die junge Frau. Isabella hat ihr in den sechs Jahren nur selten geschrieben, und immer waren ihre Briefe nichtssagend und unpersönlich. Auch weiß Johanna sehr wohl, daß ihre Mutter durch ihr spanisches Gefolge bestens über ihre Lage informiert ist. Schon jetzt ist Johanna fest entschlossen, sich zu behaupten, anstatt sich Isabella gegenüber zu rechtfertigen. Was weiß ihre Mutter schon von der

Liebe? Kann sie verstehen, daß Leid und Freude so eng miteinander verknüpft sind? Sicher wird Isabella wie immer nichts hören und nichts sehen und, überzeugt von der Richtigkeit ihrer Ansichten, ihren eigenen Weg weiter verfolgen.

Das Te Deum ist zu Ende. Eingerahmt von Philipp und Johanna, führt Ferdinand die zur Eskorte bestimmten Flamen und Spanier zum Schloß, wo die Königin sie erwartet.

Auf einem Holzstuhl mit hoher Rückenlehne wartet die Königin, seit Juans Tod stets in dunkles Wolltuch gekleidet, auf die Ankunft ihrer Kinder. Mit jedem Tag wird ihr Körper ein wenig schwächer, aber noch kann sie diesen Mangel durch vermehrte Willenskraft ausgleichen. Beatrice de Bobadilla und Johanna von Aragón, des Königs uneheliche Tochter, die sie wie ihr eigenes Kind ansieht, ihre Ehrendamen und Pagen, sie alle warten in ehrfürchtigem Schweigen auf das bevorstehende Ereignis. Das Sonnenlicht, das durch die Jalousien dringt, malt Streifen auf Teppiche und Möbel.

Isabella hat Johanna seit der dramatischen Abschiedsszene auf dem Schiff, das sie in ihre neue Heimat trug, nicht wiedergesehen. Johannas Tränen hatten sie erschüttert. Seither sind sechs Jahre vergangen. Jetzt aber darf sie sich nicht mehr von den Schwächen einer blutjungen Frau rühren lassen, sondern es gilt vielmehr, ihre Tochter zu bestärken, ihr Stolz und Kraft einzuflößen.

Die Hunde spitzen die Ohren, gedämpfte Laute dringen in den Saal.

»Doña Isabella«, murmelt Beatrice, »sie kommen!«

Tief bewegt befreit sich Johanna aus den Armen ihrer Mutter. Aus Angst, ihre Stimme könne versagen und ihre Gefühle verraten, sagt sie kein Wort. Überrascht und enttäuscht nimmt Isabella sich zusammen und wendet sich Philipp zu, der ihr, das Knie gebeugt, die Hand küßt. Isabella wartet einen Augenblick, bevor sie ihn wohlwollend bittet, sich wieder zu erheben. Der Mann hat in der Tat viel Charme, ein vornehmes Auftreten, einen sinnlichen Gesichtsausdruck – ein schöner Spiegel, der mit Leichtigkeit die Schwalbe anlocken konnte, die hineinflog und sich dabei die Flügel brach.

»Wir müssen uns erst kennenlernen«, erklärt die Königin im gleichen liebenswürdigen Ton. »Wir wollen uns in meine Gemächer begeben, dort können wir uns ungestört unterhalten.«

Als der schwere Vorhang hinter Ferdinand, der den Zug abschließt, zufällt, hat Philipp den unangenehmen Eindruck, in eine Falle geraten zu sein, doch die Königin lächelt ihm weiter zu. Mit ihren klugen Augen, ihren edlen Zügen, ihrem blonden, leicht ergrauten Haar ist sie noch immer schön und anziehend. Neben ihr wirkt Johanna farblos und trist. Fleißig übersetzt sie von einer Sprache in die andere, ohne sich an der Unterhaltung zu beteiligen. Isabellas großem Salon fehlt die Prachtentfaltung der flämischen Paläste; hier gibt es keine venezianischen Gläser, keine profanen Gemälde, nur schlichte Nußbaummöbel, Lederstühle an der Wand, ein Notenpult, ein paar Teppiche in gedämpften Farben, eine große elfenbeinerne Christusfigur an einem ziselierten Silberkreuz. Wortlos bieten maurische Frauen süßen Wein und Orangenblütenwasser an, ein junges, dunkelhäutiges Mädchen schält Früchte, die in einer versilberten Schale bereitstehen. Ohne Zweifel Sklavinnen, denkt Philipp. Wie kann ein Mensch sich das Recht nehmen, einen anderen zu besitzen? Als ahnte sie die Gedanken ihres Schwiegersohns, erklärt die Königin:

»Diese Mädchen gehören zu unserer Familie. Wir haben sie taufen lassen, und ich bin ihre Patin. Vor Gott bin ich für sie verantwortlich.« Dann beugt sie sich zu Philipp und setzt hinzu: »Besser als alle Gesetze bestimmt die Ehrbarkeit das Verhalten der Menschen, nicht wahr?«

»Jeder führt das, was ihm beliebt, als Beweis für seine Ehrbarkeit an, Doña Isabella.«

Die Königin zuckt leicht zusammen.

»Die Ehre und der Glaube begründen Spaniens Ruhm. Beide lehren uns, das Schicksal zu meistern, ganz gleich, ob es uns gewogen ist oder nicht. Das werdet Ihr in Kastilien lernen, solltet Ihr es noch nicht wissen.«

Der König von Aragón wirft seinem Schwiegersohn einen belustigten Blick zu. »Ein dünkelhafter junger Mann«, denkt er, bevor er Johannas Hand ergreift und ausruft:

»Dem armen Kind wird es langweilig, unsere Gespräche zu übersetzen! Ich weiß, mein Schwiegersohn, daß Ihr Feste liebt, wir haben Euch zu Ehren für etwas Unterhaltung gesorgt.«

NACH EINER FEIERLICHEN MESSE und einem Bankett, das Ferdinand zum Empfang des jungen Herrscherpaars gegeben hat, trifft aus England die Nachricht vom plötzlichen Tod des Prinzen von Wales, dem Schwiegersohn der Katholischen Könige, ein. Sofort werden alle geplanten Festlichkeiten abgesagt, und der spanische Hof versinkt in strengste Trauer. Einen ganzen Tag lang hat sich die Königin in ihre Gemächer eingeschlossen, um sich ein weiteres Mal allein mit dem Tod auseinanderzusetzen.

Philipps trübselige Miene verrät Johanna, daß er am starren Zeremoniell der spanischen Hoftrauer erstickt. Sie selbst bedauert nicht, daß die Feste ausfallen – im Gegenteil, Bankette und Tänze, Umzüge und Turniere sind ihr schon immer ein Greuel gewesen. An ihre Schwester denkt sie nur wenig. Der Tod eines so unbedeutenden Mannes wie Arthur wird Katharina, so glaubt sie, kaum bekümmern. Immer wieder aber muß sie daran denken, daß auch Philipp ihr plötzlich entrissen werden könnte.

Die Glocken der Kathedrale läuten die Vespermesse ein. Johanna wird nicht daran teilnehmen. Das Beten ist ihr lästig. Gott berührt sie nicht.

Gezwungen, für einen Schwager Trauer zu tragen, der ihm

völlig gleichgültig ist, bewegt sich Philipp im Palast von Toledo wie ein Raubtier im Käfig. Alles Leben ringsum ist erstarrt, die Untätigkeit schlägt ihm ebenso aufs Gemüt wie die Sonne, die zu jeder Tageszeit unerbittlich brennt. Seine einzigen Zerstreuungen sind das Kartenspiel, die kurzen Umarmungen mit Johanna und die gelegentlichen Gespräche mit den ausländischen Botschaftern, die ihrerseits erleichtert sind, der bedrückenden Atmosphäre am Hof für ein Weilchen zu entkommen.

»Mein Sohn«, spricht Besançon, »es hat Unserem Herrn gefallen, unseren Kreuzweg zu verlängern. Soeben hat Don Enrique de Aragón, der Onkel des Königs, sein Leben ausgehaucht. Die Hoftrauer wird fortgesetzt!«

Philipp, der sich in seinen Gemächern die Zeit damit vertreibt, einen Papageien – ein Geschenk der Marquesa de Moya – zu dressieren, stößt einen Fluch aus. Seine Flamen sind jetzt schon aufs äußerste gereizt, und es kommt immer öfter zu Streitigkeiten mit den spanischen Höflingen.

»Doch es gibt auch eine gute Nachricht«, fährt der Erzbischof von Besançon mit einem ironischen Lächeln fort. »Vielleicht läßt sie Euch die schlechte vergessen, die Ihr soeben vernommen habt: In sechs Tagen, am 22. Mai, werden Euch die kastilischen Cortes in der Kathedrale von Toledo als Thronerben anerkennen.«

»Das ist wahrhaft eine angenehme Neuigkeit!« ruft Philipp. »Und weiter?«

»Und weiter? Nun ja, Ihr werdet Kirchen, Kapellen und Klöster besuchen, die es in der Umgebung im Überfluß gibt. Auch die strengste Hoftrauer kann Euch nicht daran hindern, ein wenig Luft zu schöpfen. Und, wer weiß, vielleicht treffen wir bei diesen Ausflügen auf ein paar unerwartete Zerstreuungen.«

Das einzig herausragende Ereignis des Monats Mai ist die feierliche Inthronisation von Philipp und Johanna, bei der sie den Titel »Prinz und Prinzessin von Kastilien« erhalten. Obwohl die

Hoftrauer nach der Zeremonie etwas weniger streng geworden ist, herrscht in den flämischen Reihen große Bestürzung. Am 1. Juni stirbt Philipps Hofmarschall Antoine de Vaux, zwei Tage später sein Erster Stallmeister Monsieur de Saint-Mois. Der Erzherzog und seine Freunde bereiten das Begräbnis vor. Die Ihren in fremder Erde beisetzen zu müssen, ist ihnen ein gräßlicher Gedanke, und jeder fürchtet von nun an, sein Heimatland nicht wiederzusehen.

»Alles wird nach Euren Befehlen ausgeführt, Monseigneur.«

Das Bankett, das Philipp für seine Schwiegereltern geben wird, soll noch am selben Abend stattfinden. Um die Spanier zu beeindrucken, kümmert sich der Erzherzog persönlich um die einzelnen Vorbereitungen. Geschirr und Tafelsilber sind aus den Truhen geholt und blank geputzt, die Mechelner und Brügger Spitzendecken sorgfältig gewaschen und gebügelt worden. In den venezianischen Vasen prangen prächtige Blumensträuße in kunstvollen Farbkompositionen. Erleichtert und froh, endlich aus ihrer Untätigkeit gerissen zu werden, machen sich die Diener eifrig an die Arbeit. Köche und Bäcker scheuen seit dem Vortag keine Mühen, um aus den Zutaten, die sie auf den Märkten finden konnten, ein Festmahl zu bereiten, das dem flämischen Lande und seinem Fürsten zur Ehre gereicht.

In dem großen Bankettsaal hat man Tapisserien aus Brüssel aufgehängt, Teppiche aus Damaskus und Konstantinopel entrollt. Von seinen strengen Möbeln befreit, erinnert der Raum jetzt an einen der festlichen Salons des Coudenbergpalastes.

Philipp und Johanna lassen sich in ihren getrennten Gemächern ankleiden. Der Erzherzog hat ein silberbesticktes Wams aus violetter Seide, dazu schwarze Samthosen gewählt, Johanna ein schweres, schillerndes Taftkleid mit perlenbesticktem Ausschnitt. Heute abend will sie ihren Eltern und dem Hof mitteilen, daß sie wieder schwanger ist.

Küchenmeister, Brotverwalter, Mundschenke, Kammerherren, alles enge Freunde Philipps, haben ordnungsgemäß Aufstellung genommen. Obwohl es an diesem Juliabend noch nicht ganz dunkel ist, sind die Kronleuchter schon entzündet. Die Diener tragen kunstvolle Pyramiden aus exotischen Früchten und Zuckerwerk auf.

»Monseigneur erwartet Euch«, kündigt ein Ehrenfräulein an.

Johanna erhebt sich. Ein leichtes Unwohlsein, dazu die drükkende Hitze machen sie ein wenig benommen, doch sie will eine gute Figur machen, um ihre neue Heimat heiter und würdig zu vertreten.

Als sich die große Flügeltür für die Katholischen Könige öffnet, ist alles zu ihrem Empfang bereit. Anmutig treten Philipp und Johanna ihnen entgegen, umarmen sie. Ferdinand, der wie Isabella noch immer in schwarzes Tuch gekleidet ist, nimmt die Hand seiner Tochter. Das Herrscherpaar scheint sich auf dieses Bankett zu freuen und darauf zu brennen, die flämischen Sitten und Gebräuche kennenzulernen.

Auf Flöte, Oboe und Harfe spielen drei Musikanten hübsche weltliche Weisen. Das Licht scheint im Takt der Musik über die funkelnden Kristallgehänge der Kronleuchter zu hüpfen, während ein leichter Luftzug die Tapisserien bewegt und die Fabelwesen und hübschen Damen in ihren Blumengärten anmutig tanzen läßt.

Die Herrscher nehmen Platz, flankiert von den Granden, dahinter sitzen die flämischen Edlen. Kein Ruf, kein Befehl sind zu hören; wie durch Magie erscheinen die ersten Speisen, auf riesigen vergoldeten Platten prächtig arrangiert: Austernragout, Fisch, Geflügel und Fleisch folgen aufeinander. Berghes wacht als Oberster Mundschenk darüber, daß die Gläser nie leer werden und die Silberkaraffen bereitstehen, die Herren van Ville und van Melun sorgen dafür, daß Brot, Gebäck und Torten richtig aufgeschnitten werden. Als Nachspeisen werden Krapfen, Waffeln, Sahne- und Käsetörtchen, Cremes und Pudding aufgetischt. Keine Ungeschicklichkeit hat die Harmonie des Banketts gestört. Philipp triumphiert. Blicke und Mienen der Spanier verraten, wie sehr sie beeindruckt sind. Wird Isabella ihn weiter als einen Anfänger betrachten? In wenigen Tagen wird er vierundzwanzig Jahre alt. In seinem Alter rang Isabella noch immer mit den Granden, um ihr kleines Königreich zu einen, ihm dagegen wird in wenigen Jahren halb Europa gehören.

»Ihr habt uns ein prächtiges Festmahl bereitet, lieber Schwiegersohn«, läßt sich Ferdinand vernehmen, »so daß ich beinahe geglaubt hätte, am päpstlichen Hofe zu weilen. Wir Spanier suchen in den Kirchen Besinnung und handeln in unseren Häusern. Aber wahrscheinlich ist das ein Irrtum, und wir sind bereit, Euch mit unserem guten Willen zu dienen, da Ihr unserem Land ein so auffallendes Interesse entgegenbringt.«

»Du musst eingreifen«, sagt die Königin energisch. »Ich kann nicht dulden, daß sich die Edelleute an meinem Hof zerfleischen.«

Isabella hat unangemeldet die Gemächer ihrer Tochter betreten. Johanna hält im Gitarrenspiel inne.

»Wenn dein Vater noch in Toledo wäre, würde er sich für Johan van Berghes verwenden. Diese plötzliche Entlassung ist unannehmbar.«

»Berghes hat den Bischof von Besançon aufs schlimmste verärgert. Mehr weiß ich nicht, und ich verlasse mich ganz auf Philipp.«

Die Königin läßt sich in einen Sessel fallen. Sie war auf dem besten Wege, eine politische Einigung mit Berghes zu erzielen, hatte ganz auf den Günstling gesetzt, um ihren Schwiegersohn zu beeinflussen. Deshalb hat die Nachricht sie schwer getroffen. Besançon, der dem spanischen Standpunkt mit unerbittlicher Feindseligkeit gegenübersteht, hat sich durchgesetzt. Der Sieg des Bischofs bedeutet für die Königin eine persönliche Niederlage.

»Geh zu deinem Gemahl und sorge dafür, daß er Berghes verzeiht! Seine Abreise würde deinen Interessen ebenso wie den meinen schaden.«

»Und was sind meine Interessen, Mutter?«

Johannas Stimme ist mehr müde als scharf. Die Sommerhitze, ihre vierte Schwangerschaft, die Abreise ihres Vaters nach Aragón, all das bedrückt sie. Ihre Hofdamen werden nicht müde, sich zu beklagen, nichts will ihnen passen – weder Speisen noch Klima, noch Dienerschaft. Ständig muß sie Streit zwischen Flamen und Spaniern schlichten, Gemüter besänftigen; diese Vermittlerrolle ist ihr lästig. In Brüssel wurde sie wenigstens in Ruhe gelassen. Der einzige Mensch, den sie gern ständig an ihrer Seite hätte, ist allzuoft fern. Philipp versucht sich im Kastilischen, kleidet sich oft nach spanischer oder maurischer Mode. Von seinem Streit mit Berghes hat sie später als alle anderen erfahren, die Gründe kennt sie bis heute nicht.

»Meine Tochter, deine Interessen sind die deines Vaterlandes. Wenn du es so liebst, wie ich hoffe, mußt du es gegen alle verteidigen, und sei es gegen deinen eigenen Gemahl.«

»Philipp will den Kastiliern nichts Böses, Mutter. Er ist von Flandern hierher gereist, um sich von ihnen als ihr Prinz anerkennen zu lassen.«

Wie jedesmal, wenn das Thema auf Philipp kommt, kann Isabella beobachten, wie das Gesicht ihrer Tochter abweisend wird und ihr Blick sich verfinstert. Ist sie so töricht, wie man sich erzählt?

»Johanna, hör mir einen Augenblick zu, diesmal mehr mit deinem spanischen Herzen als mit dem Herzen einer liebenden Gattin! Johan van Berghes ist ein Freund, und er hat begriffen, daß Philipp sich entscheiden muß, wenn er nicht alles verlieren will. Das Volk akzeptiert ihn nur, weil er dein Gemahl ist.«

»Mutter, Johan van Berghes ist nicht mein Freund.«

»Was zählen schon die persönlichen Freunde, die Könige haben nur wenige. Berghes ist uns in Toledo nützlich. Wenn

Besançon Philipps alleiniger Berater bleibt, müssen wir mit den schlimmsten politischen Irrtümern rechnen. Geh zu deinem Mann und versuch, ihn umzustimmen! Ich will es.«

»Misch dich nicht in Dinge ein, die dich nichts angehen!« schneidet Philipp ihr das Wort ab. »Berghes hat zu Unrecht geglaubt, er könne aus meiner Freundschaft alle möglichen Rechte ableiten. Er hat Besançon beleidigt, der ihm an Alter und Rang überlegen ist.«

Philipp richtet sich drohend auf. Johanna weicht vor ihm zurück, bis ihr ein schwerer Sessel den Weg verstellt. Sicher ist seine Frau von Isabella ausgesandt worden, von der sich Berghes wie ein Dummkopf hat betören lassen.

»Die Beleidigung ist zu schwerwiegend. Besançon zu kränken heißt, mich zu kränken. Das kannst du deiner Mutter mitteilen. Vergiß auch nicht, ihr zu sagen, daß es keines Vermittlers bedarf, um mich zurechtzuweisen! Der Respekt, den ich ihr zolle, reicht bereits aus, um mein Verhalten in Kastilien zu bestimmen.«

Die Enttäuschung schnürt Johanna die Kehle zusammen. Wie gern hätte sie diesen Auftrag zur Zufriedenheit ihrer Eltern ausgeführt und ihnen damit bewiesen, daß sie sich, wenn nötig, durchzusetzen weiß. In Frankreich, wo sie keine Forderungen an Philipp zu stellen hatte, war es ihr gelungen, ihre Autorität zu beweisen, nun aber hat sie allen Mut verloren. Weder ihr Vater noch ihre Mutter können sie dazu zwingen, sich zur Feindin ihres Gemahls zu machen.

Die Königin und Johanna haben drei reinrassige Araberpferde von erlesener Schönheit, Maultiere und eine Eskorte nach Oliás zu Johan van Berghes geschickt, um ihn an die spanische Landesgrenze geleiten zu lassen. Die Königin hat Johannas plötzliche Bereitschaft, sich ihren Plänen anzuschließen, als Beweis für ihre politische Einsicht gedeutet. So scheint ihre Tochter trotz ihrer verstockten Miene auf sie zu hören. Die Zukunft ist vielleicht weniger düster, als sie befürchtete.

In der glühenden Augusthitze schließt sich Johanna tagelang in ihre Gemächer ein, wo sie sich in alter Gewohnheit wieder ihrer Teilnahmslosigkeit und ihrem Müßiggang hingibt. Wenn sie sich nicht von ihren Musikanten zerstreuen läßt, spielt sie mit ihren kleinen Hunden, läßt sich von ihren Sklavinnen massieren und denkt ohne Unterlaß an Philipp.

Sie sucht nach tröstlichen Gründen für das sonderbare Verhalten ihres Gemahls. Derzeit scheint er die spanischen Sitten hoch zu schätzen, er besucht die Stierkämpfe und nimmt mit solchem Eifer und Geschick an den Turnieren teil, daß die Zuschauer Beifall spenden. Nach maurischer Art gekleidet, die Haut von der Sonne gebräunt, ist er mit seinem blonden Haar noch schöner als gewöhnlich. Johanna dagegen fühlt sich elend und abstoßend mit ihrem gewölbten Leib, ihrem Unwohlsein und ihrer Mattigkeit.

Von einer erfolgreichen Falkenjagd zurückgekehrt, erwarten Philipp nur schlechte Nachrichten: Es ist erneut zu Handgreiflichkeiten zwischen Flamen und Kastiliern gekommen, bei denen einer seiner Leute das Leben gelassen hat. Sein geliebter Freund und Berater Frans van Busleyden ist schwer erkrankt. Der Erzbischof von Besançon ist im Laufe der Nacht von einer schweren Übelkeit befallen worden, seitdem lassen ihm Erbrechen und Durchfall keine Atempause.

Johan von Luxemburg, Herrscher von Ville, der an die Stelle von Johan van Berghes getreten ist, setzt eine finstere Miene auf. Die Schlägereien und Todesfälle bedrücken und entmutigen die Flamen, und immer öfter werden Stimmen laut, die auf einer baldigen Rückkehr nach Flandern bestehen.

»Ich will mich augenblicklich an Besançons Krankenlager begeben«, erklärt Philipp.

Besançon liegt totenblaß auf seiner Bettstatt im Kloster des heiligen Bernhard.

»Du bist gekommen, mein Sohn, Gott segne dich!«

Der junge Mann ergreift die Hand, die auf dem Laken ruht.

»Was sagen die Ärzte?«

Ein ironisches Lächeln huscht über die Lippen des Bischofs.

»Die Ärzte? Es gibt deren viele um mich herum. Was ihnen jedoch fehlt, ist die Macht, mich zu heilen.«

»Sie werden ein Mittel finden, ich weiß es.«

»Und ich bezweifle es. Doch laß uns nicht mit sinnlosen Worten kostbare Zeit verlieren! Philipp, ich habe dir viel zu sagen.«

Die Stimme flüstert. Philipp lauscht angestrengt. Die Hand seines Freundes liegt eiskalt in der seinen.

»Vergiftet!«

Wieder in seinen Gemächern, schleudert Philipp seinen Hut zu Boden. Besançon ist unter gräßlichen Qualen gestorben. Am Vortag hat Philipp lange an seinem Bett gesessen, der Kranke aber hat ihn kaum mehr erkannt.

»So munkelt man, Monseigneur.«

Unruhig durchmißt der junge Mann sein Prunkgemach, das mit seinen geschlossenen Fensterläden in ein sanftes Licht getaucht ist.

»Also werden sie auch mich vergiften, Johan.«

»Monseigneur!«

»Jeder, der ihnen hinderlich ist, wird aus dem Weg geräumt. Die Königin läßt ihre Bauern heimlich auf dem Schachbrett vorrücken, verliert sie aber nie aus den Augen. Sie hat Berghes für ihre Zwecke gewonnen und Besançon ausgeschaltet, weil er sich ihr widersetzte.«

»Es gibt keine Beweise.«

Ängstlich vergewissert sich Johan von Luxemburg, daß niemand lauscht. Freilich, Philipp steht noch ganz unter dem Eindruck des Geschehens, doch es könnte verheerende Folgen haben, wenn seine Verdächtigungen den Katholischen Königen zu Ohren kämen.

»Meine Ärzte haben die Leiche geöffnet, alles scheint auf Gift hinzudeuten. Ich bin weder taub noch blind!«

»Die Königin, Eure Mutter, liebt Euch zärtlich. Warum sollte sie Euch schaden wollen?«

»Isabella – mich lieben? Träumst du, Ville? Sie will sich nur meiner bedienen, mich ihrem Willen unterwerfen. Seit mehr als drei Monaten bestürmen sie und Ferdinand mich mit Ratschlägen. Doch sie sollen wissen, daß ich fortan hier, wie in Flandern, meine und nicht ihre Politik verfolgen werde. Sie haben begriffen, daß ich niemals ein Spielball in ihren Händen sein werde, solange Johanna sich mir fügt. Vor seinem Tod hat Besançon mir ganz klar den Weg gewiesen, den ich künftig einzuschlagen habe.«

»Herr van Busleyden war sehr franzosenfreundlich und den Spaniern feindlich gesonnen. Vergeßt das nie, Monseigneur! Trotz Eures Schmerzes solltet Ihr unparteiisch bleiben.«

Philipp sieht das verhärmte Gesicht seines alten Erziehers vor sich und die Gesichter all seiner in Kastilien verstorbenen Freunde.

In ihrem Schlafgemach, wo Isabella aufgrund einer neuerlichen Unpäßlichkeit ihre Briefe diktieren muß, hört sie vom Tod des flämischen Erzbischofs, vom heftigen Zorn ihres Schwiegersohns und von seinen Anschuldigungen.

»Dieser junge Mann hat keinen Weitblick«, murmelt sie. »Es ist ein Jammer!«

Nach dem Tod des Erzbischofs von Besançon reißen die schlechten Nachrichten nicht mehr ab. Philipps Schatzbewahrer ist des Diebstahls angeklagt worden und ohne ein Geständnis unter der Folter gestorben. Sein aus Brügge herbeigeeilter Nachfolger ist unmittelbar nach seiner Ankunft in Toledo verschieden. Ebenfalls gestorben sind sein Oberster Mundschenk Jakob van Barre und der Edelmann Philipp van Hun; zwei flämische Stallmeister sind bei einem Duell schwer verletzt worden. Ein Diener Besançons, der verdächtigt wurde, belastende Briefe unterschlagen zu haben, ist gefoltert worden.

Philipp, der ungeduldig auf den Ruf der aragonesischen Cortes nach Zaragoza wartet, um nach der Zeremonie in seine Heimat zurückkehren zu können, flieht Toledo und bereist Aranjuez, Chinchón, Arganda und Alcalá de Henares, wo er endlich erfährt, daß sich die Cortes bereithalten. Johanna triumphiert. Von jetzt an wird sie Philipp überallhin begleiten. Es zählt für sie kaum, ob er sie gut oder schlecht behandelt, wichtig ist nur, daß er sie braucht und sie künftig immer an seiner Seite sein wird.

»Wirst du ihrem Wunsch nachkommen?« fragt sie eines Abends, als sie einen Brief von Isabella erhalten haben.

Die Königin ist von Toledo nach Madrid aufgebrochen und möchte ihre Kinder dort noch einmal umarmen, bevor sie nach Aragón abreisen. Philipp ist versöhnlich gestimmt. Diese Begegnung wird die letzte sein.

»Warum sollte ich nicht? Was immer du denkst, ich achte Doña Isabella sehr.«

Johanna weiß genau, daß ihr Gemahl keine Zuneigung für ihre Eltern empfindet. Wenn sie erst Königin ist, wird sie viele Veränderungen durchsetzen können. Mit der Zeit wird Philipp sein Flandern, seine Mätressen und seine Intrigen vergessen.

Im Schlosse von Alcalá de Henares herrscht eine friedliche Atmosphäre, und Johanna fühlt sich dort wohl. Bei Einbruch der Nacht wandelt sie durch die Galerien, die den Innenhof umgeben. Der Duft der frisch gewässerten Blumen wirkt beruhigend auf sie. Das Kind in ihrem Leibe beginnt sich zu bewegen und weckt heftige, zuweilen schmerzliche Erinnerungen an Eleonore, Karl und Isabella. Ob sie ihre Mutter wiedererkennen, wenn sie nach Mecheln zurückkehrt?

Die Erzherzogin verließ Madrid als erste, Philipp folgte einen Tag später. Der Abschied von ihrer Mutter war kurz und schmerzlos, Isabella schien nicht zu begreifen, daß sie ihre Tochter lange Zeit nicht sehen wird. »Möge Gott dich beschützen!« flüsterte die Königin, als Johanna in Begleitung der Gräfin von Hallewin zur Tür schritt.

Johanna wandte sich um. Noch nie ist ihre Mutter ihr so müde, so einsam vorgekommen.

»Möge Gott auch Euch schützen, liebe Mutter«, murmelte Johanna mit tränenerstickter Stimme.

Wieder reist man von Stadt zu Stadt, von Marktflecken zu Marktflecken. Und überall Begrüßungsreden, ein Te Deum, Stierkämpfe, Turniere und Volksfeste.

Unweit von Zaragoza, in La Aljaféria, reitet Ferdinand seinen Kindern munter entgegen, um sie zu dem Schloß zu geleiten, in dem er selbst nicht wohnen wird. Johanna ist enttäuscht, sie hat auf vertrauliche Stunden mit ihm gehofft, doch hier, in Aragón, hat ihr Vater noch weniger Zeit für sie als anderswo. Philipp, den die Aussicht auf eine baldige Abreise heiter stimmt, besichtigt Kirchen, Klöster und Moscheen.

Als die Vorbereitungen zur Treueidzeremonie schon im vollen Gange sind, trifft eine Nachricht aus Flandern ein. Der Herzog aus Geldern hat soeben Truppen ausgehoben, und es steht zu befürchten, daß es zu erneuten Feindseligkeiten kommt. Volksaufstände in Flandern zwingen die Bürgermeister, hart durchzugreifen. Die Abwesenheit des Erzherzogs begünstigt solche Rebellionen. Der Graf von Nassau, Gouverneur von Flandern, betont: »Die Gegenwart des Erzherzogs wird die Gemüter besänftigen.«

Philipp, schon in purpurne Seide gekleidet, einen rubin- und perlenbesetzten Hut auf dem Haupt, reicht Johan von Luxemburg das Schreiben.

»Wir müssen Spanien unverzüglich verlassen. Obwohl ich

mir der Freundschaft des guten Königs Ludwig sicher sein kann, machen mich die Unruhen in Geldern mißtrauisch, und ich will Garantien für meine Rückreise. Die Franzosen sollen Geiseln nach Flandern schicken. Abgesehen von diesen Bedingungen haben sich meine Pläne nicht geändert, und ich werde durch Frankreich reisen, ganz gleich, was die Katholischen Könige davon halten.«

»Sie halten nichts davon, Monseigneur.«

»Was ich in Frankreich erreichen werde, wird sie in Erstaunen versetzen. Ich bin fest entschlossen, auf einen Frieden in Italien zwischen Frankreich und Spanien hinzuwirken. Ein lobenswertes Ziel für einen Thronerben, wie ich finde. Das Volk der Katholischen Könige wird es mir danken. Niemand hier brennt darauf, in Neapel oder Mailand sein Leben zu lassen.«

Die Treueidzeremonie nähert sich dem Ende. Philipp ist aufs äußerste gereizt. Die Gesandten von Aragón, Sizilien, Valencia, Mallorca, Minorca, aus Barcelona und dem Rosellón* haben zunächst nur Johanna als einziger Erbin Spaniens Gehorsam geschworen. Philipps Name wurde erst später genannt und seine Macht auf die eines Prinzgemahls beschränkt. Nach Johannas Tod wäre er völlig bedeutungslos.

Der Vorsitzende hat seine Rede noch nicht beendet. Johanna lauscht ihm, ohne die geringste Regung zu zeigen. Sie ahnt, wie sehr Philipp gekränkt sein muß, empfindet aber keinerlei Mitleid. Die Macht, die sie innehat, ist ihr einziger Schutz.

»Und sollte es Gott gefallen«, fährt der alte Magistrat fort, »Doña Isabella frühzeitig zu sich zu nehmen, und würde sich Don Fernando, unser Herrscher, dann erneut vermählen, so wäre ein Sohn aus dieser Ehe, und niemand anderer, der Erbe von Aragón.«

Philipp bebt vor Zorn. Ferdinand muß diese hinterhältige

* Pyrenäengrafschaft, der heutige Roussillon

Klausel rasch noch hinzugefügt haben. Obwohl der König von Aragón an seiner Seite keine Miene verzieht, ahnt Philipp, daß er triumphiert.

»Schach und matt!« ruft Ferdinand. »Nehmt mir diesen Sieg nicht übel, lieber Schwiegersohn, schließlich ist es nur ein Spiel, nicht wahr?«

Philipp versucht, einen kühlen Kopf zu bewahren. Der Blick seines Schwiegervaters ist liebenswürdig, zugleich aber unergründlich und bereitet ihm stets Unbehagen.

»Werdet Ihr mir Gelegenheit zur Revanche geben?«

»Das ist schwer vorauszusagen, mein Sohn. Heißt es nicht, Ihr wolltet uns verlassen?«

»Ich habe meinem Staatsrat feierlich geloben müssen, nicht länger als ein Jahr von Flandern fernzubleiben. Und jetzt ist schon Ende Oktober.«

Ferdinand schiebt das Schachbrett zur Seite und lehnt sich weit zurück, um seinen Schwiegersohn, dessen verstockte Miene ihn belustigt, besser beobachten zu können. Welche Argumente wird er ersinnen, um seine Flucht zu rechtfertigen?

»Mir ist auch zu Ohren gekommen, daß Ihr Frankreich erneut zu durchqueren plant.«

»Ich habe Geiseln gefordert. Wir haben nichts von den Franzosen zu befürchten.«

In Ferdinands Augen ist keine Spur von Wohlwollen mehr zu erblicken.

»Don Felipe, träumt Ihr? Ihr seid unser Schwiegersohn und Prinz von Kastilien, Johanna ist unsere Thronerbin. Wir stehen mit Frankreich im Krieg, habt Ihr das vergessen?«

Philipp wird plötzlich blaß. Er hat genug von den ewigen Vorhaltungen.

»Im Gegenteil, Sire, ich habe ein sehr gutes Gedächtnis. Ludwig erwartet mich in Lyon, um einen Friedensvertrag mit mir auszuhandeln.«

»Wir werden Verträge aushandeln, wenn uns der Zeitpunkt dazu angemessen erscheint.«

Der schneidende Ton gibt Philipp zu verstehen, daß sein Schwiegervater die Diskussion nun beenden will. Deshalb erhebt er sich.

»Einen Augenblick«, sagt Ferdinand, »ich muß noch mit Euch über die Reise sprechen, die, wie es heißt, kurz bevorsteht. Weiß Eure Mutter davon?«

»Ich habe schon in Madrid Abschied von ihr genommen.«

»Ein Abschied, der sie auf ein baldiges Wiedersehen hoffen ließ. Sie wird es kaum schätzen, daß Ihr Euch wie ein Dieb davonmachen wollt.«

Philipp will protestieren, doch vor Zorn findet er nicht die richtigen Worte auf Kastilisch.

»Ich reise morgen nach Madrid«, fährt Ferdinand fort. »Die Königin ist leidend und hat mich gerufen. Ich bin sicher, Ihr werdet Aragón nicht verlassen, bevor Ihr Nachricht von ihr erhalten habt.«

»Ist das ein Befehl, mein Vater?«

Wieder blitzen die Augen des Königs boshaft auf. »Philipp, man kann sich seine Eltern nicht aussuchen, und Ihr müßt uns noch einige Zeit ertragen, bis Ihr frei seid, nach eigenem Gutdünken zu handeln.«

Auf der schattigen Lindenallee, die den Palastgarten umgibt, schreitet Ferdinand mit seiner Tochter einher. Die kleine Eskorte, die ihn nach Madrid geleiten wird, wartet im Hof. Die schon sichtbare Schwangerschaft zwingt Johanna, von Zeit zu Zeit stehenzubleiben, um wieder zu Atem zu kommen. Trotz der heiteren Umgebung ist Johanna finster gestimmt. Mit der Abreise ihres Vaters wird auch die ihre unausweichlich. Schon in wenigen Monaten wird sie in Brüssel sein.

»Auch du verläßt mich, Juanita.«

Ferdinands Stimme ist sanft, denn Johannas Schuld besteht

nur in ihrer Zaghaftigkeit. Sie verhält sich wie ein Kind, und er spricht mit ihr wie zu einem Kinde.

»Ich muß meinem Gemahl folgen, Vater.«

»Er hat nicht das Recht, dir in deinem Zustand die lange Reise zuzumuten. Deine Mutter und ich mißbilligen eure Abreise ganz energisch.« Zärtlich nimmt Ferdinand ihre Hände in die seinen. »Wir wissen besser als Philipp, was für dich wünschenswert ist.«

Johanna versteht die Warnung; sie werden nicht nach Flandern abreisen. Sie weiß nicht, ob sie Freude oder Enttäuschung empfinden soll.

»Was wird Philipp dazu sagen?«

»Ihr beide habt noch vieles zu lernen. Ich wünsche, daß dein Gemahl unser Land bereist und sein Volk besser als bisher verstehen lernt. Ich will auch, daß du in Spanien niederkommst. Deine Mutter bedarf dieses Kindes, da es Gott gefallen hat, ihr Miguel zu nehmen.«

Johanna, die weder ihren Vater noch ihren Gemahl erzürnen will, weiß nicht, was sie antworten soll. Sie sieht nichts als Schwierigkeiten und dramatische Auseinandersetzungen vor sich.

In Zaragoza, wo man mit den Vorbereitungen für die Abreise beschäftigt war, ist ein Eilkurier der Königin mit dem höflich gehaltenen, aber gebieterischen Befehl eingetroffen: Der Erzherzog habe nach Madrid zurückzukehren.

Seit Erhalt des Briefes ist Philipp wutentbrannt, und er läßt seinen Zorn vor allem an Johanna aus. Welche Intrigen mag sie wieder mit ihrer Mutter gesponnen haben? Die junge Frau weint, protestiert und weigert sich, von ihm Abschied zu nehmen.

Zu ihrem Treffen mit Philipp hat die Königin nicht ihr Privatgemach, sondern den großen Saal gewählt, in dem sie gewöhnlich

Gesandte und Würdenträger empfängt. In einem mit Leder aus Córdoba bespannten Sessel sitzt sie an Ferdinands Seite und erwartet ihren Schwiegersohn. Daß er sich heimlich davonmachen wollte, hat sie empört, daß er aber erneut über Frankreich reisen will, mit dem Spanien sich im Kriegszustand befindet, erfüllt sie mit Entsetzen. Hat er den Verstand verloren?

»Ich werde ihn zur Vernunft bringen«, sagt sie.

»Meine liebe Frau, dieser Junge verfügt nur über zweifelhafte Vorzüge und anmutige Fehler. Er wurde wohl in der Vorstellung erzogen, daß Gott die Welt allein zu seinem Vergnügen erschaffen hat. Doch er wird seine Lektion schon noch lernen – und zwar schneller, als er denkt.«

Ein Kammerherr öffnet die Tür des Ratsaals. Angeführt von kastilischen Soldaten und Pagen der Königin, erscheint Philipp im Reisegewand. Auch wenn er sich stolz und selbstsicher gibt, beeindruckt ihn die würdevolle Haltung seiner Schwiegereltern, die strenge, fast klösterliche Einrichtung des Saals und das gewaltige Kruzifix aus bemaltem Holz.

Mit gezogenem Hut schreitet er langsam auf das Herrscherpaar zu, will, ein Knie am Boden, Isabellas Hand ergreifen, aber die zieht sie zurück.

»Umarmt mich, lieber Schwiegersohn, und setzt Euch zu uns!«

Die Stimme, wenngleich höflich, erlaubt keinen Widerspruch. Philipp, der sich geschworen hat, sich nicht einschüchtern zu lassen, nimmt folgsam Platz.

»Ich könnte mit den üblichen Komplimenten beginnen«, fährt die Königin fort, »doch ich ziehe es vor, gleich zum Kern der Sache zu kommen. Ihr wünscht, Spanien zu verlassen; Ihr sagt, man würde Euch in Flandern erwarten.«

»Ich habe es meinen Räten versprochen«, erwidert Philipp kleinlaut.

»Das Leben ist ein Mosaik von nicht eingehaltenen Versprechen«, wirft der König mit spöttischer Stimme ein.

»Ich pflege die meinen zu halten, Vater!«

Die empörte Antwort seines Schwiegersohns läßt die Augen des Königs belustigt aufblitzen.

»Ihr habt Euch durch den Eid vor den Cortes verpflichtet, die Interessen und Rechte des spanischen Volkes zu verteidigen. Frankreich zu durchqueren hieße, unseren Interessen zuwiderhandeln.«

»Ich bin Flame.«

»Doch Ihr seid auch Prinz von Kastilien«, entgegnet Isabella. »War es nicht Euer größter Wunsch? Jetzt ist es an der Zeit, die Verpflichtungen zu übernehmen, die damit verbunden sind.«

Jedes Wort der Königin trifft Philipp wie ein Peitschenhieb. Nie wird er der Königin diese Vorhaltungen verzeihen.

»Ich werde eine Flotte bereitstellen«, fährt Isabella fort. »Und gleich nach Johannas Niederkunft werdet Ihr Euch nach Flandern einschiffen.«

Philipp springt auf und blickt trotzig auf die kränkelnde Frau und den alternden Mann hinab, die glauben, ihm Befehle erteilen zu können.

»Ich werde nicht bis zum Frühling warten, sondern so reisen, wie es mit den Meinen vereinbart ist.«

»Setzt Euch, Philipp!« befiehlt Isabella. »Es gibt noch mehr zu besprechen. Ihr habt Johanna vergessen. Sie kann und darf jetzt nicht reisen.«

»Ich habe von den Franzosen alle erdenklichen Garantien erhalten. Johanna hat nichts zu befürchten.«

Die Hand des Königs, die sich auf seinen Arm legt, läßt Philipp zusammenzucken.

»Johanna wird nicht durch Frankreich reisen.«

»Nun gut, dann soll sie in Spanien bleiben! Ich überlasse sie Euch gerne.«

Absichtlich hat der junge Mann kränkende Worte gewählt und sieht an Isabellas Blick, daß sie ihre Wirkung tun.

»Ihr wollt sie im Stich lassen?«

»Ich vertraue sie Euch an, Mutter, und werde leichten Herzens abreisen. Wo könnte sie besser als bei Euch aufgehoben sein?«

Die Königin schweigt, und einen Augenblick lang verraten ihre Augen tiefe Traurigkeit.

»Ihr laßt sie also im Stich«, murmelt sie wie zu sich selbst, dann faßt sie sich wieder. »Gott sei mein Zeuge, Philipp, ich habe alles versucht, Euch zur Vernunft zu bringen. Da Euch weder politische noch eheliche Pflichten etwas bedeuten, werde ich fortan schweigen. So reist also, da es Euer Wunsch ist, und laßt mir meine Tochter! Eure Entscheidung wird Johanna erschüttern, denn sie liebt Euch.«

»Es war Eure Entscheidung, Doña Isabella, Eure Tochter in Kastilien zurückzuhalten ... Ihr allein tragt die Verantwortung dafür.«

Philipp erhebt sich, stolz, dieses demütigende Gespräch mit einem Gegenangriff beendet zu haben. Isabella und Ferdinand sind wie erstarrt.

»In Lyon will ich mit Ludwig Verhandlungen führen, die für Spanien äußerst vorteilhaft sein können. Ihr seht, ich bin nicht so undankbar, wie Ihr denkt!«

Auch der König hat sich erhoben. Da er kleiner als sein Schwiegersohn ist, muß er zu ihm aufblicken.

»So reist denn zum französischen König und tut, wie Ihr beliebt!«

Eine Abordnung von Soldaten wird nach Zaragoza ausgesandt, um Johanna nach Alcalá de Henares zu holen, wo Philipp ihr den Beschluß ihrer Eltern mitteilen will. Seit seiner Abreise aus Madrid ist sein Zorn einer großen Genugtuung gewichen. Er ist jetzt nicht nur frei, Spanien endlich den Rücken zu kehren, sondern Ferdinand hat obendrein stillschweigend akzeptiert, daß er beim französischen König als Gesandter auftreten wird! Sollte es ihm gelingen, einen Frieden in Italien auszuhandeln, wüchse sein Ansehen enorm. Nach der Anerkennung der Granden wird es ihm sicher auch gelingen, den Dank des kastilischen Volkes auf sich zu ziehen, das der König von Aragón ohne Bedenken mit Gewalt zum Kriegsdienst zwingt.

Don Fernando, denkt Philipp, unsere Schachpartie ist noch nicht beendet!

Überrascht, aber fügsam macht sich Johanna auf den Weg. Wahrscheinlich hat ihre Mutter Philipp überreden können, bis zu ihrer Niederkunft in Kastilien zu bleiben. Während sich der endlose Zug über die vom Novemberregen aufgeweichten Straßen windet, schöpft sie neue Hoffnung. Bald werden sie wieder vereint sein, einen ganzen Winter lang. In einem kleinen Dorf mit ärmlichen Hütten geraten Soldaten und Köche wegen eines Strohlagers aneinander. Cousin, ihr Küchenmeister, wird schwer verletzt. Widerwillig schlichtet sie den Streit.

Endlich tauchen die Stadtmauern von Alcalá de Henares vor ihren Augen auf. Johanna nimmt kaum Notiz von den Stadtvätern, die ihr zur Begrüßung entgegeneilen. Einen Monat lang hat sie Philipp nun nicht mehr gesehen. Wie wird er sie empfangen?

In heftigen, eisigen Böen weht der Wind von der Sierra de Guadarrama herab, rüttelt an den Ästen der schon lange kahlen Mandelbäume und fegt durch die gewundenen Gassen des Städtchens, in denen Kinder tollen.

Philipp ist im Ehrenhof des Schlosses nicht zu ihrer Begrüßung erschienen. Ist er fort? Oder in den Armen einer anderen? Die Eifersucht quält sie erneut. Aber als sie sich ihren Gemächern nähert, tritt ihr Philipp lächelnd entgegen. Lange schon hat sie ihn nicht mehr so strahlend gesehen.

»Endlich bist du da!«

Philipp küßt ihre Hände; seine Lippen auf ihrer Haut zu spüren läßt sie erschaudern.

Er führt sie in ihre Gemächer, entläßt die Dienerschaft und schließt selbst die Tür.

»Du wirkst sehr müde. Ruh dich aus!«

Johanna läßt sich zu einem Sessel führen. Im Kamin flackert ein wärmendes Feuer. Zögernd bleibt Philipp neben ihr stehen. Was er ihr sagen muß, ist schwierig. Sanft legt er die Hand auf Johannas Schulter, streicht zärtlich über ihr samtenes Mieder. Aus Mitleid wird er sie lieben und schämt sich dessen.

»Hat dich meine Mutter überzeugen können? Bleiben wir noch eine Weile in Kastilien?«

Um nicht antworten zu müssen, beugt er sich hinab und küßt ihren zarten Nacken.

Keinen Augenblick läßt Philipps Wachsamkeit nach, er sucht in den Augen, der Mimik seiner Frau nach dem geringsten Anzeichen dafür, daß sie ihm ausgeliefert ist. Dann wird er mit ihr sprechen, ihr mit zärtlichen Worten die Wahrheit gestehen können. In alter Gewohnheit klammert sich die junge Frau an ihn, umfängt ihn so leidenschaftlich, daß er sich beherrschen muß, um sie nicht zurückzustoßen. Eine großartige Idee der Königin, ihre Tochter bei sich zu behalten! Bei der Hinreise durch Frankreich war Johanna für ihn wie ein Klotz am Bein gewesen, auf dem Rückweg wird er frei und ledig sein.

Johanna nimmt Philipps schlanke Hand, küßt einen Finger nach dem anderen und murmelt: »Ich will nicht, daß man uns trennt.«

Philipp zuckt zusammen.

»Warum sagst du das?«

»Ich habe geträumt, daß man uns auseinanderreißen will, doch ich könnte mich nie von dir trennen.«

Wie sehr er auch Szenen und Auftritte haßt – jetzt ist kein Aufschub mehr möglich.

»Ich vertraue dich für einige Monate deiner Mutter an.«

Die Antwort ist der schrille Schrei eines verwundeten Tiers.

»Um mich von dir loszureißen, müßte man mir die Hände abhacken!«

Philipp versucht es zunächst mit sanftem Zureden, erklärt, daß er die Entscheidung ihrer Eltern billige, daß eine Reise im sechsten Schwangerschaftsmonat unvernünftig sei, doch Johanna hört nicht auf zu schreien: »Ich will nicht! Ich will nicht!«

Jetzt wird er ungeduldig.

»Es ist nun einmal so, du wirst dich fügen müssen. Sobald das Kind geboren ist, kannst du mir nachreisen.«

In einen Winkel des Bettes gekauert, bricht Johanna in Tränen aus, doch als Philipp tröstend ihre Hand ergreifen will, reißt Johanna sie heftig zurück. Diese Reaktion verärgert Philipp. Soll er seine Zeit mit dieser unbeherrschten Frau vergeuden, die keine Würde kennt? Entschlossen steht er auf und kleidet sich an.

»Wir reisen in zwei Tagen nach Madrid, halte dich bereit!«

Als er hinausgeht, läßt Johannas Aufschrei ihm das Blut in den Adern gefrieren.

»Ich flehe dich an!«

Umgeben vom Königspaar mit seinem Gefolge und den reisefertigen flämischen Edelleuten, hat Johanna sich Philipp zu Füßen geworfen. Peinlich berührt blicken alle auf die junge Frau, die weinend die Beine ihres Gemahls umklammert. Isabella tritt näher, will ihre Tochter vom Boden aufheben, um diesem Skandal ein Ende zu machen, Johanna aber setzt sich zur Wehr. Philipp weiß nicht, was er sagen soll, diese unerwartete Szene bringt ihn in fürchterliche Verlegenheit. Die Schreie und Tränen der schwangeren Frau, die da vor seinen Füßen liegt, stoßen ihn ab. Er räuspert sich und versucht, seiner Stimme einen energischen Klang zu geben.

»So steh doch auf!«

Der schroffe Tonfall läßt ihr Schluchzen verstummen.

»Nimm mich mit!«

Sie hat die Bitte mit tränenerstickter Stimme gestammelt. Jetzt wartet sie, die Beine ihres Gemahls noch immer fest umklammernd.

»Komm, Juanita!«

Ferdinand hat seine Tochter bei den Schultern genommen und hochgezogen; er hält sie in den Armen und streicht über ihr schwarzes Haar. Nach einer Weile gibt Johanna allen Widerstand auf und läßt sich von ihren Hofdamen in ihre Gemächer führen. Philipp hat sich mit verkniffenem Mund und starrem Blick nicht von der Stelle gerührt.

Ein Wintersturm tost um die Mauern des Schlosses von Alcalá de Henares, heult nachts in den Kaminen, fegt über den Innenhof und biegt die Eiben. Die Wasser des Rio de Henares sind über die Ufer getreten, haben die Wiesen überschwemmt, Schafe ertränkt und ihre aufgedunsenen Leiber fortgespült. Früh bricht die Dunkelheit herein in diesen ersten Märztagen. Die großen düsteren und stillen Säle des Schlosses sind nur dürftig von der letzten Glut in den riesigen Kaminen erleuchtet. In diesem Halbdunkel wagen die Grafen von Melun und von Hallewin, die Philipp bei Johanna zurückgelassen hat, bisweilen eine Partie Schach oder ein Kartenspiel.

Wochenlang hat sich die Erzherzogin in ihren Gemächern eingeschlossen, nur ihr Vater oder ihre Mutter suchen sie gelegentlich auf. Seit Philipps Abreise hat niemand sie aufzuheitern vermocht. Besorgt hat Isabella ihre Ärzte herbeizitiert, die Johanna jedoch gleich wieder fortschickte. So begnügt die Königin sich damit, sich zu ihrer stumm vor sich hin brütenden Tochter zu setzen und Monologe zu halten, ohne sicher zu wissen, daß diese nicht auf taube Ohren stoßen.

Nur bei der Nennung von Philipps Namen scheint Johanna aus ihrer Benommenheit zu erwachen. Und so erfindet die Königin Botschaften, die nie eingetroffen sind.

»Ein Sohn!« schreit eine der Frauen. »Ihr habt einen Sohn, Doña Juana!«

Man legt ihr einen rosigen blonden Säugling in die Arme, einen echten kleinen Flamen. Kurz drückt sie ihn an sich, reicht ihn zurück; sie ist zu erschöpft, zu gekränkt, um Muttergefühle empfinden zu können.

Ferdinand und Isabella wollen ein prächtiges Tauffest feiern. Sie haben das Kind gleich ins Herz geschlossen. Die Königin hat über der Wiege des kleinen Ferdinand das Kruzifix aus Elfenbein befestigt, das einst über Juans Kinderbett hing.

»Hat man Philipp benachrichtigt?«

Und wieder bemüht sich Isabella, ihrer Stimme einen beruhigenden Klang zu geben.

»Zwei Reiter sind ausgesandt worden, um ihm die freudige Nachricht zu überbringen. Sie werden auf der Straße nach Lyon zu ihm stoßen.«

Johanna zählt die Tage. In zwei Wochen wird sie aufstehen können und gleich Anfang April mit den Vorbereitungen für ihre Abreise beginnen. Nun wird ihr die Zeit nicht mehr lang, sie empfängt sogar wieder die Musikanten, läßt ihren Beichtvater kommen, wünscht manchmal, ihren kleinen Sohn zu sehen. Die letzten Märztage sind regnerisch, Johanna aber sieht nur Sonne hinter den Fensterscheiben.

»Doña Juana will abreisen, Majestät, sie erteilt diesbezügliche Befehle. Was sollen wir tun?«

Respektvoll steht der Haushofmeister vor Isabella. Obwohl es schon spät ist, arbeitet die Königin immer noch. Die Feder entgleitet ihren gichtigen Händen.

»O mein Gott!« murmelt sie, dann faßt sie sich wieder. »Es ist völlig ausgeschlossen, daß Doña Juana jetzt abreist.«

»Und was soll ich sagen, Majestät?«

»Ich werde morgen in Alcalá sein und ihr alles erklären.«

Dem Mann scheint eine schwere Last von den Schultern zu

fallen. Die Erzherzogin ist so schwierig, sie duldet keinerlei Widerrede, noch am Morgen hat sie eine Dienerin geohrfeigt.

Bestürzt über diese Nachricht, vermag die Königin ihre Arbeit nicht fortzusetzen. Was soll sie noch ersinnen, um Juana zu beruhigen? Wie soll sie ihr verständlich machen, daß sie nicht wie eine Zigeunerin den Spuren eines Gemahls folgen kann, der in Lyon in eine Falle stürzen wird, die Ferdinand ihm gegraben hat? Nach der Kränkung, die Philipp dort erleiden und die, wie sie hofft, ihn wieder zur Vernunft bringen wird, muß Johanna mindestens bis zum Herbst in Kastilien bleiben. Isabella weiß, daß sie Johanna zum Gehorsam zwingen kann, doch diese ewigen Kämpfe gegen ihre eigene Tochter zermürben sie. Johanna ist ein Stachel in ihrem Herzen.

»Mutter«, ruft die junge Frau zornig, »Ihr könnt mir nicht verbieten, zu meinem Gemahl zu reisen!«

Nach einer langen Auseinandersetzung hat die Königin schließlich ein Machtwort gesprochen.

»Juanita, beruhige dich! Ich habe diesen Entschluß nicht gefaßt, um dich zu erzürnen, sondern um dich zu schützen.«

»Wißt Ihr denn, Mutter, was gut für mich ist?«

Als hätte sie die Frage nicht gehört, fährt die Königin fort:

»Eine Infantin lebt nicht für ihr persönliches Glück, Johanna, sondern für das ihres Landes. Weißt du nicht, daß wir mit Frankreich im Krieg stehen?«

»Philipp hat zu seiner Sicherheit Geiseln in Flandern.«

»Philipp? Weiß man denn, wohin ihn sein Weg führt?«

Isabella verliert die Geduld. Sie ist immer bemüht gewesen, den Gemahl nicht vor der Gemahlin bloßzustellen, doch die Blindheit ihrer Tochter bringt sie zur Verzweiflung. Blaß und reglos wie eine Statue sitzt die junge Frau ihr gegenüber. Sie weiß von Philipps Leichtfertigkeit, von seinen Eskapaden und duldet es dennoch nicht, daß irgend jemand, und sei es ihre eigene Mutter, ihn vor ihr tadelt.

»Philipp reist durch Frankreich, besucht Margarete in Savoyen und zieht weiter nach Flandern.«

»Angenommen, du hast recht, liebe Tochter, wo willst du ihn denn treffen? Er wird nicht vor dem Sommer in Brüssel sein, und wir haben jetzt April.«

»Ich werde ihn in Mecheln mit meinen Kindern erwarten.«

Johanna hofft, ihre Mutter zu erweichen, indem sie ihre Kinder erwähnt.

»Du kannst Frankreich jetzt nicht durchqueren«, wiederholt die Königin. »Wir werden Ludwigs Heer in Neapel angreifen.«

»Dann stellt mir eine Flotte bereit!«

»Wir brauchen jedes Schiff, um unsere Truppen zu befördern. Doch sobald sich ein Frieden abzeichnet, im Sommer vielleicht, kannst du aufbrechen. Drei Monate, Johanna, was ist das schon? Fühlst du dich denn nicht wohl hier?«

Johanna weiß, daß sie sich wieder einmal fügen muß. Sie haßt die, die sie unterdrücken, und verachtet sich selbst, weil sie es zuläßt.

»Nur an Philipps Seite fühle ich mich wohl.«

Sie hat ihre Mutter verletzen wollen. Es ist die einzige Waffe, die ihr bleibt, und sie scheut sich nicht, sie einzusetzen.

Die Königin erhebt sich. Sie muß sich auf den Weg machen, wenn sie vor Einbruch der Dunkelheit in Madrid sein will. Ihr ganzer Körper schmerzt sie jetzt.

»Laß meinen kleinen Ferdinand holen!«

»Er schläft.«

»Dann möge man ihn wecken.«

Sie befiehlt nicht mehr, sie fleht. Johanna stellt befriedigt fest, daß sie ihre Mutter zu einer Bitte hat zwingen können.

»Mein lieber Cousin, welch eine Freude, Euch wieder in Frankreich empfangen zu dürfen!«

In Begleitung von Königin Anne begrüßt Ludwig Philipp mit großem Überschwang. Wochenlang hat er mit seinem Rat einen

Friedensvertrag ausgeklügelt, und er hofft, daß er bald unterzeichnet sein wird. Philipp – jung, vertrauensselig und von sich selbst eingenommen – scheint ihm eine leichte Beute zu sein, er wird sich mühelos für die französischen Interessen gewinnen lassen. Schon nach wenigen Festen und Banketten wird der junge Mann ein Spielball in seinen Händen sein.

»Ich habe ein Geschenk für Euch.« Auf einen Wink des Königs trägt ein Diener ein kleines Faß herbei. »Frisches Bier, mein lieber Cousin! Sicher habt Ihr es in Spanien lang entbehren müssen und dürstet nach einem Schluck. Wenn Ihr es wünscht, trinken wir gemeinsam.«

Philipp sitzt neben dem König am Kopf des großen Eichentisches, um den der Rat versammelt ist. Er taucht die Feder in das Tintenfaß und setzt mit entschlossener Geste seine Unterschrift unter das Dokument. Die Vorschläge Ludwigs decken sich in allen Punkten mit seinen Vorstellungen: Der König tritt seiner Tochter Claude die Rechte an Neapel, Apulien und Kalabrien ab, während er, Philipp, seinem Sohn Karl im Namen der Katholischen Könige deren Besitz in Süditalien überläßt. Am Tage ihrer Vermählung sollen die jungen Leute diese Königreiche unter einem Zepter vereinen.

Mit zufriedener Miene unterzeichnet auch Ludwig den Vertrag. Dieses Dokument bestätigt ausdrücklich Frankreichs Rechte an Neapel. Jetzt kann er den Katholischen Königen die Stirn bieten. Was für ein Sieg!

»Laßt die freudige Nachricht in allen Straßen der Stadt ausrufen«, befiehlt er heiter, »und schickt auf der Stelle französische und spanische Friedensboten nach Neapel! Heute abend soll mein Volk kostenlos mit Wein und Brot bewirtet werden. Die Franzosen sollen zufrieden sein.« An Philipp gewandt, fügt er hinzu: »Und auch Euch, lieber Cousin, wünsche ich glücklich zu sehen.«

»Ich kann nicht glauben, daß er sich so hat demütigen lassen!« ruft Isabella und reicht ihrem Ratgeber Jiménez de Cisneros den Brief.

Die neuerliche Torheit ihres Schwiegersohns, die Folgen dieses von ihm für Spanien unterzeichneten Vertrages schmettern die Königin nieder, verstärken ihre Atemnot und die Schmerzen in ihren Gliedern. Ferdinand merkt, wie bleich sie ist, wie ihre Hände zittern. Der Gesundheitszustand seiner Frau beunruhigt ihn mit jedem Tag mehr.

»Wir waren ja auf die Fehler dieses Dummkopfs gefaßt, jetzt ist der Augenblick gekommen, unseren Nutzen daraus zu ziehen! Unsere Truppen sind zum Angriff bereit. Da wir nichts unterzeichnet haben, brechen wir auch keinen Vertrag. Ludwig glaubte, uns zu überlisten, nun wird er der Überlistete sein!«

Cisneros Hände halten den Brief fest umklammert, und sein Blick wandert zu Isabella, die noch immer schweigt.

»Die Franzosen sollen bekommen, was sie verdienen«, murmelt er schließlich, »und dem Erzherzog wird es vermutlich eine Lehre sein.«

Das Privatgemach des Herrscherpaars ist vom Duft der Heilkräuter erfüllt, die der Gesundheit der Königin dienen sollen. In dem ruhigen Zimmer wirkt Isabellas Stimme noch mächtiger als sonst.

»Ich habe Philipp schon immer mißtraut, von nun an verachte ich ihn.«

»Gonzales von Córdoba soll die Franzosen angreifen!« befiehlt Ferdinand knapp. »Möge er sie mit Gottes Hilfe endlich vernichten!«

»PHILIPP!«

Freudestrahlend eilt Margot ihrem Bruder vor ihrem Schloß in Bourg-en-Bresse entgegen. Seit ihrer neuen Vermählung ist sie fülliger geworden; auch kleidet sie sich koketter und trägt ihr Haar nach italienischer Art. Der Herzog von Savoyen, der zu Philipps Empfang nach Villars geeilt ist, wirft seiner Frau einen zärtlichen Blick zu. Die beiden jungen Leute sind mit jedem Tag ein wenig verliebter, und Margarete scheint endlich den Bruch mit dem französischen Verlobten und den Tod des spanischen Gemahls vergessen zu haben.

Rings um die kleine Stadt beginnen die Hügel zu grünen. Wie um Ostern zu feiern, stehen die Obstgärten schon in voller Blüte.

»Komm schnell, lieber Bruder, wir haben uns soviel zu erzählen!«

Sie führt Philipp in ihre Gemächer. In den Fluren des kleinen Schlosses bilden große Narzissensträuße sonnengelbe Tupfer vor den steinernen Wänden, Wollteppiche in leuchtenden Farben bedecken den Boden. Als er die Hand seiner Schwester auf seinem Arm spürt, denkt er für einen flüchtigen Augenblick an Johanna, die allein im finsteren Palast von Alcalá de Henares weilt. Durch Hallewin oder Melun hat er erfahren, daß sie viel weint, oft die Speisen verweigert und mager geworden ist. Was kann er dagegen tun? Die Überspanntheit seiner Frau fällt auf sie selbst zurück, und es ist ihm lieber, sie quält sich, als daß sie ihn weiter belästigt.

Am Karfreitag hat sich Philibert von Savoyen mit schwerem Fieber zu Bett gelegt. Am Ostersonntag erkrankt auch Philipp. Da sich sein Zustand am nächsten Tag noch verschlimmert, drängen sich die Ärzte besorgt um sein Lager. Soll es nicht in Bourg zu Fällen von Pest gekommen sein? Trotz ihrer Bemühungen steigt das Fieber noch, und der Kranke liegt über eine Woche im Delirium.

Endlich, mit Einzug des Frühlings, sinkt das Fieber der beiden Schwäger, und Margot beschließt, sie nach Pont-d'Ain zu begleiten, dessen frische und wohltuende Luft ihre Genesung beschleunigen soll. Sie hat so viel gebetet, so viel geweint, daß sie ganz blaß und mager geworden ist.

Der Mai an den Ufern des Ain ist herrlich. Philibert, Margarete und Philipp verbringen lange Stunden auf der Schloßterrasse, spielen Karten oder Schach und lauschen den Musikanten. Die beiden Genesenden sind noch zu schwach, um an den Jagden und Turnieren teilzunehmen, die man zur Zerstreuung der Flamen hat ausrichten lassen.

Eines Morgens ergeht sich Philipp am Arm seiner Schwester in den Gärten des Schlosses. Die kleinen Hunde der Herzogin tollen um sie herum, der Wind spielt mit den Blüten der Apfelbäume. Wenn sich Philipps Zustand weiter bessert, werden die Flamen in wenigen Tagen ihren Weg nach Hochburgund und Mecheln fortsetzen.

»Schau nur!« ruft Margot plötzlich. »Zwei Reiter in den Farben des französischen Königs!«

Die Eile, mit der die Kuriere sich nähern, lassen auf wichtige Nachrichten schließen.

Um die Botschaft mit dem Siegel des Königs zu lesen, hat Philipp auf einer Bank vor dem Schloßgraben Platz genommen. Margot beugt sich über ihn, ihre Wange dicht an der seinen.

»Großer Gott!« murmelt Philipp.

In seinem Brief teilt Ludwig XII. dem Erzherzog Philipp, Prinz von Kastilien, mit, daß die Spanier, angeführt von Gonzales de Córdoba, die Franzosen im italienischen Cerisole angegriffen und den Herzog von Nemours sowie zahlreiche seiner Soldaten niedergemetzelt haben, die alle auf den in Lyon vereinbarten Frieden vertraut haben. Die Mitteilung ist nüchtern gehalten und wirkt durch ihre Kürze verletzend.

Trotz des Fiebers, das erneut eingesetzt hat, und der flehenden Bitten Margots und der Seinen, die um seine Sicherheit fürchten, beschließt Philipp, nach Lyon zurückzureiten. Mehr als die Demütigung hält ihn der Zorn im Sattel, auch wenn ihm vor Erschöpfung fast die Sinne schwinden. Immer wieder kommen ihm Fetzen des Gesprächs mit seinen Schwiegereltern in den

Sinn, das bedeutungsvolle Schweigen, die beredten Worte Ferdinands, die auf seine Falschheit hinwiesen. Wie hat er all das nicht sehen, nicht begreifen können? Seiner Macht allzu sicher, hat er sich nicht einen Augenblick lang vorstellen können, getäuscht zu werden. Der Haß, der ihn den ganzen Weg begleitet, macht auch vor Johanna nicht halt. Sie soll bis auf weiteren Befehl in Spanien bleiben, er wird sie nicht eher aufsuchen, als bis Isabella tot und er, Philipp, Rache nehmen kann, indem er Ferdinand aus Kastilien vertreibt. Sein Schwiegervater hat den Krieg gewollt, also soll er ihn haben! Doch während sich der kleine Zug Lyon nähert, wandelt sich der Zorn des Erzherzogs allmählich in Unsicherheit. Wie soll er sich vor Ludwig rechtfertigen? Welcher Worte soll er sich bedienen, die nicht allzu demütigend für ihn selbst sind?

Obwohl Philipps Beine vor Müdigkeit zittern, schreitet er dem König in stolzer Haltung entgegen.

Nichts in Ludwigs Blick verrät, in welcher Geistesverfassung sich der Monarch befindet. Er hat seine Ratgeber um sich versammelt, die in ihrem Ernst wie Richter wirken. Philipp wirft ihnen einen kurzen Blick zu und fährt zusammen. Hinter ihnen stehen zwei spanische Edelleute, die ihn mit spöttischer Verachtung mustern.

»Tretet näher, lieber Cousin!« läßt sich Ludwig vernehmen. »Wir sind hier zusammengekommen, weil Ihr es so wünschtet, und nicht, um zu den unglücklichen Ereignissen, die Euch bekannt sind, Stellung zu nehmen.« Er fügt, auf einen Stuhl an seiner Seite weisend, hinzu: »Aber setzt Euch doch, Ihr scheint mir sehr blaß!«

»Sire, ich werde nicht ausruhen, bevor ich nicht meine Ehre verteidigt habe.«

Ausführlich erläutert Philipp die Friedensvorschläge der Katholischen Könige, die nachdrücklich vor ihm bestätigt worden seien und denen er vertraut habe. Der König hört ihm schweigend zu. Als Philipp schließlich verstummt, rinnt kalter Schweiß über sein Gesicht, und ein Anfall von Schwäche zwingt ihn, sich auf eine Stuhllehne zu stützen. Johan von Luxemburg und Anton von Lalaing, sein Kammerherr, eilen herbei, um ihn zu stützen.

»Majestät, erlaubt, daß ich mich einen Augenblick zurückziehe!«

Als Philipp sich ein zweites Mal vor dem König zu verteidigen sucht, herrscht trotz der höflichen Aufmerksamkeit das gleiche frostige Schweigen. Die allzu kurze Ruhe hat ihn nicht zu Kräften kommen lassen.

»Ich habe sehr gut verstanden, lieber Cousin, wie Ihr Euch durch Worte, die wohl weniger eindeutig waren, als Ihr wähntet, habt irreführen lassen. Aber mein Vertrauen in Euch ist ungebrochen«, versichert Ludwig.

Der kühle Ton steigert das Unbehagen des jungen Mannes. Ferdinand wird diese qualvollen Augenblicke, die er ihm bereitet, noch bitter bereuen. Bevor Philipp hat antworten können, erhebt sich schon die Stimme einer der beiden kastilischen Edelleute.

»Eure Majestät, wenn Ihr mit meinen Herren, den Katholischen Königen, zu verhandeln wünscht, so sind wir hier, um sie zu vertreten und im Besitz der Vollmachten und Dokumente, die von ihrer eigenen Hand gezeichnet sind.«

Hastig zieht der Gesandte einen Brief aus seinem Ärmel und händigt ihn dem König aus. Keiner der Räte rührt sich. Wie gebannt starrt die ganze Versammlung auf das Gesicht des jungen Erzherzogs. Wie wird er auf diesen erneuten Affront der Spanier reagieren?

Der König überfliegt das Schreiben. Dann hebt er die Augen und richtet sie auf Philipp, der wie zu Stein erstarrt ist. Schließlich faltet er das Papier wieder und reicht es dem Gesandten zurück.

»Monsieur«, spricht er, »ich werde nur mit dem Erzherzog verhandeln; das könnt Ihr Euren Herrschern sagen. Er allein hat mein Vertrauen. Jetzt kehrt nach Kastilien zurück. Ich gebe Euch drei Tage Zeit, um mein Königreich zu verlassen.«

DIE SOMMERSONNE BRENNT auf das Schloß von Alcalá de Henares hernieder. Die Luft hinter den geschlossenen Fenstern ist feucht, drückend, angefüllt mit dem Duft getrockneter Kräuter, den die Mittagshitze noch verstärkt. Allein in ihrem Schlafgemach, starrt Johanna auf das Land hinaus, wo nichts sich regt, und beobachtet kleine Wolken, die, rund wie leichte Blasen, vom Horizont aufzusteigen scheinen. Die Blumen in den Vasen welken und verströmen einen faden, fauligen Geruch. Wochen und Monate schon hat die junge Frau ihrer Mutter getrotzt und auf einen Brief gelauert, der niemals eingetroffen ist. Nun ist sie zermürbt, der Stillstand der Zeit, die Hitze, das Schweigen haben schließlich ihren Willen gebrochen. Philipp hat sie vergessen.

Johanna verläßt das Fenster, kauert sich auf ihre Seidenkissen, die über den Boden verstreut sind. Königin Isabella wird nicht mehr lange auf sich warten lassen. Noch einmal wird die junge Frau ihrer Mutter die Stirn bieten, sie anklagen, sie glauben lassen, daß sie sie haßt, auch wenn die häßlichen Worte, die ihr so leicht von den Lippen fließen, nichts als verzweifelte Hilfeschreie sind. Isabella ahnt nichts davon.

Johanna entsinnt sich der einsamen Tage ihrer Kindheit, hört noch immer die Vorwürfe ihrer Mutter. Sie bewunderte Isabella, ihre ältere Schwester, doch Isabella ist tot, sie beneidete ihren Bruder Juan, doch Juan ist tot. Ihr vertrautes Umfeld wurde Stück für Stück zerstört. Wie soll sie diese Zerstörung überwinden?

Sie hört, wie sich im Hof die Diener regen. Meine Mutter, denkt sie. Deren bevorstehende Monologe kommen ihr so lächerlich vor, daß sie sich auf ihr Bett setzt und laut zu lachen beginnt.

Die Züge der Königin sind noch deutlicher von Mattigkeit gezeichnet als in den vergangenen Tagen. Gierig leert sie einen Becher kalten Wassers, den eine Hofdame ihr reicht. Johanna beobachtet sie argwöhnisch von ihrem Bett aus.

»Mein Gott«, sagt Isabella mit einer Stimme, der sie einen heiteren Klang zu geben sucht, »hast du dir eine Buße auferlegt, daß du in solchem Schmutze lebst?« Und ohne eine Antwort abzuwarten, fährt sie fort: »Der Grund meines Kommens ist, dir zu sagen, daß dein Vater und ich schon morgen nach Segovia aufbrechen. Du wirst mich also bis zum Ende des Sommers nicht sehen. Befreit von meinen Ratschlägen, wirst du vielleicht deren wahren Wert ermessen können.«

Da ihre Tochter weiter trotzig schweigt, fährt Isabella nach einer Weile fort:

»Du wirst nach Medina del Campo reisen, das Schloß La Mota ist in diesen heißen Tagen kühler und angenehmer.«

»Ich bleibe hier!« schreit Johanna.

»Es wurden Fälle von Pest in der Umgebung gemeldet, und ich dulde auf keinen Fall, daß dein Kind gefährdet wird. Morgen in aller Frühe wird dich eine Eskorte abholen. Fonseca wird dich begleiten und dein Haus führen.«

Johanna grübelt mit gesenktem Kopf. Im Grunde ist es ihr gleichgültig, ob sie hier oder dort ist. Sie liebt La Mota, und der Bischof von Córdoba ist, neben ihrem Onkel, dem Admiral, ihr einziger Freund in Kastilien.

Langes Schweigen lastet zwischen den beiden Frauen. Isabella sucht nach geeigneten Worten. Sie will Johanna nicht ohne einen kleinen Hoffnungsschimmer verlassen.

»Der Herbst kommt so schnell, mein Kind, wir werden alle zusammen den Winter verbringen, und im Frühling kannst du dich vielleicht zu deinem Gemahl begeben.«

Mit Zorn in den Augen springt Johanna auf.

»Im Frühling, Mutter? Nur wenn Ihr mich in ein Gefängnis einsperrt, bleibe ich solange hier.«

»Wer spricht von Gefängnis? Du bist hier zu Hause, Johanna.«

Der Herbstregen weicht die Wege auf, peitscht die kahlen Sträucher, durchnäßt die Kleider und dringt sogar ins Innere der Kutschen, doch Johanna will ihre Reise nicht unterbrechen. Heute ist sie nichts als eine von Kummer zermarterte Frau, die sich ihrer Mutter zu Füßen werfen will. Sie denkt nicht mehr an Kampf und Trotz, drei Monate in La Mota haben ihren Widerstand gebrochen. Und sei es um den Preis einer demütigenden Kapitulation – sie will nach Flandern zu Philipp reisen. Wenn ihre Mutter verlangt, daß sie vor ihr am Boden kriecht, so wird sie es tun.

Johanna friert. Seitdem sie den Entschluß gefaßt hat, ihre Mutter in Valverde aufzusuchen, zittert sie unaufhörlich. Ist es, weil ihre gescheiterte Auflehnung nichts als Leere in ihrem Innern zurückgelassen hat? Da ihr die einst so geliebte Einsamkeit eine unerträgliche Last geworden ist, schläft sie oft nächte- und tagelang. Abends in den Herbergen betrachtet sie sich in ihrem Spiegel. Ist sie noch schön? Kann sie ihren Mann zurückgewinnen? Die leichten Töne ihrer Gitarre sind wie Tränen. Manchmal, alleine, tanzt sie für ihren Liebsten, niemand beurteilt sie, niemand spottet über sie, über ihre kindlichen Verführungsversuche. Worauf versteht sie sich nicht, auf das sich andere Frauen verstehen?

»Doña Juana, Ihr seid zu unterwürfig«, erklärt Aicha. »Die Männer lieben Frauen, die sie schlecht behandeln. Sanftheit ist eine gefährliche Waffe; Ihr wißt Euch ihrer nicht recht zu bedienen.«

Sie will nicht mehr auf ihre Sklavinnen hören; schon die geringste Hoffnung bedeutet Schmerz.

»Welch törichte Reise, mein Kind!«

Isabella ist ihrer Tochter entgegengetreten und drückt sie

lange an sich. Johanna stößt sie nicht fort, sie ist wie eine Stoffpuppe in ihren Armen.

»Wie geht es meinem kleinen Ferdinand?«

»Gut, Mutter.«

Die teilnahmslose Stimme beunruhigt die Königin.

»Du frierst, Juanita, komm schnell ans Kaminfeuer.«

Sie führt ihre Tochter in ihre Gemächer. Beide haben sich in diesen Monaten verändert, beide scheinen am Ende ihrer Kräfte.

Die Schlafkammer Isabellas im Schloß Valverde ist mit hellem Eichenholz verkleidet und nur spärlich eingerichtet. Im Herbst halten schwere Wandbehänge den Luftzug auf, der durch die Flure und Galerien fegt. Die Königin weilt nur selten in diesem großen, ungastlichen, jahrhundertealten Gebäude, das nur spärlich mit dem Nötigsten möbliert ist. Madrid, das sie bevorzugt, ist nicht fern.

»Ich möchte allein mit Euch sein«, murmelt Johanna.

Kaum hat die Königin ihre Ehrendamen entlassen, wirft sich Johanna ihr zu Füßen.

»Mutter, gebt mir ein Pferd, ein einziges nur, ein Schiff, ein einziges nur, um mich nach Flandern zu bringen!«

Sie will noch etwas hinzufügen, doch die Stimme versagt ihr. Der heftige Tränenausbruch, die verzweifelten Schluchzer lassen die Königin erstarren; sie darf sich, kann sich von diesem zur Schau gestellten Kummer nicht erweichen lassen.

Vor dieser versteinerten, unnachgiebigen Frau beklagen Johannas Tränen ihr Leben, ihre Ängste, ihr Grauen, ihre Enttäuschungen, ihre Einsamkeit. Diese Tränen sagen: Mutter, ich liebe Euch, liebt auch Ihr mich! Doch die Antwort ist nur Stillschweigen. Die junge Frau kauert weiter am Boden, die Hände vors Gesicht geschlagen.

»Steh auf«, sagt Isabella knapp, »und laß uns ruhig darüber sprechen!«

Noch immer von stillen Schluchzern geschüttelt, rührt sich

Johanna nicht. Als sie sieht, daß sie ihre Tochter nicht überzeugen kann, beugt sich die Königin über die zu ihren Füßen kauernde Gestalt.

»Hörst du? Gott lehnt dein kindisches Aufbegehren ab und wird Rechenschaft von dir verlangen. Finde dich damit ab, ihm zu gehorchen, auch wenn dein Glaube nicht stark genug ist, es freudig zu tun!«

Vergebens wartet Isabella auf ein Wort, eine Geste, die andeutet, daß die junge Frau ihr zuhört. Schließlich hebt Johanna langsam den Kopf.

»Warum verbietet Ihr mir nur, bei meiner Familie zu sein, Mutter?«

»Du kannst weder Frankreich durchqueren noch übers Meer reisen, jetzt, da der Winter naht. Dein Vater wird es dir bald erklären, denn er kann jeden Tag eintreffen.«

Isabella hält die Worte zurück, die sie schon auf den Lippen hat. Warum dieses Kind noch mehr quälen? Sie streckt den Arm aus, ergreift die Hand ihrer Tochter.

»Philipp ist noch nicht nach Flandern zurückgekehrt. Er weilt in Innsbruck bei seinem Vater.«

Johanna schwindelt, als sie sich Philipp am Hofe von Österreich vorstellt, wo die Frauen ebenso schön wie dreist sein sollen.

»Wahrscheinlich hält ihn der Kaiser aus politischen Gründen zurück. Vor unserer Abreise drohte der Herzog von Geldern, sich gegen die flämische Vormacht aufzulehnen.«

»Vielleicht«, murmelt die Königin. »Sollen wir zusammen zu Abend speisen?«

Johanna hört nicht. In einen Sessel gekauert, ist ihr Körper nichts als Schmerz.

»Du wirst im März abreisen, ich verspreche es dir.«

Wie ihre Tochter empfindet die Königin tiefes Leid.

Von zwei Türmen flankiert, erhebt sich vor Philipp und seiner Eskorte die gewaltige Porte du Sablon, eines der Stadttore von Brüssel. Der Erzherzog erblickt die St. Romboutskirche, die roten, vom Regen schimmernden Dächer der Klöster, die Treppengiebel der prächtigen Häuser, und sein Herz schlägt höher vor all der Pracht und Schönheit seiner Stadt, die er nun nach mehr als zwei Jahren endlich wiedersieht. Um seine Freunde und Untertanen zu verblüffen, trägt er scharlachrote und gelbe Seide, die Farben Kastiliens, an der Seite ein damasziertes Schwert aus Toledo, an den Füßen Lederstiefel aus Córdoba. Nach den Monaten, die er bei seinem Vater in Innsbruck verbracht hat, drängt es ihn, zu den Seinen zurückzukehren. Madame la Grande ist schwer erkrankt, und angesichts ihres Alters hat er sich beeilt, um sie noch einmal in seine Arme schließen zu können.

Ein Kammerherr öffnet ihm die Tür zu den Gemächern Margaretes von York. Am Bett seiner Großmutter erblickt er die Erzieherin Frau von Ravenstein mit Eleonore und Isabella an der Hand. Karl, der seinen Hut gezogen hat, steht in stolzer Haltung da, obwohl seine leuchtenden Augen Freude verraten.

Zu Tränen gerührt, beugt sich Philipp hinab und schließt seine Kinder in die Arme.

»Und ich, mein Sohn, habe ich kein Recht auf einen Begrüßungskuß?«

Die betagte Dame, die mit einer Marderdecke über den Knien in ihren Kissen lehnt, ist sehr abgemagert. Philipp befreit sich aus den Armen seiner Kinder, tritt ans Bett seiner Großmutter und küßt ihre Stirn.

»Endlich bist du da«, murmelt Margarete von York. »Jetzt kann ich ruhig sterben.«

»Was sagt Ihr da!« ruft Frau von Ravenstein. »Ihr werdet noch Karls Vermählung mit uns feiern.«

Eleonore greift nach der Hand ihres Vaters.

»Und Mutter? Wird auch sie bald wieder bei uns sein?«

Zu fortgeschrittener Stunde sitzt Philipp noch immer am Krankenlager, betrachtet das flackernde Kerzenlicht und kann nicht umhin, an den Tod zu denken. Die Greisin ist wie eine Nonne in ein schlichtes weißes Hemd aus Tuch gekleidet und trägt eine Leinenhaube mit Spitzenrand auf dem Kopf. Sie atmet nur schwer, ihr Blick indes ist lebhaft wie immer. Mit so schwacher Stimme, daß Philipp sich weit zu ihr vorbeugen muß, schildert sie ihm die beiden letzten Jahre, in denen sie für das Wohl des Landes und, unterstützt von Frau von Ravenstein, für die Gesundheit und Erziehung ihrer geliebten Urenkel Sorge getragen hat. Gott hat ihr beigestanden, und jetzt kann sie diese Bürde ruhigen Gewissens wieder in Philipps Hände legen.

Die Glocke des Belfrieds schlägt Mitternacht. Alles schläft in dem großen Palast. Der Regen prasselt auf das Pflaster im Hof.

»Man hat mir berichtet«, flüstert die alte Frau, »wie sehr du wegen deines Schwiegervaters in Lyon hast leiden müssen.«

»Sprechen wir nicht von diesen Dingen«, fällt ihr Philipp ins Wort, »sie wecken zu schmerzliche Erinnerung in mir! Ferdinand wird seinen Verrat bereuen; mein Vater hat mir seine umfassende Hilfe zugesichert, sobald der Augenblick gekommen ist, in dem ich den kastilischen Thron besteigen kann.«

Die Greisin wird von heftigem Husten geschüttelt.

»Ich will aber noch mit dir über Johanna sprechen«, sagt sie schließlich mit matter Stimme.

Im Schein der Kerze wirkt Philipps Gesicht wie erstarrt.

»Du mußt sie nach Flandern zurückrufen.«

»Großmutter, je weiter Johanna von mir entfernt ist, desto besser für mich!«

»Hör mir bis zum Ende zu, mein Kind! Dann laß mich schlafen, und denke in Ruhe nach über das, was ich dir zu sagen habe. Glaube einer alten Frau, die nichts als dein Glück im Sinn hat, der Platz deiner Gemahlin ist hier!«

Mit zitternder Hand greift Madame la Grande nach einem Becher, trinkt einen Schluck Wasser.

»Sie ist die Gemahlin, die Gott dir gegeben hat, die Mutter deiner Kinder. Dieser Grund allein würde ausreichen, doch es gibt noch einen anderen, einen weit wichtigeren.«

An seinen Augen erkennt sie, daß Philipp ihr aufmerksam lauscht.

»Stell dir vor, es würde Gott gefallen, Königin Isabella frühzeitig zu sich zu rufen. Wäre Johanna nicht ein gefügiges Werkzeug in den Händen ihres Vaters?«

»Johanna wird beim Tod meiner Schwiegermutter Königin von Kastilien sein und ich König.«

»Du bist viel zu vertrauensvoll, Philipp. Ist dir nie der Gedanke gekommen, daß deine Frau es satt sein könnte, stets von dir ferngehalten zu werden, daß sie sich an dir rächen könnte, indem sie ihrem Vater die Macht übergibt? Was könntest du gegen ihre Entscheidung unternehmen? Solange sie in Kastilien ist, stellt sie eine ständige Gefahr für dich dar. Ihr Platz ist in Brüssel, in deinem Schatten und – Gott vergebe mir, daß ich es an letzter Stelle erwähne – an der Seite ihrer Kinder.«

Mit diesen Worten schließt sie die Augen, sie scheint zu entschlummern. Philipp erhebt sich leise und drückt einen Kuß auf ihre Stirn.

»Ich will darüber nachsinnen, Großmutter, doch ich glaube, Johanna ist gar nicht fähig, sich gegen mich aufzulehnen.«

»In jeder Liebenden steckt zugleich eine untreue oder rachsüchtige Frau!«

Nachdenklich nickt der junge Mann. Vielleicht hat seine Großmutter recht.

Am folgenden Morgen wird eine Nachricht an Johanna auf den Weg gebracht. Sie wird einem Manne anvertraut, der die Wachen der Katholischen Könige zu überlisten bereit ist. Philipp hat sich in seinem Schreiben um zärtliche und leidenschaftliche Worte bemüht, denen Johanna gewiß nicht widerstehen wird.

Vor seiner Abreise nach Brüssel begibt er sich noch einmal

ans Krankenlager seiner Großmutter, um ihr Lebewohl zu sagen. Die Greisin scheint ihn kaum zu erkennen, doch über ihr Gesicht huscht ein Lächeln, das der Mönch, der an ihrem Lager kniet, als eine Segnung deutet. Philipp bleibt eine Weile ergriffen stehen. Diese Sterbende, durch keine Blutsbande mit ihm verwandt, ist ihm stets eine hingebungsvolle, nachsichtige und zärtliche Großmutter gewesen.

In der Hand die Nachricht vom Tod Margaretes von York, steigt Philipp in den Park hinab, über dem ein süßlicher Geruch von faulenden Blättern und welkenden Blumen hängt. Die kahlen Äste des Laubenganges erinnern ihn an ein Gewirr von Schlangen, verlassen steht Johannas Voliere da und die steinerne Bank, auf der sie sich an Sommerabenden gern ausruhte. Seine Großmutter hat ihn zu Recht ermahnt, sie zurückzurufen. Zu lange hat er Johanna allein gelassen …

Der junge Mann geht an der Menagerie vorbei zum Teich. Regen prasselt auf das Wasser, kräuselt die graue Oberfläche. Obwohl er bald der mächtigste Herrscher Europas sein wird, überfällt ihn unendliche Traurigkeit.

»Doña Juana, ein junger Herr wünscht, von Euch empfangen zu werden.«

»Man soll ihn zu meinem Kammerherrn schicken!«

Johanna gibt sich erneut der Betrachtung des winterlichen Himmels hinter ihren Fenstern hin. Vor einigen Wochen ist sie voller Trotz ins Schloß La Mota zurückgekehrt, wo sie meist verzweifelt in ihren verdunkelten Gemächern sitzt, die Speisen kaum anrührt, sich manchmal nicht einmal ankleidet. Selbst der kleine Ferdinand, ein fröhliches Kind, vermag sie nicht aufzuheitern. Manchmal nimmt sie ihn hastig in die Arme und drückt ihn an sich, wohl zu heftig, denn er wehrt sich und beginnt zu schreien. Dann gibt sie ihn erschrocken seiner Amme zurück.

»Er will aber von niemand anderem als von Euch empfangen werden, Doña Juana.«

Als Johanna keine Antwort gibt, beschließt die Ehrendame, den Boten eintreten zu lassen. Er scheint von weit her, wohl aus Flandern, zu kommen. Je eher ihn die Infantin empfängt, desto eher kann er wieder abreisen, ohne daß die Königin in Medina del Campo von seinem Besuch erfährt.

»Madame, ich habe eine Nachricht für Euch.«

Die Erzherzogin wendet sich um, überrascht, Französisch zu hören.

»Woher kommt Ihr?«

»Aus Mecheln, Madame.«

Jähe Röte steigt der jungen Frau in die Wangen.

»Habt Ihr den Erzherzog gesehen?«

»Seine Hoheit persönlich hat mir diesen Brief übergeben.«

Johannas Hand zittert, ihr Herz schlägt wie wild. Eilig versucht sie, ihr Haar ein wenig zu ordnen und ihre aufgeschnürten Schuhe unter ihren Röcken zu verbergen. Wenn Philipp erfährt, daß sie sich gehenläßt, wird er sie bestrafen!

Sie versucht zu lächeln, bricht das Siegel auf, entfaltet das Blatt, das ihre Hände nur mit Mühe halten können. Die Worte verschwimmen vor ihren Augen. »Dein Platz ist hier …, an meiner Seite … Denkst Du nicht mehr an unsere Nächte …?« Sie beherrscht sich, will sich ihre Erregung nicht anmerken lassen.

»Ich danke Euch. Man wird Euch hier mit aller Gastfreundschaft empfangen.«

»Danke, Madame, doch ich werde sofort wieder abreisen. Wollt Ihr mir eine Nachricht für den Erzherzog mitgeben?«

Johanna beißt sich auf die Lippen.

»Nein, sagt dem Erzherzog nur, daß ich mich so bald als möglich auf den Weg machen will!«

Die Freude in ihrem Innern nimmt ihr fast den Atem. Kaum ist der Kurier gegangen, eilt sie ins Vorzimmer, wo ihre Hofdamen warten.

»Treibt Maultiere auf und beginnt sofort mit dem Packen! Ich will unterdessen einen Kurier zum Grenzort Fuenterrabía schikken, damit man unsere Gepäckwagen bereithält, die wir auf dem Hinweg dort zurückgelassen haben. Sobald wir das Gebirge überquert haben, verladen wir unsere Reisekisten darauf.«

»Doña Juana, wollt Ihr damit sagen ...«

»Ja, Marina. Ich kehre nach Brüssel zurück.«

Mit wirrem Haar und geröteten Wangen ruft Johanna nach ihren Dienerinnen, verlangt Feder, Tinte und Papier.

Alles um sie herum kommt ihr schon fremd vor, die Truhen, die Ledersessel, die Samtbehänge, die Christusfigur am Kreuz mit dem schmerzverzerrten Gesicht. Johanna ist schon unterwegs nach Flandern.

Obwohl Isabella die ganze Nacht nicht geschlafen hatte, wollte sie den Bischof Fonseca erst am Morgen zu sich bestellen. Nur er kann ihre Tochter zur Vernunft bringen, sie überreden, ihr Vorhaben zu verschieben. Ihr eigener Gesundheitszustand gestattet ihr nicht, sich so zu beeilen, wie sie möchte; für die zwanzig Meilen, die Segovia von Medina del Campo trennen, wird sie zwei Reisetage brauchen.

Der Bischof zeigt sich äußerst überrascht. Er hat Johanna ins Herz geschlossen, auch wenn sie ihn immer wieder vor den Kopf stößt.

»Es ist völlig ausgeschlossen, daß Johanna im Winter durch Frankreich reist. Unter keinen Umständen darf sie La Mota jetzt verlassen.«

In schwierigen Situationen beweist die Königin nach wie vor eiserne Willenskraft.

»Ich werde mich umgehend auf den Weg machen, Doña Isabella«, erwidert der Bischof und fügt, seiner Stimme einen möglichst zuversichtlichen Klang verleihend, hinzu: »Es wird mir sicher gelingen, die Infantin zur Vernunft zu bringen.«

In La Mota sind die Vorbereitungen für die Abreise in vollem Gange. Johanna, die schon im Morgengrauen aufgestanden ist, erteilt Befehle, überwacht ihren Verwalter, beschimpft ihre Hofdamen. Die Maultiere drängen sich im eisigen Dezemberwind eng aneinander, warm eingemummt schlummert der kleine Ferdinand friedlich in seinem Reisebettchen aus Korbgeflecht. Verwirrt trägt die Amme alle notwendigen Kleidungsstücke herbei. Es ist ein Alptraum, die Pyrenäen in dieser Jahreszeit zu überqueren, und ohne Gottes Hilfe werden sie sicher alle dabei zugrunde gehen!

»Ich will, daß wir vor Einbruch der Dunkelheit unterwegs sind!« schreit Johanna ihrem Verwalter von der oberen Galerie aus zu.

Der Mann grollt. Die Torheit der Infantin wird sie alle ins Verderben stürzen! Der kleinen Gruppe, bestehend aus fünf Frauen, einem Säugling und einer Handvoll Dienern, wird es niemals gelingen, den Ebro zu überqueren, geschweige denn die ersten Ausläufer der Pyrenäen. Beim ersten Zwischenfall wird er sich vor den Katholischen Königen rechtfertigen müssen, und dann gnade ihm Gott!

Jetzt rafft Johanna ihre Röcke und läuft in die Küchen. Sie, die sich nie um die Haushaltsführung gekümmert hat, inspiziert die Vorräte mit wachem Blick, sie zählt die Krüge mit Wein und Öl, die Säcke mit Mehl, die Fässer mit gepökeltem Schweinefleisch, die auf Maultiere verladen werden sollen. Dann eilt sie schnell wie der Wind in ihre Gemächer, wo Fatma und Aicha die Juwelen und Spitzen, das Porträt Philipps und die Uhr von Maximilian in einer kleinen Reisekiste verstauen. Obwohl den beiden Sklavinnen die Angst ins Gesicht geschrieben steht, protestieren sie nicht. Schon in wenigen Stunden wird sie die Dunkelheit umfangen, der Wind sie packen, und nichts wird sie mehr vor den Dämonen, den umherirrenden Geistern und allen bösen Hexenkünsten schützen können.

Der Bischof von Córdoba nähert sich dem Schloß La Mota, dessen gewaltige Festungsmauern sich gegen den Nachmittagshimmel abheben. Aus der Ferne betrachtet, scheint alles ruhig; er sieht keinen einzigen Soldaten auf dem Wehrgang, kein Treiben auf der Zugbrücke. Gewiß hat sich die Königin umsonst aufgeregt. Johanna wird längst die Torheit ihres Vorhabens eingesehen haben, sich in ihr Schicksal gefügt haben und vermutlich gerade in ihrem Schlafzimmer ein Ritterepos lesen.

Während er langsam auf seinem Maultier dem Schloß entgegenreitet, denkt Fonseca an die Infantin, die er bei seinem Aufenthalt in Flandern kennengelernt und später auf ihrer Reise durch Frankreich begleitet hat. Scheu und stolz, wie sie ist, ist es ihr nicht möglich, sich anderen gegenüber aufgeschlossen zu zeigen und sich liebenswürdiger oder auch nur höflicher Worte zu bedienen. Ihre verzweifelte Suche nach Liebe indes hat etwas Erschütterndes für den, der ihr einen Augenblick Aufmerksamkeit gewährt. Der betagte Geistliche erinnert sich der flehenden Blicke, der stummen Appelle an einen Gemahl, der diese nicht zur Kenntnis nahm oder nicht verstehen wollte. Nie wird er vergessen, mit welchem Mut die junge Infantin dem anmaßenden Spott der schönen französischen Hofdamen begegnete und mit welcher Entschlossenheit sie ihre Unnachgiebigkeit demonstrierte. Ja, ein wenig ist Johanna seine Tochter, und er kommt nicht, um sie zurechtzuweisen, sondern um sie wie ein Vater zu beraten.

Jetzt sieht er, daß vor der Zugbrücke Wachsoldaten postiert sind und im Schloßhof eifriges Treiben herrscht. Männer und Frauen eilen zwischen bepackten Mauleseln hin und her.

»Herr im Himmel«, murmelt der Bischof, »Doña Isabella hat also doch recht!«

»Exzellenz! Exzellenz!«

Der Kammerherr der Infantin kommt dem Bischof entgegengeeilt. Fonseca steigt von seinem Maultier und schürzt sein Priestergewand, um sich schneller vorwärts bewegen zu können.

»Doña Juana hat befohlen, daß wir nach Flandern aufbrechen. Gott segne Euch! Ihr kommt im rechten Augenblick, um diese Torheit zu verhindern.«

Vor Erregung kann der Mann seine Worte nur stammelnd hervorbringen. Fonseca legt ihm beruhigend die Hand auf den Arm.

»Ich werde mit ihr reden; ich bin sicher, sie wird auf mich hören.«

Während er auf das Tor des Ehrenhofes zugeht, erscheint Johanna, schon in Reisekleidung. Als sie ihren alten Freund erblickt, bleibt sie stehen, angespannt wie ein Tier, das eine Gefahr wittert.

»Mein liebes Kind, ich bin aus Segovia gekommen, um mit Euch zu reden«, spricht der Bischof mit salbungsvoller Stimme.

»Das wird eine kurze Unterredung, mein Vater«, erwidert Johanna schroff, »denn ich bin im Begriff abzureisen.«

»Über eben diesen Plan will ich mit Euch sprechen, Doña Juana. Können wir einen Augenblick hineingehen?«

»Ganz gewiß nicht! Die Maultiere sind schon beladen, mein Geleitzug ist bereit und erwartet mich. Ich wünsche keine Verzögerung.«

Fonseca erschrickt. Hier draußen im eisigen Wind, inmitten der neugierigen Menschen, die sich keines seiner Worte entgehen lassen, wird er augenblicklich überzeugende Argumente finden müssen.

»Doña Juana«, beginnt er, »Ihr seid nicht vernünftig. Bald wird es Nacht. Wo wollt Ihr Unterkunft finden? Wartet wenigstens bis morgen früh!«

»Ich reise auf der Stelle.«

Die junge Frau rafft ihre Röcke und will sich entfernen, doch Fonseca greift rasch nach ihrem Arm.

»Bleibt, Doña Juana! Das ist ein Rat Eures Freundes und ein Befehl Eurer Mutter.«

Johannas Augen blitzen vor Zorn.

»Meine Mutter hat keine Macht mehr über mich. Allzu lange habe ich ihre Tyrannei ertragen.«

»Eure Mutter will nur Euer Bestes, mein Kind. Ihr habt kein Recht, sie so zu verurteilen.«

Gewaltsam reißt sich Johanna los. Noch nie hat Fonseca die Infantin so heftig, so ungestüm gesehen.

»Begebt Euch auf der Stelle in Eure Gemächer, Doña Juana!« befiehlt der Bischof nun seinerseits mit schneidender Stimme. »Ihr habt ein kleines Kind, habt Diener, die Ihr nicht den verheerenden Folgen Eures törichten Vorhabens aussetzen könnt.«

»Ich reise ab!«

Der Bischof schaut umher. Maultiertreiber, Knechte, Diener, Ehrendamen – alle starren ihn mit offenen Mündern an.

»Nein, mein Kind, denn ich werde es nicht zulassen. Ihr irrt, wenn Ihr glaubt, Euer Gemahl verlange, daß Ihr Euch so sinnlosen Gefahren aussetzt. Ich bin überzeugt, der Erzherzog würde sie verdammen, genauso wie Eure Eltern und ich, Euer teurer Freund.«

»Ich verbiete Euch, im Namen meines Gemahls zu sprechen!« schreit Johanna. »Ich weiß besser als irgend jemand sonst, was er begehrt.«

Trotz des schneidenden Windes schwitzt der Bischof. Welch eine unangenehme Mission, mit der ihn die Königin da betraut hat!

»Ihr seid allzu hochmütig, meine Tochter, und Gott duldet es nicht, daß Ihr Euch seinem Diener und damit ihm widersetzt.«

»Mein Vater, Gott schützt die Ehefrauen und Mütter und verteidigt die Unterdrückten.«

»Gehorcht, Johanna!« befiehlt der Bischof mit eisiger Stimme. »Oder wollt Ihr mich zwingen, Gewalt anzuwenden?«

Johanna bricht in Gelächter aus, in ein schrilles, spöttisches Lachen.

»Ihr seid ein alter Mann, Vater, ohne Kraft und ohne Macht. In La Mota befehle ich allein. Macht mir den Weg frei!«

So rasch, daß Fonseca die Geste nicht hat voraussehen können, stößt Johanna ihn zurück und eilt auf das Tor der Befestigungsmauer zu.

»Führt die Maultiere heraus!« schreit sie, vor Erregung am ganzen Leibe zitternd.

»Laßt das Fallgitter herunter!« brüllt Fonseca.

Als Johanna vor dem Tor angelangt ist, fällt das schwere Gitter herunter, und die Zugbrücke wird hochgezogen. Rasend vor Zorn, schnellt sie herum.

»Zieht das Gatter wieder hoch, ich befehle es!«

Keiner rührt sich von der Stelle. Da dreht sich die Infantin um, klammert sich an die Eisenstäbe und heult wie ein Tier im Todeskampf. Nach einer Weile verstummt sie und sinkt wie leblos am Boden zusammen. Leichenblaß tritt der Bischof zu ihr.

»Erhebt Euch, mein Kind!«

»Tretet mir aus den Augen! Ich werde Euch mit dem Tode bestrafen!«

Fonseca weicht einen Schritt zurück. Johanna ist aufgesprungen.

»Geht und sagt meiner Mutter, daß ich sie hasse!«

Johanna kommt so drohend auf ihn zu, daß sich der Bischof weiter zurückzieht. Wird sie es wagen, die Hand gegen einen Diener Gottes zu erheben? Er macht kehrt und entfernt sich im Laufschritt, während Johannas Blick sich wie ein Dolch in seinen Rücken bohrt. Die junge Frau geht zum Eisentor zurück. Weit in der Ferne wartet Philipp auf sie, und man hindert sie daran, sich in seine Arme zu werfen. Brennende Tränen laufen über ihre Wangen. Wieder umfaßt sie die Gitterstäbe, sie läßt sich zu Boden sinken und schließt die Augen. Der Wind zerrt an ihrem Schleier, zerzaust ihr Haar.

Die Nacht sinkt herab. Seit drei Stunden schon hat sich die Infantin nicht gerührt, und niemand wagt, sich ihr zu nähern. Die Maultiere sind wieder in den Ställen, die Truhen und Kisten in den Gemächern aufgereiht. Draußen geblieben sind nur die

Wachsoldaten und die beiden Sklavinnen, die, in wollene Mäntel gehüllt, neben ihrer Herrin kauern.

Der Morgen dämmert, und Johanna rührt sich noch immer nicht. Ihr Beichtvater und Gräfin von Hallewin sind mehrmals gekommen, haben sie angefleht, in ihre Gemächer zurückzukehren, doch sie nimmt sie gar nicht wahr. Ihr Körper ist jetzt fast schwerelos, der schreckliche Kummer löst sich auf, manchmal döst sie ein, träumt, ein Vogel zu sein, der über die Sierra Nevada schwebt. Am Ende eines Tals funkelt Granada wie ein Juwel im Sonnenlicht. Sie ruht sich im Löwenhof aus, dort, wo die Wasserspiele seit Jahren schon allen Kummer, alle Enttäuschungen der Menschen hinwegspülen. Ihre Finger an den Gitterstäben spüren die Kälte nicht, bald wird Philipp sie in seine Hände nehmen, sie wärmen und küssen, sie wird sich an ihn klammern, ihn anflehen, sie nie mehr zu verlassen.

Jetzt steht die Sonne hoch am Himmel, eine fahle Sonne, die kaum wärmt. Johanna hat das Gitter losgelassen, ihr am Boden hingestreckter Körper gleicht dem eines toten Vogels, und als die Grafen von Hallewin und von Melun sie aufheben, leistet sie keinen Widerstand.

Die beiden Edelmänner tragen sie in die Wachstube gleich neben dem Tor, setzen sie in einen Korbsessel vor den Kamin, befehlen, daß man ein Kohlenbecken und eine Decke herbeibringen soll.

»Ich will nicht ins Schloß zurückkehren«, murmelt sie. »Ich bleibe hier.«

»Ja, Doña Juana.«

Da öffnet Johanna, die schon halb eingenickt zu sein schien, die Augen.

»Man hält mich hier fest, nicht wahr?« fragt sie mit schwacher Stimme.

»Nein, Hoheit.«

»Ich bin eine Gefangene, Melun, sagt das meinem Gemahl!«

Seit drei Tagen weigert sich Johanna, die Wachstube zu verlassen. Weder ihr Onkel, der Admiral von Kastilien, noch Jiménez de Cisneros, die von Isabella nach La Mota ausgesandt worden sind, haben sie umzustimmen vermocht. Sie sei eine Gefangene, sagt sie, und bleibe dort, wo man sie gefangengenommen habe. Bestürzt über Fonsecas Bericht, ist nun auch die Königin nach La Mota aufgebrochen. Während ihre Sänfte schaukelnd den Weg zwischen Segovia und Medina del Campo zurücklegt, sucht sie angestrengt nach passenden Worten, mit denen sie ihre Tochter zur Vernunft bringen und dem Skandal ein Ende machen kann. Die Zeit der unnachgiebigen Strenge, der vagen Versprechen ist vorbei, und sie muß sich jetzt auf ein Datum für die Abreise festlegen. Im Frühjahr wird Johanna den Weg übers Meer nach Flandern nehmen. Isabella hat angeordnet, daß schon Ende März Schiffe bereitliegen, und einen Kurier nach Brüssel entsandt, um Philipp über die Folgen seines unglückseligen Briefes zu informieren.

An weiche Kissen gelehnt und in wärmende Decken gehüllt, fühlt Isabella sich dennoch unwohl. Sie läßt den Blick aus dem Fenster ihrer Sänfte schweifen. Dörfer ziehen vorüber, Eichen- und Pinienwälder, von Steinmauern umgebene Weiden und Felder, karge Landstriche, wo Thymian und Rosmarin wachsen, und ihr Herz füllt sich mit unendlicher Liebe. Selbst nach ihrem Tode wird ihre Seele noch dort verweilen und über das Wohl dieses Landes wachen.

Medina del Campo ist nicht mehr fern. Isabella hat diesen Weg schon so oft genommen, daß ihr jede Einzelheit vertraut ist.

»Majestät, ein Schreiben vom Grafen von Hallewin.«

Da Isabella nicht auf gute Nachrichten über ihre Tochter zu hoffen wagt, beeilt sie sich nicht, den Brief zu lesen, den ihr der Reiter aushändigt. Eine kurze Weile noch möchte sie sich am Anblick der winterlichen Landschaft und der geliebten Stadt ergötzen, die jetzt hinter den Weinbergen auftaucht.

»Majestät«, schreibt Graf von Hallewin, »die Erzherzogin

wünscht Euch nicht in La Mota zu sehen. Ihr müßt ihr diese Ungehörigkeit verzeihen, doch sie ist von den Ereignissen, die Eure Majestät kennen, schwer erschüttert.«

»Wir begeben uns nicht gleich nach La Mota, sondern zunächst in die Casa Real«, befiehlt die Königin ihrem Kammerherrn.

Dort will sie sich erst eine Weile ausruhen, um noch am Abend in La Mota einzutreffen, ob es Johanna gefällt oder nicht.

»Geht!« schreit Johanna. »Ich will Euch nicht sehen!«

Isabella bleibt wie angewurzelt auf der Schwelle zur Wachstube stehen. Im Halbdunkel erkennt sie ihre Tochter am Kamin, in einer Ecke einen Wachsoldaten und die beiden maurischen Sklavinnen.

»Ich werde nur so lange bleiben, bis du wieder zur Vernunft gekommen bist, mein Kind. Sobald ich dich in deinen Gemächern weiß, werde ich das Schloß wieder verlassen.«

Mit einer energischen Geste schließt Isabella die Tür hinter sich, und der Wachsoldat trägt ihr eilig einen Stuhl herbei.

Die junge Frau duckt sich in ihren Sessel und läßt ihre Mutter nicht aus den Augen. Langsamen Schrittes geht die Königin auf sie zu und nimmt auf dem unbequemen Stuhl Platz.

»Ich bin als Mutter, als Freundin gekommen.«

»Hört auf mit Euren Schmeicheleien! Ich lasse mich durch sie nicht länger für Eure Zwecke mißbrauchen.«

Isabella schluckt ihren Ärger hinunter und fährt fort:

»Ich habe Philipp geschrieben, daß du dich im April nach Flandern einschiffen wirst. Bist du jetzt zufrieden?«

»Ich glaube Euch nicht mehr. Ihr habt mich doch unentwegt nur belogen, und auch Philipp wird Euren Versprechungen nicht vertrauen. Wohl hundertmal hat er mir gestanden, daß er an Euren guten Absichten zweifelt, ja, daß er Euch als Gegnerin betrachtet.«

»Schweig, du bist von Sinnen!«

»Mutter, ich kenne die Hintergründe Eurer sogenannten Gefälligkeiten. Sicher haltet Ihr mich für einen Dummkopf, der nichts sieht und nichts versteht. Seit meiner Ankunft in Spanien aber beobachte ich Euch unentwegt. Ihr haßt Philipp und betrachtet mich als ein belangloses Anhängsel.«

»Wie kannst du so etwas sagen?« stammelt die Königin.

Mit der gleichen eisigen Stimme fährt Johanna fort:

»Doch Ihr habt Euch verschätzt, Mutter, denn Philipp und ich sind eins und lassen uns nicht von Euch entzweien.«

»Schweig!« befiehlt Isabella.

»Ihr hättet mich ziehen lassen müssen, wenn ihr mir nicht zuhören wollt. Philipp wird König von Kastilien sein, und wir werden das Land mit Umsicht regieren, denn wir lieben uns.«

»Was weißt du schon von der Liebe, mein armes Kind! Liebe, das bedeutet, stolz an der Seite eines Mannes einherzugehen, du aber kriechst vor Philipp am Boden.«

»Wenn mein Vater Euch so liebte, wie Ihr behauptet, hätte er nicht so viele Mätressen!«

Eine plötzliche Röte steigt der Königin in die Wangen. Johanna hat nicht das Recht, diese Worte auszusprechen, die einzigen, die sie noch demütigen können.

»Ich verbiete dir, so mit mir zu sprechen!«

Beide Frauen sind aufgestanden und stehen sich aschfahl gegenüber.

»Geht!« zischt Johanna.

Sie ist aufgewühlt. Noch könnte sie sich niederwerfen, die Hand dieser alten, kranken Frau ergreifen und küssen. Doch schon tritt die Königin, ohne sich noch einmal umzuwenden, zur Tür hinaus.

»Wir reisen noch heute nach Medina zurück«, befiehlt sie der Ehrendame, die ihr entgegeneilt, »und morgen weiter nach Segovia. Man soll meiner Tochter alle notwendige Aufmerksamkeit zuteil werden lassen. Weihnachten werde ich mit dem König nach La Mota zurückkehren.«

Die Königin sitzt Jiménez de Cisneros gegenüber. Drei Wochen hat sie gebraucht, um sich von der gräßlichen Szene in La Mota zu erholen, doch jetzt ist sie bereit, dorthin zurückzureisen. Ihr Ratgeber schürzt die Lippen. Er hat entsetzt zur Kenntnis genommen, auf welch unflätige Weise Johanna ihre Mutter beschimpft hat, und gewahrt die Spuren, die der Kummer im Gesicht seiner Königin hinterlassen hat. Als die Infantin ihre Mutter beleidigte, hat sie zugleich Gott gekränkt.

»Ihr seid zu nachsichtig, Doña Isabella. Dieses Kind verdient nur Verachtung.«

»Cisneros, Johanna ist krank, krank vor Liebe, wenn man es so sagen darf. Doch die arme Kleine wird davon genesen – weit schneller, als sie sich vorstellen kann.«

ALS JOHANNA DEN FUSS AUF FLANDRISCHEN Boden setzt, überkommt sie eine heftige Erregung, die ihr fast den Atem nimmt. Nicht einmal die Nachricht vom Tod Margaretes von York vermag ihr Glück zu trüben. Sie wird Philipp in einen Strudel von Lust und Wonne hineinziehen, damit er seinen Kummer vergißt.

Gefolgt von drei Ehrendamen, die vom Sturm auf See völlig durchgefroren sind, verläßt sie als erste das Schiff, sucht mit den Augen die Hafenkais nach den herzöglichen Bannern ab, hofft auf ein Trompetensignal, das ihr Philipps Anwesenheit ankündigte. Aber außer einer Gruppe von Edelleuten, die von ihren Ehefrauen begleitet werden, sieht Johanna niemanden. Die lange Einsamkeit in Spanien und dann die beschwerliche Überfahrt haben ihr genügend Zeit gelassen, ihre Lage gut zu überdenken.

Endlich hat sie ihre Fehler eingesehen und sich fest vorgenommen, sie nicht noch einmal zu begehen. Wohl hundertmal hat sie Philipps Brief gelesen und hinter jedem Wort einen verborgenen Sinn entdeckt. Er liebt sie und hat nach monatelangem

Schweigen endlich erkannt, daß er ohne sie nicht leben kann. Sie bewahrt das zerknitterte Papier, den Beweis für eine strahlende Liebe mit dem Feuer eines Diamanten, noch immer an ihrem Herzen auf und streichelt es nun flüchtig.

»Monseigneur ist aufgehalten worden, Hoheit, er erwartet Euch im Coudenbergpalast.«

»Dann wollen wir augenblicklich aufbrechen!«

Chimay und Veyre, der neue Günstling, mustern sie verstohlen. Der freudige Glanz in Johannas Augen läßt ihr Gesicht noch blasser erscheinen. Auch ist sie sehr mager geworden. Immerzu nagt sie an ihren Lippen oder lächelt, ein sonderbar verklärtes Lächeln.

»Wie geht es meinen Kindern?«

Der Gedanke, Eleonore, Karl und Isabella wiederzusehen, macht ihr ein wenig angst. Werden sie ihre Mutter überhaupt noch erkennen? Was soll sie ihnen sagen? Sie hat ihnen Geschenke mitgebracht, Stoffpuppen, ein geschnitztes Holzpferd mit maurischem Sattelzeug, kastilische Kleider, ein hübsches Porträt ihres kleinen Bruders Ferdinand, der bei seinen Großeltern zurückgeblieben ist.

Eine edle braune Stute, mit gelben und roten Seidenpompons geschmückt, wartet am Ende des Kais auf sie.

Als sich der Zug in den Ort hinter sich gelassen hat, läßt Johanna entzückt den Blick über die Landschaft schweifen. Nichts hat sich in den beiden Jahren verändert. Sie erkennt die großen, sauberen und reichen Dörfer wieder, die Gehöfte am Ende der majestätischen Pappelalleen, die schnurgeraden Kanäle, auf denen mit Holz, Viehfutter und Stoffballen beladene Barken dahingleiten.

»Wir leiden an den Folgen der Trockenheit«, erklärt Chimay. »Seit Ende Februar hat es nicht mehr geregnet.«

Johanna will ihrer Anteilnahme am Schicksal der Bauern Ausdruck geben, doch ihr fallen nur belanglose Worte ein.

»Bald haben wir das Ziel unserer ersten Etappe erreicht«, kündigt Veyre an.

»Aber es ist viel zu früh!« protestiert die Erzherzogin. »Wir können noch mehrere Stunden reisen.«

»In Bath ist schon alles für Euren Empfang bereit.«

»Das ist mir gleichgültig, ich will weiterziehen«, entgegnet Johanna beharrlich.

Bestürzt blicken Veyre und Chimay sich an. Man wird Boten aussenden, Empfänge und Zeremonien absagen müssen. Ganz offenbar hat der Aufenthalt in Kastilien die Erzherzogin nicht verändert, ihr die Grillen nicht ausgetrieben!

»In diesem Fall kann ich mich nicht für eine angemessene Herberge verbürgen.«

Johanna lächelt.

»Ich will, wenn es sein muß, in einem Stall übernachten. Hat es unsere Heilige Jungfrau Maria nicht auch getan?«

Erst spät am Abend ist die Erzherzogin bereit anzuhalten. Ein Dorfpfarrer stellt ihr und ihrem Gefolge sein Haus zur Verfügung. Auf einem Schemel am Herdfeuer sitzend, verzehrt Johanna ein Speckomelett, geröstete Kartoffeln und Heidelbeerkompott und trinkt dazu ein Glas Moselwein. Selten hat sie mit solchem Appetit gegessen. Zwei Tage nur noch, bis sie endlich in Philipps Armen liegen wird! Nachts starrt sie von ihrem Lager aus in die verlöschende Glut im Kamin. Man hat ihr grausame Wunden zugefügt, aber sie ist als Siegerin aus ihrem erbitterten Kampf hervorgegangen.

Während der Nordwind an den Ästen der Kiefer rüttelt, die das kleine Pfarrhaus überragt, muß Johanna an ihre Mutter denken. Schon bei ihrem Abschied war die Königin geschwächt und totenblaß gewesen. Trotz ihrer heftigen Streitigkeiten hatten sich die beiden Frauen lange in den Armen gelegen, als bliebe in diesem letzten Augenblick nur eine ungeheure Erschöpfung von ihrem Zerwürfnis zurück.

»Gott segne dich!« hatte Isabella geflüstert.

Mit dem Finger hatte sie ihrer Tochter, wie einst, als sie noch ein kleines Kind war, das Zeichen des Kreuzes auf die Stirn gemalt. Um nicht den Eindruck zu erwecken, vor ihrer Mutter zu kapitulieren, hatte Johanna eine starre Haltung angenommen, und doch war sie ungeheuer stolz auf diese Frau, die alle Kräfte zusammennahm, um sich auf den Beinen zu halten.

Am Vorabend ihrer Abreise war ihr Vater zu ihr gekommen. Wie immer ironisch, gelassen und heiter hatte er ihr keinerlei Vorwürfe gemacht und mit keinem Wort die gräßlichen Ereignisse in La Mota erwähnt. In fröhlicher Stimmung hatten sie gemeinsam Honigkuchen gegessen und Wein getrunken. Der Himmel über dem Ozean schien die Gischt aufzusaugen und bis zum Firmament zu sprühen. Plötzlich hatte Ferdinand ihre Hand ergriffen.

»Ich danke dir, daß du uns den kleinen Enkel überläßt. Er wird deiner Mutter letzte Augenblicke des Glücks bereiten.«

»Es ist schlecht um sie bestellt, nicht wahr?«

Ferdinand nickt.

»Die Ärzte sind besorgt, doch deine Mutter überrascht sie immer wieder mit ihrer Widerstandskraft. Sollte es dem Herrgott jedoch gefallen, sie zu sich zu rufen, so überlasse nur denen das Recht, über Kastilien zu herrschen, die das Land aufrichtig lieben. Sei ihm eine besonnene Königin, und behalte Cisneros bei dir!«

»Vater, ich will Euch an meiner Seite haben!«

»Denk immer an dieses Versprechen, Juanita! Andere werden vielleicht versuchen, es dich vergessen zu machen.«

Diese warnenden Worte ihres Vaters kommen ihr jetzt in den Sinn. Seit langem weiß sie, daß Philipp und Ferdinand sich nicht mögen, aber wenn ihr Gemahl erst einmal König von Kastilien ist, wird er gewiß die Ratschläge seines Schwiegervaters annehmen. Alle drei werden sie in Eintracht regieren.

»Der Erzherzog, Euer Ehren!«

Chimay hat die Nachricht mit heiterer Stimme verkündet, froh, diesen unangenehmen Auftrag hinter sich zu haben. Johannas Hände beginnen zu zittern, ihre Augen füllen sich mit Tränen. Die achtundzwanzig Monate der Einsamkeit sind vergessen. Philipp ist da, er steht vor ihr.

»Hattest du eine gute Reise, Johanna?«

Die junge Erzherzogin, die ihre Augen nicht von ihrem Gemahl lösen kann, merkt gar nicht, wie banal seine Begrüßungsworte sind. Philipp hat sich verändert. Die Art, sich zu kleiden, der Ausdruck seiner Augen – alles scheint ihr fremd.

»Ich habe so lange auf dich gewartet«, sagt sie schlicht.

Kein Wort, keine Geste der Eheleute entgehen den Umstehenden.

Philipp findet Johanna blaß, mager und ohne Reiz. Ihre Augen haben noch immer den gleichen wilden Ausdruck, ihr Lächeln ist angespannt. Um den neugierigen Blicken zu entgehen, setzt der Erzherzog die beiden Pferde in Bewegung, die, gefolgt von der ganzen Eskorte, Seite an Seite traben. Johanna schweigt, enttäuscht von diesem Wiedersehen, das sie sich ganz anders vorgestellt hatte. Sicher wird Philipp ihr seine Freude erst zeigen, wenn sie endlich allein sind.

Mit ihren kahlen Bäumen wirkt die flandrische Landschaft noch flacher. Nur ab und zu ein Wäldchen, ein Weingarten, ein Teich, den die sinkende Sonne in Licht und Schatten taucht. Über einem Kanal, der von Weiden gesäumt ist, gleiten Nebelfetzen dahin.

Im Coudenbergpalast warten Eleonore, Karl und die kleine Isabella auf ihre Mutter. Immer wieder hat Frau von Ravenstein ihnen eingeschärft, diese Dame, an die sich nur Eleonore blaß erinnert, herzlich zu begrüßen. Die Kleine, die bald sechs Jahre alt wird, hat letzte Nacht unruhig geschlafen. Krampfhaft hat sie sich bemüht, sich an die Stimme und an die wirklichen Gesichtszüge ihrer Mutter zu erinnern – nicht an die des Porträts, das in der Galerie hängt. Aber jedesmal, wenn sie am Ziel zu sein glaubte, verwischte sich plötzlich alles wieder, und Tränen traten ihr in die Augen. In himmelblauen Samt und Spitzen gekleidet, wartet Eleonore jetzt klopfenden Herzens an der Seite ihrer Geschwister, die kaum mehr zu bändigen sind.

»Die Erzherzogin!« verkündet der Stallmeister.

Die Kinder sind plötzlich wie zu Statuen erstarrt. Mit weit aufgerissenen Augen hat Isabella ängstlich die Hand ihrer Amme ergriffen. Hinter Veyre und Chimay bemerkt Eleonore nur die große schlanke Gestalt ihres Vaters.

»Macht Eure Verbeugung, Kinder!« befiehlt Frau von Ravenstein.

Die Rücken neigen sich, doch die Köpfe heben sich sogleich wieder, um die Frau in Augenschein zu nehmen, die jetzt auf sie zu tritt.

»Wollt ihr mich nicht umarmen?« fragt sie.

Verschüchtert flüchtet sich Isabella in die Arme ihrer Amme. Karl, den Hut in der Hand, bleibt mit offenem Munde stehen. Nur Eleonore tritt mechanisch einen Schritt vor, läßt sich auf die Stirn küssen und weicht gleich wieder zurück. Johanna ist fassungslos. Seit Monaten hat sie diesen Augenblick herbeigesehnt, sich die Freude auf beiden Seiten ausgemalt. Diese steife Begrüßung ist eine zu grausame Enttäuschung. Keiner scheint sich zu freuen, sie wiederzusehen. Verzweifelt stammelt sie: »Ich habe euch Spielzeug mitgebracht.«

Als sie das Schweigen nicht mehr ertragen kann, wendet sie sich ab und sagt, an ihre erste Hofdame gerichtet: »Ich will mich in meine Gemächer zurückziehen.«

Philipp hat Karl auf den Arm genommen, Isabella und Eleonore schmiegen sich an ihn.

»Ich werde euch dort aufsuchen«, versichert er zögernd, fast widerwillig.

Die Tür schließt sich hinter dem Erzherzog. Durch die Fenster kann man die Fackeln und Laternen sehen, die die Brüsseler Bürger entzündet haben, um die Rückkehr ihrer Erzherzogin zu feiern.

»Sieh nur«, murmelt Philipp, »heute bist du ihre Herzensdame!«

Er tritt ans Fenster und blickt auf das funkelnde Lichtermeer.

»Bist du glücklich, daß ich wieder da bin?«

»Und du?«

Die junge Frau kann sich nicht mehr beherrschen, sie öffnet die Arme und schmiegt sich an diesen so heiß geliebten Mann.

»Nur die Hoffnung auf diesen Augenblick hat mich die zwei Jahre am Leben erhalten.«

Johanna ergreift Philipps Hände, will sie an ihre Lippen führen, doch er entzieht sie ihr wieder, sanft, aber entschieden.

»Johanna, du hast eine lange Reise hinter dir; ich wollte dir nur eine gute Nacht wünschen.«

AUF DIE ENTTÄUSCHUNG sind in Johannas Herz Angst und schließlich Haß gefolgt. Der Juni ist ins Land gezogen mit einem unentwegt blauen Himmel, der die Bauern verzagen läßt. An den langen, milden Abenden verströmen Jasmin und Geißblatt in den Gärten des Coudenbergpalastes einen betörenden Duft.

Jeden Tag, wenn die Dämmerung hereinbricht und die Schwalben sich laut zeternd nachjagen, sitzt Johanna vor ihrer großen Voliere, in eifersüchtiges Grübeln versunken. Sie will die Wahrheit erfahren, denn sie ist sich sicher, daß sie in ihrem eigenen Palast durch eine Frau zum Gespött wird, die sich in Philipps Bett über seine Gemahlin lustig macht. Warum spielt ihr Gemahl dieses Spiel, will er sie um den Verstand bringen?

Johanna verläßt ihre Bank und zwingt ihre Ehrenfräulein, die am Brunnenbecken sitzen, ihr Geplauder zu beenden, um einer Herrin zu folgen, der sie keine Achtung entgegenbringen. Als sie auf dem Weg zu ihren Gemächern die Galerie betritt, huscht eine junge, auffallend schöne Frau mit üppigem rotblondem Haar vorbei. Ohne zu wissen, warum, wird Johanna stutzig und mustert die Unbekannte, deren schillernde, anmutige Schönheit sie fasziniert.

»Wer ist das?«

Das Ehrenfräulein flüstert:

»Baronin Beatrice von …«

Während die anderen Damen kichernd Blicke wechseln, beschleunigt Johanna den Schritt und läßt, kaum daß sie ihre Gemächer erreicht hat, nach Gräfin von Hallewin rufen.

Frau von Hallewin weiß schon von der üblen Laune der Erzherzogin und setzt ein honigsüßes Lächeln auf, um sie zu besänftigen.

»Was hat diese fremde Person hier zu suchen?«

Die Gräfin ist sich unschlüssig, ob sie die Unwissende spielen soll. Auch wenn ihr christliches Gewissen diese Liebschaft des Erzherzogs nicht gutheißen kann, hat ihr mütterliches Herz doch Freude daran, ihn glücklich zu sehen.

»Die junge Frau ist die Witwe eines Barons aus Zeeland, verwandt mit den Chimays. Ihr Onkel und ihre Tante haben sie nach Brüssel eingeladen.«

»Sie soll noch heute meinen Palast verlassen, ich dulde ihre Anwesenheit hier nicht.«

Frau von Hallewin ringt sich ein Lächeln ab, obwohl sie durch den Ton der Erzherzogin beunruhigt ist.

»Das wäre eine unglückliche Entscheidung, diese Dame wird am Hofe hoch geschätzt.«

Johannas Augen blitzen auf.

»Von wem hoch geschätzt? Von Philipp?«

Die Gräfin wagt nicht zu antworten; verzweifelt blickt sie zur Ersten Hofdame, die verneinend den Kopf schüttelt und ihr bedeutet, die Diskussion fortzusetzen.

»Hoheit«, sagt die Gräfin schließlich, als das Schweigen unerträglich wird, »wie könnt Ihr nur solch einen schlimmen Verdacht hegen?«

Ein Schwall von Anschuldigungen und Flüchen geht auf die einstige Erzieherin des Erzherzogs hernieder. Johanna wirft ihr vor, ihren Gemahl verderben zu wollen, ihm Frauen zuzuführen, um sie, Johanna, zum Gespött zu machen. In schrillem Ton, mit glühenden Wangen stößt die Erzherzogin all ihre Bitternis, ihre Vorwürfe, ihre Verdächtigungen hervor, eine ganze Flut von Emotionen, die Frau von Hallewin fürchterlich kleinlich findet.

Johanna spürt die Feindseligkeit. Sie kann es nicht länger ertragen, stets verurteilt, stets kritisiert zu werden. Ihr Groll richtet sich jetzt gegen Philipp, seine Freunde, all die, die sie seit dem Tag ihrer Vermählung ausgeschaltet und mit Füßen getreten haben. Schließlich verstummt sie, erschöpft und verbittert.

»Geht!« murmelt sie nach einer Weile. »Geht alle – auf der Stelle!«

»Aicha«, fleht Johanna, »sag mir die Wahrheit!«

Die Sklavin trägt ihrer Herrin eine Schale mit Orangenblütentee herbei. Auf Kissen ausgestreckt, kommt die junge Frau allmählich wieder zur Ruhe.

»Nur die Narren glauben, die Wahrheit zu besitzen.«

»Ich bitte dich«, ruft Johanna, »Fatma und du, ihr seid die einzigen hier, die es gut mit mir meinen!«

Die mit Henna tätowierten Hände, die im Halbdunkel Spinnen ähneln, gießen langsam einen Strom von Honig auf einen Silberlöffel.

»Beatrice will Euch übel mitspielen«, sagt die Sklavin schließlich mit ihrem rauhen Akzent von Granada, »aber ich kann sie behexen.«

»Philipp ist ihr Geliebter, nicht wahr?«

»Das weiß ich nicht«, ruft die alte Frau erschrocken, »doch sie hat den bösen Blick.«

Johanna führt die Schale zum Mund, nimmt einen langen Schluck. Ihr Entschluß ist gefaßt, sie wird handeln. Die Zeiten der Versöhnlichkeit, der Unterwerfung sind vorbei. Je mehr sie sich fügt, desto mehr wird sie von Philipp verhöhnt.

»Wo ist diese Frau?« fragt sie.

Die Frage, in schroffem Ton geäußert, klingt wie ein Befehl.

»Sie vergnügt sich mit den Ehrenfräulein im Italienischen Salon.«

Geräuschvoll stellt Johanna ihre Tasse ab und erhebt sich.

»Wohin geht Ihr, Herrin?«

Die junge Frau antwortet nicht. Aus dem Kästchen, in dem sie ihr Stickzeug aufbewahrt, nimmt sie eine Schere und läßt sie in ihre Tasche gleiten.

»Kleide mich an, parfümiere mich und richte mein Haar!«

Sie will dieser schamlosen Person als Erzherzogin entgegentreten.

Im Italienischen Salon vergnügen sich die Damen lachend beim Karten- und Würfelspiel. Beatrice, die sich hier schon als Hausherrin fühlt, hat in dem hübschen, mit venezianischen Spiegeln dekorierten Zimmer überall riesige Blumensträuße verteilen und auf einem Tisch Getränke und Leckereien anrichten lassen. Manchmal kommt Philipp, bleibt ein Weilchen und genießt die harmonische Atmosphäre und die Heiterkeit, die seine Geliebte zu verbreiten weiß.

Gleichzeitig mit den Musikanten betritt auch die Erzherzogin den Salon, und sofort verstummt jedes Gespräch, erstarrt jede Geste. Nur Beatrice hat sie nicht bemerkt. An einem Fenster liest sie die Nachricht, die Philipp ihr eben hat überbringen lassen.

Johanna, die niemand anderen sieht, eilt geradewegs auf ihre Gegnerin zu und greift, ehe diese sich wehren kann, energisch nach dem Brief.

»Laßt mich diese interessante Nachricht lesen!«

Das junge Mädchen hat sich gleich wieder gefaßt. Mit einer ebenso schnellen Geste entreißt sie Johanna den Brief wieder und zerknüllt ihn in ihrer Hand.

»Der Brief gehört mir, und niemand außer mir soll seinen Inhalt lesen.«

»Gebt ihn her!« schreit Johanna.

Wie erstarrt stehen die Ehrendamen da, und keine wagt, ihrer zur Furie gewordenen Herrin entgegenzutreten. Mit höhnischer Miene blickt Beatrice der Erzherzogin in die Augen, zerreißt das Papier, führt es zum Munde und schluckt es hinunter. Da verliert Johanna jede Beherrschung. Mit einer Hand greift sie nach ihrer Schere, mit der anderen nach der rotblonden Haarpracht und schneidet Strähne für Strähne ab. Sie verletzt die Schöne, die aufschreit, sich aber nicht zu wehren wagt.

»Schnell, schnell«, ruft Gräfin von Hallewin einem Ehrenfräulein zu, »laßt den Erzherzog rufen!«

Blut rinnt über das Gesicht ihrer Feindin, ihr Schädel ist schon zur Hälfte kahl, doch Johanna läßt nicht von ihr ab.

Jetzt fliegt die Tür auf. Wie eine Furie stürzt Philipp auf die beiden Frauen zu und packt Johanna am Arm. Beatrice schluchzt. Von ihrem wunderschönen Haar sind nur ein paar struppige Büschel geblieben. Der Rest liegt blutverschmiert am Boden. Kreidebleich zerrt der Erzherzog seine Frau zur Seite und stößt sie heftig gegen die Wand. Johannas Zorn ist verebbt. Jetzt hat sie nur noch Angst.

»Du bist verrückt«, zischt er, »völlig verrückt!«

An die Wand gelehnt, rührt sich die junge Frau nicht, während Philipp sie beschimpft und mit den grausamsten und verletzendsten Worten beleidigt.

»Schick sie fort!« schluchzt Johanna. »Dann tue ich, was du von mir verlangst.«

Doch Philipp packt erneut ihren Arm.

»Auf die Knie«, befiehlt er, »bitte sie um Verzeihung!«

»Niemals!«

Ihre Ehre steht auf dem Spiel. Eine spanische Infantin kann sich nicht vor einer Hure erniedrigen.

»Niemals!« schreit sie erneut.

Da holt Philipp aus und schlägt ihr mehrmals mit der flachen Hand ins Gesicht, bis sie taumelt und am Boden zusammenbricht.

»Genug«, murmelt Gräfin von Hallewin, »sie ist genug bestraft.«

Philipp bebt vor Zorn.

»Führt sie fort von hier! Ich will sie nicht mehr sehen!«

Dann nimmt er mit zärtlicher Geste Beatrice in die Arme, wiegt sie, drückt sie an sein Herz.

DIE GLÜHENDE JULISONNE hat das Land völlig ausgedörrt. Die Bäume in den Obstgärten tragen keine Früchte, der noch unreife Hafer vertrocknet auf den Feldern, selbst die Heuernte ist dürftig.

Im Coudenbergpalast mehren sich Gerüchte, daß ein Krieg gegen das Herzogtum Geldern bevorsteht. Das kleine Land, das durch die Maas von Brabant getrennt ist, lehnt sich unter Herzog Karl von Egmont gegen Österreich auf. Maximilian, der oft allein gekämpft hat, zählt jetzt auf die Hilfe seines Sohns, um den Aufstand ein für allemal niederzuwerfen. Philipp zögert, wartet jeden Tag auf Nachricht aus Kastilien, denn sollte Isabella plötzlich sterben, wäre der Zeitpunkt, sich an einem Krieg zu beteiligen, äußerst ungünstig.

Nach der demütigenden Szene im Italienischen Salon hat sich Johanna tagelang in ihre Gemächer eingeschlossen und alle Fläminnen fortgejagt, um keine Zeugin der schmachvollen Auseinandersetzung in ihrer Nähe zu haben. Selbstgenügsam und nur von drei alten kastilischen Hofdamen und ihren beiden Sklavinnen umgeben, ißt sie von den herbeigetragenen Gerichten, bessert Spitzen aus und poliert ihren Schmuck. Sie hat Philipp seither nur bei offiziellen Zeremonien gesehen und kein persönliches Wort mit ihm gewechselt. Sie weiß, daß sie ihn verloren hat, wird ihn aber, selbst um den Preis schlimmster Seelenqualen, nicht um Verzeihung bitten. Durch den grausamen Tod ihrer Liebe ist sie gefühllos und unberechenbar geworden. Sie weigert sich, ihre Kinder zu empfangen, weil sie glaubt, daß sie durch ihren Vater oder eine Dienerin von der Schmach ihrer Mutter erfahren haben.

Mit der Zeit glaubt Johanna, hinter den Mauern ihrer Gemächer zu ersticken. Sie fühlt, sie muß handeln, wenn sie nicht dem Wahnsinn verfallen will, und läßt ihre Kinder zu sich kommen. Sie öffnet ihre Fenster wieder, steigt hinab in den Park.

Ende August regnet es endlich. Die Priester lassen das Te Deum singen, während endlose Prozessionen über die aufgeweichten Straßen ziehen. Der Krieg gegen Geldern ist jetzt beschlossene Sache, Philipp wird an der Spitze seines Heeres fortreiten. Hinter dem Vorhang ihres Fensters beobachtet Johanna, wie sich die flämischen Edelleute im Schloßhof versammeln. Gleich hinter dem Befestigungswall erstreckt sich das Land, sanft gewellte Wiesen, Felder und Wälder, in denen Philipp so gern jagt.

Wird er ihren Brief beantworten, den sie ihm eben hat überbringen lassen, oder wird er abreisen, ohne Notiz davon zu nehmen? Der Regen rinnt in Strömen über das Schieferdach, prasselt auf das Pflaster, durchnäßt die Mäntel der Reiter. Endlich taucht der Erzherzog auf, ergreift die Zügel, die ihm ein Page reicht. Johannas Herz steht still, ihre Finger krallen sich in den Samtvorhang. Wenn Philipp sie schon nicht mehr liebt, so hofft sie doch wenigstens auf seine Freundschaft. Einen Fuß schon im Steigbügel, hält der Erzherzog plötzlich inne, hebt die Augen zu dem Gemach seiner Frau, reicht dem Diener nach einem Moment des Zögerns, der Johanna wie eine Ewigkeit vorkommt, die Zügel zurück und begibt sich zur Tür, die zu den herzöglichen Privaträumen führt. Verstört eilt Johanna zu ihrem Spiegel, ordnet ihr Haar, legt ein Perlenhalsband um. Als sie Philipps Schritte auf dem Flur vernimmt, setzt sie sich schnell in einen Sessel, greift nach einer Stickerei und zwingt sich, vor Erregung halb tot, nicht von der Handarbeit aufzublicken.

»Ich bin gekommen, um dir Lebewohl zu sagen.«

»Wirst du lange fort sein?«

»Das weiß ich nicht. Kümmere dich um die Kinder!«

Er wendet sich zum Gehen. Da kann Johanna sich nicht mehr beherrschen, sie springt auf, stürzt auf ihren Gemahl zu, ergreift seine Hand und führt sie an ihre Lippen. Philipp läßt sie einen Augenblick gewähren, als er dann einen Schritt zurücktritt, sieht er, wie blaß und mager sie ist. Sie muß krank sein, weit mehr, als er bisher glaubte. Ein Gefühl von Mitleid überkommt ihn. Langsam nähert er sich ihr wieder und drückt einen Kuß auf ihre Stirn, bevor er ihr Gemach verläßt.

»Der Herzog von Savoyen ist tot.«

Die Nachricht macht Johanna betroffen. Margot ein zweites Mal Witwe? Wie wird sie dieses neue Unglück verkraften?

»Hat man den Erzherzog benachrichtigt?«

»Er ist unterwegs nach Brüssel und kann jeden Augenblick eintreffen.«

Wenn Margot nach Flandern zurückkehrt, wird sie Philipp vielleicht von seinen Eskapaden abhalten, vielleicht sogar ihre Verbündete werden. Johanna träumt schon von besseren Zeiten, stellt sich ihre Familie vereint, Philipp reumütig vor. Margot wird Beatrice gewiß nicht dulden, und vielleicht könnte die Zuneigung einer Schwester bewirken, was die Auflehnung der Ehefrau nicht zu erreichen vermochte.

Beatrice … Es vergeht keine Stunde, in der Johanna nicht an die verhaßte Frau denken muß. Sie lebt nicht mehr im Coudenbergpalast, sondern ohne Zweifel in irgendeinem benachbarten Schloß, in dem Philipp sie trifft. Vergebens hat Johanna das Versteck durch ihre Sklavinnen ausfindig zu machen versucht.

»Diese Frau fordert dich heraus«, flüstert ihr Aicha zu, während sie ihr Haar kämmt. »Du hast das Recht, dich zur Wehr zu setzen.«

Johanna hat ihre Sklavinnen Kräuter verbrennen und Beschwörungsformeln hersagen lassen, hat sogar zum ersten Mal selbst Zauberworte mit ihnen gemurmelt.

An einem Oktobertag, als sie im Rosengarten ihren Musikanten lauscht, schleicht sich Aicha zu ihrer Herrin.

»Ich weiß, wo sich die Frau versteckt hält.«

»Wo?« fragt Johanna im Flüsterton.

»Nicht weit vom Palast entfernt.«

»Verschaff dir Gewißheit!«

Aicha stößt einen erstickten Schrei aus.

»Wollt Ihr mich dorthin schicken, Herrin?«

Die Augen halb geschlossen, lauscht Johanna der Stimme eines Sängers, die leiser wird, dann erstirbt.

»Ganz gleich, wie du es anstellst – ich will die Wahrheit wissen!«

»Sie hat es gewagt!«

Mit gezogenem Hut nimmt Martín de Moxica befriedigt die Wirkung seiner Enthüllungen zur Kenntnis. Johanna hat ihre maurischen Sklavinnen, diese unglückseligen Weiber mit den gezeichneten Gesichtern, die alle Bewohner des Palastes in Angst und Schrecken versetzen, beauftragt, Beatrice nachzuspionieren, ja, sie vielleicht sogar zu behexen. Gereizt schleudert Philipp den Bericht zu Boden. Muß er sich neben den Sorgen, die ihm der Krieg gegen Geldern bereitet, nun auch noch mit den Tollheiten seiner Frau herumschlagen?

»Ich verlange, daß man diese Hexen sofort aus meinem Palast entfernt!«

»Doña Juana wird sich auf keinen Fall von ihnen trennen, Monseigneur.«

»Das werden wir ja sehen!«

Erfreut zieht sich Moxica zurück. In wenigen Tagen wird er sich auf den Weg nach Kastilien machen, um der Königin seinen Bericht über das Verhalten ihrer Tochter persönlich auszuhändigen. Ohne Zweifel wird Isabella, deren Gesundheitszustand sich weiter verschlechtert haben soll, unverzüglich gewisse Veränderungen an ihrem Testament vornehmen.

Ohne Eile unterschreibt Philipp verschiedene Dokumente. Noch einmal wird er Johanna zum Nachgeben zwingen, ihr den Dolch in die Rippen stoßen, um ihren Widerstand endgültig zu brechen. Seit ihrer Rückkehr aus Spanien bietet ihm seine Frau die Stirn, lehnt sie sich ständig gegen seine Entscheidungen auf, faßt Beschlüsse, die ihn verärgern. Die sanfte kleine Johanna ist halsstarrig und heimtückisch geworden, erfüllt von dem absurden Stolz, der ihrem Volke eigen ist. Wenn er ihre Sklavinnen davonjagt, wird er sie völlig isolieren und sie zwingen, sich zu ergeben.

Johanna läuft in ihren Gemächern auf und ab. Wieder einmal haben Unbeherrschtheit und Angriffslust der Furcht Platz gemacht. Wie kann sie Fatma und Aicha beschützen? Wenn man ihr die Sklavinnen nimmt, wird sie endgültig allein sein, allein mit all den Erinnerungen, die sie immer öfter heimsuchen.

»Sie werden bleiben«, sagt sie leise vor sich hin, und ihre eigene Stimme macht ihr angst.

Johanna flüchtet sich auf das Doppelbett, in dessen Seidenkissen sie sich einst vor Liebe verzehrte und sich im Taumel des Glücks im siebten Himmel wähnte. Schritte im Flur lassen sie aufhorchen. Sollten Wachen kommen, um Fatma und Aicha zu ergreifen, wird sie sich ihnen entgegenstellen. Die beiden Sklavinnen hocken ängstlich aneinandergekauert im Ankleidezimmer. Seit zwei Tagen weigern sie sich beharrlich, ihre Herrin zu verlassen, nicht einmal für einen kurzen Augenblick. »Sie müßten mich mit euch hinauswerfen«, hat ihnen die Erzherzogin versichert.

Entschlossen weicht Johanna in die hinterste Ecke ihres Gemachs zurück, um den Gegner besser in Augenschein nehmen zu können. Ein Page öffnet zögernd die schwere Tür, dessen Stoffbehang sich wie der Umhang eines Matadors bläht. Die junge Frau erkennt ihren Ersten Kammerherrn Fürst von Chimay.

»Hoheit, ich bin gekommen, um einen Befehl auszuführen«, beginnt er verlegen.

An die Verkleidung ihres Kamins gelehnt, antwortet Johanna nicht. Sie ahnt, wie verwirrt der betagte Edelmann sein muß, und ist fest entschlossen, ihren Nutzen daraus zu ziehen. Er wird es nicht wagen, sich ihr zu widersetzen oder ihr gar Gewalt anzutun.

»Hoheit«, fährt Chimay äußerst verlegen fort, »Monseigneur hat mir befohlen, Eure Sklavinnen aus dem Palast zu entfernen.«

Das Schweigen der Erzherzogin entwaffnet den Kammerherrn, der auf eine heftige Attacke gefaßt war.

»Ich muß gehorchen. Wo sind sie?«

Und wieder keine Antwort.

»Wachen«, befiehlt Chimay, »durchsucht die Wohnräume der Erzherzogin!«

Seiner Stimme ist deutlich anzumerken, wie sehr ihm dieser Auftrag zuwider ist.

»Wagt es nicht einzutreten!« schreit die junge Frau.

»Monseigneur hat es befohlen!« stammelt er.

Mit einer blitzschnellen Bewegung hat Johanna den schweren Schürhaken ergriffen, der am Kamin lehnte. Drohend bewegt sie sich auf ihren Kammerherrn zu.

»Verlaßt auf der Stelle meine Gemächer!«

Chimay weicht bis zur Tür zurück. Hinter ihm stehen die Wachen, die es nicht erwarten können, diesen unbeschreiblichen Vorgang in der Wachstube zu erzählen. Chimay zögert. Soll er gegen diese zerbrechliche Frau einschreiten, die schon ein leichter Stoß zu Boden werfen würde? Unwillkürlich bewundert er ihren Mut; ihr Gewalt anzutun wäre in höchstem Maße unwürdig.

»Ich ziehe mich zurück, Hoheit.«

Jetzt erwartet ihn eine weit unangenehmere Aufgabe: dem Erzherzog sein Scheitern einzugestehen.

Johanna ist vor Überraschung erstarrt. Philipp steht vor ihr, Zornesröte im Gesicht. Keinen Augenblick hat die Erzherzogin ihren Gemahl im Coudenbergpalast vermutet.

Jetzt hat sie nicht mehr die Kraft zu kämpfen. Sie läßt den Schürhaken fallen, schlägt die Hände vors Gesicht.

Draußen im Garten blühen die letzten Blumen, der Herbst hat mit seinen Grau- und Rottönen Einzug gehalten.

»Ich werde sie persönlich fortschicken«, stammelt Johanna.

»Komm näher!« befiehlt Philipp.

Eine sonderbare Lust am Leiden, ein winziger Hoffnungsschimmer lassen sie gehorchen. Er packt sie am Nacken, zerrt sie zu sich her. Johanna krümmt sich vor Schmerz.

»Gut so«, flüstert Philipp. »Wenn du gehorchst, liebe ich dich.«

Seine Hand greift unter ihre Röcke, liebkost ihre Schenkel. Johanna schwinden fast die Sinne. Die Liebe hat den bitteren Beigeschmack von Gift.

Das Geräusch des Schlüssels, der Johanna im Zimmer einschließt, ruft bei ihr keine Regung hervor. Wie eine Tote liegt sie auf dem Bett, wo sie durch Philipp in eine andere Welt entrückt ist.

Die Sonne ist schon untergegangen, als ein Page des Erzherzogs auf einem Silbertablett ihr Nachtmahl hereinträgt. Johanna rührt es nicht an. Sie wird nicht mehr essen, der Tod wird sie befreien.

Vom Flur sind die Schreie ihrer Kinder zu hören, die von ihren Erzieherinnen zu Bett gebracht werden. Eine Woche schon hat man sie ihr auf Philipps Befehl vorenthalten. Mit leuchtenden Augen richtet sich Johanna auf. Jetzt, da sie in alles eingewilligt hat, sollen sie auf der Stelle zu ihr geführt werden. Sie eilt zu ihrem Schreibtisch, taucht die Feder in die Tinte.

»Laß mich sofort meine Kinder sehen!«

Sie läutet, reicht den Brief einem Pagen, setzt sich wieder auf ihr Bett, lauscht angestrengt auf Geräusche aus Philipps Gemach, das genau unter dem ihren liegt, nimmt vage Stimmen wahr, dann wieder nichts als bedrückende, unerträgliche Stille. Gegen Mitternacht überbringt man ihr eine Nachricht: »Hör auf, mich zu belästigen! Ich sehe dich morgen.«

Da legt Johanna sich auf den Boden und klopft hin und wieder auf die Eichendielen, so leise, daß Philipp es nicht hören kann. Die Wange auf den Boden gedrückt, hängt sie ihren Gedanken nach, träumt vor sich hin.

Am nächsten Tag willigt Philipp ein, daß sie ihre Kinder sehen darf, wenn sie sich bereit erklärt, wieder zu essen. Sie gibt das Versprechen. Der Krieg, den die beiden Eheleute führen, ihre Lust, einander weh zu tun, kettet sie fester aneinander als ihre einstige Leidenschaft.

In ihrem schlichten Franziskanergewand, das Haar unter einem Schleier verborgen, ähnelt die Königin von Kastilien einer Nonne. Arm vor Gott und demütig vor ihren Beichtvätern, sieht sie dem Tod gelassen entgegen. Die langen Novemberabende hüllen die Mauern der Casa Real von Medina del Campo wie ein Leichentuch ein. Der Wind, der von der Hochebene weht, heult in den Innenhöfen und rüttelt an den Türen. Im Licht einer einfachen Kerze, die am Kopfende ihres Bettes brennt, betrachtet Isabella das letzte Werk ihres Lebens. In einer mit vergoldeten Nägeln beschlagenen Lederschatulle ruht ihr Testament. Johanna und vor allem Philipp werden ihm nicht zuwiderhandeln können – Spanien wird ungeteilt bleiben, ein mächtiges, christliches Land, das von der neuen Königin regiert und unter Ferdinands Schutz stehen soll. Keiner, der nicht im Lande geboren ist, soll Zugang zu hohen Ämtern in Politik oder Kirche erhalten und ebensowenig Privilegien oder Einkünfte aus staatlichem oder kirchlichem Besitz genießen. Jetzt kann Isabella in Ruhe sterben, Ferdinand wird für die Erfüllung ihres Letzten Willens sorgen, er, der in den letzten Tagen ihres Lebens über sie wacht, gemeinsam mit Beatrice de Bobadilla, ihrer ältesten und treusten Freundin.

Obwohl die Königin nun nur noch an Gott denken will, drängt sich manchmal die Erinnerung an Johanna auf. Sie hat sich alle Schwächen und Eigenarten ihrer Tochter wieder ins Gedächtnis zurückgerufen, dabei keinen ihrer Zornesausbrüche vergessen, auch wenn sie ihr verziehen hat. Moxicas Bericht, der sie durch seine schonungslose Offenheit erschüttert hat, hat sie weniger gegen ihre Tochter als gegen Philipp aufgebracht.

Lope de Conchillo, ihr betagter Sekretär, legt ihr ein Dokument zur Unterschrift vor. Obwohl Isabellas Hand zittert, kann sie noch deutlich schreiben.

»Doña Isabella, der Priester ist da«, flüstert Beatrice de Bobadilla der Königin ins Ohr.

»Ich erwarte ihn.«

Die Nacht sinkt über die Stadt und das Sterbezimmer hernieder, das in seiner Stille schon einer Gruft gleicht.

»Bedeckt meine Füße mit einem Tuch!« murmelt Isabella. »Sie sollen nicht den Blicken ausgesetzt sein.«

Die Stimme des Priesters, der die Gebete zur Letzten Ölung spricht, läßt Ferdinand erstarren. Neben seinem Kummer quält ihn der Gedanke an die Kämpfe, die er nach dem Tod der Königin mit seinem Schwiegersohn und den Granden wird austragen müssen.

Der Priester ist verstummt. Isabellas Atem geht schwer. Überall im Land werden Bittgottesdienste für sie abgehalten; es ist, als begleite ganz Spanien den letzten Seufzer seiner geliebten Königin.

Die ganze Nacht hindurch heult der Wind. Am Morgen prasselt der Regen auf die große Plaza, die Dächer der Casa Real und gegen die Fenster des Gemachs, in dem Isabella im Sterben liegt. Lautlos tritt eine Dienerin an den Kamin, wirft Orangenschalen ins Feuer, und sogleich breitet sich im ganzen Raum der Duft der blühenden Gärten von Granada aus. Die Königin öffnet die Augen. Glaubt sie, die marmornen Säulenhallen der Alhambra, die blauen Mosaiken der Brunnen zu erblicken, in denen das kristallklare Bergwasser plätschert?

Von einer Sturmböe getragen, prallt ein Vogel gegen eines der Fenster. Isabella fährt zusammen, schließt aber wieder die Augen. Die Menschen, die sie liebt – Ferdinand, Beatrice, Cisneros und ihr Beichtvater –, sind bei ihr. Nach einem Leben, in dem jede Minute mit Regierungspflichten ausgefüllt war, bleibt ihr jetzt nichts mehr zu tun oder zu sagen. Sie kann in Frieden gehen.

Die Totenglocken von San Antolín läuten den ganzen Tag. Die Königin hat verfügt, daß ihr Körper nicht einbalsamiert, sondern in einem einfachen Holzsarg nach Granada überführt werden soll. Sie hat sich eine schlichte Beisetzung gewünscht und angeordnet, das eingesparte Geld als Almosen an die Armen zu verteilen, für die Aussteuer junger, bedürftiger Mädchen des Adels zu verwenden oder damit christliche Gefangene von den Mauren freizukaufen. Schon am folgenden Morgen wird der Trauerzug nach Granada aufbrechen.

Auf der großen, regennassen Plaza von Medina del Campo ist in aller Eile eine Estrade errichtet worden. Während die Herolde in ihre Hörner blasen, entfaltet sich das königliche Banner. Der Herzog von Alba, der treuste Verbündete des Königs von Aragón, erklärt Johanna zur Königin von Kastilien, und dann verkündet Ferdinand seinen Verzicht auf den Thron. Im strömenden Regen fest in ihre Umhänge gehüllt, nehmen die Granden diese Nachricht verblüfft zur Kenntnis. Ferdinand entschärft ihren Angriff, indem er ihnen zuvorkommt.

»Seht genau her, Cisneros!« Ferdinand ordnet die Figuren auf dem Schachbrett. »Hier ist Philipp in einer Stellung, die er für uneinnehmbar hält, aber achtet auf meine Taktik!«

Der Minister beugt sich vor, sieht, wie die schlanken Finger des Königs sich wie Spinnenbeine über das Brett bewegen.

»Den Springer erst isolieren, dann angreifen.«

Im matten Schein der Kerze ähnelt Ferdinand in seinem Trauergewand einem Todesengel. Außer der Schärfe seines Blicks deutet nichts in seinem Gesicht auf seine innere Anspannung hin. Der König schiebt den aus Ebenholz geschnitzten Pferdekopf diagonal vom schwarzen auf ein weißes Feld.

»Es bleiben ihm nur noch zwei Ausweichmöglichkeiten, und ich werde sie ihm verstellen.«

Ferdinand richtet sich unvermittelt auf und blickt dem Erzbischof tief in die Augen.

»Ich werde sie ihm verstellen, hört Ihr, Cisneros?«

Sein Lachen ist schrill und hart.

»Philipp hat zwei Trümpfe in der Hand, Ludwig und Johanna; einen unsicheren, an den er sich klammert, einen sicheren, den er leichtfertig von sich fernhält. Ludwig wird ihn fallenlassen, und Johanna wird sich gegen ihn auflehnen.«

»Wie das?«

»Da der König von Frankreich krank ist, hat er insgeheim beschlossen, die Verlobung von Claude mit meinem Enkelsohn Karl aufzulösen. Philipp weiß noch nicht, daß die Kleine und ihre Mitgift fortan François von Angoulême gehören. Und was Johanna betrifft …«

Cisneros hängt an Ferdinands Lippen, doch der König läßt sich Zeit, tritt ans Fenster, zieht den Vorhang ein wenig zur Seite, um ins Dunkel hinauszusehen.

»Was Johanna betrifft, so ist sie Königin, ob es Philipp gefällt oder nicht. Diese Macht, die sie gar nicht will, wird an den Mann übergehen, der sie am meisten liebt. Das war Philipp einst, doch indem er die Infantin demütigte und erniedrigte, hat er Kastilien verloren.«

»Doña Juana«, läßt sich der Erzbischof vernehmen, »ist sehr leicht beeinflußbar, und Don Felipe könnte sie zurückgewinnen.«

»Das werde ich verhindern, Cisneros. Johanna und Philipp werden sich hassen, denn ich verfüge über das Mittel, ihre Feindschaft endgültig zu besiegeln.«

Mit einer heftigen Handbewegung fegt Ferdinand die Figuren vom Schachbrett.

»Johanna wird mir die Macht überlassen!«

Auf dem purpurnen Wollteppich liegt der Kopf des Pferdes, wie der eines geschlachteten Tiers.

»Euer Hoheit, es bleibt Philipp ein dritter Trumpf, nämlich die Feinde, die Ihr hier in Kastilien habt.«

DIE MÄCHTIGE STIMME DES HEROLDS hallt durch die Kirchengewölbe von San Goule.

»Ihre Erlauchte, Hochehrwürdige, Allmächtige und zutiefst Katholische ...«

»Sie ist tot«, fährt ein zweiter Herold fort. »Die überaus Tugendhafte und Lobenswerte ...«

Die Stimmen antworten sich, wiederholen mehrmals dieselben Worte. Dann ruft der Höchste Ritter des Ordens vom Goldenen Vlies dreimal vor dem Altar aus: »Hoch lebe Don Felipe und Doña Juana, durch Gottes Gnaden König und Königin von Kastilien, von León und Granada!« Danach ergreift er ein Schwert an der Spitze und reicht es dem Erzherzog. »Sire, dieses Schwert soll Euch gehören, damit Ihr die Gerechtigkeit, Eure Königreiche und Eure Untertanen verteidigt.«

Als die Trompeten erschallen, kniet Philipp nieder, erhebt

sich wieder, nimmt das Schwert beim Knauf und pflanzt es vor sich auf. Die Trauerzeremonie ist beendet. Vor den schwarzverhangenen Kirchenwänden heben sich der mit Goldbrokat bedeckte Altar, ein edelsteinbesetztes Kreuz und die Kandelaber ab, die den symbolischen Sarg mit seiner von einem Engel getragenen Krone umgeben. Im Chor drängen sich Mönche, Prälaten, Ratsmitglieder, Offiziere, Botschafter und Ritter vom Goldenen Vlies. Johanna auf ihrem purpurnen Prunksessel fühlt sich einsam. Seit Mitte Dezember die Nachricht vom Tod Isabellas eingetroffen ist, versammelt Philipp fast täglich Räte und Gesandte um sich. Er scheint kaum zu bemerken, daß Johanna noch existiert, daß sie die Königin von Kastilien ist.

An diesem kalten Januartag kreisen die Gedanken der Erzherzogin, die wieder schwanger ist, nicht um diese neue Königswürde. Sie zittert, von heftigem Kopfschmerz geplagt, während die Chorsänger einen Psalm anstimmen. Jetzt hat sie auf der Welt nur noch Ferdinand, der sie liebt. Sie hat vor kurzem vom König einen zärtlichen Brief erhalten. Er weiß, daß man sie hier wie eine Gefangene hält, ist über die Demütigungen, die seine Tochter ständig erleidet, unterrichtet und sorgt sich um ihre Gesundheit. Fatma und Aicha sind wohlbehalten in Madrid angekommen. »Der Tag wird kommen«, lauten die letzten Zeilen, »da Du und ich für immer vereint sein werden. Ich denke nur an diesen Augenblick und bitte Dich, alles zu tun, daß niemand unser Wiedersehen verhindern kann.« Das Wort »niemand« in diesem verschlüsselten Schreiben war unterstrichen. Johanna hat den Brief sofort verbrannt.

In Toro, nahe der portugiesischen Grenze, lauschen die Cortes im Beisein von Ferdinand und Cisneros, dem zweiten Testamentsvollstrecker, dem Letzten Willen Isabellas: »Sollte meine Tochter Johanna die Macht in Kastilien nicht übernehmen wollen oder können, wünsche ich, daß mein Gemahl Ferdinand, und kein anderer, die Herrschaft übernimmt.«

Um die von Isabella diktierten Worte wirken zu lassen, legt der Sekretär eine Pause ein. Die Cortes sind aufmerksam, einige wechseln fragende Blicke. In den Zeilen, die sie vernommen haben, wird der Name Philipps nicht ein einziges Mal erwähnt, und diese gewollte Übergehung ist für alle bedeutungsvoll.

Der Nachmittag geht seinem Ende zu. Schon taucht die sich neigende Sonne den Saal in goldenes Licht, läßt die Hellebarden aufblitzen, die an der Eichenholzverkleidung befestigt sind, auf der geschnitzte Adler und Einhörner sich in einen reglosen, nicht endenden Kampf zu liefern scheinen.

»Meine Herren«, verkündet Ferdinand, »Ihr habt den Letzten Willen Eurer Königin vernommen. Vor ihrem Tod hat Isabella mit großem Scharfblick erkannt, daß unserer Tochter Johanna die Qualitäten einer Herrscherin fehlen. Ich habe hier den Beweis, daß sie sich nicht irrte.« Und an seinen Sekretär gewandt, setzt er hinzu: »Ferrera, bringt mir die Aufzeichnungen von Martín de Moxica!«

Kein Laut, kein Räuspern ist zu hören, als der König den verblüfften Cortes den ausführlichen Bericht vorliest, den der Schatzmeister über Johannas Verhalten geführt hat, und keine Einzelheit ausläßt, wie demütigend sie auch für seine Tochter sein mag.

»Es versteht sich, meine Herren«, erklärt er, als er zu Ende gelesen und die Blätter wieder zusammengefaltet hat, »daß diese Dokumente streng vertraulich sind. Es geht um die Ehre meiner Familie, also um die Spaniens. Zieht Euch nun zurück, und teilt mir morgen die Früchte Eurer Überlegungen mit!«

»Don Fernando ist von den Cortes zum rechtmäßigen Regenten von Kastilien ernannt worden!«

Philipp ist sprachlos, als er die empörende Nachricht vernimmt.

»Ist es möglich, daß die Erzherzogin mit ihrem Vater in Verbindung steht?« fragt der Gesandte Johan von Luxemburg.

»Ich glaube nicht, doch Johanna ist fortan eine Feindin. Sie muß noch strenger bewacht werden.«

»Was soll mit dem Bischof von Córdoba geschehen, der jeden Tag in Brüssel eintreffen kann?«

»Wir können ihn nicht daran hindern, die Erzherzogin zu besuchen, doch ich verlange, daß sie bei ihrer Unterredung nicht einen Augenblick allein sind. Während meiner Reise nach Österreich werdet Ihr und Chimay für Johanna verantwortlich sein.«

Luxemburg blickt verdrießlich drein. Niemand im Coudenbergpalast hat die geringste Lust, sich den spitzen Bemerkungen und Zornausbrüchen der Erzherzogin auszusetzen. Außer der Unlust empfindet er auch ein gewisses Unbehagen, denn die unglückliche junge Frau, die trotz Schwangerschaft abgemagert ist, erregt Mitleid.

Zum dritten Mal bessert Johanna den Spitzenkragen aus. Trotz der ersten Frühlingssonne bleiben die Vorhänge zugezogen, die Kerzen angezündet. Das Tageslicht tut ihr weh wie alles andere, das von draußen zu ihr dringt. An der Wand lehnt ihre Gitarre. Johanna läßt die Finger sanft, fast liebkosend über die Saiten gleiten. Das Kind in ihrem Leib bewegt sich. Es ist mit Gewalt gezeugt worden, und mit Gewalt wünscht sie es sich jetzt und lehnt es zugleich ab.

Der Innenhof liegt verlassen da, nur die Wachen stehen mit gekreuzten Hellebarden auf ihrem Posten. Kurze Regengüsse lassen das Pflaster glänzen und peitschen gegen die Glockentürme, auf denen sich die Wetterfahnen mit dem Winde drehen. Gegenüber den herzöglichen Gemächern wohnen die Ehrenfräulein, die Johanna verjagt hat. Sie versucht, ihre Gestalten auszumachen. Sicher lachen sie miteinander beim Kartenspiel, vielleicht sprechen sie über die »Wahnsinnige«, die in ihrem Schlafgemach eingesperrt ist. Johanna läßt den Vorhang zurückfallen. Diese törichten Personen täuschen sich. Die Tochter der Katholischen Könige wird sich nicht von ein paar dummen Gänsen aus dem niederen flämischen Adel verhöhnen lassen. Wenn sie erst wieder in Spanien ist und die Macht von den Cortes übernimmt, wird sich das Blatt wenden. Johanna macht sich wieder an ihre Handarbeit; flink und zornig sticht die Nadel in die feine Spitze. Und warum sollte sie nicht ihren Mann zurückerobern können?

Fonseca, der Bischof von Córdoba, trifft ohne große Begeisterung in Brüssel ein. Der kühle flämische Frühling und die Aussicht, nach der gräßlichen Szene in La Mota wieder vor Johanna treten zu müssen, stimmen ihn finster. Während der betagte Geistliche den Ehrenhof des Coudenbergpalastes betritt, macht er sich auf das Schlimmste gefaßt.

Don Fernando, sein König, hat ihn mit einer äußerst wichtigen Mission betraut. Sollten seine ersten Gespräche mit Johanna vorteilhaft verlaufen, werden der aragonische Vertraute Ferdinands, Miguel de Ferrera, und der Sekretär der verstorbenen Königin, Lope de Conchillo, ebenfalls nach Brüssel kommen.

In der Galerie, die zu den Gemächern der Erzherzogin führt, ist es merkwürdig still, und während der Erzbischof über den weichen Perserteppich schreitet, hat er den Eindruck, ein Grab zu betreten. Schließlich wird ihm eine Tür geöffnet. Aus dem Innern des halbdunklen Raums ruft eine männliche Stimme auf Kastilisch:

»Willkommen Eminenz, wir erwarten Euch schon!«

Die Tür schließt sich wieder. Wie ein Schlafwandler tastet Fonseca sich ein paar Schritte vor und erblickt eine Frauengestalt am Fenster.

»Doña Juana!« entfährt es ihm.

Die Gestalt erhebt sich, sie ist dürr, obwohl sich die Wölbung ihres Leibes fast aufreizend abzeichnet.

»Ich heiße Euch willkommen, mein Vater.«

Nur wenige Schritte von ihr entfernt steht Martín de Moxica reglos da. Johanna hat den Blick ihres alten Freundes wahrgenommen, der erstaunt auf den Schatzmeister gerichtet ist.

»Ihr könnt Euch zurückziehen, Don Martín.«

Der Mann aber rührt sich nicht.

»Der Erzherzog hat darauf bestanden, daß ich an Eurer Seite bleibe, um Euch besser dienen zu können.«

Johannas Stimme wird schrill.

»Ihr könnt mir später dienen. Im Augenblick bedarf ich Euer nicht.«

»Ich bleibe dennoch.«

Erstaunt wohnt der Bischof von Córdoba einem stummen Kampf bei. Johanna beißt sich auf die Lippen, reibt sich nervös die Hände, wendet sich schließlich tapfer ab und bemüht sich zu lächeln.

»Gut, mein lieber Freund, nehmen wir Platz und plaudern wir ein wenig.«

Das Halbdunkel, die Stille, die Abwesenheit von Ehrendamen und Dienerinnen, die Aufdringlichkeit des Schatzmeisters, das blasse Gesicht und der gehetzte Blick Johannas – all das beunruhigt den alten Bischof. Welche teuflischen Pläne haben der Erzherzog und seine Räte ausgeheckt, um die Königin zu zermürben? Längst hat er die Beleidigungen von La Mota vergessen, seine Zuneigung zu der jungen Frau ist neu erwacht. Sie braucht dringend Hilfe, aber wird er sie ihr geben können?

Die beiden Sekretäre Miguel de Ferrera und Lope de Conchillo, die vor zwei Tagen in Brüssel eingetroffen sind, warten darauf, von der Erzherzogin empfangen zu werden. Bei ihrer Ankunft hatte ihnen der Erste Kammerherr angekündigt, sie müßten sich wohl eine Weile gedulden, nach einem Gespräch mit Fonseca aber haben die zwei Gesandten Ferdinands wieder Mut gefaßt: Johanna, so hat ihnen der Bischof von Córdoba versichert, werde sie noch am selben Abend freudig empfangen; er selbst werde ihr den Brief übergeben, den Don Fernando an seine Tochter gerichtet hat.

Johanna hat keine Angst mehr. Seit der Ankunft der beiden Gesandten hat sie schlaflose Nächte verbracht, jetzt aber ist sie gefaßt. »Ich tue nur meine Pflicht«, sagt sie sich immer wieder.

Vom Krieg gegen das Herzogtum Geldern, der seine Staatskassen geleert hat, von den ewigen Streitigkeiten mit den Spaniern und den dringlichen Forderungen seines Vaters aufgerieben, ist Philipp in gereizter Stimmung aus Österreich zurückgekehrt. Er hat Johanna nur aufgesucht, um sie mit Vorwürfen zu überhäufen, weil sie sich weiterhin hartnäckig weigert, sich mit flämischen Ehrenfräulein zu umgeben.

Aus Trotz läßt sich die Erzherzogin, wenn sie ihre Gemächer verläßt, nur von zwei alten Dienerinnen begleiten. Unförmig wölbt sich ihr Leib unter ihrem Brokatkleid, während sie – trotz des kaum verhohlenen Spotts und Gelächters – in stolzer, aufrechter Haltung durch den Palast schreitet, ähnlich wie Königin Isabella sich einst durch Granada bewegte. Diese eigenwillige Tapferkeit steigert Philipps Zorn nur noch.

In herrischem Tone ruft Johanna nach einem Pagen.

»Sagt Seiner Eminenz Bischof von Córdoba, daß ich bei ihm die Beichte ablegen will!«

»Ihr habt Euren Hauskaplan, Hoheit«, entgegnet Moxica. »Monseigneur wünscht, daß Ihr bei ihm beichtet.«

»Der Erzherzog hat mir keine Vorschriften zu machen!«

Der Schatzmeister wagt nicht zu widersprechen. Die Erzherzogin kann sehr hitzig werden, und er hat schon zu viele Wutausbrüche miterlebt, als daß er einen weiteren heraufbeschwören wollte.

Schritte auf dem Flur lassen die junge Frau zusammenfahren. Sicher wird Philipp sie bestrafen, wenn er erfährt, was sie zu tun beabsichtigt, doch ihre Entscheidung ist gefallen. Als Philipp sie noch liebte, unterwarf sie sich ihm; jetzt aber, da er sie vernachlässigt und schmäht, ist sie zum Äußersten bereit. Ihre ständigen Auseinandersetzungen haben sie nur noch streitbarer gemacht.

An seinem gesenkten Blick, den vor dem Leib gefalteten Händen erkennt sie, daß ihr alter Freund ebenso ängstlich ist wie sie selbst.

»Ich bin bereit, Euch die Beichte abzunehmen, Doña Juana«, stammelt er.

Er hat so schnell, so früh gesprochen, daß der Schatzmeister die Stirn runzelt. Moxica ist derart argwöhnisch und niederträchtig, denkt Johanna, daß er Philipp warnen könnte.

»Es eilt nicht, mein Vater«, erwidert sie mit ruhiger Stimme. »Laßt uns vorher ein wenig plaudern! Erzählt mir von Don Lope de Conchillo und vom Sekretär meines Vaters! Ich werde sie nach dem Abendessen empfangen.«

Während ihrer belanglosen Unterhaltung beobachten der Bischof und die Erzherzogin sich gegenseitig. Johannas Gefaßtheit macht Fonseca nur noch nervöser. Wie ist es möglich, daß sich die junge Frau, die sich in La Mota wie eine Irrsinnige gebärdete, jetzt so in der Gewalt hat?

»Mein Vater«, sagt Johanna schließlich, »ich will jetzt die Beichte ablegen.«

Der Brief, den der Bischof unter seinem Gewand versteckt hält, brennt wie eine offene Wunde.

Die junge Frau kniet nieder, und in der Stille des Raumes nimmt sich das Rascheln ihres Seidenrocks wie heftiger Lärm aus. Moxica scheint in die Betrachtung eines Gemäldes von Carpaccio vertieft, das der Erzherzog erst vor kurzem erworben hat.

»Schnell, Vater, er kann mich nicht sehen!« flüstert Johanna.

Mit zitternder Hand greift Fonseca nach dem Papier und zieht es hastig hervor.

»Schnell!« drängt die junge Frau.

Mit geschlossenen Augen reicht ihr der Bischof das Schreiben. Im Nu ist es in Johannas Ärmel verschwunden. Dann spricht die Erzherzogin mit ruhiger Stimme die Worte eines Gebets; an der Blässe ihres Gesichts aber erkennt Fonseca, daß sie mit ihren Gedanken anderswo ist.

Zu ihrem ersten Gespräch will die Erzherzogin die beiden Gesandten Ferrera und Conchillo feierlich empfangen. In ihrem großen Salon ist eine Tafel errichtet, auf der Gebäck, Früchte und Getränke aufgetragen worden sind.

Der Sommer ist eingekehrt, er taucht die Blumen des Gartens und die reifende Ernte in sein goldenes Licht. Die beiden alten Dienerinnen laufen geschäftig umher, ein Musikant spielt auf der Harfe.

»Wie geht es dem Infanten Ferdinand?«

Johanna kann sich kaum noch an die Züge ihres Jüngsten erinnern. Doch auch ihre älteren Kinder sind ihr fast fremd. Obwohl Eleonore, Karl und Isabella sie gelegentlich besuchen, können sie, mit Ermahnungen ihrer Erzieherinnen überhäuft, ihr steifes, gekünsteltes Benehmen nicht ablegen. Wie sollen sie ihre Mutter auch lieben, wo doch niemand je ein gutes Wort über sie verliert?

»Der Infant ist wohlauf; jeden Tag betet er für Eure Majestät.«

»Und Aicha und Fatma?«

»Sie stehen jetzt im Dienst des Infanten. Don Fernando schützt sie.«

Johanna wird nachdenklich. Sie hat sich so für diese Frauen eingesetzt, sich so bemüht, sie zu verteidigen, daß sie sich seither jeder neuen Zuneigung verschließt.

Einige flämische Edelleute, die bereits einmal eine Reise nach Spanien unternommen haben, sind zugegen. Sie langweilen sich, da sie nur wenige Worte der auf Kastilisch geführten Gespräche verstehen. Schließlich reicht die Erzherzogin die Hand zum Kuß als Zeichen, daß die Unterredung beendet ist. Mit keinem Wort hat sie den Brief erwähnt.

Drei Tage vergehen, ohne daß Johanna die beiden Sekretäre zu sich ruft. Wohl hundertmal hat sie das Schreiben in der Stille ihres Gemachs gelesen. Die einfachen, protokollarischen Worte verfolgen sie bis in ihre Träume: »Ich, Königin Johanna von Kastilien, übertrage meinem Vater, Seiner Majestät Ferdinand,

König von Aragón, Mallorca, Sizilien, Neapel und Jerusalem, alle Vollmachten zur Ausübung der Regierungsgewalt in meinen Königreichen, bis ich diese Verantwortung, die Gott mir gegeben hat, selbst zu übernehmen vermag.«

»Ich, Königin Johanna …« Diese drei sonderbaren Wörter verdrängen jeden anderen Gedanken aus ihrem Hirn, nisten sich wie gefräßige Schmarotzer in ihrem Kopf ein. Obwohl Johanna sich an diesen Worten stößt und schmerzlich davon berührt ist, kann sie nicht umhin, sich immer wieder damit auseinanderzusetzen, bis ihr ganz schwindlig dabei wird. »Ich, Königin Johanna …« Ist sie damit gemeint? Und warum? Noch vor wenigen Monaten gehörten diese Worte ihrer Mutter, heute sind es ihre. Die Angst, sie gestohlen zu haben, läßt ihre Hände erneut zittern.

Niemals wird sie diesen Brief unterschreiben können, wird Isabella damit doch ein zweites Mal zu Grabe getragen. Aber kaum hat sie sich entschlossen, sich zu weigern, taucht das Gesicht ihres Vaters vor ihr auf.

Johanna lacht, ein schrilles, wehmütiges Lachen. Sie wird ihrem Vater helfen und Philipp durch ihre Unterschrift einen brutalen Schlag versetzen, um sich an ihrem Gatten für seine Mätressen, die grausamen Worte, die erniedrigenden Quälereien, die Verletzungen an Leib und Seele zu rächen.

Beflissen setzt die junge Frau ihre Unterschrift unter das Schreiben, faltet das Papier und läßt es in ihr Mieder gleiten. Nach der Messe wird sie Conchillo und Ferrera empfangen.

JOHANNA GEFRIERT DAS BLUT IN DEN ADERN. In der Hand das Schriftstück, das sie erst gestern unterzeichnet und Ferrera zugesteckt hat, damit er es ihrem Vater überbringe, stürmt Philipp mit haßerfülltem Blick auf sie zu.

»Ich werde dich vernichten, dich zugrunde richten!« schreit er, jede einzelne Silbe betonend.

Als er sie bei den Haaren packt und zum Tisch zerrt, ist Johanna auf Schläge gefaßt.

»Schreib!« befiehlt er. Ohne sie loszulassen, legt er ein Blatt Papier und eine Feder vor sie hin. »Schreib!« wiederholt er.

Benommen vor Angst, greift Johanna nach der Feder, taucht sie ins Tintenfaß. Sie ist jetzt nur noch von einem Wunsch beseelt: Sie will überleben, um Rache zu nehmen.

»Ich, Königin Johanna von Kastilien, befehle, daß der Inhalt dieses Schreibens in allen meinen Städten bekanntgegeben wird, auf daß ein jeder meinen Willen zur Kenntnis nehme. Mein Vater, Don Fernando, hat sich widerrechtlich zum Regenten erklärt, indem er vertrauliche Einzelheiten über mein Leben verbreitet hat, die nicht der Wahrheit entsprechen. Ich teile meine Macht mit Don Felipe, meinem Gemahl, mit dem mich Liebe und Achtung verbinden. Es war nie meine Absicht, ihm ein Erbe streitig zu machen, das wir mit Gottes Hilfe so bald wie möglich gemeinsam antreten werden. Ich bin sicher, daß Seine Majestät mein Vater sich nicht unrechtmäßig einen Titel aneignen will, der ihm nicht zusteht.«

Als Johanna zu Ende geschrieben hat, lockert Philipp seinen Griff. Schlagen wird er sie nicht, das Kind muß geschont werden. Als Miguel de Ferrera ihm vor wenigen Stunden Johannas Vollmacht übergeben und reumütig gestanden hat, an Ferdinands Komplott teilgenommen zu haben, war Philipps erste Reaktion gewesen, Johanna Gewalt anzutun. Dann hat er sich aber, von seinen Freunden beraten, eines Besseren besonnen und sich zu einem sorgfältig vorbereiteten Gegenschlag durchgerungen: zunächst Conchillo festnehmen und foltern zu lassen, um die Hintergründe des Verrats in Erfahrung zu bringen, dann seine Frau zu zwingen, einen Widerruf zu schreiben, den sein Gesandter Philibert van Veyre in ganz Kastilien bekanntgeben wird, und schließlich Johannas Bewachung zu verstärken. Trotz der grausamen Folter hat Conchillo nicht gestanden. Erbarmungslos geschunden und vor Schmerz fast von Sinnen, ist der betagte

Sekretär Isabellas schließlich in den Kerker geworfen worden. Ferdinand hat auch diese Schlacht verloren. Bald, sehr bald wird die Stunde seiner Niederlage kommen.

»Wo sind Ferrera und Conchillo?« fragt Johanna.

»Ferrera hat seinen Irrtum zum Glück rechtzeitig eingesehen, Conchillo aber dürfte ihn bitter bereuen, falls er dazu noch in der Lage ist.«

»Du hast ihn foltern lassen!« schreit Johanna. Im Geiste sieht sie den alten Sekretär ihrer Mutter mit ausgerenkten Gliedern auf der Streckbank liegen, ein grauenvolles Bild. Indem Philipp sich mit solcher Brutalität an ihm vergangen hat, hat er ihre eigene Familie foltern lassen.

»Ihr gehört nicht mehr zu meinem Hause!« Johanna blickt Moxica nicht einmal an, so sehr verachtet sie ihn. »Der Erzherzog, der Euch gedungen hat, wird gewiß eine andere, ebenso schmutzige Aufgabe für Euch finden.«

Seitdem Philipp ihre Gemächer verlassen hat, läuft Johanna unruhig auf und ab und sucht verzweifelt nach einer Möglichkeit, ihren Vater vom Scheitern seines Plans in Kenntnis zu setzen.

Sie bleibt am Fenster stehen, blickt freudlos in den milden flämischen Sommer hinaus, hört die Schreie ihrer Tiere in der Menagerie. Am liebsten würde sie in den Garten laufen, um die Käfige und Volieren zu öffnen, doch fortan ist sie genauso gefangen wie diese Tiere. Ihr Zorn richtet sich gegen ihren Schatzmeister. Jahrelang hat er sie verraten und betrogen, ohne daß sie sich zur Wehr gesetzt hat. Sie hatte sich nicht dazu herablassen wollen, ihn zu tadeln.

Moxica geht wortlos davon. Um seine Lippen aber spielt ein Lächeln, das Johanna noch einmal seine Verachtung spüren läßt.

»Hoheit, Monseigneur hat mir befohlen, meinen Dienst bei Euch wiederaufzunehmen.«

»Ich will den Bischof von Córdoba sprechen.«

»Monseigneur hat verboten, daß Ihr ihn empfangt.«

Gleichgültig bezieht Moxica seinen alten Posten. Johanna schluckt ihren Zorn hinunter, läßt sich in ihrem Sessel nieder und greift zu ihrer Handarbeit. Sie muß einen kühlen Kopf bewahren. Ferdinand allein soll Kastilien erhalten, der Traum von einer Regierung zu dritt ist ausgeträumt.

Eine der alten Frauen, die in Johannas Diensten stehen, wikkelt neben der Erzherzogin Seidenfäden um eine Spule und beugt sich dabei weit zu ihrer Herrin vor.

»Nehmt Euch in acht, Hoheit«, flüstert sie. »Mir ist zu Ohren gekommen, der Erzherzog wolle Euch einsperren lassen.«

»Ich bin längst meiner Freiheit beraubt, Anna.«

»Es heißt aber, man wolle Euch in einer Festung gefangenhalten.«

Heftige Röte schießt Johanna in die Wangen.

»Bevor ich mich einkerkern lasse, stürze ich mich mit dem Kind, das ich unter dem Herzen trage, aus dem Fenster, Anna.«

Die Alte bekreuzigt sich.

»Gott möge Euch vergeben!«

Im hellen Sommerlicht scheinen die beiden Frauen in ihre Arbeit vertieft. Vom Garten schallt das Lied eines jungen Mädchens herauf, dann heiteres Lachen. Der Duft von frisch geerntetem Heu weht über die Mauern bis hinauf zu den Fenstern. Johanna ist zu verwirrt, um einen klaren Gedanken fassen zu können. Ihre Finger wollen nicht weiterarbeiten und liegen unbewegt auf ihrem Schoß.

»Ich werde mich in Zukunft nicht mehr von ihm demütigen lassen.«

Ohne einen Blick zurück tritt Miguel de Ferrera die Reise nach Süden an, doch der Gedanke an Lope de Conchilla, der geschunden in den Kerkern von Flandern dahinsiecht, verfolgt ihn unentwegt. Ferdinand hat es so gewollt, und es steht ihm als seinem

Diener nicht zu, die Entscheidungen seines Königs in Frage zu stellen. Er hat seinen Auftrag korrekt ausgeführt und kehrt stolz nach Kastilien zurück. Don Felipe und Doña Juana werden sich niemals versöhnen.

Nachdem sie zum zweiten Mal Witwe geworden ist, hat Margot Savoyen verlassen und ist in ihr geliebtes Flandern zurückgekehrt, fest entschlossen, es nie wieder zu verlassen und den alten Palast der Herzöge von Burgund aus seinem Schlaf zu wecken. Auf der Terrasse mit der gotischen Balustrade, wo exotische Pflanzen neben Wiesenblumen wachsen, hat sie Tische aufstellen lassen, um dort an warmen Sommerabenden bei Musik das Nachtmahl einzunehmen. Eleonore und Karl dürfen an diesen vergnüglichen Essen teilnehmen, wenn sie bei ihrer Tante zu Besuch sind, und allmählich ersetzt die hübsche junge Frau die allzeit zurückgezogene und finstere Mutter in ihren Herzen.

Margot schenkt ihrem Bruder selbst etwas Wein in eine Silberschale und reicht sie ihm. Nun, da Philipp und sie wieder vereint sind, erscheint ihr das Leben soviel leichter.

»Essen wir auf der Terrasse gemeinsam zu Abend?«

»Wenn wir beide allein sind.«

Seit Ludwigs unerwartetem Angriff findet Philipp keinen Gefallen mehr an fröhlichen Geselligkeiten. Ob der französische König ihn verachtet, weil er ihn plötzlich wie einen Vasallen behandelt? Warum sucht er aus fadenscheinigen Gründen Händel mit ihm und verwickelt ihn in langwierige Rechtsverfahren mit Advokaten und Bevollmächtigten, die ihn nichts angehen?

Margot führt ihren Bruder zur Terrasse. Zwischen üppigen Goldlacksträußen und feinen Kerzenleuchtern aus venezianischem Glas sind zwei Gedecke aufgelegt worden.

»Ein Nachtmahl für Verliebte«, sagt sie mit einem traurigen Lächeln.

Wie die Nacken junger Mädchen, die sich für einen Ball geschmückt haben, neigen sich die Zweige der blühenden Sträucher ringsum im Wind. Obwohl der Tod ihres geliebten Gemahls sie ewig schmerzen wird, hat Margot ihrer Stimme einen heiteren Klang verliehen, möchte sie ihrem Bruder doch einen vergnüglichen Abend bereiten.

»Ich will Geheimboten zu Ludwig senden.«

Philipp vermag sich dem Charme des Augenblicks nicht hinzugeben; die beiden letzten Jahre haben ihm seine Unbekümmertheit genommen.

»Komm, lieber Bruder, vergiß für ein paar Stunden die Politik! Soll ich meine Musikanten rufen?«

In seine Grübeleien versunken, hat Philipp die Frage gar nicht gehört.

»Was meinst du, wen soll ich mit dieser Aufgabe betrauen?«

Ein unbestimmtes Angstgefühl, eine Vorahnung, daß ihr geliebter Bruder bald von einem Unglück heimgesucht werden könne, schnürt Margot das Herz zusammen. Spanien hat ihnen beiden bisher nur Leid und Trübsal gebracht.

»Nimm Johan von Luxemburg, Philibert van Veyre, Adrian van Utrecht!«

»Ich dachte auch an Philipp Wieland und Johan Caulier.«

»Warum nicht? Sie sind erfahren und wortgewandt, und da unser Vater seinen baldigen Besuch angekündigt hat, wird er ihnen genau erklären können, welchen Ton sie bei Ludwig anzuschlagen haben.«

Da springt Philipp auf, schlägt mit der flachen Hand auf den Tisch, worauf eine Wasserkaraffe umfällt und ein Obstkorb auf den Boden rollt.

»Hältst du mich für ein Kind? Ich weiß genau, was ich ihnen zu befehlen habe!«

Margot starrt ihren Bruder entgeistert an. Welches Gift hat er getrunken, daß er sich so verändert hat? Ist er von dem Ehrgeiz berauscht, Spanien zu besitzen, ein Rausch, der seine Würze aus einem tödlichen Duell mit Ferdinand oder aus blinder Gewalt gegen Johanna bezieht? Ein heftiger Windstoß hebt die Spitzendecke an, reißt ein paar gelbe Blütenblätter von den Sträußen, wirbelt sie davon. Schweigend trägt ein Diener die Vorspeisen auf. Margot hat für dieses Mahl weder Pagen noch Ehrenfräulein gewünscht; sie wollte nur Philipp, doch der ist tausend Meilen von ihr entfernt.

Die junge Frau senkt den Blick, damit niemand ihre Tränen sehen kann.

Die noch immer heiße Oktobersonne glitzert auf den Fluten der Loire, beleuchtet die engen Gassen, lastet auf den reichverzierten Giebelhäusern ebenso wie auf ärmlichen, strohgedeckten Holzhütten. Die Weinlese ist beendet, der Geruch von süßem Most dringt bis in die Stadthäuser, bleibt an den Vorhängen und Tapisserien haften, erheitert die Gemüter, verscheucht schwarze Gedanken.

Nur die flämischen Gesandten sind nicht zum Scherzen aufgelegt. Einen Tag vor ihrer Ankunft hat der König die Stadt verlassen, um auf die Jagd zu gehen. Damit hält er sie zum Narren, beleidigt den Erzherzog sowie Flandern und fordert Kaiser Maximilian und dessen Kriegsdrohungen heraus.

Am dritten Tag, als Philipps Gesandte eben ein weiteres Gesuch an Ludwig richten wollen, läßt sie ein plötzlicher Trommelwirbel ans Fenster eilen. Zunächst sehen sie nur die herbeiströmenden Gaffer, bald aber schon tauchen die königlichen Herolde auf.

»Großer Gott!« seufzt Luxemburg, als sich die Ausrufer wieder entfernen. »Das wird unserem Erzherzog gar nicht gefallen! Ferdinand, ›König von Spanien‹, will Germaine de Foix, Ludwigs Nichte, heiraten?«

»›König von Spanien‹! Ein wahres Meisterstück, Don Fernando!« bemerkt Wieland in ironischem Tone. »Und was diese französische Hochzeit angeht, ist auch das ein überaus geschickter

Schachzug. Jetzt verstehe ich, warum Ludwig zögert, uns zu empfangen.«

Kaum haben die flämischen Gesandten einen Kurier nach Brüssel geschickt, erreicht sie eine zweite, ebenso niederschmetternde Nachricht: Ludwig XII. hat Ferdinand und Heinrich VII. geheime Briefe zugespielt, in denen Philipp sich mißbilligend über sie äußert. Im Gegenzug hat der französische König von ihnen Schreiben erhalten, in denen in ähnlichem Tone über ihn gesprochen wird. Nachdem Ferdinand seine Tochter und seinen Schwiegersohn entzweit hat, kann er einen weiteren Sieg verbuchen: Philipp muß tatenlos mit ansehen, wie das Bündnis mit Frankreich, an dem ihm so gelegen ist, zerbricht.

Seit der Geburt ihrer Tochter Maria vor zwei Monaten weigert Johanna sich, das Bett zu verlassen; sie ist zu erschöpft, ihr gewohntes Leben wiederaufzunehmen, obwohl es nur das einer Gefangenen ist.

Der Verrat des französischen Königs hat sie mit heimlicher Freude erfüllt, doch die Wiedervermählung ihres Vaters mit einer Frau, die jünger ist als sie, hat sie schwer getroffen. Für sie waren ihre Eltern auf ewig aneinander gebunden – nicht nur im Erdendasein, sondern auch im Jenseits.

Seit Einbruch der Dunkelheit lauscht Johanna auf die leisesten Geräusche aus Philipps Gemächern. Manchmal vernimmt sie Schritte, dann wieder das Echo einer Stimme. Wie eine Gefahr oder eine zu süße, zu bittere Erinnerung versetzt sie die Vorstellung, ihrem Gemahl so nah zu sein, in einen Zustand heftiger Erregung, der ihr den Schlaf raubt. Obwohl sie für Philipp Haß empfindet, weckt die Erinnerung an seinen Körper noch immer Begierde in ihr. Mit sechsundzwanzig Jahren lebt sie wie eine Witwe, und die Freuden der Liebe, die einzigen, die sie je gekannt hat, bleiben ihr versagt.

Sie verläßt ihr Bett, kniet nieder, legt das Ohr an die Holzdielen, um ein Stück vom Leben dieses Mannes zu erhaschen, der durch Gottes Willen der ihre ist. Dann erhebt sie sich wieder, läßt sich aufrecht in ihren Sessel sinken, um gleich darauf wieder aufzustehen und mit hängenden Schultern in ihr Bett zurückzukehren.

Ihre Dienerin reicht Johanna eine Tasse mit heißer Milch.

»Wirf Orangen- und Zitronenschalen in die Glut, ich will meine Gedanken ordnen!«

Die alte Frau ist behäbig, bewegt sich nur langsam. Im täglichen Zusammensein mit der Erzherzogin ist sie allmählich zur Kastilierin geworden, sie weiß Orangenblütenwasser zu bereiten, Kräuter zu mischen, Gebete zu sprechen, die den Teufel und umherirrende Geister vertreiben. Doch Johanna nimmt die Verwandlung ihrer Dienerin kaum wahr, da sie zu sehr in ihrer eigenen Welt gefangen ist. »Kastilien«, sagt sie mit gedämpfter Stimme. Das Land, aus dem sie unbedingt hat fliehen wollen, ist ihre letzte Hoffnung geworden.

»Anna«, murmelt sie, »bald werden wir nach Kastilien reisen.«

Es klopft an die Tür. Johanna wickelt sich unwillkürlich noch fester in ihre Decke. Es ist früh, ein regnerischer, windiger Novembertag.

Henriette, ihre zweite Dienerin, öffnet die große Flügeltür, die hinter einem schweren Vorhang verborgen ist.

»Wir haben einen Auftrag von Juan Manuel.«

Johanna hat die Worte vernommen. Sie macht eine abwehrende Handbewegung, zieht rasch die Decke über sich und stellt sich schlafend.

Von sechs bewaffneten Soldaten und zwei Edelleuten begleitet, wagt der Hauptmann nicht, in das Gemach einzudringen. Zwei Hellebarden halten die Tür weit geöffnet.

»Die Erzherzogin schläft«, knurrt die Alte.

»Dann weckt sie!«

Der Hauptmann und die Dienerin mustern sich feindselig. Schließlich wendet sich die Frau ab und trippelt zum Bett ihrer Herrin. Jeder ihrer Schritte hämmert an Johannas Schläfen. Sie muß sich erheben, sich würdig und hoheitsvoll zeigen. Hastig fährt sie mit den Fingern durch ihr wirres Haar, zieht den Gürtel ihres Nachtgewandes fest.

»Sag meinen Besuchern, sie sollen sich einen Augenblick zurückziehen, damit ich mich für ihren Empfang herrichten kann!«

Johanna hat ein Kleid übergezogen, Henriette kämmt ihr das schöne dunkle Haar, bedeckt es mit einem Schleier.

»Meinen Schmuck!«

Die Dienerin trägt die Schatulle herbei. Johanna zögert, entscheidet sich schließlich für das Perlenkollier ihrer Mutter. Sie läßt es täglich durch ihre Hände gleiten und streicht zärtlich darüber. Ihre Mutter so zu berühren hat sie niemals gewagt.

»Ich bin bereit. Laß sie eintreten.«

Stumm lauscht Johanna dem Hauptmann, der einen von Juan Manuel verfaßten und von Philipp gegengezeichneten Befehl verliest. Sie zeigt keine Regung, ihr Herz aber klopft wie wild. Middelburg liegt am Ende der Welt! Will man sie in eine alte, vom Nordmeer umspülte Festung sperren?

»Ich habe nicht im geringsten die Absicht, meine Heimat Brüssel zu verlassen.«

»Hoheit«, läßt sich der Erste Haushofmeister vernehmen, »Monseigneur will Euch in der Hafenstadt wissen, von wo er sich mit Euch einschiffen wird. Seht darin nur die Sorge um Euer Wohlergehen!«

Heimlich beobachtet er die Erzherzogin. Die junge Frau erinnert ihn an ein gehetztes Tier.

»Mein Wohl ist es, hier bei meinen Kindern zu bleiben.«

Plötzlich weiß Johanna, wie sie sich wehren kann. Sie muß sich auf ihre Familie berufen, sich an diesen Vorwand klammern. Niemand wird es wagen, sie den Ihren zu entreißen.

An der Verlegenheit des Offiziers und der beiden Edelleute erkennt Johanna, daß ihre Taktik richtig ist.

»Prinzessin Maria ist erst zwei Monate alt, ein Säugling dieses Alters braucht seine Mutter. Geleite diese Herren auf der Stelle hinaus, Henriette! Ich betrachte unser Gespräch als beendet.«

Philipps Freunde verständigen sich mit Blicken; der Offizier tritt als erster zurück.

Als sich die Tür hinter ihnen geschlossen hat, bricht Johanna, am Ende ihrer Kraft, in Tränen aus.

»Hoheit, laßt öffnen, ich komme im Auftrag des Erzherzogs!«

Der Tonfall Juan Manuels, sein vornehmer kastilischer Akzent lassen Johanna erschauern. Auch wenn sie seinen Helfershelfern entkommen ist, wird sie sich ihm, der für sie den Teufel verkörpert, nicht widersetzen können.

»Hoheit«, spricht er sanft. »Ihr müßt den förmlichen Befehlen des Erzherzogs nun Folge leisten. Ich bin gekommen, sie auszuführen.«

Vor Johanna tut sich ein Abgrund auf. Sie starrt den Kastilier an. Dieser Mann, der den König von Aragón verraten hat, um zu dessen Gegner überzulaufen, ist zwar von schmächtiger Gestalt, überragt sie aber um Längen. Er gleicht einem riesigen Baum, der sie zu erschlagen droht.

»Don Juan, Ihr habt nur von Eurer Königin Befehle entgegenzunehmen.«

Der Baum wankt, er hat lange, dürre Hände, die sich verkrampfen.

»Meine Königin Doña Juana tut nichts, was den Interessen ihres Gemahls oder ihres Volkes schadet.«

Johannas Augen funkeln zornig. Glaubt dieser Mann, ihr Lehren erteilen zu können?

»Schweigt!« ruft sie aus. »Ich verbiete Euch, mich zurechtzuweisen!«

»Ihr werdet nach dem Abendessen aufbrechen, Doña Juana. Euer Gefolge wird Euch begleiten.«

»Ich will meine Kinder sehen!«

Sie hat mit tränenerstickter Stimme gesprochen, Juan Manuel hat sie besiegt.

»Laßt die Kinder der Erzherzogin herführen!« befiehlt Juan Manuel.

Mit Isabella an der Hand tritt Gräfin von Hallewin als erste ein, dann folgen Eleonore und Karl und eine Amme mit der kleinen Maria. Die eilig zusammengerufenen Kinder blicken mißtrauisch drein. Wozu diese sonderbare Zeremonie, die ihren Tagesablauf durcheinanderbringt? Nur selten ist es ihnen gestattet, ihre Mutter zu besuchen.

Frau von Hallewin bemerkt den gehetzten Gesichtsausdruck der Erzherzogin. Es ist wirklich an der Zeit, sie von hier fortzuschaffen.

Wie gern würde Johanna zu ihren Kindern eilen, sie fest in die Arme schließen, so daß niemand sie ihr entreißen kann, der eisige Blick der Flämin aber läßt sie gleichsam erstarren. Voller Verzweiflung blickt sie sich hilfesuchend um, bevor sie sich tapfer ein Lächeln abringt.

»Wir müssen uns Lebewohl sagen, liebe Kinder.«

Stumm mustern die Kleinen ihre Mutter. Sie wartet mit eingefrorenem Lächeln einen Moment lang ab und beginnt dann zu lachen, ein düsteres Lachen, das in dem großen Salon widerhallt.

»Nun, wollt ihr mich heute nicht küssen?«

Eleonore tritt vor. Johanna öffnet die Arme, das Kind indes bleibt plötzlich stehen, als fürchte es einen allzu heftigen Ausbruch mütterlicher Gefühle.

Johannas Arme sinken langsam wieder herab, sie nimmt eine starre Haltung ein, der Augenblick der Liebe ist vorbei. Man erwartet von ihr nichts weiter als ein paar bedeutungslose Worte.

»Bevor ich mich mit Eurem Vater nach Spanien einschiffe, will ich mich für einige Zeit in Middelburg niederlassen.«

Ihre Stimme ist heiser vor Verzweiflung. Eleonore läßt ihre Mutter nicht aus den Augen.

»Aber Ihr kommt dann doch wieder, nicht wahr?«

»Du weißt, daß niemand außer Gott die Zukunft vorauszusehen vermag.«

Auch Eleonores Augen füllen sich plötzlich mit Tränen.

»Ich werde für Euch beten, Mama.«

Nur selten verwendet sie dieses Wort, und es trifft Johanna mitten ins Herz. Schnell muß sie Karl, Isabella und Maria küssen und sie dann fortschicken, um vor ihnen nicht alle Würde zu verlieren.

»Ich will mit Papa und Euch nach Spanien reisen!«

Der kleine Karl spricht im herrischen Ton seines Vaters. Mit seiner blassen Hautfarbe, seinen feinen Zügen, seinem eher schmächtigen Körper ähnelt er ihm nur wenig. Aber er hat das leicht vorgeschobene Kinn der Habsburger, ihre zugleich vertrauliche und hochmütige Art, mit anderen zu sprechen, und er teilt ihre Neigung zu weltlichen Freuden.

Johanna überlegt. Warum nicht? Warum sollten sie ihren Erben, den Nachfolger der Katholischen Könige, nicht mit nach Spanien nehmen?

»Euer Vater hat schon hundertmal nein gesagt«, fährt Gräfin von Hallewin dazwischen. »Seid nicht so störrisch!«

Der Kleine senkt den Kopf nicht.

»Dann erzählt uns, wie es in Spanien ist, damit wir uns vorstellen können, wie Ihr dort lebt!«

Verwirrt blickt Johanna ihre Kinder an. Wollen sie wirklich, daß sie von ihrem Heimatland spricht?

»Bitte, Mama!«

Eleonore schmiegt sich an ihre Mutter, die über ihr feines Haar streicht. Gräfin von Hallewin runzelt die Stirn, wagt aber nicht einzugreifen. Johanna hat in ihrem Sessel Platz genommen. Sie schaut zum Fenster hinaus, folgt dem Zug der Wolken, als versuche sie, mit ihrem Blick die Entfernung zu überwinden, eine Brücke zwischen Kastilien und Flandern zu schlagen und ein Band zu knüpfen, das die beiden Reiche friedlich vereint.

Während sie nachsinnt, schließt sie kaum merklich die Augen und beginnt zu erzählen, von der Sonne, dem Wind, den Flüssen, den Bergen, den Hochebenen, dem Zug der Schafe über die rote Erde, durch ausgetrocknete Flußbetten. Sie erzählt von den Männern und Frauen, den Bauern, Hidalgos und Granden Spaniens, beschreibt einfache Hütten und Schlösser, die Märkte, Feste, Turniere und Stierkämpfe. Besonders lange verweilt sie bei Córdoba und Granada, der Perle Andalusiens. Die Augen weit geöffnet, streifen die Kinder in Gedanken durch die Paläste der Kalifen, atmen den Duft der wilden Hyazinthen und Rosen ein, hören das Plätschern der tausend Brunnen, wandern durch Innenhöfe, in denen sich hohe Palmen wiegen und die purpurnen Blüten des Granatapfelbaumes sich wie Wunden öffnen. Johannas Stimme versagt. In ihrer Erinnerung erschallt der Ruf des spanischen Heeres, das vor den Toren Granadas steht: »Santiago, Santiago, Castilla, Castilla, Granada, Granada!« Wie soll sie dieses Gefühl beschreiben, diesen Sturm der Begeisterung, der selbst dem abgehärtesten aller Soldaten die Tränen in die Augen trieb? Und sie erzählt von ihrer Mutter Isabella, die stolz aufgerichtet auf ihrem mit Purpur und Gelb geschmückten Pferd sitzt und den Blick auf das Kreuz heftet, das bald in der maurischen Stadt aufgepflanzt sein wird. »Vamos por Dios, nuestro señor Jesus Christo y Santa Maria.«* Und von dem Heer, das unter Trommelwirbel wiederholt: »Por Dios y la Castilla!«**

Heiße Tränen rinnen Johanna über die Wangen. Die so lange verdrängten Erinnerungen wühlen sie zutiefst auf. Sie war so

* »Machen wir uns auf! Für unseren Gott Herrn Jesus Christus und die Jungfrau Maria.«

** »Für Gott und Kastilien!«

stolz, als spanische Infantin geboren zu sein, und muß solch einen Niedergang erleben! Wie hat sie nur zulassen können, daß man sie so schändlich behandelt? Johanna will weitererzählen, diesen magischen Augenblick verlängern, Spanien für die Ihren, wie Gott, neu erschaffen, doch ihre Hände, ihre Stimme zittern allzusehr. Sie lacht und weint zugleich.

Rasch nimmt Gräfin von Hallewin die bestürzten Kinder bei der Hand, drängt sie zur Tür. Eleonore dreht sich ein letztes Mal um; die Hände vors Gesicht geschlagen, steht ihre Mutter wie versteinert da.

IN DER EISIGEN JANUARKÄLTE schickt sich Philipps Flotte an auszulaufen. Scharen von Dienern hasten über die Stege, die die Schiffe mit den Hafenkais verbinden. Stallburschen treiben Pferde und Maultiere an Bord. Die Tiere bäumen sich auf, schlagen aus, die Gepäckwagen ächzen, Befehle und Flüche vermischen sich. Am anderen Hafenende schifft sich das Heer, das vom Grafen von Fürstenberg befehligt und von Maximilian bezahlt wird, auf zehn Karavellen ein. Mit seinen zweitausend Soldaten will Philipp als Eroberer den Fuß auf kastilischen Boden setzen.

»Wann werden die Anker gelichtet?« fragt Johanna den Grafen von Nassau.

Sie haßt diese Soldaten, die ihren Vater bedrohen wollen, diese Flotte, die wie zur Eroberung eines fremden Reiches gerüstet ist. Der Admiral antwortet nur mit einem Achselzucken. Der Wind dreht ständig, und es kann jeden Augenblick zu schneien beginnen. Es herrscht so strenge Kälte, daß die Teiche zugefroren sind.

Der Kapitän erscheint, um die Erzherzogin an Deck ihres Schiffes zu begrüßen. Johanna sieht zunächst nur einen vom Wind geblähten grünen Umhang und eine beringte Hand, die einen Hut festhält. Alles erscheint ihr unwirklich. Die vierzig

Schiffe, die meisten verankert, schaukeln im Nebel auf und ab. Johanna, die auf die tiefe Verbeugung des Kapitäns mit einem leichten Kopfnicken antwortet, bleibt mit forschendem Blick auf dem Landungssteg stehen und runzelt die Stirn. Erstaunt hält auch ihre kleine Eskorte an. Was hat das plötzliche Zögern der Erzherzogin zu bedeuten?

Im Nebel hat Johanna mehrere auffällig gekleidete junge Frauen ohne Kopfbedeckung erblickt, die soeben eine der benachbarten Karavellen besteigen; sie vernimmt schamloses Lachen, sieht falschen Schmuck aufblitzen. Das kann nur ein Haufen von Huren sein!

»Kapitän, wer sind diese Frauen?«

Verlegen blickt der Mann zu der bunten Truppe hinüber.

»Hoheit, das kann ich Euch nicht sagen.«

»Dann erkundigt Euch, ich warte hier!«

»Wollt Ihr Euch nicht zuerst in Eure Kajüte begeben, Hoheit? Man wird Euch dort heißen Wein und Waffeln servieren.«

»Ich bleibe hier«, erwidert Johanna schroff.

Der Kapitän macht eine Verbeugung und entfernt sich zögernden Schrittes, während sich Ehrendamen und Edelmänner, vor Wut und Kälte zitternd, noch fester in ihre Mäntel hüllen.

Nach einer Weile kehrt der Kapitän in Begleitung eines Mannes in grauem Wolltuch zurück.

»Majestät, das ist der Mann, der auf der *Sirene* für das Einschiffen verantwortlich ist.«

»Wer sind diese Frauen?« fragt Johanna erneut.

»Hoheit«, stammelt der kleine Mann. »Sie gehören zum Gefolge Eures Gemahls.«

»Es sind Huren!«

Getuschel und Raunen gehen durch das Gefolge der Erzherzogin.

»Majestät, Ihr urteilt voreilig«, entgegnet der Mann mutig. »Diese Damen sind Sängerinnen und Tänzerinnen, die den Hof unterhalten sollen.«

»Sorgt dafür, daß sie augenblicklich das Schiff verlassen! Ich rühre mich nicht von der Stelle, bis sie von Bord gegangen sind.«

Nachts werden die Passagiere von dumpfem Gepolter aus dem Schlaf gerissen. Es hat aufgehört zu schneien, und der Mond wirft ein fahles Licht auf die bewegte See, wo die Lichter der Fakkeln, die am Ufer aufgepflanzt sind, zu tanzen scheinen.

»Was ist passiert?« fragt Philipp schlaftrunken.

»Die Schiffe lösen sich von den Ankern, Monseigneur, und schlagen aneinander. Wir haben Schaluppen mit Sicherheitsankern zu Wasser gelassen.«

Mit aller Kraft gegen Wind und Wellen anrudernd, versuchen die Matrosen, sich möglichst weit zu entfernen, bevor sie die Ersatzanker auswerfen – ein äußerst gewagtes, lebensgefährliches Unterfangen.

Philipp ist beunruhigt. Ist dieser Vorfall ein weiteres böses Vorzeichen? Schon die Abfahrt hatte wegen schlechten Wetters immer wieder verzögert werden müssen. Steht die ganze Reise unter einem ungünstigen Stern?

Nach einem heftigen Sturm, der die Schiffe vor der bretonischen Küste weit aufs offene Meer getrieben hat, tritt plötzlich völlige Windstille ein. Kein Hauch bläht mehr die Segel. Zwischen dem tiefen, bleiernen Himmel und der spiegelglatten See liegt die Flotte fast reglos da.

Durch das Bullauge ihrer Kajüte, die sie nicht mehr verläßt, blickt Johanna auf das Meer hinaus, das Admiral Kolumbus bezwungen hat. Weit, sehr weit von hier gibt es ein Land, in dem jetzt das Banner Kastiliens flattert und das Kreuz Christi aufgerichtet ist. Neben Spanien hat ihre Mutter ihr auch diese ferne Welt überantwortet, doch sie begehrt sie nicht. Ihre Neugier und ihre Begeisterung sind erstorben. Philipp hat diese Gefühle in ihr getötet. Sie kann nur noch spionieren, warten, auf Rache sinnen.

Die Dämmerung bricht herein. Anna trägt ihr heiße Milchsuppe, Gebäck und Wein herbei, doch Johanna rührt nichts an. Aus der Nachbarkajüte, der von Philipp, dringt lebhaftes Stimmengewirr, fröhliches Lachen. Das Glück der anderen verdirbt ihr den Appetit.

Kurz nach Mitternacht werden die Passagiere durch Schreie aus dem Schlaf gerissen.

»Feuer! Feuer!«

Philipp stürzt zur Tür.

»Monseigneur«, ruft ein Matrose keuchend, »das Schiff hat Feuer gefangen!«

Überall rennen die Seeleute wie Ameisen umher. Der Kapitän hat seinen Mantel geöffnet, sein Hemd aufgeknöpft. Trotz der Kälte ist er schweißgebadet.

»Wir werden das Feuer gewiß unter Kontrolle bringen, Monseigneur.«

Philipp ist verzweifelt bemüht, seine heftige Furcht niederzukämpfen. Was mag Gott ihm verübeln, daß er ihn so hart prüft? Jetzt taucht Juan Manuel auf. Seit Beginn der Reise spürt er die Unruhe seines Herrn und versucht, ihm Mut zu machen.

Der Kastilier legt die Hand auf Philipps Schulter. Er hat großen Einfluß auf den Erzherzog und weiß ihn so geschickt zu lenken, daß der junge Mann es trotz seiner Empfindlichkeit nicht als Kränkung auffaßt.

»Es war nur ein unbedeutendes Feuer, Monseigneur, kein Grund zur Sorge.«

»Zuerst der Sturm, der unsere Abreise um mehrere Wochen verzögert hat, dann die Anker, die nicht halten wollten, die plötzliche Windstille und jetzt das Feuer. Selbst ein nicht abergläubischer Mensch muß darin unheilvolle Zeichen erblicken.«

»Die Zeichen, Monseigneur, zeigen uns nur, was wir fürchten. Ihr solltet sie vielmehr als ein gutes Omen deuten, dann wird das Glück Euch hold sein.«

Die Matrosen sind wieder auf ihren Posten, Philipp ist erschöpft. Ob Johanna schläft? Seit Beginn ihrer Reise hat er sie nicht ein einziges Mal gesehen. Hier an Bord hat er wenigstens die Gewißheit, daß sie weder fliehen noch Verrat an ihm üben kann.

Zunächst begünstigt ein stetiger Wind die Fahrt, zur Freude der Passagiere und der Matrosen, die alle Segel setzen, und die Karavellen schießen dahin wie freigelassene Vögel. Schon nach wenigen Tagen aber nimmt der Wind bedrohlich an Stärke zu, setzt leuchtende Schaumkronen auf die Wasseroberfläche, läßt die Schiffe schlingern und die Wanten knarren. Der hellblaue, fast weiße Himmel hat sich verdüstert.

»Refft die Segel!« brüllt der Kapitän.

Doch der Sturm ist zu kräftig, die Segel schlagen so heftig, daß die Matrosen sie nicht mehr einholen können. Keine der Karavellen vermag den Kurs zu halten, die Strömungen und der hohe Wellengang treiben die Flotte hoffnungslos auseinander. Bald ist die *Julienne* allein und nur noch ein Spielball der Wogen.

Barfuß erscheint Philipp auf der Brücke. Diesmal ist er ganz sicher: Keiner von ihnen wird den unheilbringenden Kräften entkommen, die sie vernichten wollen. Bestürzt tritt ihm der Kapitän entgegen. Da er sich bei dem heulenden Sturm nicht verständlich machen kann, weist er nur mit einer hilflosen Handbewegung zum Himmel. Mehrere Edelleute versammeln sich um den Erzherzog, ihre kostbaren Gewänder sind durchnäßt von den Brechern, die über die Brücke schlagen. Eine besonders heftige Welle reißt Philipp mit und schleudert ihn gegen eine Rolle Tauwerk.

»Meine Freunde«, ruft er, sich wieder erhebend, »wir werden sterben!«

Alle Angst ist plötzlich von ihm gewichen. Er denkt jetzt nur noch mit schmerzlicher Sorge an seine Kinder, die er als Waisen zurücklassen wird, an seinen Vater, seine weinende Schwester und an sein verlassenes Volk.

Auch Johanna in ihrer Kajüte glaubt, das Ende sei gekommen. Sie hört das ängstliche Wimmern ihrer beiden alten Dienerinnen kaum, denn die Wogen donnern mit Getöse gegen den Rumpf der *Julienne*. Ein graues, trübes Licht dringt durch das Bullauge, verwischt alle Umrisse und Farben.

Tastend bewegt sich Johanna zu der großen Truhe, in der sie ihre Prunkgewänder aufbewahrt. Wenn sie schon untergehen muß, will sie wie eine kastilische Königin an der Seite ihres Gemahls sterben und nicht wie eine Ratte in der Falle.

Draußen auf dem Gang sind Rufe, Flüche und feierliche Gelübde zu hören. Die Hand auf dem Deckel der Ledertruhe, vernimmt Johanna die Stimmen dieser Verängstigten. Es sind dieselben Menschen, die sich vor wenigen Tagen noch damit brüsteten, Kastilien zu erobern.

»Anna!« ruft sie.

Niemand antwortet. Auf den brodelnden Fluten tanzt die *Julienne* wie ein Korken. Mit dem Rücken an der Wand Halt suchend, gelingt es Johanna, aus der Truhe einen Unterrock, einen Rock und ein golddurchwirktes Brokatkleid mit perlenbesticktem Kragen hervorzuziehen. Sie wird diesen Feiglingen zeigen, wie eine kastilische Königin stirbt. »Ich, Königin Johanna« – endlich haben diese unwirklichen, berauschenden Worte einen deutlichen Sinn. Philipp kann sie schlagen, sie einsperren, aber gegen diese drei Worte ist er machtlos.

Mit wenigen Handgriffen legt Johanna ihr Hemd ab. Dabei fällt ihr Blick auf den Spiegel im Perlmuttrahmen. Nach den fünf Schwangerschaften ist ihr Bauch wohl ein wenig gewölbt, sind ihre Brüste schwerer geworden, ihre Schenkel und Beine aber sind die eines jungen Mädchens geblieben. Sie ist gerade erst sechsundzwanzig geworden und immer noch begehrenswert. Doch was nützt es ihr? Sie schlägt die Augen nieder.

Ein scharfer Geruch erfüllt die Kajüte. Das Tosen des Meeres ist schauerlich, doch die junge Frau zwingt sich, es zu überhören und so beherrscht zu bleiben, wie sie es sich vorgenommen hat.

Hinter ihr zerschellt krachend ein Sessel an der Wand, wo ein schlecht befestigtes Bild hin und her schwingt, Gläser, Krüge, Flakons liegen zerborsten am Boden. Mühsam streift Johanna das schwere Kleid über und schnürt das Mieder, immer wieder vom Schlingern des Schiffes gezwungen, sich festzuhalten.

Schließlich ist sie fertig angekleidet, und das Bild, das ihr der Spiegel zurückwirft, befriedigt sie. Bevor sie an Deck geht, muß sie nur noch ihren Schmuck anlegen und sich kämmen.

In einem geisterhaften Licht, bei bedrohlichem Knarren und Ächzen des Schiffes bürstet Johanna in aller Ruhe ihr Haar, steckt es mit goldenen Spangen hoch und setzt eine kleine, samtene Reiterkappe auf, die einzige Kopfbedeckung, die sie finden konnte. Die Perlen von Isabella schimmern an ihrem Hals, ihre Armbänder, funkelndes Diamantgeschmeide, stammen aus den Häusern Habsburg und Trastámara. Die Sturmböen werden noch heftiger, Johanna wird gegen ihr Bett geschleudert, sie stürzt, richtet sich ohne Hast wieder auf und bewegt sich Schritt für Schritt auf die Tür zu. Obwohl sie fröstelt, hat sie rote Wangen und glühende Hände. Erneut donnert eine Woge gegen den Schiffsrumpf, so daß Johanna auf die Knie geworfen wird. Dabei ist ihr die runde Kappe vom Kopf geglitten; sie setzt sie wieder auf und befestigt sie mit einer Nadel.

Als Johanna an Deck kommt, peitscht ihr der Wind ins Gesicht, nur gebückt kann sie sich vorwärts bewegen. Die Edelleute aus Philipps Gefolge drängen sich eng aneinander wie eine Herde verängstigter Schafe, murmeln Gebete, die von Angstschreien unterbrochen werden, wenn eine besonders hohe Welle über das Deck rollt. Philipp steht neben Juan Manuel am Fuße des Hauptmastes. Mit triefendem Haar und durchnäßten Kleidern starrt er fasziniert auf das Toben der Naturgewalten. Ohne allen Glanz, alle Pracht wirkt er sehr jung und verletzlich. Ein ganz gewöhnlicher Mann, denkt sie, ein schöner Junge wie viele andere auch.

Als Johanna, fest gegen den Wind gestemmt, auf das Heck zugeht, übertönt ein fürchterliches Krachen alle anderen Geräusche. Ein Windstoß, heftiger als alle anderen, hat das Großsegel über Bord gerissen! Lediglich ein Tau verbindet es noch mit dem Mast. Das Segel füllt sich sofort mit Wasser, das Schiff bekommt Schlagseite.

»Wir sind verloren!« murmelt eine Stimme neben der Erzherzogin. Die junge Frau prallt mit der Schulter gegen eine Wand des hinteren Kastells, ihr Haar löst sich unter der Kappe, und einige Strähnen fallen ihr ins Gesicht. Doch sie sieht die Wellen ohnehin nicht mehr, die unentwegt über die Brücke schlagen. Die Passagiere schreien und drängen sich zusammen, rufen Christus, die Jungfrau Maria, alle Heiligen des Himmels an und legen in ihrer Not die unglaublichsten Gelübde ab. Johanna zuckt die Achseln und steigt, an das Treppenseil geklammert, die Stufen hinauf, die zur Deckskajüte führen.

Philipp blickt starr vor sich hin, das quälende Bild seiner Kinder, die bald Waisen sein werden, vor Augen.

»Juan?« fragt er.

»Ja, Monseigneur?«

»Solltest du mich überleben, dann sorge für meine Kinder! Sag ihnen, daß ich sie zärtlich geliebt habe!«

»Ihr werdet nicht sterben, Monseigneur, die Jungfrau von Guadalupe schützt Euch.«

Von hoch oben kann Johanna das gesamte Deck überblicken. Sie sieht, wie die Matrosen vergeblich versuchen, das Segel wieder einzuholen. Plötzlich steigt einer von ihnen, ein Messer zwischen den Zähnen, auf das Geländer und springt kopfüber in die tosenden Fluten. Das Meer verschlingt ihn, doch er taucht bald wieder auf, schwimmt mit aller Kraft gegen die meterhohen Wellen an und kann sich schließlich am Segel festklammern.

»Bei der Jungfrau Maria!« ruft der Kapitän. »Er versucht, einen Riß in das Segel zu schneiden, damit das Wasser entweichen kann.«

Der Mann ist hinabgetaucht. Einen Augenblick lang, der allen wie eine Ewigkeit erscheint, ist nichts von ihm zu sehen. Schließlich taucht ein Arm aus den Wassermassen auf, und eine Hand, mit einem Messer bewaffnet, sticht auf das Segel ein. Das Schiff verliert langsam an Schräglage.

»Dieser Mann wird noch heute in meine Ehrenwache aufgenommen.«

Philipp hat Tränen in den Augen. Von allen menschlichen Tugenden geht ihm Tapferkeit am meisten zu Herzen. Als er zufällig den Blick hebt, entdeckt er Johanna, die, wie zu einem Fest geschmückt, hoch oben bei der Deckskajüte Sturm und Wellen trotzt, und er fragt sich, ob sie wohl auch eine Heldin sei.

Der Matrose ist wieder an Deck geklettert. Gegen die Reling gestemmt, zerren seine Kameraden mit aller Kraft an dem Segel, ziehen es unter großem Freudengeschrei aus dem Wasser.

»Laßt uns beten«, befiehlt Philipp, »und dem Herrn für die Gnade danken, die er seinen armen Kindern hat zuteil werden lassen!«

»Was für ein Land ist das, Kapitän?«

»Wir sind an die englische Küste getrieben worden, Monseigneur, doch wohin genau, kann ich nicht sagen.«

Der Sturm hat sich gelegt. Wie ein schützender Verband hat sich dichter Nebel um die *Julienne* gelegt. Der Hauptmast ist gebrochen, das Großsegel zerfetzt, der Rumpf an einigen Stellen undicht. Das einst so stolze Handelsschiff ist nur noch ein Wrack, der Strömung preisgegeben. Niemand weiß, was aus der restlichen Flotte geworden ist. Ist sie dem Orkan zum Opfer gefallen? Doch zur Stunde will niemand sich diese Fragen stellen. Jeder an Bord hat nur den einen Wunsch, so schnell wie möglich vor Anker zu gehen und den Fuß an Land zu setzen.

An die Reling gelehnt, starrt Philipp auf den Küstenstreifen. Die unfreiwillige Landung in England bringt seinen Zeitplan durcheinander. Wie lange wird er hier bleiben müssen, um die notwendigen Reparaturen vornehmen zu lassen? Wie soll er die hohen Summen aufbringen, die dieser Schiffbruch verschlingen wird, wie kann er das Zusammentreffen mit König Heinrich zu seinem Vorteil nutzen? Schon schmiedet er Pläne und bereitet eine Rede vor.

Johanna bekreuzigt sich dreimal, verläßt ihren Betstuhl und tritt ans Bullauge. Im Nebel sieht sie das Ufer auftauchen und wieder verschwinden, während sich das Schiff mit der Dünung hebt und senkt. Obwohl sie sich in ein dickes Wolltuch gehüllt hat, zittert sie vor Kälte und Nässe. Betten, Decken, Kleider, alles in der Kajüte ist schrecklich klamm.

»Haltet die Anker bereit, überprüft die Schaluppen!« befiehlt der Kapitän.

»Gerechter Himmel!« ruft der Admiral aus. »Hätte uns nicht die Flut geholfen – wir wären in der Flußmündung auf Grund gelaufen oder an den Felsen zerschellt!«

Ein kleiner Fischerhafen wird zwischen Hügeln und Meer sichtbar. Die buntgestrichenen Barken sind weit auf den Strand gezogen, um sie vor dem Unwetter zu schützen. Der Nebel hat sich aufgelöst; nur ein paar Dunstfetzen hängen noch in den Felsen.

»Laßt öffnen, Hoheit, wir haben Anker geworfen!«

Johanna, die unter der feuchten Bettdecke ganz steif geworden ist, erkennt die Stimme des Grafen von Nassau. Anna kommt aus ihrer kleinen Kammer hervor und eilt zur Kajütentür.

»Wir lassen soeben eine Schaluppe ins Wasser, damit die Erzherzogin an Land gehen kann. Monseigneur erwartet sie dort.«

»In wenigen Minuten bin ich bereit!« ruft Johanna.

Sie hat genug von diesem treibenden Schiff, von dieser Feuchtigkeit und Kälte. Was immer Philipp beschlossen haben mag, sie ist bereit, ihm zu folgen.

»Wo sind wir?« fragt Nassau.

»In Malcombe Regis«, antwortet ein Fischer, seine Mütze in der Hand.

»Gibt es Pferde in diesem Dorf, mein Freund?«

Nassau hat das Herrscherpaar in der einzigen Herberge des Ortes untergebracht und bemüht sich, möglichst schnell einen Ausweg aus der mißlichen Lage zu finden.

»Das ist schon möglich.«

»Wir werden den Besitzer angemessen entlohnen. Außerdem soll sich ein Kurier auf der Stelle zu Seiner Majestät dem König begeben.«

Der Mann ist sprachlos vor Erstaunen. Diese in Samt und Seide gekleideten Edelleute, diese Dame in dem kostbaren Prunkgewand, das unter dem Umhang hervorschaut, dieser schöne Mann, der einem Prinzen gleicht, all das übersteigt seine Auffassungsgabe.

»Herr Leflamand, folgt diesem Mann, nehmt die verfügbaren Pferde, und reitet so schnell wie möglich nach London!« befiehlt Nassau dem Sekretär des Erzherzogs.

Die Mütze noch immer in der Hand, entfernt der Fischer sich mit schlurfenden Schritten.

»Habt Ihr andere Schiffe gesehen?«

Philipp, Johanna, Juan Manuel, Fürstenberg und Karl von Lalaing sitzen in der Gaststube und blicken den Wirt erwartungsvoll an. Nur spärliches Tageslicht dringt durch die winzigen Fenster in den von Rauch geschwärzten Raum.

»Hier nicht«, brummt der Mann.

»Und anderswo?«

»In Portland, Weymouth und Southampton sollen ausländische Schiffe gesichtet worden sein.«

»Gott sei gelobt!« ruft Philipp aus.

In seiner übergroßen Freude steckt er dem Wirt eine Goldmünze zu. Der läßt sie sofort in seiner Tasche verschwinden.

Diese reichen Herren sind ein Geschenk des Himmels. In wenigen Tagen wird er mehr verdienen als sonst in einem ganzen Jahr!

Sich plötzlich vor Freundlichkeit fast überschlagend, zeigt der Wirt den Gästen die Zimmer. Der kastilische Kapitän, seine Frau und seine Freunde sollen es sich darin nach Belieben bequem machen. Die Kammern sind niedrig und düster, aber alle mit einem Bett, einer Truhe, einem Tisch und zwei Stühlen ausgestattet. Am Ende des Gangs befindet sich ein Abort, ein einfaches Loch im Holzfußboden, auf das der Hausherr sehr stolz zu sein scheint. Ohne zu zögern, wählt Philipp für sich den größten Raum, Manuel und Nassau werden in zwei benachbarten Kammern untergebracht. Johanna wird ein Zimmer zugeteilt, das auf den Hühnerstall und den Gemüsegarten hinausgeht, die übrigen werden mehr schlecht als recht auf die Gemeinschaftsräume verteilt.

»Das Abendessen wird um sechs Uhr serviert, Mylord.«

Seit zwei Tagen warten alle besorgt auf die Rückkehr von Anton Leflamand. Philipp ist bereit, den König aufzusuchen, denn er ist sicher, ihn für seine Sache gewinnen zu können. Die Aussicht, an die Franzosen Schläge auszuteilen, bereitet ihm Genugtuung. Ohne zu murren, erträgt er die schlichte Unterkunft, die deftige Kost, das enge Zusammenleben, den unaufhörlichen Regen, der jede Aktivität im Freien unmöglich macht.

Endlich trifft eine kleine Eskorte ein, um anzukündigen, daß König Heinrich seinen verehrten Philipp wissen lasse, daß Sire Leflamand, der wohlbehalten in London eingetroffen sei, bald zu den Seinen zurückkehren und ihm eine Einladung nach Windsor überbringen werde, wo alles für den Empfang solch bemerkenswerter Gäste vorbereitet sei.

»Ich werde mich dorthin begeben«, beschließt Philipp. »Doch wir bleiben nur so lange wie eben nötig.«

»Und Doña Juana?« fragt Manuel.

Philipp spielt mit einem Messer, die Spitze hinterläßt eine sichtbare Spur auf der Eichenplatte des Tisches.

»Vergeßt nicht, Monseigneur, daß Katharina von Aragón in Richmond ist! Ein Treffen der beiden Schwestern bedeutet eine Gefahr, die Ihr vermeiden solltet. Doña Katharina ist eine eigensinnige Frau, und wenn sie beschließt, ihrer Schwester zu helfen, so tut sie es, das könnt Ihr mir glauben.«

Ohne zu antworten, spielt der junge Mann weiter mit seinem Messer. Würde es den König nicht kränken, wenn er ohne Johanna bei ihm erschiene? Und doch hat Manuel recht; Katharina könnte ihrem Vater jederzeit einen Brief von Johanna zuspielen. Und außerdem könnte sich seine Gemahlin in Windsor genauso schroff und störrisch benehmen wie damals am Hofe Ludwigs. Die Erinnerung an ihren peinlichen Auftritt in Blois schmerzt ihn noch so sehr, daß er solche Szene nicht noch einmal heraufbeschwören möchte.

Plötzlich stößt er das Messer so fest in die Holzplatte, daß es darin steckenbleibt.

»Die Erzherzogin bleibt hier. Ich werde sie später nachkommen lassen, falls ihre Anwesenheit erforderlich ist.«

Als Johanna am übernächsten Morgen erwacht, schließt sie aus der Stille, die plötzlich in der Herberge herrscht, daß sie allein ist. Am Bett steht Henriette und beobachtet ihre Herrin.

»Ich habe einen Brief für Euch, Hoheit.«

Johanna greift nach dem Papier, entfaltet es aber nicht. Sie weiß, daß Philipp sie wieder einmal im Stich gelassen hat.

Zornig zerreißt sie die Nachricht und wirft die Fetzen in den Kamin. Es gibt keinen Brief mehr, keinen Philipp, sie ist Witwe.

»Henriette«, befiehlt sie, »bring mir ein schwarzes Kleid!«

Philipp bricht in schallendes Gelächter aus, der Scherz war gelungen. Der Kronprinz, sein zukünftiger Schwager – sollte die Hochzeit mit Katharina zustande kommen –, ist in der Tat sehr amüsant. Im Ballspiel wie auch in der Liebe beweist der junge Heinrich ebenso viel Ausdauer wie er selbst. Der Aufenthalt in Windsor gestaltet sich äußerst angenehm. Nach freundschaftlichen Verhandlungen mit den Engländern soll bald ein Handelsabkommen unterzeichnet werden. Dann will Philipp dem Prinzen von Wales in einer feierlichen Zeremonie den Orden vom Goldenen Vlies verleihen. Im Gegenzug wird er den Hosenbandorden erhalten. Daß er sich bereit erklärt hat, den Grafen von Suffolk an die Engländer auszuliefern, was einem Verrat gleichkommt, bereitet dem Erzherzog wenig Kopfzerbrechen. Der letzte Thronanwärter, der eine weiße Rose im Wappen trägt und mit dem Haus Tudor rivalisiert hatte, war vor langer Zeit nach Flandern geflüchtet und hatte unter dem Schutz von Madame La Grande gestanden. Politik und Herz, denkt Philipp, sind oft nicht zu vereinen. Um Ferdinand zu vernichten, muß ich eben eine kleine Treulosigkeit in Kauf nehmen.

Hunderennen, Bärendressuren, Fuchs- und Hirschjagden tragen dazu bei, daß sich das Gewissen des Erzherzogs nicht allzusehr regt. Und die Herberge in Malcombe Regis wäre völlig aus seiner Erinnerung entschwunden, hätte der König ihm nicht bedeutet, daß zur Unterzeichnung eines Bündnisvertrages, der sowohl Spanien als auch Flandern betrifft, die Anwesenheit der Erzherzogin erwünscht sei.

Der englische König läßt Johanna mit dem Gefolge seiner verstorbenen Gemahlin nach Windsor holen. Flankiert von seinen Dienstmägden, verabschiedet der Wirt sie vor der Tür seiner Herberge mit unzähligen Verbeugungen, Dankesworten und Segenswünschen.

In diesen frühen Februartagen sind die Landstriche grau und

kahl. Auf den noch gefrorenen Wegen klappern die Hufe der Pferde, knirschen die hohen Wagenräder. Das kalte, bläuliche Tageslicht fällt schräg durch den Hochwald am Rande der Felder und schafft die Stimmung eines anhaltenden Morgengrauens. Gleichgültig läßt Johanna diese Landschaft, die für ihren Liebreiz bekannt ist, an sich vorüberziehen. Doch als sich der Zug Schloß Windsor nähert, überkommt sie ein vages Glücksgefühl. Nur noch wenige Stunden, dann ist sie bei ihrer Schwester Katharina, die sie vor zehn Jahren zuletzt gesehen hat. Eine Ewigkeit! Die Kleine, die damals elf war, ist inzwischen zur Frau herangereift und schon Witwe. Um später einmal den englischen Thron zu besteigen, ist sie bereit, ihren jungen Schwager zu heiraten. Warum strebt ihre Schwester nur so sehr nach einer Krone? Johanna empfindet ihre als eine schwere Last.

Von einem Schwarm englischer Damen begleitet, schreitet Johanna durch die schier endlosen Flure des Schlosses von Windsor, die bald mit Eichenholz verkleidet, bald mit kostbaren Tapisserien behängt sind. Die Dunkelheit ist schon hereingebrochen; in regelmäßigen Abständen sind Fackeln entzündet worden, so daß gespenstische Schatten über die Steinfliesen huschen.

»Schnell, Majestät!« säuselt eine betagte Herzogin in roter Seide. »Man gibt Euch zu Ehren ein Bankett. Es ist schon spät, und unser guter König wartet nicht gerne.«

»Die Reise war beschwerlich, und ich hatte unter der Kälte zu leiden.«

Der schneidende Ton der Erzherzogin verbietet jedes vertrauliche Geplauder. Erstaunt mustern die Ehrendamen sie verstohlen von der Seite. Man hatte geglaubt, Prinzessin Katharinas Schwester sei bezaubernd und zuvorkommend, und nun muß man feststellen, daß sie schmächtig, blaß, schroff und ohne jeden Liebreiz ist. Gewiß, ihr schwarzes Haar und ihre grünbraunen Augen sind wunderschön, ihr Ausdruck jedoch hat etwas Einschüchterndes, ihre Stimme etwas Bedrohliches.

Das Bankett geht seinem Ende zu. Johanna, die zwischen dem König und dem Prinzen von Wales sitzt, bemüht sich, zuvorkommend zu sein, um ihre Gastgeber für sich zu gewinnen, sie zu Vertraulichkeiten zu bewegen. Katharina, ihr gegenüber, scheint Philipps Worten gebannt zu lauschen. Die beiden Schwestern haben sich nur einen Augenblick allein gesprochen. Anfangs verwirrt, fast verlegen, haben sie sich schließlich umarmt, aber jedes Wort, jede Geste schien so gekünstelt, daß es Johanna das Herz zusammenschnürte.

Während die Erzherzogin die gereichten Speisen kaum anrührt, greift der König neben ihr immer wieder zu, trinkt den Wein in kräftigen Zügen. Der Kronprinz vergnügt sich damit, den Damen schlüpfrige Bemerkungen zuzuwerfen, die sie laut auflachen lassen. Links neben Philipp neigt sich eine üppige Blondine so vertraulich zu ihm hin, daß niemand an ihren Absichten zweifeln kann. Der Anblick dieser tief dekolletierten Frau, die derben Manieren des Königs, die Anzüglichkeiten des Kronprinzen und das Lächeln, zu dem sie sich unentwegt zwingen muß, sind Johanna eine solche Qual, daß sie am liebsten aufspränge und davonliefe. Heinrich VII. beobachtet sie heimlich. Die Königin von Kastilien erinnert ihn an ein wildes Fohlen, und es wundert ihn, daß der robuste Philipp es nicht geschafft hat, sie zu bändigen. Er sollte sie ihm für ein paar Nächte überlassen – er verstünde sich darauf, aus ihr eine gefügige, anschmiegsame Frau zu machen, und würde sie obendrein befriedigen!

Der Kronprinz bemüht sich erst gar nicht, ein Gespräch mit seiner Tischnachbarin, der Erzherzogin, zu beginnen. Die Spanierinnen haben, wie es den Anschein hat, nichts an sich, was einen guten Engländer entzücken könnte, weder die strenge, fromme Katharina, mit der man ihn vermählen will, noch die unruhige, verschlossene Johanna. Die kastilische Königin leidet ganz offensichtlich unter nervösen Störungen, das schließt er aus dem Zittern ihrer Hände, aus ihrer hastigen Sprechweise und aus der Art, wie sie den Kopf zurückwirft und sich dabei auf die Lippen beißt.

»Ich stelle fest, daß mein Gemahl keinerlei Grund hat, sich über Eure Gastfreundschaft zu beklagen«, sagt Johanna unvermittelt und sieht dabei den König durchdringend an.

Heinrich zögert einen Augenblick. Er haßt es, sich verteidigen oder rechtfertigen zu müssen, aber der Blick, mit dem Philipp das Dekolleté seiner Nachbarin betrachtet, macht es dem König unmöglich, der Erzherzogin mit Entrüstung zu antworten. So übergeht er ihre Bemerkung und lenkt das Gespräch geschickt in eine ihm genehmere Richtung.

»Euer Gemahl ist für mich wie ein Sohn, Madame, und die Verträge, die wir abgeschlossen haben, binden uns fortan noch enger aneinander, sofern das überhaupt möglich ist.«

»Welche Verträge?«

»Wir sind jetzt Verbündete, Madame, Ihr, Prinz Philipp, der Kaiser von Österreich und ich.«

»Aber ich habe gar nichts unterzeichnet!«

Johanna hat so laut gesprochen, daß alle verstummt sind. Entsetzt starrt Philipp sie an, als hätte sie sich vor seinen Augen in eine Giftnatter verwandelt.

Jetzt begreift Johanna, weshalb man sie nach Windsor geholt hat. Man hat einen Pakt gegen ihren Vater geschlossen, den sie mit ihrer Unterschrift besiegeln soll. Niemals wird sie das tun!

»Aber mein liebes Kind«, stammelt der König verblüfft. »Wir wollen nach dem Essen darüber sprechen.«

Wie sehr Johanna sich auch sperren wird – die mit Philipp vereinbarten Verträge, die für England äußerst vorteilhaft sind, dürfen nicht in Frage gestellt werden.

»Das alles geht mich nichts an«, murmelt Katharina. »Ich kann mich nicht in die inneren Angelegenheiten des Königreichs mischen. Verstehst du denn nicht, wie heikel meine Lage ist?«

»Es handelt sich um unseren Vater.«

Katharina sieht sich verstohlen um. Zum ersten Mal können sich die beiden Schwestern ungestört unterhalten, obwohl die Edelleute und die Damen sie nicht aus den Augen lassen.

»Vater kümmert sich kaum um mich. Ich kämpfe allein, um mich hier zu behaupten.«

»Das ist nicht wahr, Vater würde sein Leben für uns opfern!«

Johannas Gesicht nimmt wieder den gewohnten verschlossenen Ausdruck an. Sie hatte so auf die spontane Hilfe ihrer Schwester gehofft, Katharina aber denkt nur an den Prinzen von Wales und den Thron von England.

Obwohl es kühl ist, fächelt Katharina sich unentwegt Luft zu, um nicht die Beherrschung zu verlieren. Johanna ist ihr gegenüber stets gleichgültig gewesen, warum sollte sie, Katharina, den englischen Thron verspielen, indem sie sich jetzt auf ein Komplott einläßt, das von vornherein zum Scheitern verurteilt ist? Ferdinand braucht seine Töchter nicht, um sich zu verteidigen. Sie kennt ihren Vater nur zu gut und weiß, daß er genau das tun wird, was er sich in den Kopf gesetzt hat, ganz gleich ob es Philipp von Österreich gefällt oder nicht. Sie hat sich sofort ein Bild von ihrem Schwager machen können. Ein eleganter, verwöhnter Junge, der sich leicht beeinflussen und blenden läßt. Ferdinand wird kurzen Prozeß mit ihm machen.

Johanna zittert vor Nervosität; die letzte Hoffnung, Kontakt mit ihrem Vater aufzunehmen, ist dahin. In wenigen Wochen werden die Flamen als Eroberer an der spanischen Küste landen, ohne daß sie es verhindern kann.

»Unterzeichne nichts!« flüstert Katharina ihr noch schnell zu. »Und wenn du in Kastilien bist, verlange, auf der Stelle Vater zu sehen!«

Während sich ihre Schwester entfernt, bleibt Johanna noch eine Weile stehen. Sie will Windsor verlassen, schon morgen. Sie haßt diese Bankette, dieses oberflächliche Geschwätz, nur wenn sie allein ist, kann sie sich ihren Erinnerungen an glückliche Zeiten und ihren Rachegedanken hingeben.

Philipp, der mit ein paar Damen scherzt, läßt Johanna nicht aus den Augen. Schon morgen wird er sie nach Exeter schicken, wo Graf von Arundel sie aufnehmen will. Ihre Anwesenheit in Windsor schadet nur seinen politischen Interessen – und seinen Vergnügungen.

Der englische König schickt sich an, den Erzherzog ein letztes Mal auf eine Fuchsjagd zu begleiten. Nachdem Philipp nun schon zwei Monate am Hof von Windsor weilt, ist Heinrich froh über seinen baldigen Aufbruch. England wünscht augenblicklich weder mit Frankreich noch mit Spanien Streit. In Anbetracht des Ungestüms und der Naivität Philipps sowie der Unberechenbarkeit Johannas könnte Ferdinand letzten Endes doch als Sieger aus dem Komplott hervorgehen. Abgesehen von den Handelsverträgen und seinen eigenen Heiratsplänen mit der schönen Margarete von Österreich sind alle anderen unterzeichneten Dokumente nichts als vage Absichtserklärungen … Gott hat es offenbar gut mit ihm gemeint, als er die flämische Flotte an seiner Küste stranden ließ!

»Die Arglosigkeit, mein Sohn«, sagt er zum Prinzen von Wales, der seine rote Samtkappe zurechtrückt, »ist oft der Fehler der Wankelmütigen. Wenn du einst England regieren wirst, glaube nur dir selbst!«

Endlich ist die flämische Flotte bereit, in See zu stechen. Zur Begleichung der Schiffsreparaturen, der angemessenen Geschenke für den König und sein Gefolge, der Zechen in den Herbergen, in denen die Schiffsbesatzung und die Eskorte untergebracht waren, hat Philipp tief in die Staatskasse greifen müssen, die ihm vor seiner Abreise von den flämischen Städten gefüllt worden war. In Spanien wird er schleunigst andere Wege finden müssen, seine Bediensteten zu bezahlen. Vielleicht wird er Teile seines kostbaren Silbergeschirrs veräußern, doch diese Schwierigkeiten bereiten ihm kein Kopfzerbrechen. Er hat es geschafft, seine Position als Erbe der Krone Kastiliens zu festigen, solide Bündnisse zu schließen und Ferdinand zu isolieren. Diese Siege sind das großzügig verteilte Gold wert. Mit Hilfe der Granden wird er den Aragonesen vertreiben, Johanna für eine möglichst kurze Zeit in dem Glauben lassen, sie selbst regiere, bevor er sie einsperrt, um mit der Unterstützung seines Vaters, Heinrichs von England und gewiß auch des Papstes, der sich immer auf die Seite des Stärkeren stellt, allein den Thron zu besteigen. Dann wird Ludwig bitter bereuen, ihn verraten zu haben!

Zwei Monate hat Johanna mit ihren beiden alten Dienerinnen in Exeter verbracht und viel Zeit zum Nachdenken gehabt. Sie darf sich in Zukunft nicht länger von den Regierungsgeschäften fernhalten lassen, sondern muß, um Philipps Pläne zu vereiteln, wie ein Klotz an seinem Bein sein. Denn wenn es ihm gelingt, sie zu isolieren und ihren Vater auszuschalten, ist Kastilien den Flamen ausgeliefert. Ferdinand hat nur noch seine Tochter, die ihn retten kann. Sie wird sich zur Wehr setzen!

Seit einigen Tagen weilt auch Philipp im Schloß des Grafen von Arundel, wo er sich gewaltsam Zugang zu Johannas Gemächern verschafft hat. Durch die ungünstige Witterung sind die Flamen gezwungen, die Einschiffung immer wieder zu verschieben.

Beim Klang der Trompeten geht man am 22. April endlich wieder an Bord. Banner und Standarten flattern im Wind, der aus dem Norden weht.

»Monseigneur! Monseigneur!«

Ein Kurier des englischen Königs klettert an Deck und händigt Philipp ein Schreiben aus.

»Mein Sohn, ich habe soeben erfahren, daß Don Fernando Euch im Golf von Biscaya erwartet. Ich bitte Euch: Begegnet ihm freundlich! Das rate ich Euch als Vater, der um Euer Wohl besorgt ist und Euch von ganzem Herzen liebt. Und hütet Euch vor falschen Freunden und Ehrgeizlingen, die leider allzuoft jene umgeben, die regieren! Gott möge Euch schützen!«

Philipp faltet den Brief zusammen, zögert kurz und reicht ihn nachdenklich Juan Manuel.

»Wir werden also die Biscaya umgehen, Monseigneur.«

»Um wo an Land zu gehen?«

»In Andalusien, Monseigneur. Dort wird uns der Herzog von Medina Sidonia empfangen und die nötige Unterstützung zuteil werden lassen.«

»Begegnet ihm freundlich!« wiederholt Philipp still für sich. Soll er sich von einem alternden Monarchen beeinflussen lassen, der Spanien gar nicht kennt?

»Man schicke einen Kurier nach Medina Sidonia«, befiehlt er, »und vergesse nicht, auch den König von Portugal zu benachrichtigen! Sein Wohlwollen ist unentbehrlich.«

Auf der Höhe von La Coruña läßt der Wind plötzlich nach. Die schwere Dünung macht die Passagiere seekrank, die Damen sind des Lebens an Bord überdrüssig und die Edelleute ernsthaft besorgt.

»Warum gehen wir nicht hier an Land, Monseigneur?« fragt Nassau. »Warum sollen wir uns noch einmal einem Unwetter aussetzen? Dieser Wind will mir gar nicht gefallen.«

»Ich hatte die Absicht, in Andalusien anzulegen.«

»Ändert Eure Pläne nicht!« beharrt Manuel.

»Ich teile die Ansicht des Grafen von Nassau«, schaltet sich der Kapitän ein. »Auf dem Meer zu bleiben wäre ein Risiko, das völlig überflüssig ist, da wir schon so nah an der spanischen Küste sind.«

»Juan, warum ändern wir nicht doch unsere Pläne und gehen an Land?« fragt Philipp. »Ferdinand ist in der Biscaya, und wir haben in La Coruña ebenso viel Handlungsfreiheit wie in Cádiz.«

»Aber nicht die Truppen aus Medina Sidonia.«

»Wir haben zweitausend Soldaten an Bord und werden, so Gott will, vielleicht gar nicht angreifen müssen. Veyre hat dem König einen Kompromiß vorgeschlagen, den er möglicherweise unterzeichnen wird.«

»Auch wenn er ihn mit Blut unterzeichnen würde, traute ich seinen Worten nicht.«

Der Wind ist noch schwächer geworden, und man hört das unheilvolle Flattern der Segel. Philipp begreift, daß seine Leute endlich Fuß auf spanischen Boden setzen wollen.

»Wir gehen in La Coruña an Land«, entscheidet er.

»Es werden wohl Händler oder Pilger sein«, erklärt der Alkalde den Männern, die sich bei ihm eingefunden haben, nachdem sie in der Ferne die Flotte entdeckt hatten.

»Wir haben Banner auf dem Admiralsschiff flattern sehen.«

»In welchen Farben?«

»In denen Kastiliens, Don Pedro.«

»Großer Gott!« ruft der Alkalde aus. »Die Königin wird bei uns an Land gehen!«

Wie von der Tarantel gestochen, springt der Bürgermeister auf und betätigt energisch eine Glocke.

»So schnell wie möglich zur Festung!« befiehlt er den Seinen. »Feuert Böllerschüsse ab!« Und angesichts der verdutzten Blicke der Männer fügt er hinzu: »Das Schiff von Doña Juana und ihre Flotte laufen unseren Hafen an!«

Von der Festung hoch oben, aus dichten Rauchschwaden begrüßt Kanonendonner die *Julienne*, die mit schwach geblähten Segeln langsam und majestätisch in die Hafenbucht einfährt, während die Artillerie der Begleitschiffe die Begrüßung der Stadt mit Salutschüssen erwidert.

Philipp sieht die Kais näher kommen, auf denen es schon von Schaulustigen wimmelt, dahinter die gutgeplante Stadt, die sich vom Meer bis zur Festung erstreckt. Die Luft ist klar, transparent, leicht. Als auf der *Julienne* heitere, triumphierende Trompetentöne erklingen, überkommt den Erzherzog ein starkes Glücksgefühl. Er glaubt, einen der schönsten Tage seines Daseins zu erleben.

»Wir bereiten Euch eine Unterkunft im Kloster San Francisco, Monseigneur«, erklärt Nassau, der wenige Schritte hinter ihm steht. »Doña Juana und Ihr könnt dann an Land gehen.«

»Wann?«

»Nicht vor morgen früh, Monseigneur. Don Juan bietet sich an, vorher in Eurem Namen die Grüße der Notablen entgegenzunehmen und Euren offiziellen Einzug in die Stadt vorzubereiten.«

Philipp wendet sich ab, um erneut die spanische Küste zu betrachten. Heute kehrt er als Herrscher zurück, um den Thron Isabellas zu besteigen, Einsicht in die Geheimdokumente zu nehmen und seine eigenen Freunde in die Ämter einzusetzen, die mit den Schützlingen der Katholischen Königin besetzt sind.

Der Augenblick ist gekommen, denkt Johanna.

In dieser letzten Nacht an Bord der *Julienne*, die nur wenige Meilen von ihrem Heimatland entfernt vor Anker liegt, hat sie nicht schlafen können. Fast bis zum Morgengrauen hat Philipp sich mit seinen Männern beraten und wahrscheinlich die letzten Pläne zur Entmachtung ihres Vaters geschmiedet. Von Zeit zu Zeit vernahm sie die näselnde Stimme Manuels, die dem Zischen einer Schlange glich, dann lautes Lachen.

Den ganzen Morgen hindurch haben Matrosen und Diener Möbel, Tapisserien und Geschirr entladen, um die Gemächer der Herrscher herzurichten. Die Uhr hat eben zwei geschlagen. Johanna ist fest entschlossen.

»Gehen wir!« befiehlt sie den beiden alten Dienerinnen.

An Deck wird sie vom grellen Sonnenlicht geblendet. Vor ihren Augen liegen die Stadt, der Hafen, die Kais, wo es nur so wimmelt von Menschen, die vor Freude lauthals jubeln. Sie nimmt die vertrauten Gerüche von Olivenöl, Stockfisch, Hammelfett und Wildkräutern wahr. So heftig klopft ihr das Herz, daß sie sich an die Wand der hinteren Deckskajüte lehnen muß. Wird sie die Kraft haben, ihren Entschluß nicht wieder umzustoßen? Ihr ist heiß, ihre Kehle ist trocken. Warum ist sie so allein?

Lächelnd tritt Philipp auf sie zu. Eine mit gelbem und rotem Samt ausgeschlagene Schaluppe erwartet sie. Auf den anderen Booten drängen sich schon Musikanten, Philipps Leibwache und seine engsten Freunde. Etwas weiter, in einer langen Barke, plaudern und scherzen die Ehrendamen. Johanna, die an Philipps Arm geht, bleibt plötzlich stehen.

»Ich habe ausdrücklich angeordnet, daß ich kein Gefolge wünsche!«

Philipp legt seine Hand so fest um ihren Arm, als wolle er ihn brechen.

»Ich befehle dir, wenigstens die Regeln der Schicklichkeit zu achten!«

»Du hast mir nichts zu befehlen. Sie sollen wieder an Bord gehen!«

Johanna spürt, daß Philipp den Atem anhält und seine Muskeln anspannt, doch sie fürchtet sich nicht mehr vor ihm. In Spanien kann er nichts durch Gewalt von ihr erzwingen. Mit gesenkten Augen wartet sie.

»Du bist von Sinnen«, murmelt Philipp.

»Ich bin eine Gefangene. Und Gefangene haben kein Gefolge.«

Man kann jetzt nicht länger warten. Zornig wendet sich Philipp an den Admiral:

»Laßt die Damen wieder zurückbringen! Sie sollen uns später folgen.«

Keiner sagt ein Wort.

»Wir wollen jetzt gehen«, läßt sich Johanna schließlich mit ruhiger Stimme vernehmen.

Auf der Hafenmauer entblößen der Alkalde und die hohen

Beamten die Häupter und beugen die Knie vor dem Herrscherpaar. Ein in weiße Seide gekleidetes Kind trägt die Schlüssel der Stadt auf einem gelben und purpurroten Kissen herbei, während auf dem Wehrgang Trompeten und Hörner ertönen.

Johanna läßt den Blick über die Notabeln und das Volk schweifen. Tief atmet sie die spanische Luft ein und denkt an ihre beiden Schiffsreisen nach Flandern zurück; der ersten hatte sie ängstlich entgegengesehen, der zweiten freudig entgegengefiebert. Aus einem jungen Mädchen war eine liebende Frau geworden, doch heute betrachtet sie sich als Witwe. Ein Leben ist verstrichen, ihr eigenes Leben.

»Doña Juana, Don Felipe, die Stadt La Coruña, Galizien und ganz Kastilien heißen Euch durch meinen Mund willkommen.«

Der Stolz läßt die Stimme des Alkalden anschwellen. Belustigt vernimmt Johanna den harten galizischen Tonfall, Philipp indes nimmt nur eines wahr: Sein Name wurde erst an zweiter Stelle erwähnt.

Nachdem der Bürgermeister Johanna und Philipp die Hand geküßt hat, setzt er seine Rede fort. Die Tradition schreibt vor, daß die neuen Herrscher nach ihrer Ankunft in La Coruña zunächst in die Kirche geleitet werden, um den Treueid der Bewohner entgegenzunehmen und ihnen im Gegenzug zu geloben, ihnen Rechte und Privilegien zuzugestehen. Zwei prunkvoll geschmückte Reittiere erwarten das königliche Paar.

»Wie ich mich entsinne, Señor Alkalde«, spricht Johanna mit fester Stimme, »bezieht sich dieser Eid nur auf spanische Herrscher. Don Felipe, mein Gemahl, ist Flame, und ich bin es durch meine Ehe auch; wir sind also nicht befugt, ihn auszusprechen.«

Erstauntes Raunen geht durch die Menge der Flamen und der Spanier.

»Ich werde mich in die Gemächer zurückziehen, die man für mich hergerichtet hat.«

»Doña Juana, besinnt Euch!« ruft der Alkalde. »Ich flehe Euch im Namen der Bewohner von La Coruña an, die Euch als ihre geliebte und geachtete Herrscherin erwarten. Unsere vereinten Stimmen können Euch vielleicht umstimmen.«

»Nur mein Vater Don Fernando könnte mir mein Verhalten vorschreiben.«

Vor Erregung muß Johanna nach Luft ringen, doch ihr Plan ist gelungen. Der Klotz ist nun fest an Philipps Bein befestigt, und seine wutverzerrten Gesichtszüge verraten, wieviel Mühe es ihn kosten wird, ihn stets mit sich herumzuschleppen.

NACH TAGEN HEFTIGEN ZORNS triumphiert Philipp wieder. Aus allen Teilen Kastiliens treffen Adelige ein, die sich ihm anschließen wollen. Die Grafen von Benavente und Lemos, der Marqués von Villena, die Herzöge von Nájera und Béjar, der Sohn des Herzogs von Bragança und sein erster Verbündeter Fuensalida bieten ihm ihre Waffenhilfe und ihren Einfluß an. Das Kloster San Francisco gleicht einem Bienenkorb; unentwegt kommen und gehen Boten und überbringen richtige und falsche Nachrichten über den Aufenthaltsort und die Absichten Ferdinands und seiner bewaffneten Truppen. Es heißt, der Katholische König, der sich bisher in Villafranca aufhielt, sei auf dem Weg nach Santiago de Compostella, um sich dort mit seinem Schwiegersohn zu treffen, eine sogleich von einem anderen Kurier widerlegte Nachricht, der mitteilt, Ferdinands Truppen rückten an, um die Flamen aufs Meer zurückzutreiben.

»Ich glaube nichts von alledem«, erklärt Philipp und faltet das Schreiben zusammen. »Aber wenn er mich angreift, werde ich mich verteidigen.«

Philibert van Veyre, der inzwischen in La Coruña eingetroffen ist, setzt dem Erzherzog die politischen Umstände auseinander, die er zu berücksichtigen habe. Seit mehr als einem Jahr hat der Gesandte Philipps weder Zeit noch Mühen gescheut, um die Ankunft seines jungen Herrschers in Kastilien vorzubereiten und Ferdinands Pläne zu durchkreuzen.

»Er wird nicht angreifen«, erklärt er, »sondern abwarten und Euch die Offensive überlassen.«

»Philibert, hast du gesehen, wie mir die Granden aus der Hand fressen? Der alte Fuchs ist verloren.«

»Seid auf der Hut, Monseigneur, Ferdinand ist mit allen Wassern gewaschen! Seine Vermählung mit Germaine de Foix hat uns einen schweren Schlag versetzt. Wir müssen auf ähnliche Hiebe gefaßt sein!«

Veyre tritt ans Fenster und sieht einen Mönch durch den Kreuzgang wandeln. Die Monate in Kastilien haben ihn gelehrt, wie wertvoll Schweigen, Besonnenheit und Verschwiegenheit sind. Wenn Philipp glaubt, mit flämischem Tempo vorgehen zu können, wird er ihren Sieg gefährden. Um Ferdinand zu schlagen, muß man auf sein Spiel eingehen, Verträge unterzeichnen, auch wenn man sie gar nicht einhalten will, immer lächeln, immer alles versprechen. Einen Augenblick denkt Veyre, wie gern er sich nach all den Kämpfen, all den Intrigen hier ausruhen und dem Mönch dort unten folgen würde.

»Monseigneur«, fragt er schließlich, »seid Ihr wirklich fest entschlossen? Ferdinands Vorschlag erscheint mir durchaus annehmbar: sein Rückzug aus Kastilien nach Aragón gegen die Hälfte aller Einkünfte aus Indien und den Vorsitz über die religiösen Orden.«

»Nichts soll er haben, Philibert! Ich will allein über Kastilien herrschen.«

Das Gesicht des Gesandten verrät Zweifel. Philipp will allein herrschen, aber mit einer Gemahlin, die das Gesetz zur alleinigen Herrscherin bestimmt; allein, aber mit der Armee der spanischen Granden, die La Coruña bereits wie Eroberer besetzt halten; allein, aber mit zweitausend vom österreichischen Kaiser bezahlten Soldaten; allein, aber mit einem Gefolge von Beratern, die ebenso nach Gold wie nach Macht gieren.

Philipp deutet die Nachdenklichkeit seines Freundes als Enttäuschung. Veyre hat sich als ein treuer Gefolgsmann und geschickter Gesandter erwiesen, dem er viel zu verdanken hat. Der Augenblick ist gekommen, sich ihm erkenntlich zu zeigen.

»Philibert, morgen werde ich dich mit dem Orden vom Goldenen Vlies auszeichnen.«

»Du bist also entschlossen, mir das Leben zu vergiften!«

Seit ihrer Ankunft in La Coruña weigert sich Johanna, an den Volksbelustigungen, religiösen Zeremonien oder offiziellen Festlichkeiten teilzunehmen. Alle Einladungen lehnt sie mit derselben Begründung ab: »Ohne vorherige Aussprache mit meinem Vater werde ich keine offizielle Amtshandlung als Königin ausführen.« Philipp war gezwungen, allein die endlosen Begrüßungsreden anzuhören, die Galizier von seinen guten Absichten zu überzeugen, den Alkalden für ihre Treue zu danken. Allmählich gewinnt der neue König mit dem schönen Gesicht und der athletischen Gestalt das Vertrauen des Volkes. Wenn er sich in Begleitung der Truppen der Granden, der österreichischen Soldaten und seiner zahlreichen flämischen Dienerschaft durch die Straßen von La Coruña bewegt, ist er davon überzeugt, daß er triumphieren wird, auch wenn Johanna ihm immer stärker zur Last fällt.

»Ich kündige den mit Don Fernando abgeschlossenen Vertrag auf. Der König von Aragón soll auf der Stelle in sein eigenes Land zurückkehren.«

»Seine Majestät hat nicht die Absicht, sich Kastilien mit Gewalt anzueignen. Er will nur mit Euch zusammentreffen, um gewisse Mißverständnisse zu beheben, die durch seine abtrünnigen Gefolgsleute entstanden sind.«

Jiménez de Cisneros kann seine Ungeduld kaum verbergen, vermutet er doch hinter der Halsstarrigkeit des Erzherzogs den schändlichen Einfluß Manuels. Er muß alle Mittel aufbieten, um Philipp zu einer Begegnung mit seinem Schwiegervater zu überreden.

»Don Fernando und ich haben uns nichts zu sagen. Ihr verlangt von mir, den ersten Schritt zu tun? Der König soll mir erst einmal seinen guten Willen zeigen und sich nach Aragón zurückziehen. Danach bin ich bereit, mit ihm zu sprechen.«

Gern würde Cisneros den Erzherzog fragen, wer ihm diese neue Sprache eingeflüstert hat, doch Ferdinand legt großen Wert darauf, daß man sehr schonend mit seinem Schwiegersohn umgeht.

»Seine Majestät wünscht, wenigstens Seine Tochter zu sehen.«

Den Kopf leicht vorgeneigt, läßt der betagte Minister sein Gegenüber nicht aus den Augen. Durch seine Spitzel weiß er, daß Philipp seine Frau in Gewahrsam hält. Welche Argumente wird er sich zu seiner Rechtfertigung einfallen lassen?

»Doña Juana unterstützt mich in jeder Hinsicht. Sagt ihrem Vater, daß sie ihm schreiben wird, sobald er den Thronsessel geräumt hat!«

»Könnte sie ihm ihre Wünsche nicht persönlich darlegen?«

»Das ist absolut überflüssig.«

Der schneidende Ton des Erzherzogs verrät eine gewisse Verlegenheit. Cisneros mustert ihn aus halb geschlossenen Augen.

»Könnte ich denn meine Königin sehen?«

Der Erzherzog wird immer nervöser. Der alte Fuchs versucht, ihn in die Enge zu treiben, und Philipp wünscht sich nichts sehnlicher, als ihn bald abreisen zu sehen.

»Doña Juana ist krank.«

»Ist die Königin nicht vielmehr eine Gefangene, Don Felipe?« fragt der Bischof so betont sanft, daß seine Stimme wie das betörende Zischen einer Giftschlange auf Philipp wirkt. »So wird zumindest gemunkelt, und ich möchte mich gern davon überzeugen, daß diese Anspielungen, die Eure Ehre angreifen, nichts als Lügen sind.«

Die Turmuhr des Klosters von Santiago de Compostela schlägt sechs. Morgen in aller Frühe wollen die Flamen und ihre Verbündeten nach Benavente aufbrechen und von dort aus direkt nach Burgos weiterziehen. Da die Reisevorbereitungen noch in volllem Gange sind, hätte der Zeitpunkt von Cisneros' Besuch also kaum ungünstiger ausfallen können. Bereits matt von der drückenden Hitze, muß man sich nun zu allem Überfluß auch noch mit diesem Stänker abgeben, den Ferdinand ihnen geschickt hat.

Philipp zwingt sich, die Wut zu unterdrücken, die in ihm aufsteigt. Die Spanier bereiten ihm stets Unbehagen, und Manuels Beistand fehlt ihm heute sehr.

»Ich sagte bereits, daß Doña Juana krank ist.«

Der Erzherzog glaubt nicht einen Augenblick daran, den alten Fuchs überzeugt zu haben; dessen kaum verhohlenes Lächeln beweist ihm, daß er längst durchschaut ist.

»Ich will Euch nicht drängen, Don Felipe, doch ich fürchte, eine Überzeugung gewonnen zu haben, die ich nicht werde verschweigen können. Die Wahrheit ist eine weit gefährlichere Waffe als alle politischen Machenschaften. Wenn sie an den Tag kommt …«

Der Bischof spricht seinen Satz nicht zu Ende. Er deutet eine Verbeugung an und zieht sich zurück.

In der drückenden Hitze bewegt sich der endlose Zug auf den felsigen Wegen nur langsam voran. Wasser und Lebensmittel sind knapp. Immer öfter kommt es zu Handgreiflichkeiten zwischen den Galiziern und diesen Fremden, die ihre Dörfer plündern, ihre Früchte stehlen, ihre Felder zertrampeln.

Flankiert von zwei finsteren Edelleuten und von ihren schwitzenden, maulenden Dienerinnen Anna und Henriette begleitet, hält Johanna verzweifelt nach einem Boten ihres Vaters Ausschau. Sie kann an nichts anderes mehr denken, nicht einmal an das Kind unter ihrem Herzen, diese letzte Frucht eines abgestorbenen Baumes, gegen die sie sonderbarerweise nicht aufbegehrt.

Aus der kargen, steinigen Landschaft steigt der Duft von wildem Thymian und Rosmarin auf. Hier und da gruppiert sich um eine Kirche ein kleines Dorf mit geduckten, verdunkelten Häusern – je nach Rang und Reichtum ihrer Besitzer aus Stein, Holz oder Lehm gefertigt –, vor deren Eingangstüren Pinien, Myrten oder Kakteen wachsen. Barfuß, mit zerzaustem Haar und weit aufgerissenen Augen bestaunen Kinder den prächtigen Zug, der sich durch die schattigen Gassen bewegt. Inmitten aufgescheuchter, gackernder Hühner und quiekenden Schweinen ziehen Königin und König, Granden und Offiziere, Soldaten und Diener auf ihren Pferden dahin, erschöpft und stumm, begleitet vom Knarren der Gepäckwagen, die jeweils von zwei kräftigen Ochsen gezogen werden. Manchmal ertönt ein schüchternes »Hoch lebe unsere Señora!«. Dann wendet die junge Frau den Kopf zur Seite und lächelt, ein gezwungenes, trauriges Lächeln, während ihr Gemahl, unverwandt geradeaus blickend, vorüberreitet.

Endlich, nach zahlreichen Zufallsquartieren in Herbergen am Wegesrand, läßt sich der Hof für mehrere Tage in Monterey nieder. Johanna verlangt nach einem Bade, sie will frisches Wasser auf ihrem Körper spüren, ihn wieder und wieder waschen, um den Ekel vor sich selbst abzuspülen und ihre Lebensgeister zu wecken. Wo immer sie untergebracht ist – ob in Notunterkünften, wo es von Ungeziefer wimmelt, in geräumigen Schloßgemächern oder in Klosterzellen – überall läßt sie sogleich Orangenschalen und harzige Holzspäne verbrennen. Man muß ihr einen Stuhl ans Fenster tragen und die kleine Silberschatulle herbeibringen, die ihre Schätze enthält: ein Schreiben von Ferdinand, eine Locke von Karl, das Perlenkollier von Isabella, eine Handvoll Erde aus Granada in einem golddurchwirkten Säckchen und vor allem den Brief, den Philipp ihr nach Medina del Campo geschrieben hat; sie weiß die Worte auswendig, jedes einzelne lodert wie Feuer in ihrem Herzen. Doch sie brennt nicht mehr vor Liebe wie in La Mota, sondern wird von grausamen, mörderischen Flammen verzehrt, die sie nicht zu ersticken vermag.

Als sie eines Abends mit ihren beiden Dienerinnen das Nachtgebet sprechen will, läßt ein leises Klopfen an der Tür die drei Frauen hochschrecken.

»Juanita, öffne mir!«

Johanna springt auf, eilt zur Tür. Vor ihr steht mit ausgebreiteten Armen Fadrique Enriquez, der Admiral von Kastilien, ihr geliebter Onkel.

Nach einer langen Umarmung befiehlt Johanna ihren Dienerinnen, Mandelmilch, Wein aus Jerez und Gebäck aufzutischen.

Bei ihren Eltern wurde der Admiral stets freudig empfangen. Manchmal schenkte die Königin ihm den Wein höchstpersönlich ein.

Während die alten Frauen geschäftig umherlaufen, lacht Johanna, die Hand in der ihres Onkels, wie ein junges Mädchen. Er schaut sie an und mustert sie.

»Du bist noch so schön, mein Kind, wie damals, als ich dich zu deinem Bräutigam in dein neues Land geleitete.«

Johanna schüttelt den Kopf, dem Lachen folgen Tränen, die ihr den Blick verschleiern.

»Nein, lieber Onkel, das wißt Ihr nur zu gut!«

Er drückt sie fest an sich, und Johanna bricht in Schluchzen aus.

»Hab keine Angst!« murmelt Don Fadrique. »Es gibt einige, die über dich wachen.«

»Wer?«

Johanna hat sich wieder gefangen, ihre Augen glänzen. Die Worte ihres Onkels lassen eine verzweifelte Hoffnung in ihr aufkeimen.

»Dein Vater, mein Kind, ich, Cisneros, Alba, Denia und viele andere werden dich verteidigen – wenn es sein muß, bis zum letzten Atemzug.«

»Wie geht es meinem Vater, kann ich ihn sehen?«

Der Admiral legt den Finger auf den Mund, um ihr anzudeuten, daß er nicht antworten kann, sein Blick aber sagt ihr, daß sie zuversichtlich sein darf.

»Ich bin in geheimer Mission hier und soll deinen Gemahl zu einem Treffen mit Ferdinand bewegen, das von allgemeinem Interesse ist«, flüstert er.

»Ich werde ihn begleiten.«

»Nein, mein Kind. Dein Vater bittet dich ausdrücklich, nichts zu überstürzen. Du mußt ihm vertrauen.«

»Wie aber soll ich wissen, was er von mir erwartet, wenn ich ihn nicht sehen kann?«

Johanna hat die Stimme erhoben. Wieder legt der Admiral den Finger auf den Mund.

»Ich habe einen jungen Mann mitgebracht, der ihm voll und ganz ergeben ist. Erinnerst du dich an seinen Patensohn Victor de Santa Cruz? Er wird in deiner Nähe bleiben. Hör auf ihn! Der Junge liebt Kastilien, er wird dich unterstützen, dich vielleicht beraten und dich nie zu etwas überreden, das nicht den Wünschen deines Vaters entspricht.«

Johanna löst sich aus der Umarmung ihres Onkels, seine Zuversicht und seine Stärke haben sie beruhigt.

»Philipp läßt niemanden zu mir. Sagt meinem Vater, daß ich eine Gefangene bin!«

»Das weiß er schon.«

Mit glühenden Wangen eilt Johanna zu ihrem Schreibtisch, greift zur Feder.

»Überbringt ihm einen Brief von mir!«

Doch Enriquez schüttelt den Kopf.

»Es nützt niemandem, ein solches Risiko einzugehen. Du hast es nicht nötig, dir eine Blöße zu geben. Ich will versuchen, Philipp zu Ferdinand zu bringen, und es wird mir gelingen. Vorher darfst du nichts unternehmen.«

Johanna läßt die Hand sinken. Wieder wird sie von Traurigkeit überwältigt.

»Philipp ist fest entschlossen, meinen Vater aus Kastilien zu vertreiben, er wird nicht mit sich verhandeln lassen.«

»Er wird Stellung beziehen müssen, Johanna, er kann sich nicht länger mit Ausflüchten retten. Mehr kann ich dir jetzt nicht sagen.«

Henriette hat ein vergoldetes Silbertablett mit Karaffen und Schalen voller Obst und Gebäck aufgetragen.

»Wir wollen nun diese Köstlichkeiten genießen!« erklärt Enriquez fröhlich. »Die Hitze und der Staub der Straßen haben meine Kehle ausgedörrt.« Und während er seinen Becher bis zum Rand mit kühlem Wein füllt, fügt er im Flüsterton hinzu: »Was Don Victor anbelangt, sei unbesorgt! Offiziell wird er nicht in deiner Nähe sein. Du findest ihn im Gefolge des Marqués de Zenetta, einem der zahlreichen neuen Freunde deines Gemahls, die großzügig ihr Herz verschenken, während ihre Hände gierig raffen. Er wird sich dir zu erkennen geben.« Dann fährt er, sein Glas erhebend, mit lauter Stimme fort: »Auf das Wohl von Doña Juana, Königin von Kastilien, León und Granada!«

Da keiner der schweren Wagen die galizischen Berge hat überqueren können, treffen die Reisenden ohne Gepäck in Benavente ein, was nicht eben zu ihrer guten Laune beiträgt.

»Der König von Aragón hält sich nur zwei Meilen von hier entfernt auf«, bemerkt Philipp, als sie in La Puebla de Sanabria eintreffen, das zur Grafschaft Benavente gehört. »Eine Begegnung wird kaum zu vermeiden sein.«

»Und die kann nur kriegerischer Natur sein«, fügt Juan Manuel hinzu. »Don Fernando wird jede Hinterlist recht sein, um Euch zur Kapitulation zu zwingen. Doch die spanischen Granden verlangen, daß ihnen Kastilien auf der Stelle zurückgegeben wird.«

Die Stimme seines engsten Ratgebers hat einen drohenden

Unterton, und dieser Einschüchterungsversuch mißfällt Philipp.

»Glauben die Granden, mir mein Vorgehen diktieren zu können? Ich weiß selbst am besten, wie ich mich meinem Schwiegervater gegenüber zu verhalten habe.«

»Die Granden sind beachtliche Risiken für Euch eingegangen, Monseigneur. Wenn Ferdinand weiter in Kastilien bleibt, kann ich mich bei Euch bald nicht mehr für ihre Treue verbürgen.« Als Philipp keine Antwort gibt, fährt Manuel, wie um seinen Sieg auszukosten, fort: »Jiménez de Cisneros trifft heute abend als Abgesandter des Königs von Aragón ein. Ich meine, es ist an der Zeit, ihm Euren Willen aufzuzwingen, wenn es sein muß, mit Gewalt.«

»Glaubst du wirklich, daß Ferdinand eine bewaffnete Konfrontation sucht?«

Manuels Gestik deutet Zweifel an. Die zweitausend österreichischen Soldaten kommen die flämische Schatzkammer teuer zu stehen; es wird Zeit, sie einzusetzen, und sei es nur, um den Aragoneser einzuschüchtern, ihm deutlich zu zeigen, wer der Stärkere ist.

»Damit ist zu rechnen, Monseigneur.«

Philipp ist unentschlossen. Er befindet sich seit seiner Ankunft in Spanien in einer äußerst heiklen Lage, die er gerne beenden würde. Gleichzeitig schreckt er jedoch davor zurück, denn sobald das Problem der kastilischen Thronfolge geregelt ist, wird er sich den spanischen Granden stellen müssen. Diese Männer, die ihn so tatkräftig unterstützen, werden ihren Lohn dafür einfordern. Wie werden sie sich verhalten, wenn sie erfahren müssen, daß die Einkünfte aus den kastilischen Städten, Klöstern und Ländereien schon den Flamen versprochen worden sind?

Der heiße Wind wirbelt roten Staub auf, der durch Tür- und Fensterritzen dringt, an den Kleidern haften bleibt, sich auf Steinfliesen und Teppiche legt. Selbst in sorgfältig abgedunkelten Räumen findet man keine Erholung von der Hitze. Ein sonderbares Land, denkt Philipp. Nur wenige Meilen entfernt erwartet Ferdinand mich. In welche Falle wird er mich zu locken suchen?

Der schmale Weg windet sich durch einen Eichenwald und zwingt das flämische Heer, sich zu einer schier endlosen Reihe zu formieren. Hinter Philipp und seinen Freunden, die unter ihrem Wams ein Kettenhemd tragen, zieht eine Eskorte von berittenen Bogenschützen und Fußvolk. In dem kleinen Tal, wo die Begegnung stattfinden soll, scheint alles friedlich. Eine leichte Brise läßt die Myrtensträucher rascheln, die hohen, trockenen Gräser zittern, aus denen das schrille Zirpen der Zikaden aufsteigt. In der Ferne bimmeln die Glöckchen einer Schafherde. Philipp zuckt beim geringsten Laut zusammen und ärgert sich dann über seine Schreckhaftigkeit.

Schon bald sind Hufschlag und das Knacken von Ästen zu hören, doch diese gedämpften Geräusche scheinen eher von ein paar Waldarbeitern oder Schäfern als einem Heer bewaffneter Soldaten herzurühren.

Zur Verblüffung Philipps und seiner Begleiter kommt ihnen eine kleine Schar von Reitern entgegen, an der Spitze der König von Aragón, noch immer in unansehnliches Tuch gekleidet, mit ihm Cisneros im Ornat und der Herzog von Alba, dazu noch einige Edelleute. Alle sind heiter, als befänden sie sich auf einem vergnüglichen Ausritt.

Neben diesem friedlichen Häuflein unbewaffneter Männer wirken Philipps gerüstete Truppen, deren Lanzen in der Sonne blitzen, vollkommen unangemessen.

»Mein Sohn!« ruft der König bereits von weitem. »Wie es mich freut, daß sich unsere Wege endlich wieder kreuzen!«

Philipp weiß nicht, ob er auf der Stelle verharren oder auf seinen Schwiegervater zugehen soll. Ferdinand scheint seine Unsicherheit zu spüren und sich darüber zu amüsieren. Er kommt näher, ohne auf die vorgeschriebene Begrüßungsformel seines Schwiegersohns zu warten. Dicht vor Philipp hält er schließlich an und zieht den Hut. Der Erzherzog kann nun nicht mehr umhin, seinerseits das Haupt zu entblößen. Mit äußerst betretenen Mienen folgen Manuel und die Granden seinem Beispiel. In übergroßer Verwirrung vergißt Philipp all seine bösen Pläne und greift nach der Hand seines Schwiegervaters, um sie zu küssen.

»Umarmen wir uns lieber, mein Sohn!«

Dann wendet sich der König von Aragón an alle die, die ihn verraten haben. Er geht auf Benavente zu, umarmt auch ihn.

»Wie fett Ihr geworden seid, lieber Freund!«

Er hat das Kettenhemd unter dem Wams gespürt; der Graf schwitzt vor Hitze und Verlegenheit.

»Und Ihr auch, García!« sagt der König zu Garcilaso de la Vega, der lange sein Gesandter in Rom war und jetzt vor Verwirrung nur stammeln kann.

Cisneros, Alba und die anderen Getreuen Ferdinands begnügen sich damit, das Schauspiel aus einiger Entfernung zu beobachten, wobei ein spöttisches Lächeln um ihre Lippen spielt.

Als er die Verlegenheit seiner Abtrünnigen ausreichend genossen hat, läßt der König den Blick über die Soldaten und Bogenschützen schweifen.

»Ich sehe, Spanien gefällt vielen Menschen. Wie mich das freut!« Dann fügt er, plötzlich ernst geworden, hinzu: »Mein Sohn, wir wollen uns an einen Ort zurückziehen, wo wir ungestört sprechen können! Wir haben nur wenig Zeit und uns viel zu sagen.«

Vier Klappsessel stehen unter einer großen Eiche bereit, zwei mit einer Lederbespannung aus Córdoba für die beiden Herrscher, zwei mit einfachem Stoffbezug für Manuel und Cisneros. Ein Page trägt einen Lederschlauch mit kühlem Wein herbei. Philipp glaubt, in seinem Kettenhemd vor Hitze zu ersticken. Nichts ist so abgelaufen, wie er es sich erhofft hatte. Er kann sich weder heimlich mit Manuel besprechen noch in Ruhe überlegen, wie er aus der mißlichen Lage herausfinden soll. Mit seiner höflichen Gelassenheit ist Ferdinand ihnen allen hoffnungslos überlegen.

Geduldig wartet der König, bis Philipp und Manuel sich erfrischt haben. Mit seinem zufriedenen Lächeln um die Lippen wirkt Ferdinand in seinem schlichten Gewand wie ein braver Bürger auf einer Landpartie.

»Ich will keine Umschweife machen«, erklärt Ferdinand plötzlich mit einer Stimme, die ihren schmeichelnden Klang verloren hat. »Ihr seid mit der Gewißheit nach Spanien gekommen, von mir angegriffen zu werden. Das Gegenteil ist der Fall. Ich habe Euch erwartet, um die Macht an Euch abzutreten. Seit dem Tod meiner Gemahlin Isabella haben weder ich noch die Meinen je Zweifel aufkommen lassen: Der Thron von Kastilien, León und Granada gehört Euch.«

Verblüfft lauscht Philipp diesen Worten. Er hatte geglaubt, sie seinem Feind abringen zu müssen. Warum streckt der König so schnell die Waffen?

»Vater«, murmelt er, »ich danke Euch für Eure Güte. Irreführende Nachrichten haben mich zu der Überzeugung kommen lassen, Ihr wolltet uns mit Macht daran hindern, diese Länder zu regieren.«

»Ihr hättet mich aufsuchen sollen, mein Sohn, statt auf die zu hören, die mich hassen.«

Einen Augenblick lang ruht der Blick des Königs auf der Gruppe der Granden, die aus einiger Entfernung die Herrscher und ihre Berater beobachten und verzweifelt versuchen, aus deren Mimik und Gestik Schlüsse zu ziehen.

»Ich hätte Euch in Ruhe mit den Sitten und Gebräuchen dieses Volkes vertraut gemacht«, fährt er, den Blick wieder auf seinen Schwiegersohn gerichtet, fort. »Spanien ist kein Land, in dem Eile eine Tugend ist.«

Der Verräter versucht, mich zu beruhigen, denkt Philipp. Hat er die französische Heirat und den Brief vergessen, den er an Johanna nach Brüssel geschickt hat? Er versucht, seiner Stimme einen möglichst festen Klang zu geben, während er entgegnet: »Da wir nun beisammen sind, wollen wir den Augenblick nutzen, um ein Abkommen vorzubereiten, das wir bald unterzeichnen können. Das entspricht ebenso Euren wie meinen Wünschen.«

»Euer Gesandter, Philibert van Veyre, hat einen Vertrag aufgesetzt, mit dem ich in den meisten Punkten einverstanden bin. An denen sollten wir festhalten. Ich verlasse Kastilien und erhalte als Gegenleistung die Hälfte Indiens und der indischen Einkünfte sowie die Großmeisterwürde der drei großen geistlichen Orden von Santiago, Calatrava und Alcántara.«

Philipp lauscht aufmerksam. Bis jetzt sind die Forderungen seines Schwiegervaters annehmbar, und wenn er von seinen Beratern nicht daran gehindert worden wäre, hätte er sie längst unterschrieben.

Ferdinand erwartet eine Antwort.

»Ich glaube, Vater, wir können uns auf dieser Grundlage einigen.«

»Außerdem«, fährt Ferdinand fort, »wünsche ich einen Freundschaftsvertrag mit Eurem verehrungswürdigen Vater Maximilian. Als Gegenleistung kann ich Euch ein Bündnis mit meinem Onkel, dem König von Frankreich, versprechen. Sollte aber einer der beiden Herrscher Kastilien oder Aragón angreifen, würden wir uns gegenseitig Hilfe leisten.«

Philipp sieht, wie Juan Manuel zusammenzuckt. Ohne Zweifel hat sein Freund und Ratgeber etwas einzuwenden, aber er kann ihn nicht fragen, ohne vor seinem Schwiegervater, der ihn weiter durchdringend ansieht, kleinmütig zu wirken.

»Dieser Vertrag kann nur mit Zustimmung der Betroffenen unterzeichnet werden.«

»Gewiß, mein Sohn, aber wir wollen alles tun, damit sie ihn annehmen.«

Der Himmel hat sich bewölkt, es ist schwül und drückend geworden. Philipp ist völlig erschöpft. Er möchte das Gespräch beenden und sich mit den Seinen zurückziehen.

»Mein Vater sorgt sich sehr um das Wohl unserer Familie.«

»Vortrefflich«, sagt Ferdinand, »aber eine wichtige Frage bleibt noch zu erörtern. Johanna ist Königin von Kastilien, ohne sie seid Ihr außerstande zu regieren, nicht wahr?«

Ferdinand hat so leise geredet, daß Philipp glaubt, er habe sich verhört. Wie ist es möglich, daß sein Schwiegervater die Verhandlungen bereitwillig zu einem Ergebnis geführt hat, nur um dieses dann allein durch die Erwähnung seiner Tochter sofort wieder in Frage zu stellen. Ob er es geschafft hat, mit ihr Kontakt aufzunehmen?

»Ich vertrete Johanna, ihre Interessen, ihren Willen«, erwidert Philipp mit dumpfer Stimme. »Sie wird alles unterzeichnen, was ich ihr vorlege.«

»Wollt Ihr damit sagen, mein Sohn, daß sie niemals eigene Vorstellungen davon hat, wie ihr Land zu regieren ist?«

»Johanna zeigt nicht das geringste Interesse an der Politik.«

Philipp glaubt einen Augenblick, Ferdinand wolle sich erheben und das Gespräch beenden, doch im Gegenteil, der König macht es sich erst jetzt richtig bequem.

»Eure Worte, mein lieber Sohn, sind von großer Tragweite, und ich will sie sorgfältig überdenken. Meine Tochter hat tatsächlich in der Vergangenheit keinerlei Interesse für die Angelegenheiten des Staates gezeigt. Sie ist Ehefrau und wird jedes Jahr erneut Mutter.«

»Johanna ist eine sonderbare Frau, die die Einsamkeit mehr liebt als das Getriebe der Welt«, stimmt Philipp zu, überglücklich darüber, daß Ferdinand so auf ihn eingeht.

»Habt Ihr noch nicht erwogen, einen Ort für sie zu suchen, wo sie ihre Tage in Ruhe verbringen kann? Als ihr Vater bin ich genauso wie Ihr um ihr Wohl besorgt.«

Philipp versucht, seine Gedanken zu ordnen. Ferdinands

Entgegenkommen ist groß, steckt dahinter vielleicht eine böse Absicht?

Jetzt beugt sich Ferdinand weit zu ihm hinüber, als wolle er verhindern, daß Cisneros und Manuel seine Worte hören.

»Johanna hat mir wiederholt bestätigt, daß sie nicht zu regieren wünscht. Nicht wahr, Ihr wißt doch sehr genau, daß sie mir die Macht anvertrauen wollte, um dieser lästigen Pflicht zu entrinnen?«

Philipp wagt nicht zu antworten. Die Folterung von Ferdinands Gesandten war eine ziemlich rüde Methode, die sein Schwiegervater gewiß schlecht verdaut hat. Doch der König von Aragón erwartet offensichtlich keine Entschuldigungen.

»Verfahrt mit ihr, wie es Euch angemessen erscheint! Da ich weiß, daß Ihr nur ihr Bestes wollt, werde ich Euch nie Vorwürfe machen.«

»Was würdet Ihr an meiner Stelle tun?« stammelt Philipp.

»Ich würde ihr einen Aufenthaltsort zuweisen, der ihr gefällt, und sie mit vertrauenswürdigen Männern umgeben, um sie zu beschützen.«

Philipp hüpft das Herz vor Freude. Das Ziel ist erreicht! Wohl in der Hoffnung, eines Tages die Macht wieder übernehmen zu können, läßt Ferdinand seine Tochter im Stich. Er, Philipp, wird diese Treulosigkeit zu nutzen wissen! Der alte Fuchs irrt sich gewaltig, wenn er hofft, ihn entthronen zu können!

»Mein Vater, wir wollen diese Vereinbarung schriftlich festhalten und unterzeichnen. Ich weiß sehr wohl, daß Eure väterliche Liebe keineswegs vorübergehend ist und daß das Wohlergehen Eurer Tochter, das Euch heute am Herzen liegt, auch morgen noch Eurem Willen entspricht.«

»Unterzeichnen wir, mein Sohn! Doch niemand außer uns soll von dieser Vereinbarung wissen, sie soll eine reine Familienangelegenheit bleiben.« Mit diesen Worten erhebt sich Ferdinand. »Schenkt uns zu trinken ein!« ruft er mit heiterer Stimme. »Es ist heiß, und wir haben viel gesprochen.«

Leise nähert sich Jiménez de Cisneros dem König und blickt ihn fragend an.

»Es war ein sehr erfolgreicher Tag«, fügt Ferdinand hinzu.

Ein Lächeln huscht über das strenge Gesicht des Geistlichen.

JOHANNA HAT SO LANGE GEWEINT, bis ihre Tränen versiegt sind. Sie hat alles versucht, doch alles ist fehlgeschlagen. Ferdinand, ihre letzte Hoffnung, zieht gen Aragón und wird bald übers Mittelmeer reisen, um künftig auf seinem italienischen Besitz zu residieren. Nun ist sie Philipp gänzlich ausgeliefert.

Der Hof hat sich für mehrere Tage in dem unwirtlichen Schloß von Mucientes, einem armseligen Dorf, niedergelassen. Johanna bleibt Tag und Nacht in ihren verdunkelten Gemächern. Ein letztes Mal hat sie ihrem Vater geschrieben und den Brief heimlich dem Bischof von Málaga zugesteckt. Doch auch dieses Schreiben wird unterschlagen.

Die Flüsse sind ausgetrocknet, die Oliven- und Johannisbrotbäume an ihren Ufern drohen zu verdorren. Doch in der brütenden Sommerhitze wagt sich kein Mensch nach draußen, und das öde, stille Dorf scheint wie von bösen Mächten umzingelt. Schon gehen Gerüchte über Pestfälle um. Philipp wandert im Schloßhof, dessen Schatten einen Hauch von Kühle spendet, unruhig auf und ab. Oben auf der mit Arkaden geschmückten Galerie spazieren einige seiner Vertrauten hin und her. Jiménez de Cisneros und Don Fadrique sind eingetroffen. Auch wenn die spät erfolgte Aussöhnung mit den beiden Männern der Eitelkeit des Erzherzogs schmeichelt, so ist er vor ihnen nach wie vor auf der Hut. Aber der alte Minister Isabellas kennt die Geheimnisse der Regierung, und der spanische Admiral verleiht Philipp die Legitimität. Deshalb muß er die beiden nun hofieren, sie anhören, bis er mit allen Staatsgeschäften vertraut ist. Dann wird er sie schleunigst von der politischen Bühne verschwinden lassen; Juan Manuel hat bereits alles vorbereitet.

Ganz in Schwarz gekleidet, erwartet Johanna ihren Onkel in ihren Gemächern. Sie weiß von Philipps Plänen, sie in Gewahrsam zu nehmen. Doch nur mit Waffengewalt wird er sie in eine Festung einsperren können.

»Du blickst finster drein, Juanita.« Don Fadrique nimmt neben seiner Nichte Platz, greift nach ihrer Hand. »Ich bin auf Geheiß deines Gemahls hier.« Johanna hört aufmerksam zu; trotz der Hitze ist ihre Hand in der ihres Onkels kalt wie Eis. »Philipp behauptet, du seist nicht mehr im Vollbesitz deiner geistigen Kräfte.« Johanna will empört aufspringen, Don Fadrique aber beschwichtigt sie. »Ich weiß, daß es nicht der Wahrheit entspricht, denn ich kenne dich besser, als du denkst, doch da das Übel eingetreten ist, sollte man nicht die Augen davor verschließen, sondern versuchen, es zu heilen.«

»Das Übel kommt von Philipp.«

Nachdenklich lauscht der Admiral der gepreßten Stimme seiner Nichte. Johanna ist, das weiß er, in keiner Weise wahnsinnig, wohl aber verstört, aufbrausend, reizbar. Er muß sie wieder zur Ruhe bringen, nur so kann er die Gefahr von ihr abwenden.

»Johanna, hör mir gut zu! Dein Gemahl hat die Absicht, dich einsperren zu lassen.«

»Glaubt Ihr, das wüßte ich nicht längst?«

Johannas Ton ist scharf, ihre Hand aber bleibt vertrauensvoll in der ihres Onkels liegen.

»Du weißt es wohl, doch ich muß dir etwas sagen, was du nicht wissen kannst: Philipp hat deinen Vater gezwungen, ein Dokument zu unterschreiben, in dem er seine Einwilligung zu deiner Einkerkerung gibt.«

»Ich glaube Euch nicht!«

Die Stimme ist heiser und kaum verständlich.

»Es ist die Wahrheit, doch Ferdinand hat, als er wieder frei handeln konnte, Zeugen benannt und jede Zeile dieses niederträchtigen Dokuments widerrufen. Anschließend hat er ein Rundschreiben an alle spanischen Würdenträger und ausländischen Gesandten gerichtet, in dem er beteuert, deine Rechte als kastilische Erbin und Königin uneingeschränkt anzuerkennen. Dein Vater wird dich niemals verraten.«

Johanna ist so erschüttert, daß sie kein Wort herausbringt. Tränen rinnen ihr über die Wangen und fallen auf ihren schwarzen Rock. Die starke Anspannung der letzten Monate hat sie erschöpft, sie wird von Ängsten geplagt, die sie seelisch und körperlich schwächen, und was ihr an Kraft geblieben ist, nimmt sich das werdende Kind.

Die arme Kleine! denkt der Admiral. Sie ist der Einsatz in einem Spiel, das sie nicht durchschauen kann, und reibt sich vergeblich auf.

Es ist schon dunkel, als sich Don Fadrique schließlich erhebt.

»Denk an dein Kind!« sagt er zum Abschied. »Paß auf dich auf, es braucht dich noch!«

»Das einzige, was ich ihm bieten kann, ist meine Verzweiflung, Onkel. Alles andere in mir ist erstorben.«

»Unsere Königin ist keineswegs von Sinnen. Dafür bin ich bereit, mich zu verbürgen – vor meinem Gewissen und vor Gott.«

Don Fadrique Enriquez hält den Blick starr auf Philipps Berater Juan Manuel gerichtet, der soeben vor den verblüfften Cortes die Absetzung Johannas gefordert hat. Diese Forderung kommt so unerwartet, daß die Mitglieder der Ständeversammlung keine Worte zur Verteidigung ihrer Königin finden. Der Zwischenruf des Admirals von Kastilien kommt zur rechten Zeit.

»Don Fadrique«, entgegnet Juan Manuel trocken, »Ihr lebt nicht mit Doña Juana. Einzig ihr Gemahl ist in der Lage, ein Urteil über ihr Verhalten zu fällen.«

Allgemeines Schweigen. Niemand wagt sich zu rühren.

»Im Gegensatz zu Don Felipe kenne ich die Königin schon seit ihrer Geburt. Außerdem habe ich den Vorzug, unparteiisch zu sein.«

»Wollt Ihr damit andeuten, daß Seine Majestät einen persönlichen Vorteil sucht?«

Manuel bemerkt sofort, wie ungeschickt seine Frage war, denn der Admiral nutzt sie augenblicklich aus.

»Das zu beurteilen, will ich den Anwesenden überlassen.«

»Meine Herren«, erwidert der Kastilier mit seiner schrillen, distinguierten Stimme, »Don Fernando hat eine Abmachung unterzeichnet, in der er zustimmt, die Königin abzusetzen.«

Der Vorsitzende der Cortes läßt sich Zeit mit seiner Antwort, die von den Edelleuten in den hinteren Sitzreihen mit Unruhe erwartet wird. Die Kohlenbecken verströmen den herben Duft von Kräutern, die Fieber und Pest fernhalten sollen.

»Don Fernando hat das Abkommen widerrufen!«

»Das ist nicht wahr!«

Wutschnaubend ist Manuel von seinem Sitz aufgesprungen.

»Don Juan, ich habe hier ein Schreiben, das von der Hand des Königs von Aragón unterschrieben ist!«

Jetzt erhebt sich so lautes Stimmengewirr, daß sich weder Ankläger noch Verteidiger Gehör verschaffen können.

»Das ist doch völlig unsinnig!« ruft Manuel schließlich. »Das Schriftstück ist vor meinen Augen unterzeichnet worden!«

Doch am offenen Blick des Vorsitzenden der Cortes erkennt er, daß der Admiral die Wahrheit gesprochen hat. Demnach hat Ferdinand also wieder einmal widerrufen!

»Doña Juana, die Gott schützen möge, bleibt unsere alleinige Herrscherin.«

Juan Manuel antwortet nicht. Wenn die spanischen Cortes Philipp Widerstand leisten, wird er sich über sie hinwegsetzen müssen.

In Valladolid trifft ein Gesandter nach dem anderen ein; der des französischen Königs Ludwig XII. bestätigt die Auflösung der Verlobung von Claude de France mit Karl von Luxemburg, dem Sohn des Erzherzogs, der des englischen Königs Heinrich VII.

bewirbt sich offiziell um die Hand Margaretes von Österreich, der des Kaisers Maximilian informiert seinen Sohn über das Vorrücken der feindlichen Truppen Karls von Geldern, die der französische König unterstützt. In Abwesenheit des Erzherzogs hat Chièvres, der Gouverneur von Flandern, die ersten Angriffe erfolgreich niedergeschlagen und in Namur ein Heer zusammengezogen, das den Durchzug französischer Truppen vereiteln soll.

Philipp hört zu, liest Eildepeschen, unterzeichnet Dokumente. Die Bestätigung des französischen Verrats bestärken ihn in seiner Entschlossenheit, unumschränkter Herrscher über Spanien zu werden. Niemand wird ihn daran hindern, weder die Granden noch die Cortes und noch weniger die Schurkenstreiche des Königs von Aragón.

So wenig Zeit nur! Johannas Gedanken überstürzen, verwirren sich. Die Gruppe von Edelleuten und Soldaten, die nicht von ihrer Seite weichen, schirmen sie von der Außenwelt ab, wenn sie durch Marktflecken und Dörfer reitet. Noch am selben Abend muß sie eine Antwort geben, aber hat sie überhaupt eine Wahl? Johanna blickt sich um und sieht doch nichts als flämische, von der Sonne gerötete Gesichter. Was tun sie hier in Kastilien? »Bald werden sie die unumschränkten Herrscher des Landes sein«, hat man ihr am Vortag in der kleinen Dorfkirche des Weilers zugeraunt, in dem sie Rast gemacht haben, »und alles, was Königin Isabella erworben und vereint hat, werden sie auseinanderreißen, keine Stadt, kein Bistum, kein Kloster wird ihnen entgehen. Ist das Euer Wunsch, Majestät, ist das Don Fernandos Wille?« Ach, wie gern möchte sie entkommen, zu ihrem Vater eilen, ihm allein die Entscheidung überlassen! Seitdem sie aber Tag und Nacht überwacht wird, hat sie jede Hoffnung auf Flucht aufgegeben. Oft glaubt sie, vor Angst, Zorn und Verdruß zu ersticken. Ihr Maultier stolpert über einen Stein, und sie fährt erschrocken zusammen. Wann wird Philipp sie endgültig einkerkern lassen? »Eure Majestät haben keine Wahl, die Zeit drängt. Entweder töten oder getötet werden. Kastilien braucht Euch!« Die Stimme war fest und eindringlich. »Majestät, hört mir aufmerksam zu! Mir bleibt nur wenig Zeit, um Euch zu überzeugen.« Verwirrt hatte Johanna der Stimme gelauscht. »Don Fernando ist in äußerster Bedrängnis und hat nur Euch, ihn zu schützen. Könnt Ihr zulassen, daß man ihn demütigt? Rettet Euren Vater, rettet Euch, rettet Kastilien!« Diese Worte lassen sie nicht mehr los.

Als Philipp von der Jagd nach Burgos zurückgekehrt ist, krümmt er sich vor Schmerzen. Eine Hand auf den Leib gepreßt, sucht er nach einem Platz, um sich niederzulassen. Seit er am Tag zuvor mit Juan Manuel zu Mittag gegessen und anschließend Pelota gespielt hat, fühlt er sich schwach und fiebrig. Doch er wollte nicht auf seine gewohnten Aktivitäten verzichten, und diese Unbekümmertheit rächt sich nun. Ein herbeigeeilter Page stützt ihn und führt ihn zu einem Sessel.

»Einen Arzt, schnell!« ruft er. »Monseigneur fühlt sich nicht wohl.«

Durch die weit geöffneten Türen und Fenster der Casa del Cordón blickt man auf den hübschen Schloßgarten mit seinen Orangen- und Zitronenbäumen.

Johanna möchte schlafen, sie rührt sich nicht. Eine einzige Bewegung, und die Tragödie wird sie überwältigen. So verharrt sie vollkommen reglos, damit auch die Zeit stehenbleibt. Der Tod ... Sie hat schon so oft über ihn nachgedacht, daß die Bedeutung des Wortes verlorengegangen ist, aber dennoch empfindet sie ihn immer noch als eine Last, die zu schwer für ihre Schultern ist. Sobald ihr die Augen zufallen, zittert sie vor Angst, vor Erschöpfung, vor unterdrückter Empörung.

Ein leises Kratzgeräusch an ihrer Tür schwillt zu erschreckendem Lärm an. Johanna weiß, daß der Augenblick nun gekommen ist. Noch bevor der Bote eintritt, hat sie sich von ihrem Bett erhoben, will schon rufen: Ich bin bereit!, besinnt sich jedoch und folgt dem Kammerherrn wortlos. In den Palastgemächern, die sie auf dem Weg zu Philipp durchschreitet, hat sich seit ihrer Kindheit nichts verändert. Die gleichen Gerüche nach Moder, Öl, Gewürzen und Rauch steigen aus den Küchen auf und überlagern die frischen Düfte aus den kühlen Gärten, wo Rosen und Nelken inmitten des üppigen Grüns von Akazien, Ulmen, Zypressen und Fliederbüschen erblühen.

Die junge Frau geht die breite Treppe empor. Am Ende der Galerie öffnet sich lautlos eine Tür. Es ist dunkel. Im Hintergrund des großen Raumes, der ihren Eltern einst als Schlafgemach diente, erblickt Johanna ihren Gemahl, auf einem Bett ausgestreckt, dessen Vorhänge zur Seite gezogen sind. Er atmet schwer, seine Brust hebt und senkt sich stoßweise, das schöne blonde Haar klebt in Strähnen an seiner schweißnassen Stirn. Philipp gehört ihr, bis sie beide zu Staub zerfallen werden.

Johanna tritt näher. Philipp wendet ihr das Gesicht zu, und ihre Blicke begegnen sich – eine Frage ohne Antwort, eine Konfrontation, bei der es keinen Sieger geben kann. Jeder Schritt kostet Johanna große Kraft. Jetzt steht sie an seinem Bett, ein Page trägt einen Sessel herbei, in dem sie sich niederläßt.

»Ich bleibe hier«, erklärt sie mit ruhiger Stimme.

Philipp wendet den Blick zur Seite. Mit ihrer kalten Beherrschtheit, ihrem hartnäckigen Schweigen wirkt Johanna furchterregend. Ist das dieselbe Frau, die seinen Körper mit Küssen bedeckte, die ihn auf Knien um immer neue Liebkosungen anflehte? Seit sie an seinem Krankenlager sitzt, empfindet er neben den Schmerzen, die seinen Leib und seine Brust peinigen, eine schreckliche Todesangst.

»Johanna?« flüstert er.

Er will die Wahrheit wissen. Juan Manuel hat ihn bei seinem Besuch vielsagend angeblickt. Keine Antwort. Johanna starrt ihn unverwandt an. So viel Zeit ist vergangen, seit sie die letzten

Worte der Liebe ausgesprochen hat. Philipp möchte schreien, doch er bringt nur ein Keuchen hervor. Zwei Pagen richten ihn auf, stützen seinen Rücken mit Kissen. Das schöne, bleiche Gesicht, der Hals, die Arme sind nun mit rotschwarzen Flecken übersät.

Als Johanna ihm einen Becher reichen will, stößt er ihn zurück. Im Schein der Kerzen wirft er ihr einen forschenden, bohrenden Blick zu, doch die junge Frau vermag ihm ohne Regung standzuhalten.

Der Morgen dämmert, während feuchte Duftschwaden von den Gärten des Stadtpalastes aufsteigen. Aus Philipps Mundwinkeln rinnt Speichel, vermischt mit Blut.

»Wir müssen Euch noch einmal zur Ader lassen, Monseigneur, und Schröpfköpfe auf Euren Rücken setzen.«

Die Gesichter der Ärzte gleichen Totenmasken. Stumm läßt Philipp alles mit sich geschehen. Mehr noch als alle Schmerzen, als das Fieber und der Schüttelfrost quält ihn Johannas anhaltendes Schweigen. In ihrem Kleid und dem schwarzen Schleier sieht sie wie ein Todesengel aus. Ist sie der Tod? Er möchte sie von seinem Lager fortschicken, doch seine Kehle ist so geschwollen, daß er kein Wort herausbringt. Er wird ersticken. Die dunklen Möbel, die düsteren Wandgemälde, der riesige gekreuzigte Christus scheinen immer näher zu kommen und ihn immer mehr zu erdrücken.

Johanna läßt ihren Gemahl nicht aus den Augen. Sein Leiden kauft ihn frei, gebärt ihn wieder, gibt ihn ihr zurück. Der Mann, der sie vernichten, sie zu einem Nichts herabwürdigen, ihren Vater demütigen und Kastilien Fremden überlassen wollte, ist ihr jetzt völlig ausgeliefert, hilflos wie ein kleines Kind. Ihr Haß auf ihn ist sanft, ja friedfertig geworden – frei von Erinnerung.

Welch ein Lärmen! Das Leben im Palast geht weiter. In den Küchen, Fluren und Galerien eilen Pagen und Wachen umher, ständig treffen Edelleute ein, um Neuigkeiten zu erfahren. Philipp scheint zu schlafen, doch seine Gedanken wandern in die Vergangenheit zurück. Er ist wieder ein Kind in Flandern, schmiegt sich zärtlich an seine Großmutter, reitet als Jüngling mit Margot durch eine sonnendurchflutete Lichtung, bald wird er wieder daheim sein, das Leben wird wieder seinen gewohnten Gang nehmen, süß und unbeschwert sein. Warum wacht Johanna an seinem Lager? Seit dem Tag ihrer Hochzeit glaubt sie, ihn zu besitzen, ihn zu beherrschen und nach ihrem Gutdünken über ihn verfügen zu können. Aber er wird ihr entkommen, sie mit ihrer Besessenheit, ihrer krankhaften Eifersucht zurücklassen. Mag sie weiter ihre Ränke schmieden, wie eine Spinne in ihrem Netz. Sie ist ein Nichts, ist immer ein Nichts gewesen.

Durch die geschlossenen Vorhänge dringt kein Sonnenstrahl ins Zimmer. Die Ärzte sind gegangen. Manuel, Veyre, Johan von Luxemburg und Johanna bleiben allein am Bett des Kranken zurück. Hin und wieder tritt ein Besucher ein, von den üblen Gerüchen nach Erbrochenem bald wieder vertrieben. Philipp ringt mit dem Tode. Wenn er die Augen öffnet, sieht er nur Johanna, lauernd wie ein Raubtier, das zum Sprung ansetzt. Ängstlich wartet er auf den Augenblick, in dem sie sich auf ihn stürzen, ihm an die Kehle springen wird. In seinem Fieberwahn weiß er bisweilen nicht mehr, wer ihn so unverwandt anstarrt – ist es Johanna, Ferdinand oder Isabella? Er fiebert vor Wut darüber, daß er sich hat überrumpeln und zu Fall bringen lassen, und eiskalter Schweiß bedeckt seinen Körper.

Dämmert der Morgen oder der Abend? Johanna vermag es nicht zu sagen. Sie ist in die Dunkelheit eingehüllt, lebendig begraben. Ob über Burgos die Sonne scheint?

»Es steht sehr schlecht um Seine Majestät, nur Gott kann ihm noch helfen. Ihr solltet ein wenig schlafen, Doña Juana.«

Der berühmte Doktor Parra, der eben aus Salamanca eingetroffen ist, beugt sich über die junge Frau.

»Nein, er wird nicht sterben«, murmelt Johanna.

Sie zittert am ganzen Körper.

»Denkt an Euer Kind, und gönnt Euch etwas Ruhe!« beharrt der Arzt.

Johanna schüttelt den Kopf. Philipp öffnet die Augen nicht mehr. Der Priester nimmt die Letzte Ölung vor, der Puls des Kranken ist kaum mehr wahrnehmbar. Ein Diener wischt ohne Unterlaß den Schweiß von der Stirn des Sterbenden, das schwarze Blut von seinen Lippen. Johanna kann nicht beten. Heute hat sie keinen Körper, keinen Mund, keine Stimme mehr. Außerdem würde Gott sie nicht erhören. Sie ist nicht mehr sein Kind.

»Der König ist tot.«

Man will Johanna fortbringen, doch sie wehrt sich. Ihr Körper ist so schwer, daß sie ihn nicht bewegen kann, ein regloser Körper, ohne Schreie, ohne Tränen – der Körper einer Toten.

»Tragt die Königin in ihr Bett!« befiehlt der Admiral von Kastilien. »Und wacht bei ihr!«

Eingehüllt in den hermelingefütterten Königsmantel, auf dem Haupt eine juwelengeschmückte Samtmütze, um den Hals eine Kette mit einem Kreuz aus Diamanten und Rubinen, so sitzt der Erzherzog, Prinz von Kastilien, auf seinem Thron, vor dem die Seinen defilieren, um ihm die letzte Ehre zu erweisen. Danach verlieren die spanischen Ärzte keine Zeit mehr. Sie bemächtigen sich des Leichnams, öffnen ihn und entnehmen ihm die Eingeweide, die sie sofort verbrennen lassen. Das Herz dagegen wird in eine goldene Kapsel gebettet.

Fackellichter huschen über die Mauern von Burgos. Von den Klöstern ziehen die Menschen zum Schloß, und lange erklingt das monotone, düstere Miserere. Johanna hört es nicht. Sie weilt schon nicht mehr im Palast, sondern bei Philipp, für immer und ewig.

Im Morgengrauen begleiten Juan Manuel, Philibert van Veyre, Karl van Bourg und Johan von Luxemburg den Doppelsarg aus Holz und Blei in die Kathedrale, wo die Totenglocke das Hinscheiden ihres Königs und das Ende des großen spanischen Traums verkündet.

Der alte Erzbischof schweigt.

»Es geht das Gerücht, Don Felipe sei vergiftet worden. Ein Mann behauptet, Beweise dafür zu haben. Er wurde verhaftet.«

Fadrique Enríquez, der Admiral von Kastilien, hat seinen Worten Nachdruck verliehen. Schon lange plagen ihn Zweifel, die er bisher zu unterdrücken versucht hat.

»Unsinn!« ruft Cisneros aus. »Man muß dieses dumme Gerede im Keim ersticken. Der Mann soll auf der Stelle wieder freigelassen werden, damit jedermann sieht, daß wir solchen Beschuldigungen keinen Wert beimessen.«

»Der Erste Mundschenk des Königs, Bernhard von Orley, ist wenige Tage nach dem Gastmahl bei Manuel ebenfalls eines plötzlichen Todes gestorben. Macht Euch das nicht stutzig?« fragt Enríquez.

»Er wird schon vorher krank gewesen sein. Wir müssen jede weitere Verwirrung verhindern. Was wir brauchen, sind Gewißheit und Entschlossenheit, nicht etwa Zweifel und vage Gerüchte. Kastilien befindet sich am Rande der Anarchie.«

Die treu gebliebenen Granden und auch die, die sich rechtzeitig Cisneros angeschlossen haben, bewahren Schweigen. Keiner von ihnen hat ein wirklich reines Gewissen. Der Gedanke an die ausgebeutete, terrorisierte, hungernde Horde Flamen ist ihnen nicht sehr angenehm. Die – freilich verständliche – Wut der Kastilier gegen die fremde Besatzung hat zu blutigen Racheakten geführt.

»Wir sollten äußerst strenge Gesetze erlassen«, fährt der Erzbischof fort. »Wer in der Öffentlichkeit bewaffnet angetroffen wird, soll ausgepeitscht werden, wer den Degen zieht, verliert eine Hand, wer Blut vergießt, wird auf der Stelle hingerichtet.«

Nun bleibt dem Vollstrecker von Isabellas Testament nur noch eine Aufgabe, die weit schwieriger ist und die er noch nicht offenbaren kann: Alle, die von der flämischen Partei übriggebliebeben sind, müssen enthauptet, und die dem König von Aragón feindlich gesinnten Granden ihm ausgeliefert werden. Für diese Mission läßt Ferdinand seinem Minister die erforderliche Zeit. Eines Tages werden alle die Unordnung satt haben, zu der die Anarchie führt, und sich der einzig möglichen Autorität, der Ferdinands, unterordnen. Dann wird er übers Meer nach Spanien zurückkehren.

»Den Infanten zu entführen, ist völlig unmöglich. Der kleine Ferdinand wird scharf bewacht, und die Kastilier werden niemals bereit sein, ihn preiszugeben.«

Niedergeschlagen kann Veyre seinen Worten nur eine ohnmächtige Geste hinzufügen. Seit mehr als zwei Wochen kämpft er darum, zu retten, was noch zu retten ist. Jetzt ist er am Ende seiner Kräfte. Die Kastilier verfolgen die Flamen wie Hornissen, berauben sie, indem sie für einen Laib Brot eine Goldmünze verlangen, was die Aggressionen nur noch verstärkt. Obwohl van Veyre seine ganze Autorität eingesetzt hat, konnte er nicht verhindern, daß der erzherzögliche Besitz geplündert wurde. Das Tafelgeschirr wurde entweder zerschlagen oder wie sämtliche Kleidungsstücke zu Schleuderpreisen verkauft. Nur einige flämische Tapisserien und ein paar Schmuckstücke konnten von Graf von Nassau heimlich an Bord der im Hafen von Bilbao liegenden Schiffe gebracht und nach Flandern zurückgeschickt werden.

Seit Philipps Tod bricht alles zusammen. Juan Manuel hat die Stadt Segovia der Familie Moya überlassen und ist überstürzt nach Burgos geflüchtet. Jeder Flame, der durch den Erzherzog in den Genuß eines Amtes oder von Pfründen gekommen war, verschafft sich, koste, was es wolle, ein Pferd oder ein Maultier, um entweder zur Küste oder zur französischen Grenze zu fliehen. Das Chaos ist total.

Johan von Luxemburg beharrt nicht auf seiner Forderung, auch wenn er den kleinen Ferdinand gerne nach Flandern gebracht hätte, um einen letzten Beweis seiner Treue zum Erzherzog zu erbringen.

»Ich werde bis Ende des Jahres hier in Kastilien bleiben«, fährt van Veyre fort. »Es gibt da noch einige Dinge, die nur ich zu erledigen vermag. Außerdem sollten wir uns um ein Treffen mit Doña Juana bemühen und sie um Hilfe bitten.«

»Sie ist nicht mehr die Unsrige!« ruft Johan von Luxemburg verbittert. »Der Königin ist ebenso wenig an uns gelegen wie uns an ihr.«

Van Veyre ist nachdenklich geworden.

»Wir haben den wahren Gegner verkannt und deshalb das Spiel verloren. Der größte Gegner des Erzherzogs war nicht sein Rivale Ferdinand, sondern Doña Juana, seine eigene Gemahlin.«

Mühelos erhebt sich die Stimme des jungen Mannes und intoniert eine beschwingte Weise. Johanna lauscht, den Kopf auf die Hand gestützt. Auf ihre Anordnung hin ist der flämische Chor bei ihr geblieben, und jeden Morgen, jeden Abend bereitet er ihr, wie einst im Coudenbergpalast, die einzigen friedvollen Augenblicke des Tages. Aus Schüsseln, die, von Fliegen umschwirrt, in ihrer Nähe stehen, nimmt sie gelegentlich einen Bissen einer kalt gewordenen Mahlzeit zu sich, spült ihn mit einem Schluck aus dem Wasserkrug hinunter. Sie wäscht sich nicht mehr, legt sich einfach auf den Boden, wenn die Müdigkeit sie überkommt. Den Granden und Notablen, die sie aufsuchen und bedrängen, gibt sie stets dieselbe Antwort: »Wir wollen die Ankunft meines Vaters abwarten.« Sie brennt so sehr darauf, Ferdinand wiederzusehen, daß sie oft stundenlang am Fenster steht, die Stirn an den Rahmen gepreßt, in der unsinnigen Hoffnung, ihn in der

Ferne auftauchen zu sehen. Dann streckt sie sich, völlig erschöpft, am Boden aus und starrt unverwandt auf die bemalten Deckenbalken. Wenn sie die Augen lange genug darauf gerichtet hat, sieht sie Philipp zwischen den Ornamenten auftauchen. Dann schauen sie einander unverwandt an. Eines Tages, davon ist sie überzeugt, wird er lächeln, die Hand nach ihr ausstrecken. Noch nie in ihren zehn Ehejahren war er ihr so nah.

»Und würde das Meer aus Tinte bestehen, um meine Worte der Liebe niederzuschreiben, so wäre es längst ausgetrocknet.«

Die Stimme steigt noch höher, senkt sich jäh. Johanna lauscht. Warum nur hat sie nie die rechten Worte für ihre Liebe gefunden? Sie ist so ungeschickt, so kindisch gewesen! Die Hände auf ihren Knien zittern ein wenig, ihre Lippen pressen sich zusammen. Das ist zuviel der Reue, zuviel des Leids. Nun sind ihr Herz, ihre Seele leer, die Tränen versiegt. Wer kann von ihr verlangen, über Kastilien zu herrschen? Sie ist ihrem Lande und den Ihren nichts mehr schuldig.

»Großer Gott, sollten sie's gewagt haben?« spricht Johanna immer wieder tonlos vor sich hin.

Am Tag vor Allerheiligen haben die letzten Flamen Spanien verlassen. Es regnet. Das Wasser tropft von den Pinien, rinnt von den welken Lindenblättern, dringt durch das Laub der Eichen. Im Innenhof reißt der Wind die Blütenblätter von den Kletterrosen der Arkaden und trägt sie in das Brunnenbecken aus grünem Marmor. Erregt läuft Johanna in ihren Gemächern auf und ab. Der leise Zweifel, der in ihr aufgestiegen ist, hat sich im Laufe der Stunden in einen quälenden Verdacht verwandelt: Sollten Philipps Gefährten seine sterbliche Hülle mit nach Flandern genommen haben? Schon immer hat man versucht, sie zu trennen. Jetzt aber gehört ihr Gemahl ihr ganz allein, und das für alle Zeiten.

Erschrocken vernimmt der Kammerherr den Befehl der

Königin: Eine Eskorte soll sich am nächsten Tag, dem Fest Allerheiligen, zum Kartäuserkloster von Miraflores begeben, wo der Leichnam des Erzherzogs ruht. Dort soll in ihrer Gegenwart der Sarg geöffnet werden. Der Edelmann will Einspruch erheben, Johannas starre Miene und ihr entschlossener Blick aber machen ihm klar, daß sie sich nicht umstimmen lassen wird.

»Ich bestehe darauf, daß der Bischof von Burgos zugegen ist!«

Der Mann verneigt sich. Als er wieder zu Johanna aufschaut, hat sie ihm bereits den Rücken zugekehrt und entfernt sich – in ihren schwarzen Gewändern eine unwirkliche Gestalt, von der der alte Mann den Blick nicht wenden kann.

In der von Fackeln erleuchteten Krypta ist man bereit, den Sarg zu öffnen. Der Bischof von Burgos, zwei Priester, der Abt des Klosters und Johanna stehen bei den Mönchen, die diese makabere Arbeit verrichten müssen. Das Gesicht hinter einem schwarzen Schleier verborgen, starrt die Königin unverwandt auf den Sarg. Langsam wird der Deckel angehoben. Ein dumpfer, beklemmender Geruch nach Moder und Feuchtigkeit erfüllt die Krypta. Kleine bräunliche Wasserlachen haben sich überall am Boden gebildet.

In dem mit Samt ausgeschlagenen Sarg erblickt Johanna den Leichnam, der mit gelöschtem Kalk bedeckt ist; klopfenden Herzens tritt sie näher. Der Tote ist wohl Philipp, aber nicht ihr Philipp, nur ein namenloser Körper, kalt, niemals umarmt, niemals liebkost. Die geschlossenen Augen sind ohne Blick, der rissige Mund ohne Lächeln, die gefalteten Hände erstarrt. Der schöne Körper zerfällt bereits. Ein Schwindelgefühl zwingt Johanna, sich auf den Sarkophag zu stützen.

»Es ist Philipp. Gehen wir!«

Nach dem Regen ist die Abendluft von einem würzigen Geruch nach Minze und Harz erfüllt. Mit zusammengeschnürter Kehle und zitternden Händen besteigt Johanna ihr Maultier, während sich die schweigende Eskorte erneut um sie schart. Und wieder ertönt die Totenglocke der Kartause.

Einige Dorfbewohner bleiben am Wegesrand stehen, um ihre Königin vorüberreiten zu sehen; sie aber nimmt niemanden wahr. Eingehüllt in ihren Schleier, träumt sie mit geschlossenen Augen, sie ruhe neben dem toten Philipp, und diese Vorstellung gibt ihr ein süßes Gefühl des Friedens.

Nachdem Johanna in den ersten Wochen nach Philipps Tod jede Regierungstätigkeit verweigert hat, ergießen sich nun binnen eines Tages die Befehle wie ein Sturzbach über jedermann. Sie löst die Versammlung der Cortes auf, entläßt die von Philipp eingesetzten Räte, nimmt alle Schenkungen und Privilegien, die seit dem Tod Isabellas ausgesprochen wurden, zurück, untersagt allen fremdländischen Edelleuten die Ausübung von Staatsämtern. Am Ende des Tages ist Philipps Werk vernichtet, alle Spuren seines kurzen Wirkens in Kastilien sind getilgt.

Die Dunkelheit bricht herein. Während sich Jiménez de Cisneros erschöpft in sein Quartier zurückzieht, nimmt Johanna nach langer Zeit wieder ein Nachtmahl zu sich und ruft ihre Musikanten herbei. Nun endlich kann sie Burgos verlassen, ihren Liebsten nach Granada überführen, ihm die Tore der Alhambra weit öffnen. Sie wird für ihn die Brunnen in den weißen Patios plätschern lassen, wo sich Granatäpfel- und Feigenbäume wiegen und der Gesang der Zikaden den Schlaf der Menschen begleitet. Wenn der Mond über dem Löwenhof aufsteigt, wird sie sich zu ihrem Gemahl gesellen und ihn mit seinem Tod vertraut machen, damit er in Frieden ruhen kann.

Johanna hat in La Vega, einem Landhaus ihrer Halbschwester Juana von Aragón, Zuflucht gefunden. Weihnachten naht, ein Weihnachten ohne Freude. Nur murrend ist der Hofstaat seiner Herrin gefolgt. Von morgens bis abends warten Gesandte, Edelleute und Abgeordnete vergebens auf eine Audienz bei der Königin. Jeder hat den Eindruck, in einer öden, stillen Gruft eingeschlossen zu sein.

»Ich wünsche, den päpstlichen Nuntius, den Gesandten von Österreich und den meines Vaters zu sehen; außerdem sollen sich die Bischöfe von Málaga, Jaén, Maldoñedo und Burgos bereit halten. Laßt sie wissen, daß wir noch heute abend nach Miraflores aufbrechen werden, um morgen die Reise nach Granada anzutreten!«

Johannas Stimme hat den festen, gebieterischen Tonfall ihrer Mutter angenommen. Obwohl der Befehl unsinnig ist, wagt keiner der Anwesenden zu widersprechen. Innerhalb eines Tages den Sarg herzurichten, das Trauergeleit aufzustellen und die Etappen bis nach Andalusien vorzubereiten, ist eine kaum zu bewältigende Aufgabe. Außerdem ist die Königin hochschwanger und so erschöpft, daß schon bald mit der Geburt gerechnet werden muß. Wo soll man unterwegs ein geeignetes Quartier für ihre Niederkunft finden? Und was soll inzwischen mit dem Leichnam Philipps geschehen? Johanna aber, die nach der langen Zeit apathischen Dahindämmerns plötzlich voller Tatendrang ist, gibt ihren alten Dienerinnen bereits Anweisungen, ruft ihren Kaplan und ihre Sänger zu sich. Die Aussicht, neben Philipp eine lange Reise nach Granada anzutreten, haben ihre sonst so blassen Wangen rosig gefärbt. Sie wird Burgos entfliehen, der dort wütenden Pest und den quälenden Erinnerungen, die noch verheerender als die Seuche sind. In Granada wird ein neues Leben beginnen. Dort wird ihr Vater zu ihr kommen und die Regierung ihres geliebten Kastiliens in die Hand nehmen, das um den Preis von Blut und Tränen wieder spanisch geworden ist.

Durch die ungewöhnliche Wärme steigen nach den langen Regenfällen dichte Winternebel von der feuchten Erde auf, sie wallen über dem Boden, hüllen Bäume und Büsche ein, verschlucken jedes Geräusch und verleihen allen Formen etwas Gespenstisches.

Bei Einbruch der Dunkelheit ist Johanna zur Abreise bereit. Noch einmal wird sie den Sarg öffnen lassen, dieses Mal jedoch ohne große Besorgnis. Philipp wird tief in seinem Herzen bereits wissen, daß sie gekommen ist, um ihn nach Granada zu führen, dorthin, wo er sich schon immer zur Ruhe betten wollte.

Von Fackelträgern begleitet, bewegt sich der Zug den Hügel nach Miraflores hinauf, vorbei am Rand des Waldes mit seinen schauerlichen Geräuschen, bei denen sich die Prälaten unentwegt bekreuzigen. Wohin die Königin sie nur führen mag? In die Abgründe ihrer krankhaften Träume? Das Gesicht von Schleiern verhüllt und den Blick in die Ferne gerichtet, reitet sie aufrecht auf ihrem Maultier dahin, ein Schatten unter Schatten, unbegreiflich, unergründlich.

Schließlich taucht am Waldesrand die Kartause aus den Nebeln auf. Im Licht der Fackeln nehmen sich die Wasserspeier mit ihren aufgerissenen Mäulern wie Teufel aus, die sich auf die nächtlichen Besucher stürzen wollten. Hinter der ängstlichen Schar schließt sich knirschend das eiserne Tor.

»Ich verzeihe dir, vergib du auch mir! Wir haben uns geliebt. Nun ist es an der Zeit, in Frieden zusammen alt zu werden. Komm, wir ziehen nach Granada!«

Vor dem erneut geöffneten Sarg spricht Johanna vor sich hin. Die düstere Krypta nimmt sie ebenso wenig wahr wie die Gesichter der Umstehenden, auf denen sich Entsetzen oder Mißbilligung abzeichnet. Sie sieht nur einen jungen, schönen Mann, der schläft. Ganz sanft berührt sie die Füße, auf die sie einst ihre Lippen drückte, bis Philipp sie lachend in die Arme nahm …

Endlich setzt der Zug sich in Bewegung. Da aber die vier kräftigen Pferde die Holzkufen mit dem Sarg nicht zu ziehen vermögen, muß man bei den Bauern noch einen geeigneten Wagen auftreiben und den Sarg darauf verladen. Die Dämmerung verliert sich im Nebel. Am späten Nachmittag sind die meisten Notablen nach Burgos zurückgekehrt; nur wenige Edelleute des königlichen Hofes und geistliche Würdenträger, ein paar Diener und ein Trupp von Soldaten sind bei Johanna geblieben. Beim Knirschen der Räder des Leichenwagens murmeln Mönche in dunklen Kutten Gebete für den Toten.

»Doña Juana, um Christi willen, laßt uns umkehren und den Morgen abwarten!«

Die Stimme des Bischofs von Burgos verliert sich im Nebel. Vor einem reißenden Fluß hat der Zug anhalten müssen. Das Hochwasser hat die Böschung ausgehöhlt, die Überquerung der alten Holzbrücke ist äußerst gefährlich.

»Es gibt kein Zurück«, erwidert Johanna, um jedem Protest zuvorzukommen.

Die Soldaten legen Bretter am Boden aus, über die der Leichenwagen auf die Brücke rollt. Beim Knarren der morschen Holzbohlen und dem donnernden Tosen des Wassers glaubt manch einer, seine letzte Stunde sei gekommen.

»Doña Juana, wir werden unser Ziel erreichen.«

Die Stimme von Victor de Santa Cruz macht Johanna Mut. Er ist der einzige Mann ihres Gefolges, der ihr nie widerspricht, ihre Handlungsweise nie tadelt.

Der immer dichter werdende Nebel macht das Vorankommen noch beschwerlicher. Selbst die Fackeln verbreiten nur noch ein so schwaches Licht, daß der Versuch, mit ihrer Hilfe die milchige Finsternis zu durchdringen, lächerlich wirkt.

»Doña Juana, wir müssen anhalten.«

Im Dorf Cavia hat Santa Cruz sein Maultier neben das der Königin gelenkt. Johanna ist so entkräftet, sie muß sich fügen.

Im Morgengrauen setzt der Zug seinen Weg fort. Johanna hat in dem Quartier, das ihr der Priester des Dorfes zur Verfügung gestellt hat, nur schlecht geschlafen. Auf der harten Strohmatratze glaubte sie, Klagen und Wimmern zu hören, Rufe, die ihr das Blut in den Adern gefrieren ließen. Das flackernde Licht des

Torffeuers und die undurchdringliche Stille des Nebels schienen dem Reich der Toten anzugehören.

Unendlich mühsam bewegt sich die Prozession gen Süden. Man ist erst fünf Meilen von Burgos entfernt. Am Abend muß man in einem einsamen Bauernhof am Wegesrand Quartier nehmen. Johanna begreift, daß sie nicht viel weiter kommen wird. Der Traum von Granada ist in weite Ferne gerückt.

In Torquemada will sie von ihrem Maultier absteigen und wird ohnmächtig. Santa Cruz fängt sie in seinen Armen auf.

Wie lange schläft sie schon? Die Nebel haben sich aufgelöst; das Wetter ist schön geworden, fast heiß. Ist es schon Frühling? Ein Mädchen reicht ihr einen Becher Milch.

»Wo ist Seine Majestät?«

»Mönche bewachen ihn Tag und Nacht in der Kirche, Doña Juana. Ihr könnt Euch unbesorgt ausruhen.«

Johanna vermag nicht aufzustehen; ihr Leib ist schwerer als die Erde.

»Ein kleines Mädchen!« verkündet die Hebamme.

Johanna verlangt nach dem Neugeborenen, nimmt es fast scheu in die Arme, ihre Ergriffenheit verwundert sie. Die Geburt keines ihrer Kinder hat sie derart überwältigt. Ob es durch ihre außergewöhnliche Erschöpfung zu erklären ist?

»Meine Kleine«, murmelt sie, »mi niña.«

Das Kind wacht auf, Johanna sieht, wie sich das winzige Gesicht verzieht und rot anläuft.

»Weine nicht!« Doch sie selbst schluchzt auf, und heiße Tränen rinnen über ihre Wangen. An ihrer Brust beruhigt sich der Säugling. Johanna streicht zärtlich über sein flaumiges Köpfchen. Philipp hat ihr vergeben, in ihren Armen hält sie den Beweis seiner Liebe, sein schönstes Geschenk. Jetzt will sie leben, den kleinen Ferdinand wieder zu sich holen, versuchen, ihren Vater, sobald er wieder in Spanien ist, zum Zentrum einer neuen Familie zu machen. Er wird alle ihre Mitglieder beschützen, sie lieben und die Dämonen verjagen, die seine Tochter bedrängen. Jetzt hat sie nur noch einen Wunsch: vor ihm niederzuknien und ihm ihre Bürde zu Füßen zu legen. Dann wird er sie aufrichten und sie an die Hand nehmen.

»DIE PEST HOLT UNS EIN!« schreit Johanna. »Wir müssen fort von hier, bevor sie mir meine kleine Tochter nimmt!«

Die Königin, die durch die Geburt des Kindes so ruhig geworden schien, ist erneut völlig außer sich. Ihre schrille Stimme, ihr fiebriger Blick erinnern an die schlimmen Zeiten.

»Ich will noch heute abreisen. Haltet den Sarg Seiner Majestät bereit!«

»Aber wohin denn, Doña Juana?«

Da der Erste Haushofmeister weiß, daß er sich letzten Endes doch dem kopflosen Willen der Königin beugen muß, fällt sein Protest schwach aus. Die junge Frau bleibt stumm und scheint zu überlegen. Wieder zucken ihre Mundwinkel, zittern ihre Hände.

»Ich weiß es nicht, einfach geradeaus.«

Noch einmal wird der Hof hinaus auf die Straßen getrieben, und der April beschert ihm abwechselnd Regen und Sonne. Am späten Abend, als sich ein Gewitter zusammenbraut, erreicht der Zug ein Kloster, in dem die Königin mit ihrem Kind Zuflucht suchen will. Eine trostlose Landschaft erstreckt sich bis zum Horizont, ein heftiger Wind fegt über die rötliche Erde bis zu den fernen Berggipfeln, rüttelt an den Ginsterbüschen, peitscht den Lavendel und die Zistrosen. Der Leichenwagen, dem einige berittene Edelleute folgen, fährt in den Klosterhof ein. Johanna reitet weit hinten am Ende des Zuges, und so bleibt den Nonnen genug Zeit, sich auf ihren Empfang vorzubereiten.

»Was habt Ihr getan?«

Die Augen der jungen Frau blitzen auf. Ihr Zorn ist so groß, daß der verblüffte Cisneros sich an die gräßliche Szene in La Mota erinnert fühlt.

»Bringt meinen Gemahl auf der Stelle aus diesem Kloster!« schreit sie.

Der alte Erzbischof, der schon eine bissige Antwort auf der Zunge hat, zieht es vor zu schweigen. Fast freut es ihn, daß Johanna, die er nie gemocht hat, sich noch tiefer in ihre Absonderlichkeiten verstrickt. Seine Tätigkeit an ihrem Hof ist ihm, der schon Königin Isabella diente, eine Pflicht, die ihm täglich verhaßter wird.

»Ich werde es sogleich anordnen, Majestät. Und wohin sollen wir die sterbliche Hülle von Don Felipe bringen, Doña Juana?«

»Ganz gleich, wohin! Ich dulde es nicht, daß diese Frauen sich meinen Gemahl aneignen!«

Johannas Stimme bebt, ihr Kopf schmerzt fürchterlich, sie ist den Tränen nahe. Und wieder peinigt sie der schreckliche Gedanke, daß man sie berauben, vernichten will, und sie möchte am liebsten losschreien. Cisneros weiß genau, daß sie allein bei ihrem Gemahl wachen will, daß sie keine andere Frau in seiner Nähe duldet.

Rumpelnd verläßt der Leichenwagen den Klosterhof und setzt in umgekehrter Richtung seinen Weg durch die Felder fort.

»Haltet an!«

Johanna ist plötzlich von Schwindel befallen. Sie ist sich sicher, daß die Pferde ihre Last jetzt viel müheloser ziehen. Wenn nun die Nonnen Philipp im Kloster behalten haben?

»Öffnet den Sarg!«

Verstört drängt sich die Gruppe um den Sarg, stemmt sich gegen die heftigen Windböen und wartet auf das Morgengrauen. Niemand sagt ein Wort. Der Anblick des Toten beim flackernden Schein der Fackel, ein Alptraum, wird die Gemüter lange nicht zur Ruhe kommen lassen.

Beim ersten Hahnenschrei setzt der Zug seinen Weg fort und gelangt zu dem Dorf Hornillos. In einem großen Bauernhof, der von Linden umgeben ist, beschließt Johanna, Quartier zu nehmen.

Die gräßliche Szene der letzten Nacht hat bei ihr Scham und tiefe Trauer hinterlassen. Sie fühlt sich seit langem schon so verfolgt, daß sie manchmal die Beherrschung verliert. Sie ist unendlich müde. Warum nur kehrt ihr Vater nicht zurück?

Das Bauernhaus liegt hinter einem Gemüsegarten, und einige Beete sind mit Blumen bepflanzt. Johanna fühlt sich an diesem Ort wohl. Sie ist zur Ruhe gekommen und wieder fröhlicher geworden. Sie wird bleiben.

Philipp ruht im Chorraum der Pfarrkirche. In der großen Stube des Bauernhofs empfängt die Königin Granden und Würdenträger, die ihre Bitten und Klagen vortragen. Sie sagt kein Wort, hört ihnen kaum zu, sondern beobachtet einen Vogel beim Flug, das Spiel der Sonne auf den Blumensträußen, denkt an Philipp oder, noch öfter, an ihren Vater. Der Platz, den sie einnimmt, gehört ihm.

Sobald sich die Bittsteller entfernen, zieht sich die Königin mit einer Handarbeit in den Garten zurück, den Säugling in einer Wiege aus Weidengeflecht an ihrer Seite. Manchmal gesellt sich zu ihrem großen Verdruß Cisneros zu ihr. Mit verkniffenem Mund und strengem Blick hält er ihr Vorträge über Staatsangelegenheiten. Dabei benutzt er die gleichen Worte wie Isabella, als sie versuchte, ihren Schwiegersohn mit der spanischen Politik vertraut zu machen. Seine monotonen Reden langweilen Johanna. Begreift der Erzbischof denn nicht, daß seine Ratschläge sie nicht interessieren? Der alte Mann erhebt sich, zuckt die Achseln, wendet sich manchmal mit leerem, oft jedoch mit mitleidigem Blick ab. Johanna ist das gleichgültig. Nur ihre Erinnerungen können sie noch quälen.

Nach einem einfachen Mahl ziehen sich alle zur Mittagsruhe zurück. Die Fensterläden sind geschlossen. Die Hitze lastet auf den Schläfern. Die Sonne steht schon tief, wenn Johanna sich erhebt und nach ihren Dienerinnen ruft.

Im Bauernhaus leben nur die alten Fläminnen, die Königin, die Infantin und einige wenige Wachsoldaten. Nichts kann in diesem entlegenen Ort geschehen.

Kurz vor ihrem Ziel geben die beiden Reiter ihren Pferden noch einmal die Sporen. Johanna erblickt sie schon von weitem und läßt ihre Handarbeit zu Boden fallen. Eine plötzliche Erregung schnürt ihr die Kehle zusammen, und auch Anna und Henriette sind so überrascht, daß sie die Hühner loslassen, die sie gerade rupfen.

Der erste Besucher, ein Offizier, springt vom Pferd. Von Freude überwältigt, erkennt Johanna, daß er die Farben des aragonischen Königs trägt.

»Ich habe eine dringende Nachricht für Ihre Majestät die Königin.«

Johanna erhebt sich klopfenden Herzens. Jede Bewegung kostet sie Überwindung.

»Ich bin die Königin.«

Erstaunt mustert sie der Offizier. Diese nachlässig gekleidete Frau soll die Königin von Kastilien sein?

»Nun, was habt Ihr mir auszuhändigen?«

Der hoheitsvolle Tonfall schließt dieses Mal jeden Zweifel aus.

»Doña Juana, Seine Majestät, der König von Aragón, hat mich damit beauftragt, Euch dieses Schreiben zu übergeben.«

Mit gezogenem Hut tritt der Offizier einen Schritt zurück und wartet respektvoll darauf, entlassen zu werden.

Die junge Frau reißt das Wachssiegel ab und überfliegt gierig die wenigen Zeilen: »Mein Kind, bald werde ich bei Dir sein. Erwarte mich im Laufe des August in Tórtoles! Gott schütze Dich.«

»Man soll ins Dorf laufen«, befiehlt Johanna den sprachlosen

Dienerinnen. »Meine Leute sollen sich sofort in der Kirche einfinden. Auch ich will mich dorthin begeben, um das Te Deum zu singen.«

Johanna kann ihre Ungeduld kaum zügeln. Sie hat das schönste Haus von Tórtoles als Unterkunft für den König beschlagnahmt und verbringt die Zeit des Wartens damit, es mit kostbaren Möbeln, Wandbehängen, Orientteppichen und prächtigen Blumensträußen zu schmücken, während in der Küche die Lieblingsspeisen des Königs zubereitet werden. Schon im Morgengrauen steht sie auf, eilt zwischen ihren Befehlen unentwegt zum Fenster, um Ferdinands Ankunft nicht zu versäumen, darüber nachsinnend, wie die Räume noch zu verschönern sind.

»Morgen«, hat der Bote gesagt. Johanna verbringt eine schlaflose Nacht. Das bevorstehende Wiedersehen, das sie so herbeigesehnt hat, wirft eine Flut von Fragen auf, die sie sich nicht zu beantworten weiß. Was soll sie eingestehen, was verschweigen? Soll sie ihrem Vater die Last einer Entscheidung aufbürden, die sie allein getroffen hat? Doch er wird sie wohl verstehen, sie trösten und ihre Tat billigen. Hätte sie überhaupt anders handeln können? Wenn sie sich nicht zur Wehr gesetzt hätte, wäre sie, die Königin, heute in irgendeiner einsamen Festung eingekerkert und Kastilien in der Gewalt der geld- und machtgierigen Flamen.

Und plötzlich entsinnt sie sich wieder der Ratschläge Isabellas: »Meine Tochter, deine Interessen müssen die deines Landes sein. Wenn du es so liebst, wie ich hoffe, mußt du es gegen alle verteidigen, und sei es gegen deinen eigenen Gemahl.« Damals hatte sie sich wieder einmal gegen ihre Mutter aufgelehnt. Ob ihre Blindheit ihr jetzt wohl verziehen ist?

Beim ersten Hahnenschrei hat die junge Frau ihren Entschluß gefaßt. Sie wird schweigen. Nichts soll diesen glücklichen Tag des Wiedersehens trüben.

Der Augusthimmel hat sich mit einem dünnen Wolkenschleier überzogen. Begleitet von ihrer Halbschwester, schreitet Johanna ein letztes Mal durch Ferdinands Schlafraum und vergewissert sich, daß ihre Diener nichts vergessen haben. Die Blumen wurden erneuert, Wein und Gebäck stehen neben seinen Lieblingsbüchern bereit, die Ledertruhen duften nach Wachs, die scharlachroten Seidenvorhänge und der Baldachin des Bettes sind makellos glatt, an den Wänden hängen die prächtigsten Tapisserien und ein Tuch aus schwerem Satin mit den Wappen Kastiliens und Aragóns. Alle Gegenstände aus Gold und Silber sind blank geputzt. Ferdinand wird sich wie zu Hause fühlen. Einen kurzen Augenblick kommt Johanna Germaine, ihre junge Stiefmutter, in den Sinn, die in Zaragoza geblieben ist. »Wie gut, daß unser Vater allein kommt«, sagt Juana von Aragón, als hätte sie die Gedanken der Königin erraten. »Wir hätten uns in Gegenwart dieser Fremden gewiß unbehaglich gefühlt.«

Seit Philipps Tod ist Johanna ihrer Halbschwester, der unehelichen Tochter Ferdinands, nähergekommen. Als Kind hatte sie der Älteren nur Verachtung entgegengebracht, und wenn sich ihre Wege kreuzten, hatte sie hochmütig den Kopf abgewandt. Was sie heute verbindet, ist die gleiche Liebe zu ihrem Vater.

»Doña Juana, der königliche Zug nähert sich!«

Leichenblaß stürzt Johanna ans Fenster. Schon säumt eine jubelnde Menge die Straße, Kinder laufen herbei, Frauen stehen hinter den Vorhängen ihrer Gemächer, um einen Blick zu erhaschen. Ferdinand, der sich wie ein Dieb davongestohlen hatte, kehrt als Sieger nach Kastilien zurück. Jetzt erblickt Johanna die ersten Reiter.

»Schnell, schnell!« ruft sie Juana von Aragón zu.

Die beiden Frauen eilen zur Tür hinaus. Die Königin kann nicht mehr so schnell laufen wie damals in Olías, als sie die Treppe hinabgerannt war, um sich in die Arme ihres Vaters zu werfen. Ihr Körper ist schwerfälliger, ihr Herz empfindlicher geworden, und ihre Trauerschleier behindern sie.

Die königstreuen Edelleute strömen strahlend in den Hof. Sie treten zurück, um Johanna vorbeizulassen. Eben reitet Ferdinand in den Hof ein und sitzt ab. Einen Augenblick lang schauen Vater und Tochter sich schweigend an, dann aber reißt Johanna, von Freude überwältigt, ihren Witwenschleier vom Kopf, schleudert ihn zu Boden und läuft auf den Mann zu, der ihr mehr noch als Gott bedeutet und ihre Zuflucht, ihre Hoffnung, ihr Lebenssinn ist; sie wirft sich vor ihm auf die Knie. Bestürzt nimmt Ferdinand das verhärmte Gesicht, den wirren Blick, die ergrauten Schläfen seiner Tochter wahr. Nun selbst zutiefst ergriffen, sinkt auch er auf die Knie, breitet seine Arme aus und zieht das leidenschaftliche, verletzliche, treue Kind an sich, das er seiner Machtgier geopfert hat. Lange bleiben sie eng umschlungen am Boden knien und weinen alle beide.

»Komm, meine Juanita!« murmelt Ferdinand schließlich. »Wir wollen ins Haus gehen.«

Als sie Seite an Seite die Freitreppe emporsteigen, liegt Johannas Hand fest in der ihres Vaters.

Während Ferdinand Cisneros und einige Granden empfängt, kehrt Johanna in das bescheidene Quartier zurück, das sie für sich ausgewählt hat. Das aufwühlende Wiedersehen hat sie erschöpft. »Ich komme später zu dir«, hat Ferdinand ihr versprochen.

Ist sie eingeschlafen? Als es an die Tür klopft, fährt sie hoch. Der Tag geht zur Neige, ihr ist heiß, ihr Körper schmerzt, doch sofort steigt helle Freude in Johanna auf, wie früher, wenn Ferdinand in ihr Kinderzimmer kam, um ihr ein Märchen zu erzählen oder ihr beim Gitarrenspiel zuzuhören.

»Gib mir zu trinken, Juanita!«

Ferdinands Miene drückt tiefe Zufriedenheit aus. Viele seiner erbittertsten Feinde fressen ihm jetzt aus der Hand. Nach neun Monaten schwerer Unruhen ist Kastilien bereit, sich ihm erneut zu unterwerfen, und er fühlt sich stark genug, gegen die letzten rebellierenden Granden anzutreten.

»Weißt du schon, daß dein Feind Juan Manuel kürzlich aus Burgos geflohen ist? Er hat sein Schloß den Häschern überlassen und in Frauenkleidern die Stadt verlassen, um sich nach Flandern durchzuschlagen!«

Ferdinands Heiterkeit ist ansteckend. Zum ersten Mal seit Philipps Tod trinkt Johanna ein Glas Wein und ißt vom süßen Mandelgebäck.

»Juanita, Kastilien wird wieder auferstehen. Wo wollen wir uns niederlassen? In Valladolid, in Medina del Campo oder in Toledo?«

»Wo Ihr wollt, Vater.«

Johanna greift nach Ferdinands Hand und küßt sie. Alles ist ihr gleichgültig, wenn sie nur an seiner Seite sein darf, diesen vertrauten Geruch nach Moschus und Orangenblüten einatmen kann, den sein Körper verströmt.

»Ich möchte so bald als möglich meine Stadt Burgos zurückerobern. Laß uns nach Santa Maria del Campo reisen! Von dort aus kann ich den Angriff am besten vorbereiten.«

Johanna nickt stumm. Der Wein macht sie benommen. Ferdinand redet von Isabella, dann von Germaine, seiner jungen Frau. Johanna aber hört ihm kaum zu. Wieder drängen sich ihr die alten, quälenden Fragen auf, lassen sie nicht mehr los.

»Du wirst sie liebhaben, das weiß ich«, fährt er fort. »Sie ist wie du, treu und zuverlässig.«

Johanna glaubt plötzlich zu ersticken. Soll sie ihren Vater weiter belügen? Muß sie ihm nicht die Wahrheit sagen?

»Germaine hat inbrünstig für dich gebetet, als uns die schreckliche Nachricht in Genua erreichte.«

Johanna zieht ihre Hand zurück, ballt sie zu einer Faust.

»Ich weiß, wie sehr du gelitten hast, aber Gott hat dich von einer drohenden Gefahr befreit. Dein Gemahl, Juanita, liebte Kastilien nicht.«

Verstohlen beobachtet Ferdinand seine Tochter, er bemerkt ihre Unruhe. Sanft, aber entschlossen fährt er fort.

»Philipp war dieses Landes nicht würdig und auch deiner nicht.«

»Vater …«

Ferdinand beugt sich über seine Tochter, sein Atem ist wie eine Liebkosung.

»Es sind Gerüchte im Umlauf, er sei keines natürlichen Todes gestorben. Was weißt du darüber, Juanita?«

Johanna ist so erregt, daß das Blut in ihren Schläfen pocht.

»Vater«, stammelt sie. »Ihr allein solltet über Kastilien herrschen.«

»Du solltest regieren, Juanita. Philipp hatte dir deine Macht geraubt.«

»Meine Person ist ohne Bedeutung, ich habe nur an Euch und an Kastilien gedacht.«

Johanna hat in einem Atemzug gesprochen. Ferdinand hat erneut die Hand seiner Tochter ergriffen.

»Was willst du damit sagen, mein Kind?«

Johanna schließt die Augen und spürt den Druck seiner Finger auf ihrer Haut, sanft und schmerzhaft zugleich. Warum soll sie sich weiter quälen und ihr schreckliches Geheimnis diesem Mann verschweigen, der sie liebt und auf ihr Glück bedacht ist?

»Vater«, murmelt sie leichenblaß, »ich hätte alles von Philipp ertragen, nur nicht sein abscheuliches Verhalten Euch gegenüber …«

Johanna verstummt, sie weint nicht, ihre Kehle, ihr Mund sind trocken, ihre Lider zucken unaufhörlich, sie ist gänzlich verstört. Fragend blickt sie ihren Vater an, wartet begierig auf ein Zeichen der Zustimmung, der Zuneigung. Ferdinand indes sitzt wie versteinert da.

»Du hast recht gehandelt«, murmelt er schließlich. »Vor Gott erkenne ich deinen Mut an. Aber bist du auch ganz sicher, daß niemand den leisesten Verdacht hegt? Obwohl ich weiß, daß du nur mein Bestes wolltest, hast du meinen Feinden durch deine Tat eine schreckliche Waffe gegen mich geliefert.«

»Vater«, stammelt Johanna, »ich allein bin dafür verantwortlich und werde, wenn nötig, alles auf mich nehmen.«

Mit einer väterlichen Geste tätschelt Ferdinand ihre Wange. »Wie naiv du bist, meine kleine Juanita. Die Politik ist eine Löwengrube. Deine Tränen werden niemanden erweichen.«

»Was kann ich denn tun?«

Die Angst, auch von Ferdinand verstoßen zu werden, schnürt ihr die Kehle zu. Sie hat sich zu sehr auf die Liebe ihres Vaters verlassen, als daß sie deren plötzlichen Entzug verkraften könnte.

»Unterschreibe ein Papier, das ich stets geheimhalten werde! Wenn man mich angreifen sollte und du nicht dasein solltest, um mich zu verteidigen, wäre dieses Schriftstück meine Rettung, ein Liebes- und Treuebeweis meiner kleinen Tochter. Wir werden nie mehr davon sprechen.«

Johanna schmiegt sich in Ferdinands ausgebreitete Arme. Sie hat ihre letzte Schlacht erfolgreich geschlagen und damit einer langen, leidvollen Demütigung ein Ende gemacht.

»Wollt Ihr meine Tochter bewachen?« fragt der König von Aragón Cisneros. »Ich weiß nicht, wie lange ich in Segovia bleiben muß, um den Herzog von Nájera in die Knie zu zwingen.«

Cisneros, den Ferdinand als Dank für seine Treue zum Kardinal ernannt hat, gibt sogleich seine Zustimmung. Die Königin zu überwachen ist keine schwere Aufgabe. Sie hat sich mit dem Infanten Ferdinand und der kleinen, acht Monate alten Katharina in das Dorf Arcos, unweit von Burgos, zurückgezogen und verläßt ihren neuen Wohnsitz nie.

»Sie soll möglichst wenig Kontakt mit der Außenwelt haben. Ihr Gefolge und ihre Diener sind zuverlässig, allen anderen aber mißtraue ich.«

»Dank der Urkunde, die in unseren Händen ist, wird Eure

Tochter niemals Herrschaftsansprüche stellen können, Majestät.«

Das Gefolge des Königs von Aragón wartet im Hof. Der Oktober in Burgos ist herrlich, erfüllt vom Duft unzähliger Rosen.

»Gewiß«, murmelt Ferdinand. Dann mustert er den Kardinal mit durchdringendem Blick. »König Heinrich VII. von England hält um Johannas Hand an. Es ist noch zu früh, sie zu diesem Schritt zu drängen, aber mir ist sehr an dieser Heirat gelegen. Denn wenn meine Tochter nicht mehr in Kastilien weilt, wird sie mir keine quälenden Sorgen mehr bereiten.«

Die Hand des Kardinals hebt sich zu einer segnenden Geste.

»Gott schütze Euch, Don Fernando! Ich werde dafür beten, daß Eure Wünsche zum Wohle Kastiliens in Erfüllung gehen.«

Aufmerksam beobachtet der Infant Ferdinand die reglose Eidechse auf der sonnenbeschienenen Mauer. Mit seinen viereinhalb Jahren ist er etwas ungestüm, dabei jedoch rücksichtsvoll und für alles aufgeschlossen. Johanna verfolgt die Entwicklung ihres Sohnes mit Erstaunen. Ihre Kinder sind ihr bisher immer wie ferne Wesen erschienen, schwer zu verstehen, ja sogar unzugänglich. Eleonore, Karl, Isabella und Maria sind ihr gänzlich fremd geworden. Bisweilen schreibt sie ihnen ein paar Zeilen, schickt sie aber nie ab, fürchtet sie doch jedesmal, nicht die richtigen Worte gefunden zu haben. Wer mag sich in Flandern ihrer Erziehung annehmen? Sicherlich Margot, die glücklich sein dürfte, endlich eine Mutterrolle auszufüllen. Johanna hat erfahren, daß ihre Schwägerin das Heiratsangebot Heinrichs VII. von England ausgeschlagen hat. Sie erinnert sich an den alten König in Windsor, an seinen fülligen Bauch, sein rotes Gesicht, sein lückenhaftes Gebiß mit den schwärzlichen Zähnen.

Margot, nun schon zum zweiten Mal Witwe, ist fest entschlossen, kein drittes Mal zu heiraten und ihr geliebtes Mecheln nie mehr zu verlassen. Sie hat jetzt vier Kinder zu erziehen, einen vielgeliebten Bruder zu beweinen, die Künste zu fördern und vor allem ein Land zu regieren, seit ihr Vater Kaiser Maximilian sie bis zur Volljährigkeit von Karl zur Regentin ernannt hat.

»Mutter, ist es wahr, daß eine Eidechse weiterleben kann, wenn sie in zwei Teile geschnitten ist?«

Johanna lächelt.

»Als ich so alt war wie du, habe ich das auch geglaubt, aber es stimmt nicht.«

»Und wo wart Ihr, als Ihr vier Jahre alt wart?«

Johanna denkt nach. Da der königliche Hof von Stadt zu Stadt, von Palast zu Palast zog, kann sie sich an nichts Greifbares erinnern, nur an das unheimliche Echo von Schritten in riesigen, unbekannten Sälen, an die drohenden Schatten in fremden Schlafgemächern.

»Ich war bei deiner Großmutter Isabella und deinem Großvater Ferdinand.«

Das Kind nickt und wendet sich wieder der kleinen Eidechse zu. Jenseits der Gartenmauer erstreckt sich das Dorf mit seinen engen, gewundenen Gassen, mit seinen Läden und seinen mit Nägeln verzierten Türen, vor denen die alten Frauen ihren Schwatz zu halten pflegen. Vom Turm der Pfarrkirche läuten die Glocken den Abendangelus, und Johanna schickt sich an, vor Philipps Sarg zu beten, wie jeden Tag um diese Zeit. Niemals darf sie ohne Begleitung in die Kirche gehen. Ferdinand hat es untersagt. Johanna fügt sich, ohne das Verbot zu verstehen. Was befürchtet ihr Vater – hat sie ihm nicht ihren umfassenden Gehorsam bewiesen? Sie lebt hier in Arcos umgeben von den treuesten Anhängern des Königs von Aragón. Luis Ferrer, der Marqués de Denia und die Bischöfe von Málaga und Maldoñedo sind gewiß bei ihr, um sie zu beschützen, doch oft hat sie den Eindruck, bespitzelt zu werden wie damals im Coudenbergpalast. Nur in den Stunden, die sie mit ihren Kindern allein verbringt, glaubt sie, frei atmen zu können.

Die Amme erscheint, um Ferdinand und Katharina zu holen.

Eine kleine Weile noch genießt Johanna die milde Herbstluft. In wenigen Tagen wird ihr Vater zurück sein, diesmal in Begleitung ihrer Stiefmutter, Germaine de Foix.

»Ich bin Eure ergebene Tochter.«

Mit einem Handkuß begrüßt Johanna ihre Stiefmutter, die jünger ist als sie selbst. Die Nichte des französischen Königs ist nicht hübsch, ihre Frische und ihr Lächeln aber sind bezaubernd. Neben ihr wirkt Johanna welk und verblüht. Ferdinand ist höchst zufrieden. Am Vorabend hat er seiner Tochter ausführlich die Leviten gelesen und sie ermahnt, jedes aufkommende Gefühl von Mißgunst oder Eifersucht zu verbergen. Daß er von ihr verlangt hat, die Nichte des französischen Königs, der sie so schlecht behandelt hat, feierlich zu begrüßen, hat Johanna allerdings sehr gekränkt.

Nach dem Empfangsmahl hat Germaine sich in ihre Gemächer zurückgezogen. Vater und Tochter ergehen sich in der Galerie, während die Wachen draußen auf den Wachtürmen ihre Posten beziehen.

»Du lebst zu zurückgezogen, mein Kind, du gibst dich zu sehr deinen Erinnerungen hin.«

Die Abendluft ist kühl und feucht. Argwöhnisch und stumm schreitet Johanna neben ihrem Vater einher.

»Während du dir in deiner Witwenrolle gefällst«, fährt der König behutsam fort, »vergißt du, daß eine Frau für die Ehe, für die Liebe geschaffen ist.«

Das beharrliche Schweigen seiner Tochter macht es dem König noch schwerer, das Gespräch in die gewünschte Richtung zu lenken, denn sein Anliegen ist in der Tat äußerst heikel. Die junge Frau hält weiter den Blick gesenkt. Sie ist absonderlich und macht viel Ärger, denkt Ferdinand. Heinrich wird es nicht leicht mit ihr haben! Er beginnt unter seinem wollenen Wams zu schwitzen. Zwischen zwei Säulen taucht plötzlich der Mond auf, rund und gelb.

»Laß uns hier ein wenig verweilen!« schlägt der König vor. »Sieh nur, wie schön der Himmel ist!«

Johanna aber hebt kaum den Blick.

»Ich höre Euch zu, Vater«, murmelt sie. Ihr Mund ist trocken, ihre Kehle wie zugeschnürt. Seit Monaten schienen ihre alten Ängste begraben, jetzt sind sie auf einmal wieder da und plagen sie ebenso heftig wie zuvor.

»Juanita, der König von England hat um deine Hand angehalten. Antworte nicht sofort, sondern überlege es dir gut! Du könntest glücklich werden an der Seite dieses Mannes, der dich mit Ehren und Zärtlichkeit überschütten würde. Versprich mir, dieses Angebot wohlwollend abzuwägen!«

Ferdinand hat gesprochen. Er stößt einen Seufzer der Erleichterung aus. Jetzt hat er nur noch den einen Wunsch, in sein Schlafgemach zu eilen, wo ihn Germaine mit ihrem jugendlichen Verlangen und ihrem wundervollen, noch kindlich gerundeten Körper erwartet.

Johanna tritt lustlos ans Fenster, atmet gierig die frische Luft ein. Häuser, Kirchen, Gärten drängen sich um das Schloß. Ein Esel schreit, die letzten Bauern kehren mit einer Laterne in der Hand von ihrer Feldarbeit heim. Die junge Frau wendet sich ab, das Leben interessiert sie nicht mehr. Philipp ist tot, und niemand wird an seine Stelle treten. Ihr Vater hat nichts begriffen; trotz seiner tröstenden Worte nimmt er keinen Anteil an ihrem Schicksal.

Plötzlich wird sie von einem heftigen Nervenanfall so geschüttelt, daß sie sich nicht mehr auf den Beinen halten kann. Sie wird sterben oder tatsächlich den Verstand verlieren! »Mein Gott!« schluchzt sie mit tränenerstickter Stimme. »Mein Gott!«

Am frühen Morgen begibt sich Ferdinand wie gewöhnlich zur Messe. Johanna erwartet ihn vor der Kapelle, totenbleich und völlig aufgelöst.

»Vater, ich kann über Euren Vorschlag von gestern nicht nachdenken, solange mein Gemahl nicht begraben ist«, stößt sie in einem Atemzug hervor.

Ferdinand wirft seiner Tochter einen strengen Blick zu, besinnt sich aber sogleich wieder, setzt ein Lächeln auf und ergreift Johannas Hand.

»Gut, Juanita. Wir werden Philipp nach Granada überführen und dich danach vermählen.«

FERDINAND WIRFT SEINEN DEGEN einem Pagen zu, der ihn auffängt. Johannas Starrsinn hat ihm endgültig die Fassung geraubt. Brütende Sommerhitze liegt über dem Land. Arcos erstickt im Staub, im beißenden Gestank nach Öl und Urin, unter dichten Fliegenschwärmen. Noch wenige solcher Hundstage, und die Pest wird kommen.

»Don Jiménez, es ist hoffnungslos, Johanna gibt nicht nach.«

Unempfindlich gegen Hitze, Insekten und üble Gerüche, lauscht der Kardinal seinem König. Der hartnäckige Widerstand Johannas überrascht ihn kaum. Ein Diener trägt eine Schale mit Trauben und Granatäpfeln herbei. Ein Hund folgt ihm und legt sich zu Füßen des Kardinals nieder.

»Dabei habe ich es mit allen Mitteln versucht«, fährt der König fort, »mit Bitten, Versprechungen und Drohungen, doch ohne Erfolg. Meine Tochter weigert sich, ihren Ehemann begraben zu lassen. Sie ist weit verrückter, als ich glaubte!«

Cisneros betrachtet die Dinge sehr viel nüchterner. Er hat Johanna durchschaut. Solange Philipp nicht unter der Erde ist, hat sie das gute Recht, eine neue Heirat zu verweigern.

»Dabei käme mir diese englische Vermählung sehr zustatten«, seufzt Ferdinand. »Sie würde mir einen weiteren Bundesgenossen gegen Frankreich verschaffen und Heinrich zu einer baldigen Verlobung seines Sohns, des Prinzen von Wales, mit meiner Tochter Katharina nötigen. Vor allem aber wäre ich das Problem mit Johanna los!«

»Gegen den Berg vermag der Mensch nichts auszurichten – er kann ihn nur übersteigen oder umgehen«, murmelt Cisneros und streicht liebevoll über den Kopf seines Hundes.

»Wir werden ihn umgehen, Don Cisneros, und unbeirrt unseren Weg fortsetzen.«

»Und wie sind Eure Pläne, Majestät?«

»Vor meiner Abreise nach Andalusien wird Johanna nach Tordesillas gebracht. Noch heute will ich sie nach Mahamud kommen lassen, um sie von dort aus persönlich zur Zitadelle zu geleiten. Und glaubt mir, wenn sich das Tor hinter ihr schließt, werde ich wieder freier atmen. Bei Gott, ich fürchte unentwegt, daß sich die Granden ihrer bedienen, um sich gegen mich zu erheben.«

»Doña Juana ist Euch treu ergeben.«

»Das mag im Augenblick noch zutreffen, doch wer kennt die Zukunft? Johanna ist noch keine dreißig Jahre alt. Stellt Euch vor, einer der Granden würde sie betören? Noch am Tag seiner Hochzeit wäre er ›Prinz von Kastilien‹ mit allen Rechten und Vollmachten, die dieser Titel mit sich bringt! Der Gedanke, noch einmal durchstehen zu müssen, was Philipp mir angetan hat, ist mir einfach unerträglich. Außerdem geht es hier ebenso um die Zukunft des Landes.«

Die Augen halb geschlossen, scheint Cisneros in tiefe Gedanken versunken. Der Himmel hinter den Jalousien ist tiefblau, nur das Plätschern des Brunnens im Innenhof ist zu hören. Ein Diener bringt kühlen Wein herbei und verscheucht die Fliegen, die sich auf den Früchten niedergelassen haben. Der Windhund bettelt mit flehendem Blick darum, wieder gestreichelt zu werden.

»Es heißt, Doña Juana sei Don Victor de Santa Cruz sehr wohlgesonnen«, sagt er schließlich.

Ferdinand beugt sich noch weiter zu dem betagten Kardinal vor.

»Lieber Freund, Don Victor ist heute morgen nach Italien abgereist. Ich habe ihn mit einer langwierigen Mission nach Neapel geschickt.«

Die beiden Männer blicken sich vielsagend an.

»Damit ist Doña Juana Euch gänzlich ausgeliefert.«

Johanna hat drei Briefe auf ihren Schoß sinken lassen und atmet schwer. Die Hitze ist unerträglich, und obwohl ihr eine junge Dienerin unentwegt Luft zufächelt, rinnt ihr der Schweiß übers Gesicht. Auch wenn die Schreiben von verschiedenen Absendern stammen und ohne erkennbaren Zusammenhang sind, ergänzen sie sich doch zu einem Werk, das ihrer Vernichtung dienen soll.

Im ersten Brief, der aus England kommt, wird sie von ihrer Schwester Katharina gedrängt, den Heiratsantrag des englischen Königs anzunehmen. Johanna hat das Schreiben nicht einmal zu Ende gelesen, so zornig ist sie über die hergeholten Argumente, die ihrer Schwester möglicherweise in die Feder diktiert worden sind. Katharina hat ihr eigenes Leben so wenig gemeistert, daß es ihr nicht zusteht, sich in das ihre einzumischen. Niemals wird sie sich mit Heinrich VII. vermählen. Hält man sie für eine Marionette? Sie fordert von niemandem etwas, wünscht sich nur die Liebe ihrer Kinder, die Zuneigung ihres Vaters und ein wenig Heiterkeit in diesem Schloß von Arcos, das sie jetzt als ihr Zuhause betrachtet.

Der zweite Brief trägt die Unterschrift von Santa Cruz und hat ihr einen Stich ins Herz versetzt. Doch die Wut über das erste Schreiben und der Schrecken über das dritte lenken Johanna von ihrem Kummer ab. Auf eine Art, die ihr etwas zu vertraulich erscheint, schwört ihr der junge Mann vor seiner Abreise nach Italien beständigen Gehorsam und ewige Freundschaft. Schnell zerknüllt Johanna den Brief. Obwohl Victors Gegenwart etwas Tröstliches hatte, rief sie doch auch schmerzliche Erinnerungen in ihr wach, die die Zeit langsam zu heilen schien. Sie wird ihm nicht antworten.

Der Schrecken über das dritte Schreiben nimmt Johanna noch immer gefangen. Ihr Vater befiehlt ihr darin, nach Mahamud zu kommen, von wo er sie nach Tordesillas begleiten will. Sie sieht die gewaltige alte Festung am Ufer des Duero vor sich, denkt an deren finsteren Ruf. Eine unbestimmte Vorahnung rät ihr, sich ihrem Vater zu widersetzen und in Arcos zu bleiben.

Der Südwind, der durch die geschlossenen Fenster dringt, verbreitet eine sengende Hitze. Mit einer nervösen Handbewegung entläßt Johanna ihre Dienerin.

Als sie endlich allein ist, sinkt sie zu Boden, kauert sich auf ein Kissen wie einst im Palais Coudenberg, als sie sich vor Sehnsucht nach Philipp verzehrte, wie in den Palästen ihrer Kindheit, wo sie sich so einsam, so ungeliebt fühlte! Die völlige Bewegungslosigkeit, das Dunkel hinter ihren geschlossenen Lidern helfen ihr, die Fassung wiederzufinden. Sie wird nicht nach Mahamud gehen, sondern sich totstellen und hoffen, daß man sie vergißt.

Drei Tage wartet Ferdinand vergebens in Mahamud. Doch die Zeit drängt, er muß so bald wie möglich nach Andalusien aufbrechen, um den Marqués de Priego, der sich ihm in Córdoba widersetzt, in die Knie zu zwingen. Zum ersten Mal gehorcht Johanna ihm nicht. Das erzürnt ihn nicht nur, sondern beunruhigt ihn auch zutiefst. Wahrscheinlich mißtraut er seiner Tochter zu Recht. Verbirgt sich hinter ihrer Unterwürfigkeit, ihrem Lächeln, ihren zärtlichen Worten nicht tiefe Falschheit? Er weiß besser als jeder andere, daß sie zu Verzweiflungstaten fähig ist. Könnte nicht auch er eines Tages ein Opfer ihrer Unberechenbarkeit werden? Johanna stellt eine wachsende Gefahr für ihn dar. Sollte sie sich gegen ihn auflehnen, wird er sie, im Gegensatz zu Philipp, endgültig zum Schweigen bringen.

»Seine Majestät, der König«, verkündet der Diener.

Vor Angst halb tot, sieht Johanna ihren Vater eintreten. Sein finsterer Blick verrät ihr sofort, daß er außer sich vor Zorn ist. Er bemüht sich nicht einmal um ein höfliches Lächeln.

»Warum bist du nicht gekommen?«

Johanna, die seit drei Tagen verzweifelt nach Worten zu ihrer Verteidigung sucht, weiß nicht mehr, was sie sagen wollte.

»Katharina fühlte sich nicht wohl«, stammelt sie und bereut ihre Antwort sogleich. Wenn sie sich aus der Schlinge befreien will, muß sie kämpfen.

»Außerdem habe ich den Grund für Euren Befehl nicht verstanden«, fügt sie fast demütig hinzu.

»Muß ich neuerdings meine Befehle begründen? Hundertmal hast du mir absoluten Gehorsam geschworen. Warum läßt du es plötzlich daran fehlen?«

»Vater«, setzt sich Johanna zur Wehr, »ich habe stets so gehandelt, wie es zu Eurem Vorteil war.«

»Zu meinem Vorteil wäre es gewesen, wenn du in die Heirat mit Heinrich eingewilligt hättest, doch du hast dich geweigert. Und heute ist mir daran gelegen, dich in Tordesillas in Sicherheit zu wissen, bevor ich Kastilien vielleicht für lange Zeit verlasse. Heißt es, zu meinem Vorteil handeln, wenn du nicht zu dem Treffen erscheinst, zu dem ich dich beordert habe?«

Johanna weicht einen Schritt zurück und lehnt sich an einen Tisch, denn ihre Beine beginnen zu zittern.

»Ich fühle mich sehr behaglich in Arcos, und auch den Kindern gefällt es hier. Warum sollte ich von hier fortgehen?«

Mit eisigem Blick tritt Ferdinand auf seine Tochter zu.

»Weil ich diesen neuen Wohnsitz für dich bestimmt habe.«

Es ist Mittag; die Sonne taucht den Innenhof in ihr gleißendes Licht.

»Vater, ich gehe nicht nach Tordesillas.«

Ferdinand wird blaß. Johanna ist auf einen Schwall von Vorwürfen gefaßt, aber ihr Vater schweigt und starrt sie nur lange unverwandt an, ohne daß sie erraten könnte, was in ihm vorgeht.

»Wie du willst«, sagt er schließlich mit schneidender Stimme. »Doch für meinen Enkelsohn ist das Klima hier schädlich. Morgen wird er an einen Ort gebracht, der seiner Gesundheit zuträglicher ist. Laß sein Gepäck vorbereiten, und dann sag ihm Lebewohl!«

Mit diesen Worten wendet sich der König ab und geht zur Tür.

»Wir sehen uns in einigen Monaten wieder. Wenn dir daran gelegen ist, deine Tochter bei dir zu behalten, bist du bis dahin vielleicht zur Vernunft gekommen.«

Noch auf der Freitreppe verfolgen den König die Schreie seiner Tochter, Schreie eines tödlich verwundeten Tieres.

JOHANNA SCHLÄFT UND ISST AUF DEM FUSSBODEN ihres Gemachs und weigert sich, ihre Kleider zu wechseln. Manchmal will sie fliehen; sie versucht gar nicht erst, die Tür zu öffnen, sondern hämmert mit nackten Fäusten dagegen, bis ihre Finger blutig sind; dann gibt sie auf und kauert sich wieder wie ein Tier am Boden nieder. Jede Nacht wird sie von gräßlichen Alpträumen heimgesucht.

Der Herbst hat Arcos herrliches Wetter gebracht, das sich nun von Tag zu Tag verschlechtert. Eines Morgens im Oktober verlangt Johanna, ihre Tochter zu sehen, reißt sie an sich, wirft sich dann einen Umhang über die Schultern und verläßt ihre Gemächer, die sie über drei Monate nicht mehr verlassen hat, um sich zu Philipps Sarg zu begeben. Die Treulosigkeit ihres Mannes hat sie verziehen, doch die Heimtücke und den Verrat ihres Vaters wird sie niemals vergessen.

In der Kirche von Arcos ist alles friedlich. Johanna, die nicht mehr oft zur Messe geht, bekreuzigt sich und kniet vor dem von brennenden Kerzen umgebenen Sarg nieder. Die Worte der Liebe, die sie flüstert, bringen ihr zuerst ein Gefühl tiefen Glücks, doch plötzlich wird sie von unendlicher Trauer überwältigt. Sie erhebt sich und wankt zum Kirchenausgang, wo Pagen und Wachsoldaten warten, die sie auf Schritt und Tritt begleiten. Sie hat das Gefühl, daß Philipp ihr folgt, sie mit sich nehmen will. Warum widersetzt sie sich noch?

»Majestät, Ihr seid sehr krank. Ihr müßt einem Priester erlauben, zu Euch zu kommen.«

»Das ist nicht nötig«, murmelt sie.

Der dritte Aderlaß hat sie sehr geschwächt, und doch will sie sich nicht vom Abgrund verschlingen lassen. Ihr Vater wäre nur zu glücklich, von ihrem Tod zu hören!

Ein Mann in einer schwarzen Kutte steht an ihrem Bett und spricht mit sanfter Stimme. Johanna wendet den Kopf zur Seite und stellt sich schlafend.

»Doña Juana«, sagt der Mann lauter und in beschwörendem Ton, »Ihr könnt dem Auge Gottes nicht entkommen. Ihr müßt beten! Ich bin nur bei Euch, um unserem Schöpfer zu dienen.«

Gott liebt mich nicht, denkt Johanna. Wie könnte er mich sonst unentwegt quälen?

Rings um ihr Bett hört sie fortwährendes Getuschel, das sie demütigt. Ihre Hand vergewissert sich, daß ihr Hemd bis zum Hals geschlossen ist, damit niemand auch nur ein Stückchen ihrer Haut erblickt. Ihr Frauenkörper ist an der Seite von Philipps sterblicher Hülle begraben.

»Kann ich meine Tochter sehen?« fragt sie.

»Doña Juana, Eure Krankheit kann ansteckend sein. Die Infantin darf einer solchen Gefahr unter keinen Umständen ausgesetzt werden.«

Johanna ist entsetzt. Sollte ihr Vater ihr nun auch die kleine Katharina entrissen haben?

»Ich will sie wenigstens sehen.«

Heuchlerische, verlogene, honigsüße Blicke sind auf sie gerichtet.

»Später, Doña Juana.«

Ihr ist, als legte sich eine Schlinge immer fester um ihren Hals. Lange schwebt sie zwischen Leben und Tod.

Eines Morgens im Februar erblickt Johanna, an ihre Kissen gelehnt, endlich wieder den blassen Winterhimmel; sie beobachtet Krähen beim Flug. Die Welt ist leer, nackt wie ihre Seele.

»Doña Juana«, fragt Henriette, »wollt Ihr Eure Tochter sehen? Die Infantin läuft seit gestern. Man könnte meinen, sie hätte auf Euch gewartet.«

Das Gesicht der alten Dienerin ist so von Fürsorge erfüllt, daß Johanna gerührt die verwelkte Hand ergreift und fest in der ihren hält.

Ferdinand wärmt seine steifgefrorenen Hände an dem gewaltigen Kamin, in dem der ganze Stamm einer Kastanie brennt. Gerüchte von einem Komplott zugunsten seines Enkels Karl haben ihn zu einer überstürzten Rückkehr nach Kastilien veranlaßt, obwohl die Lage in Andalusien noch keineswegs gesichert ist.

Unterwegs ist sein Entschluß herangereift: Johanna soll, nein, darf den Ränkeschmieden nicht länger ausgesetzt sein, ihr Verschwinden wird die Gemüter beruhigen und jede Revolte im Keim ersticken. Zärtliche Gefühle müssen hinter politischen Interessen zurückstehen.

Angeführt von Cisneros, betreten der Herzog von Alba, der Admiral von Kastilien und die engsten Ratgeber des Königs den großen Saal. Schweigend begibt sich ein jeder an seinen Platz. Im Halbdunkel schimmern die schweren Goldketten auf den schwarzen Samtwämsern.

»Eminenz, meine Herren«, beginnt Ferdinand, indem er seinen Blick von einem zum andern wandern läßt, »ich habe Euch heute einberufen, um Euch mit einer Entscheidung von größter Wichtigkeit für unser Land vertraut zu machen. Ich bestehe auf ihrer sofortigen Ausführung ...«

Kurz vor Mitternacht fliegt die Tür zu Johannas Schlafgemach auf. Im grellen Schein der Fackeln erkennt die junge Frau die Gesichter ihrer angeblichen Beschützer. Ihr erster Gedanke ist, ihrer Tochter könne etwas zugestoßen sein, doch schon bald ahnt sie, daß ihr selbst ein großes Unglück bevorsteht.

Der Mann, der als erster vortritt, ist Luis Ferrer, ein vertrauter Freund ihres Vaters, einer, dem sie stets mißtraut hat.

»Doña Juana, ich habe die Ehre, Euch zu Eurer neuen Residenz zu geleiten.«

Sprachlos vor Angst, starrt Johanna die dunkle Gestalt an, die ihr immer näher kommt.

»Ich bitte Eure Majestät ergebenst, sich anzukleiden und mir folgen zu wollen.«

»Und wohin?« bringt Johanna endlich heraus.

»Zum Schloß von Tordesillas.«

In der eisigen Februarnacht setzt sich der düstere Zug in Bewegung, an der Spitze der Wagen mit Philipps Sarg, der über die hartgefrorenen Wege rumpelt. Wie eine Schlafwandlerin folgt Johanna dem verhaßten Ferrer, hinter ihr die Amme mit der kleinen, in warme Decken gehüllten Katharina. Anna und Henriette sind nach Flandern zurückgeschickt worden. Beim Abschied von ihren beiden Dienerinnen hat Johanna nicht geweint. Immer wieder muß sie die gleichen Erfahrungen machen. Philipp hatte ihr einst Aicha und Fatma genommen, jetzt entreißt Ferdinand ihr die Fläminnen. Unbarmherzig werden ihr all diejenigen genommen, denen ihre Zuneigung gilt, doch Johanna hat nicht einmal mehr die Kraft, darüber zu trauern.

In Renedo macht der kleine Troß halt, und Johanna legt sich zum Schlafen nieder. Fest entschlossen, die Aufgabe ihrer Kerkermeister mit allen Mitteln zu behindern, weigert sie sich am folgenden Morgen, ihr Bett zu verlassen. Ferrer und die Edelleute ihres Gefolges sind ratlos.

»Ihre Majestät sagt, sie leide an Atemnot und sei geschwächt«, beharrt eine Dienerin.

»Nichts als Lügen und Heuchelei«, ruft Luis Ferrer. »Ich will die Königin sprechen!«

Johanna gibt nach. Ferrers zorniges Gesicht und seine üblen Drohungen haben sie in Angst und Schrecken versetzt, und so bricht der Geleitzug nach dem kurzen Zwischenaufenthalt wieder auf. In Valladolid beobachtet das erschrockene Volk, wie seine vermummte Königin, das Gesicht vom schwarzen Witwenschleier verhüllt, einige Schritte vor dem schwankenden Sarg ihres Gemahls vorüberzieht – ein finsterer Anblick, der selbst die ausgelassensten Spaßmacher zum Verstummen bringt. Danach bewegt sich der Zug ins Tal des Pisuerga hinab, um sich dann nach Westen zu wenden und dem Lauf des Duero zu folgen. In der Ferne zeichnet sich bereits die düstere Festung ab.

Nach einer Wegbiegung taucht das imposante Kastell von Tordesillas plötzlich grau und drohend aus der roten Erde vor dem rötlichen Abendhimmel auf. Johanna kann den Blick nicht davon lösen. Volkstümliche Legenden erzählen, daß hier in jedem Jahrhundert eine Königin bis zu ihrem Tode eingesperrt wird. Als Kind malte sie sich mit Schrecken aus, wie die schwere, eisenbeschlagene Tür für immer hinter der Gefangenen zufällt. Unterhalb der Festung, zwischen hohen Felsen, tost der dunkle Duero. Etwas weiter flußabwärts drängen sich geduckte Häuser um die Kirche San Antolín, und enge Gassen führen zum Kloster Santa Clara.

Mit jedem Schritt ihres Maultiers wächst Johannas Grauen. Mehrmals läßt sie den Zug anhalten, so sehr schnürt ihr die Angst die Brust zusammen. Jenseits der Zugbrücke, die den Festungsgraben mit seinem stehenden Gewässer überspannt, erblickt sie schließlich das imposante Fallgitter am Eingang. Johanna hebt den Kopf. Türme, Wehrgänge und Pecherker zeichnen sich gegen den blassen Himmel ab. Der Wind fegt über die Plattform hoch über dem Fluß und vertreibt die ersten Tropfen eines eisigen Regens. Kahle Bäume, deren Äste auf Johanna bedrohlich wirken, säumen die Promenade vor dem Schloß. Als die

Königin, starr vor Entsetzen, sich nicht von der Stelle rührt, ergreift ein Soldat die Zügel ihres Maultiers und zerrt es in den Schloßhof. Mit dumpfem Knirschen fällt das Eisentor hinter ihr zu.

Johanna führt einen erbitterten Kampf gegen ihren Kerkermeister Luis Ferrer, der ihr ebenfalls keine Kränkung, keine Demütigung erspart. Als die sterbliche Hülle Philipps der Obhut der Klarissinnen des Klosters von Santa Clara übergeben wurde, hat Johanna eine Woche lang alle Speisen verweigert. Ferrer hat nicht nachgegeben, aber weil er dem König Rechenschaft ablegen muß, verbringt er seit dem dritten Tag schlaflose Nächte.

In der Erinnerung der Königin taucht das Bild von Philipps Körper mit grausamer Genauigkeit wieder auf, ein zarter und zugleich kräftiger Leib, den sie nie mehr wird vergessen können. Bei schönem Wetter läuft sie gedankenverloren, die Augen ins Nichts gerichtet, auf der zum Fluß liegenden Galerie auf und ab. Die Zeit existiert nicht mehr hier in Tordesillas. Wie viele Monate ist sie schon eingesperrt?

Eines Tages, der Frühling ist schon nicht mehr fern, will Luis Ferrer bei der Königin vorsprechen. Seit dem Vortag hat sie sich weder gewaschen noch gekämmt, um zu demonstrieren, daß sie sich als eine Gefangene betrachtet.

»Doña Juana!« ruft der Aragonier entrüstet. »Es ist drei Uhr nachmittags!«

Die wachsende Empörung ihres Kerkermeisters bereitet Johanna zunehmend Genugtuung.

»Wirklich, Don Luis?« entgegnet sie. »Ihr riegelt mich so von der Außenwelt ab, daß ich inzwischen die Orientierung verloren habe.«

»Hören Eure Majestät denn nicht die Glocken von Santa Clara, die morgens, mittags und abends zum Gebet läuten?«

»Seid Ihr hier, um mich einem Verhör zu unterziehen, Don Luis? Ihr laßt es am gebührenden Respekt fehlen.«

Der Aragonier versucht seinen Zorn vor dieser Frau zu verbergen, die ihn verachtet und ihm unentwegt die Stirn bietet.

So als wäre er gar nicht mehr da, wendet Johanna sich von ihm ab. Wie selbstverständlich greift sie nach ihrer Gitarre, wischt mit ruhigen, präzisen Handgriffen den nicht vorhandenen Staub von dem edlen Holz. Verdutzt beobachtet Ferrer die Königin. Ständig quält ihn der Zweifel. Ob sie wohl wirklich verrückt ist oder ob sie sich nur verstellt?

»Doña Juana«, sagt er schließlich mit fester Stimme, »da ich von Eurem Vater beauftragt wurde, über Euer Wohlergehen und das der Infantin zu wachen, sehe ich mich gezwungen, Ordnung in Euren Zeitplan zu bringen. Fortan wird Euer Tagesablauf genau geregelt sein. Zuerst einmal ist Eure Anwesenheit bei der Morgenmesse erwünscht. Anschließend empfehle ich einen kurzen Spaziergang, bis sich die Infantin zu Euch gesellt. Nach dem Mittagessen und der Mittagsruhe werden Eure Majestät Muße haben, sich der Musik zu widmen, zu lesen oder sich in die Kapelle zu begeben. Die Nachtruhe beginnt gleich nach dem Abendessen.«

Ohne ihn auch nur eines Blickes zu würdigen, summt Johanna eine Melodie vor sich hin. Ferrer ist wütend und weiß nicht, ob er seinen Vortrag wiederholen soll. Bald wird er den Willen dieser Frau brechen.

Tagelang bleibt Johanna auf ihren Kissen liegen und starrt zur Decke. Manchmal ißt sie von den Speisen, die man ihr reicht, manchmal gießt sie den Inhalt der Schüsseln zum Entsetzen ihrer Dienerinnen auf den Boden.

Der Infantin, die wie ein kleines Bauernmädchen gekleidet ist, werden keinerlei höfische Manieren beigebracht. Sie läßt sich nicht kämmen, brüllt, wenn Ferrer sich ihr nähern will, läßt nur ihre Amme und ihre Mutter an sich heran. Sie ist nun fünfzehn Monate alt und ähnelt ihrem Vater immer mehr. Wenn sie lacht und dabei den Kopf zurückwirft, erstarrt Johanna, und ihr Blick verhärtet sich, denn sie fühlt sich auf grausame Weise an ihre Augenblicke des Glücks erinnert.

Zwei Matronen ergreifen die Königin, zwingen sie aufzustehen und kleiden sie gewaltsam an. Johanna wehrt sich, will die Dienerinnen an den Haaren packen. Vor Zorn, so behandelt zu werden, zumal von Untergebenen, zittert sie am ganzen Körper.

Um sich zu rächen, stellt sie sich am Nachmittag an ihr geöffnetes Fenster. Sonntags gehen die Einwohner von Tordesillas unter den Bäumen der Promenade vor dem Schloß spazieren. Die kleine Katharina an Johannas Seite beobachtet die spielenden Kinder und streckt die Ärmchen aus, als wolle sie sich zu ihnen gesellen. Der Sommer ist mild, die Luft klar. Johanna wartet den geeigneten Moment ab.

Zuerst bleibt eine Greisin stehen, dann blicken auch die anderen Passanten neugierig hoch. Eine Frau hat sich weit aus einem Fenster des Schlosses gelehnt, schreit ihnen mit schriller Stimme etwas zu, das sich wie ein Hilferuf anhört. Die Spaziergänger spitzen die Ohren, mehrere glauben, die Worte »Bringt sie alle um! Kommt mich befreien!« verstanden zu haben. Doch ehe sie sich's versehen, ist die Frau hinter einem hastig zugezogenen Vorhang verschwunden. Die Schaulustigen bleiben noch einen Augenblick stehen, bevor sie bedächtig ihren Weg fortsetzen, der hoch über dem Tal dem gewundenen Lauf des Flusses folgt.

»Wenn sich Eure Majestät noch einmal zu einer solchen Torheit hinreißen lassen, sehe ich mich gezwungen, mit aller Strenge vorzugehen!« droht Ferrer mit zornrotem Gesicht.

»Ihr könnt Euch zurückziehen«, entgegnet Johanna verächtlich. »Ich habe niemandem außer meinem Vater Rechenschaft abzulegen.«

»Doña Juana, solltet Ihr Euch Hilfe vom König erhoffen, so

irrt Ihr. Wenn Seine Majestät nach Tordesillas kommt, dann wird er Euch gefügig machen, das könnt Ihr mir glauben!«

»Es ist Anfang Oktober«, hat Ferrer verkündet. Ist das schon der Herbst? In der Ferne, jenseits des Duero, färbt sich der Wald rostrot, die Oliven sind geerntet, Bienen umkreisen summend die letzten Feigen. Bald wird auch die Weinlese beendet sein.

Johanna folgt dem Lauf des Flusses mit den Augen. Bei klarem Wetter kann sie am Horizont die gewaltige Silhouette der Türme von La Mota erkennen, doch mit dieser Festung verbinden sich so unangenehme Erinnerungen, daß sie rasch den Blick abwendet. Warum will ihr Vater sie wohl besuchen? Um sie gefügig zu machen, wie Ferrer behauptet, oder um sie zu befreien? Nach diesen langen Monaten in Tordesillas, nach all der Einsamkeit und Stille weiß sie selbst nicht mehr, ob sie wieder in die Welt hinaus, sich erneut den Intrigen der Regierung und der Heuchelei der Höflinge aussetzen will. Alles ist ihr gleichgültig. Hier gibt ihr der Kampf gegen Ferrer wenigstens ein wenig Kraft.

An diesem Tag weist Johanna ihr Abendessen nicht zurück. Sie nimmt es an einem Tisch in ihrem Wohnraum ein. Dazu hat sie ein braunes Gewand aus Segovia angelegt, das durch einen Kragen mit Lochstickerei geschmückt ist, und eine weiße Spitzenhaube aufgesetzt. Um zu beweisen, daß Ferrer ein Lügner ist, hat sie alte, fast vergessene Gewohnheiten wieder angenommen; sie schläft in ihrem Bett statt auf dem Boden und geht morgens zur Messe. Sie ist bereit, ihren Vater zu empfangen.

»Dein Verhalten erzürnt mich sehr, Johanna.«

Diese ersten Worte ihres Vaters bringen Johanna aus der Fassung. Hat sie sich zu seinem Empfang nicht sorgsam gekleidet und frisiert, tritt sie ihm nicht als demütige Tochter entgegen? Nichts an ihrem Gebaren ist angetan, ihn zu kränken.

»Vater«, protestiert Johanna, »ich bitte Euch, mich anzuhören, bevor Ihr mit Don Luis sprecht.«

»Don Luis ist ein Mann, der wie kein anderer mein Vertrauen genießt. Er handelt hier in Tordesillas nur zu deinem Besten. Warum erschwerst du ihm seine Pflichten?«

»Wollt Ihr sagen, seine Pflichten als Kerkermeister, Vater?«

»Johanna, zwing mich nicht, dich an Dinge zu erinnern, die dir jedes Recht nehmen, jemals irgendwelche Forderungen zu stellen!«

Nervös spielt Ferdinand mit der Goldkette, die sein Seidenwams schmückt. Immer mehr ist er davon überzeugt, daß die strenge Abriegelung seiner Tochter die einzige politische Lösung ist, doch um Johanna zum Schweigen zu bringen, bedarf es moralischer Rechtfertigungen. Der Vorwurf in den Augen des Königs weicht jetzt einem Ausdruck von Mitleid.

»Juanita, komm innerlich zur Ruhe, bete und erzieh dein Kind im Sinne unserer Traditionen und in der Liebe unseres Schöpfers! Das wird dein Leben verändern.«

In einem Winkel des Gemachs werfen die brennenden Fakkeln ein flackerndes Licht auf den steinernen Fußboden, wodurch die nächtliche Dunkelheit ringsum noch bedrohlicher wirkt. Draußen regnet es in Strömen.

»Was wollt Ihr von mir, Vater?«

»Du mußt dein Leben aufopfern, um in den Schoß der Kirche zurückzukehren, dein Schicksal wieder Christus, unserem Herrn, anvertrauen.«

»Vater«, stammelt Johanna, »Ihr wißt genau, unter welchen Umständen und warum ich einwilligen mußte …«

»Deine Gründe gehen mich nichts an, Johanna, sie sind eine Sache zwischen Gott und dir. Ich verlange keine Rechtfertigung von dir, ich will, daß du mir gehorchst. Andernfalls zwingst du mich, deinen Fall Jiménez, dem Konnetabel, meinem Schwiegersohn, deinem Onkel Fadrique und dem Vorsitzenden der Cortes zu überlassen. Ist das dein Wunsch?«

Johanna weicht zurück. Hinter ihr, auf einem Bild an der Wand, breitet Christus bei der Grablegung seine leichenblassen

Arme aus, als wolle er jeden, der ihm zu nahe kommt, mit sich fortreißen.

Gewaltsam zerrt man die Königin in ihre neuen Gemächer, die auf den Innenhof blicken. Jetzt ist sie völlig von der Außenwelt abgeschnitten. Für die Infantin und ihre Amme wurden die angrenzenden Wohnräume hergerichtet.

Bis zu Beginn des Winters hat Johanna ihre Gemächer nicht ein einziges Mal verlassen. Ferrer muß persönlich erscheinen und sie zwingen, überhaupt aufzustehen. Dann scheint sie nachzugeben, läßt sie sich waschen, kämmen und ankleiden, um dann aber jedesmal die Schüsseln mit dem Essen über ihre Kleider zu kippen, sich wieder ins Bett zu legen, ihre Laken zu besudeln. Sobald aber ihr Kerkermeister, mit seiner Geduld am Ende, ihre Gemächer verlassen hat, zieht Johanna sich allein an, läßt ihre Tochter zu sich kommen, spielt ihr auf der Gitarre vor oder erzählt ihr eine Geschichte, während im Kamin das Feuer knistert und es ringsum still ist.

»Schickt ihn fort! Er ist doch nur gekommen, um mich sterben zu sehen!«

Zornig wendet sich Adrian van Utrecht, der Dekan von Louvain, ab. Der König von Aragon liegt im Sterben, doch bevor Ferdinand seine Seele aushaucht, hat der eilig aus Mecheln nach Madrigalejo herbeigeeilte Erzieher und Vertreter Karls von Habsburg sich geschworen, das ungerechte Testament, das dem Infanten Ferdinand die Krone zuspricht, für ungültig erklären zu lassen. Am Sterbebett versammeln sich die Freunde und Ratgeber des alten Königs. Allein Karl sei der rechtmäßige Erbe, erklären sie. Es sei Unfug, eine gefährliche Rivalität zwischen den beiden Brüdern zu schaffen, ewigen Neid zu wecken und einen Bürgerkrieg in Spanien zu riskieren. Ferdinand, der zunächst widerspricht, muß schließlich nachgeben.

In einem Bauernhaus am Rande des Dorfes beraten sich die Granden, die aus allen Teilen des Landes herbeigeeilt sind. Königin Germaine wird jeden Augenblick erwartet, doch bevor die Französin noch einmal die Entscheidungen des Königs beeinflussen kann, ist jeder zu entschlossenem Handeln bereit. Das endgültige Testament muß noch am selben Tag unterzeichnet werden.

»Ich werde mit dem König sprechen«, schlägt der Herzog von Alba vor. »Er wird sicher auf mich hören.«

Trotz seines Unbehagens muß der flämische Geistliche dem treusten Freund des Königs von Aragón mit Freundlichkeit begegnen. Seit der Flame in Kastilien eingetroffen ist, unterdrückt er böse Bemerkungen, aber dieses Mal wird er sich nicht vom Krankenbett vertreiben lassen.

Auf Zehenspitzen betritt der betagte Herzog das schlichte Zimmer, in dem sein Freund, umgeben von einigen Ratgebern, ruht.

»Zieht Euch für eine Weile zurück!« verlangt er im Flüsterton. »Ich möchte mit Don Fernando allein sein.«

Der König atmet schwer, seine Wangen sind so eingefallen, daß sein Gesicht dem einer Mumie gleicht.

»Hört Ihr mich, Don Fernando?«

Mit einem Zucken der Lider gibt ihm der König zu verstehen, daß er ihm lauscht. Er weiß, weshalb sein alter Freund gekommen ist, ahnt, daß er nicht länger allein kämpfen kann. Alba hat einen Schemel an sein Bett gezogen.

»Bevor unser Schöpfer Euch heimholt, befriedet Euer Gewissen, Majestät! Bei der Heiligen Jungfrau flehe ich Euch an, Spanien nicht in Zwietracht zurückzulassen, nachdem Ihr ein ganzes Leben lang dafür gekämpft habt, es zu stärken und zu einen.«

Mühsam dreht der König den Kopf zur Seite.

»Ich habe immer das Unmögliche gewollt, Alba.«

Der alte Edelmann ergreift die Hand, die auf dem Laken ruht, hält sie fest in der seinen.

»Das weiß ich, denn ich verfolge Eure Vorhaben seit meiner fernen Jugend, doch heute müßt Ihr Euch in das Unvermeidliche fügen.«

»Laßt meinem Enkelsohn wenigstens Aragón!«

Die gepreßte Stimme ist kaum verständlich.

»Don Fernando, Kastilien und Aragón müssen für immer ein einziges Reich bleiben.«

Tränen rinnen dem Sterbenden über die Wangen.

»Dann wird das arme Kind also nichts bekommen ...«

All die glücklichen und tragischen Erinnerungen, 64 Jahre eines Lebens verdichten sich in Sekunden. Gesichter tauchen vor Ferdinands geistigem Auge auf, die seines Vaters Juan von Aragón und seiner Mutter Juana. Dann drängt sich das Bild Isabellas auf. Zunächst erscheint sie ihm als gebieterische Verlobte, der er, als Stallbursche verkleidet, heimlich nachgereist war; nun als junge Frau, die um die Macht kämpft, als triumphierende Herrscherin, die an seiner Seite in Granada einzieht, als aufmerksame Mutter, als allzu prüde, oft abwesende Gemahlin.

Der König öffnet die Augen. Er hört noch das Rauschen des Windes, den Wolkenbruch, der am Tag von Isabellas Tod auf dem großen Platz von Medina del Campo niederging. Johanna. Die Gedanken an seine Tochter möchte Ferdinand aus seiner Erinnerung verscheuchen. Seit sieben Jahren in Tordesillas eingesperrt, sträubt sie sich noch immer gegen das Schweigen und Vergessen. Warum hat er sie geopfert? Ich war König, denkt der Sterbende, und Könige haben keine Kinder, wenn diese den Verlust des Reiches bedeuten. Doch der Blick seiner Tochter bei ihrer letzten Begegnung vor drei Jahren verfolgt ihn, bedrückt ihn noch heute. In seinem Testament fordert er, daß die Gefangene nichts von seinem Tod erfahren soll, damit die Angst vor seiner Strafe über sein Grab hinaus Wirkung zeigt. Man muß dafür sorgen, daß Johanna schweigt und das Geheimnis für sich behält. Nur Cisneros und Ferrer kennen es. Später wird der betagte Kardinal es Chièvres anvertrauen können, dann Karl dem Flamen, damit der Infant ohne Gewissensbisse die Zügel der Macht in die Hand nimmt und die Tore von Tordesillas für seine Mutter immer verschlossen hält.

Ein Windstoß läßt die Tür zuschlagen. Ferdinand fährt zusammen. Sechs Jahre zuvor hat ihn ein ähnliches Geräusch endgültig von seiner Tochter getrennt. Damit die Granden ein für allemal den Gedanken verwarfen, Johanna wieder auf den Thron zu heben, hatte er den Admiral von Kastilien, den Herzog von Medina Sidonia und die Grafen von Ureña und von Benavente nach Tordesillas kommen lassen. Ohne Johanna von ihrem Besuch in Kenntnis zu setzen, hatte er die Männer in ihre Gemächer geführt. Mit ungekämmten Haaren, nur in ein zerfetztes Nachthemd gekleidet, hatte sie mit Erschrecken hinnehmen müssen, daß die Granden in Prunkgewändern aus pelzverbrämtem Samt und mit Goldketten um den Hals in ihren Wohnraum eindrangen. Entsetzt hatten die noblen Männer das Gespenst angestarrt, dem sie noch immer die Treue halten wollten. Johanna, die wohl begriffen hatte, daß ihr Vater ihr eine Falle bereitet, hatte einen erstickten Schrei ausgestoßen, bevor sie im Nebenraum verschwunden war, um sich anzukleiden. Doch als sie in einem schweren Brokatgewand wieder erschienen war, hatte sie mit ihrem Schmutz, ihrem verfilzten Haar und ihrer aschfahlen Hautfarbe nur noch entsetzlicher ausgesehen. Nach den Begrüßungsformeln hatten sich die Granden schon bald zurückgezogen. Nachdem Ferdinand eine kurze Weile unter vier Augen mit seiner Tochter gesprochen hatte, wußte er, daß sie ihn fortan verachtete.

Johanna ist für ihn ebenso gestorben wie auch seine anderen drei Kinder, Isabella, Juan und der kleine Sohn von Germaine, der mit seinem Tod schon wenige Stunden nach seiner Geburt die letzte Hoffnung, Aragón den Händen der Habsburger zu entreißen, für immer zunichte machte. Trotz all der Liebestränke, die seine junge Frau ihm brauen ließ, hatte der König ihr kein zweites Kind zeugen können. Im Gegenteil, seit er von dem Gebräu getrunken hatte, das neues Leben schenken sollte, nahte der Tod.

Ferdinands Atem geht schwer. Eiskalter Schweiß bedeckt seine Stirn. Er weiß, daß er weder Burgos, Segovia, Madrid, Córdoba, Sevilla und Granada noch Barcelona, Zaragoza, Palma, die herrlichen Städte seiner Reiche, wiedersehen wird. In einem verlassenen Dorf wird er sterben, in das er gekommen ist, um den winterlichen Flug der Kraniche noch einmal zu sehen. Er kann stolz sein. Er hat die Größe Spaniens aufs Spiel gesetzt, und er hat gewonnen. Auf dem Ozean fahren seine Karavellen und Galeonen und bringen Gold aus der Neuen Welt; er hat Bündnisse geschlossen, die seinen ehrgeizigen Plänen dienten, um sie wieder zu lösen, sobald sie ihm nicht mehr nützlich erschienen; es ist ihm gelungen, Katharina mit dem Dauphin Heinrich zu vermählen, der jetzt König von England ist. Maria ist Königin von Portugal ...

Ferdinand greift nach einer Schale mit kühlem Wasser aus dem Brunnen des Bauernhofs. Schon diese einfache Bewegung kostet ihn unendlich viel Kraft, doch er will allein bleiben, kein Gesicht mehr an seinem Lager sehen, nicht einmal das von Cisneros, der, sobald der König sein Leben ausgehaucht hat, die Reiche regieren wird bis zu dem Tag, da Karl, umgeben von seiner flämischen Sippschaft, die Herrschaft übernehmen wird.

»Gib, o Herr Jesus«, murmelt Ferdinand, »daß ihm am Wohle und an der Größe Spaniens gelegen ist!«

Wenn es Gott gefällt, ihn bis zum nächsten Tag am Leben zu lassen, wird er Germaine Lebewohl sagen, die er aus politischen Erwägungen zu seiner Gefährtin gemacht hat. Seine einzige Gemahlin war Isabella.

Sein Blick schweift über die ärmlichen Möbel, die ihn umgeben. Nichts ist ihm mehr wirklich wichtig, nichts ist ihm von der Kampfeslust geblieben, die ihn seit seiner Kindheit beherrscht hat. In dem kleinen Haus sind vertraute Geräusche zu hören. Einer der mächtigsten Herrscher der Welt wird sterben wie ein einfacher Mann. Ein letztes Mal steigt in seinem Gedächtnis die Flut der Erinnerungen auf. Was könnte Gott ihm vorwerfen? Durch die Einführung der Inquisition, die Vertreibung der Juden und die Verfolgung der Konvertiten hat er dank der Einheit des Glaubens die Einheit des Reiches hergestellt. Er hat die Klöster beschützt und unzählige Heiden taufen lassen. Der Rest war Politik, und die Politik ist Sache der Könige, nicht Gottes.

Ist der Tag finster oder die Nacht hell? Ferdinand weiß nicht mehr, wo er ist. In der Ferne schwillt allmählich der Klang von Stimmen an: »Santiago, Santiago, Castilla, Castilla, Granada, Granada.« Dann verebben die Rufe, ersterben schließlich, es ist wieder Stille eingekehrt. Alles ist Lüge, denkt der sterbende König.

Bedrückende Stille hat sich über Tordesillas gesenkt, nachdem Don Luis Ferrer plötzlich abgereist ist und durch den betagten Hernán Duque ersetzt wurde. Warum diese Veränderung? Johanna versucht nicht mehr zu verstehen. Eintönig vergehen die Wochen und Monate. Die Infantin Katharina ist jetzt zehn Jahre alt.

Nach der Phase des Aufbegehrens versinkt die Königin nun in Apathie. Seitdem Ferrer fort ist, muß sie nicht mehr täglich gegen ihn ankämpfen, Langeweile ist in ihr Leben eingekehrt, das damit auch ärmer geworden ist. Von ihrem Vater hört sie gar nichts mehr. Ist er tot? Der Verdacht war ihr schon vor zwei Jahren gekommen, als an einem Wintermorgen große Hektik im Schloß ausgebrochen war. Sie erinnert sich an die Antwort ihres Beichtvaters Juan de Avila, der auf ihre Frage hin verwirrt gestammelt hatte: »Der König … vielleicht …« Gleich darauf aber hatte Ferrer ihn zum Schweigen gebracht. Außer ihrer Tochter finden in ihrem Herzen nur Wunden und Schatten einen Platz.

Fröstelnd wickelt sich Cisneros noch fester in seinen breiten grauen Wollschal. Er ist so mager, daß der geringste Windhauch ihn vor Kälte erstarren läßt, so erschöpft, daß eine kurze Reise in seiner Sänfte ihn schon ermüdet, und doch hält der betagte Kardinal durch. Bis zum Eintreffen Karls von Habsburg trägt er die Last der Verantwortung für das Königreich Spanien auf seinen Schultern, und nichts wird ihn dazu bewegen, sie vorzeitig abzusetzen. Um nur an sein Land zu denken, hat er jede persönliche Regung in sich zum Schweigen gebracht. Gegen den Willen vieler hat er verteidigt, was ihm selbst am meisten zuwider war: die Ernennung Karls zum König von Spanien. Die Proklamation fand in Brüssel statt. Obwohl Johanna bis ans Ende ihres Lebens die rechtmäßige Königin bleibt, verlangen Kastilien und Aragón nach einem Herrscher, nicht nach einer verwirrten Frau. Das ihm von Ferdinand anvertraute Geheimnis hat sein Gewissen beruhigt. Bevor er zu seinem Schöpfer zurückkehrt, wird er es Chièvres, Karls Oberstem Kämmerer, weitergeben, damit Johanna ihrem Sohn nicht die Macht streitig machen kann.

Nach Ferdinands Tod hat er für die Tochter seiner Könige getan, was er für richtig erachtete. Er hat Ferrer, der sich erdreistet hatte, die Königin schändlich zu behandeln, aus Tordesillas verjagt und durch einen entschlossenen, aber verständnisvolleren Bewacher ersetzt. Jetzt wartet er nur noch auf die Ankunft der Flamen, dann will er sterben, um nicht mit ansehen zu müssen, wie Spanien vom maßlosen Ehrgeiz seiner neuen Herren verschlungen wird. Jeden Tag zerreißt er die aus Brüssel eintreffenden Verfügungen, mit denen spanische Pfründe, Ämter und Einkünfte an die Flamen verteilt werden sollen. Doch der Oberste Kämmerer Chièvres, der Erste Kanzler Jan van Sauvage und Karls Vormund Adrian van Utrecht, haben sich in wenigen Monaten längst auf empörende Weise bereichert.

Nachdenklich betrachtet der Reichsverweser das Porträt des neuen Königs. Mit seinem blassen Gesicht, den leicht geröteten Augen und dem vorstehenden Unterkiefer hat er nicht die geringste Ähnlichkeit mit seinem Vater Philipp dem Schönen, doch sein Blick zeugt von Klugheit und Willenskraft, und seine Erscheinung ist edel. Vielleicht wird er sich seiner schlechten Ratgeber, der dünkelhaften Männer, die ihn umgeben, zu entledigen wissen, vielleicht wird dieser Junge, der nicht einmal der kastilischen Sprache mächtig ist, in Spanien am Ende ein Spanier werden.

Der Wind entblättert die herbstlichen Bäume. Der alte Cisneros wärmt seine eisigen Hände mit einer Silberkugel, die mit heißem Wasser gefüllt ist. Zu seinen Füßen schlafen seine beiden Windhunde. Er ist matt und erschöpft. Welch ein weiter Weg seit dem Tag, da ihn Isabella die Katholische, seine hochgeschätzte Königin, zu sich rufen ließ, um ihn, den unbekannten Mönch, der er damals war, zu ihrem Beichtvater zu machen! Er hat alle Ehren genossen, war in die erhabensten und schändlichsten Geheimnisse des Königreichs eingeweiht.

»Ich will dem jungen König und der Infantin Eleonore entgegenziehen«, spricht er zu seinem Sekretär. »Man soll eine Reisesänfte bereitstellen, kurze Etappen vorsehen und Herbergen wählen, in denen ich ein wenig Ruhe finden kann.«

»Eminenz, seid Ihr genug bei Kräften, um diese Reise anzutreten?« Der Mann steht seit nunmehr dreißig Jahren im Dienst des Kardinals. Obwohl er selbst fast so betagt ist wie sein Herr, macht er sich täglich Sorgen um ihn.

»Wenn ich ihm nicht entgegenziehe, lieber Freund, wird es wahrscheinlich zu keiner Begegnung kommen. Ich muß ihn sehen, bevor er Tordesillas erreicht.«

»Ist Doña Juana wenigstens benachrichtigt worden?«

»Ich bin mir nicht sicher, ob ich es wünschenswert finde, Diego. Was ihr Sohn von ihr erbitten wird, ist dazu angetan, finstere Erinnerungen in ihr wachzurufen. Lassen wir sie in Frieden! Der Tag wird kommen, da Gott ihren Geist erhellen wird. Ich bete jeden Tag dafür.«

»Majestät, Euer Sohn, der König, ist in Begleitung der Infantin Eleonore in Villaviciosa eingetroffen und bereitet seine Reise durch Asturien vor.«

»Mein Sohn Karl ist Kronprinz. Die Königin bin ich!«

Johannas herrische Antwort verdutzt den Edelmann, der sich sofort zurückzieht. Johanna, in deren Gemach durch den verfrühten Herbst eisige Kälte herrscht, blickt ihm eine Weile nach. Die Erwähnung von Karl und Eleonore hat sie aufgewühlt, doch sie will sich die zärtlichen Gefühle, die ihr Herz noch bewegen, von niemandem anmerken lassen, Empfindungen, die so fern sind, daß sie Wirklichkeit und Einbildung nicht mehr zu unterscheiden weiß. Existiert ihr Leben im Coudenbergpalast nur in ihrer Vorstellung, hat sie die langen Jahre in Tordesillas nur geträumt?

»Karl, Eleonore«, murmelt die Königin leise vor sich hin. Die Namen wecken süße und doch schmerzliche Erinnerungen. Wird sie ihre Töchter Isabella und Maria, die ihr im Säuglingsalter genommen wurden, jemals wiedersehen? Werden Karl und Eleonore sich dafür einsetzen, daß man ihr den kleinen Ferdinand zurückgibt? Werden sie Hernán Duque zwingen, daß man sie zur Kapelle von Santa Clara gehen läßt? Langsam keimt Hoffnung in ihrem Herzen auf. Sicher eilt Karl aus Flandern herbei, um sie zu befreien und ihre Rechte wiederherzustellen. Eines Tages wird sie ihr Gewissen vor ihrem ältesten Sohn erleichtern.

»Welch eine Freude, Euch wiederzusehen, Majestät!«

Gelassen lächelnd geht Chièvres auf Johanna zu, als wäre es das normalste von der Welt, nach all den langen Jahren wieder vor die Erzherzogin zu treten. Die Dunkelheit ist hereingebrochen, nur ein paar Kerzen, die, wie jeden Nachmittag, entzündet worden sind, spenden ein spärliches Licht. Chièvres hat seinen Fackelträgern verboten, ihm zu folgen.

Stumm mustert die Königin Philipps einstigen Freund. Wie alle anderen im Coudenbergpalast hat dieser Mann sie nie freundlich behandelt, sie nie in Schutz genommen. Sein Lächeln, seine geheuchelte Freude empören sie.

Mit einer hochmütigen Geste weist sie dem Obersten Kämmerer ihres Sohns einen Stuhl an.

»Madame, kann ich Euch einen Dienst erweisen? Ich bitte Euch, betrachtet mich als einen Eurer ergebensten Diener.«

Der melodische Klang der französischen Sprache rührt Johanna an. Plötzlich weckt das Gesicht des Flamen nicht länger die Erinnerung an Augenblicke der Verzweiflung, sondern an solche des Glücks. Sie sieht wieder die Gärten des Palastes in ihrer frühlingshaften Pracht vor sich, die Volieren, in denen exotische Vögel zwitschern, die riesigen Blumenbeete am Rande der schattigen Alleen, in denen ihre Kinder zu spielen pflegten.

»Wie geht es meinen Kindern, Herr van Chièvres?«

Die Königin spricht mit gepreßter Stimme, der Edelmann hat Mühe, sie zu verstehen.

»Ausgezeichnet, Majestät. Sie sind wohlgesittet, klug und tugendhaft. Sie brennen darauf, Euch wiederzusehen.«

Der Oberste Kämmerer beglückwünscht sich selbst zum Verlauf des Gesprächs. Bald wird sein Auftrag erledigt sein, und er wird diesen finsteren Ort schleunigst verlassen können.

»Wann werde ich sie wiedersehen?«

»Wann immer es Euch beliebt, Majestät. Wenn Ihr wollt, sofort.«

»Wie das?«

Vor Aufregung versagt der Königin fast die Stimme, ihre Finger verkrampfen sich, zerknautschen ihr Kleid. Seit Jahren hat sie auf diesen Augenblick gewartet, und jetzt, da er gekommen ist, empfindet sie nichts als Angst und Widerwillen. Ihre Überraschung nutzend, geht Chièvres rückwärts zur Tür und öffnet sie langsam. Johanna hat sich bereits wieder in der Gewalt. Welche Falle verbirgt sich hinter diesem Besuch? Alles klingt falsch, der schmeichelhafte Ton des Flamen, die unvorbereitete Begegnung, die Hernan Duque ihr nicht einmal angekündigt hat.

Im Halbdunkel macht die Königin den Schein einer Fackel aus, dann zwei Gestalten, die einer Frau und die eines jungen Mannes, die sich gemessenen Schrittes nähern.

Nein, nein! denkt sie.

Sie möchte dieses traurige Wiedersehen vermeiden und sich am liebsten zurück in ihre Scheinwelt flüchten.

Nach der pompösen burgundischen Etikette machen die beiden Geschwister tiefe Verbeugungen, deren Vollkommenheit keinerlei Gefühlsregungen erkennen läßt. Die Stille in dem großen Zimmer wird unerträglich. Johanna ringt verzweifelt nach Worten. Was soll sie diesen Kindern sagen, die jetzt wie zwei Fremde vor ihr stehen?

Als erster sinkt Karl vor seiner Mutter auf die Knie. Die Königin erblickt sein schmales blasses Gesicht, den matten Schimmer seines dunkelblonden Haars.

»Steh auf!« stammelt sie.

Der junge Mann gehorcht und blickt sie an.

»Madame«, sagt er schließlich mit tonloser Stimme, »Eure gehorsamen Kinder freuen sich außerordentlich, Euch dank Gottes Hilfe bei guter Gesundheit anzutreffen. Wir wünschen uns schon seit langem, Euch unsere Ergebenheit und unsere Hochachtung bezeugen zu dürfen.«

Umarme mich, Karl! Und auch du, Eleonore, möchte Johanna sagen, doch ihre Kehle ist wie zugeschnürt, und sie bringt nur ein verlegenes Kopfnicken zustande.

Voller Unbehagen beobachtet Willem van Chièvres die Szene. Die Königin scheint sich nicht über das Wiedersehen zu freuen. Wird sie seine Pläne durchkreuzen? Er hat diese beschwerliche Reise durch die Berge von Asturien nicht gemacht, um mit leeren Händen weiterzuziehen.

Doch dann erwacht Johanna aus ihrer Benommenheit, beugt sich lächelnd vor und greift nach den Händen der Geschwister.

»Seid ihr wirklich meine Kinder? Wie ihr gewachsen seid in so kurzer Zeit! Seid willkommen, und dem Herrn sei Dank! Wieviel Mühe und Anstrengung wird euch die weite Reise gekostet haben! Ihr müßt sehr erschöpft sein, und da es schon spät ist, wird es am besten sein, wenn ihr euch erst einmal bis morgen ausruht.«

Damit ist die Audienz beendet. Während sich ihre Kinder tief verneigen, starrt Johanna in das flackernde Licht der Fackeln über der Tür. Sie möchte sich darin verlieren, in ihrem Feuer brennen.

»Majestät«, läßt sich jetzt Chièvres vernehmen, »gewährt mir noch einen Augenblick, bevor ich mich zurückziehe!«

Johanna fährt zusammen. Was will er noch von ihr?

»Nur wenige Minuten«, beharrt der Flame.

Ihre vage Handbewegung als Zustimmung deutend, tritt er näher.

»Majestät, habt Ihr gesehen, wie wohlgesittet Eure Kinder sind? Vor allem Karl ist für sein Alter ungewöhnlich reif und frei von den üblichen Jugendtorheiten. Er hat nur das Wohl seines Volkes im Sinn, den Ruhm Gottes, die Ehre Eurer Familie.«

»Das ist gut so«, murmelt Johanna.

»Euer Sohn, Majestät, ist durchaus in der Lage, Spanien zu regieren.«

Die Gunst der Stunde nutzend, hat Chièvres ohne Umschweife gesprochen. Johanna, die inzwischen den wahren Grund für sein schmeichelhaftes Auftreten ahnt, begehrt auf:

»Mein Vater regiert das Land, Herr van Chièvres, oder sollte er längst tot sein?«

Ohne auf die Bemerkung einzugehen, fährt Chièvres lächelnd fort:

»Majestät, der Großvater des Infanten, der Kaiser von Österreich, und wir alle wünschen, daß Ihr Eurem Sohn die Regierung übertragt. Niemand könnte eine klügere und sinnvollere Entscheidung treffen.« Die schmeichelnde Stimme macht Johanna immer argwöhnischer. Was weiß dieser Mann, daß er sie so hartnäckig bedrängt?

»Ich bin die Königin.«

Sie hat die Worte laut und deutlich gesprochen – ihre letzten, lächerlichen Waffen zur Gegenwehr. Plötzlich erstirbt das Lächeln auf Chièvres Gesicht, sein Blick wird hart und unerbittlich.

»Das weiß ich, Majestät, doch Gott, so wurde mir mitgeteilt, beansprucht fortan Eure Zeit, und er verlangt auch Opfer von Euch. Ich beneide Euch darum, denn es gibt kein schöneres Los, als seinem Schöpfer entgegenzugehen.«

Der Flame verstummt und wartet gebannt die Wirkung seiner Worte ab. Der alte Cisneros, der bereits am Rande des Grabes steht, hat gewußt, wie er dem Wohl seines Landes dienen konnte. Johanna hat das sicher verstanden, denn sie ist schrecklich bleich geworden.

»Unterzeichnet, Majestät! Ihr befreit Euch damit von einer überflüssigen Bürde und könnt danach für immer nur an Euch selbst denken.«

»Karl soll an meiner Stelle regieren«, murmelt Johanna.

Sie würde ihre Seele dem Teufel schenken, nur um Chièvres und seinen durchbohrenden Blick nicht länger ertragen zu müssen.

Nach einem Wink des Flamen öffnet sich die Tür, und Hernán Duque und Juan de Avila treten ein.

»Zwei Eurer hier anwesenden Diener und Freunde sollen als Zeugen dienen«, erklärt Chièvres.

WEDER DIE RITTER VOM GOLDENEN VLIES noch die Würdenträger und Prälaten können ihre Gefühle verbergen, als sich die Stimmen der Vorsänger König Karls in der Klosterkirche von Santa Clara erheben. Der Sarg des flämischen Erzherzogs und Königs von Kastilien ist, umgeben von unzähligen Kerzen, in der Mitte des Chors aufgestellt worden, wo man eigens eine Kapelle aus Holz für ihn errichtet hat. Einer nach dem anderen sind alle Flamen niedergekniet, um Weihrauch auf den Sarg des Fürsten zu streuen, der in ihren Herzen noch immer lebendig ist. Karl und Eleonore besinnen sich. Für sie liegt die gemeinsame Zeit mit ihrem Vater so weit zurück, daß sie sich kaum noch an seine Züge, an den Klang seiner Stimme erinnern können. Und doch hat sie Philipps Tod weit mehr als die Abwesenheit ihrer Mutter zu Waisen gemacht.

Der Priester hält seine Predigt auf Kastilisch. Karl, der kein einziges Wort versteht, durchlebt noch einmal jeden Moment der kurzen Begegnung mit seiner Mutter. Utrecht und Chièvres haben streng untersagt, daß sie an der Totenmesse teilnimmt. Eine unbestimmte Ahnung bedrückt den jungen König, der Verdacht, daß man ihm etwas verheimlicht. Nach all den Jahren der Trennung hatten Eleonore und er dem Wiedersehen mit ihrer Mutter freudig entgegengeblickt. Ohne Fragen zu stellen, sind sie in Flandern aufgewachsen und haben sich mit knappen Nachrichten begnügt, die ihnen Adrian van Utrecht, Jan van Sauvage oder Willem van Chièvres überbrachten.

Als die Predigt beendet ist, stimmt ein Vorsänger das Credo an. Karl nimmt den verzauberten Blick seiner kleinen Schwester Katharina wahr, die Tordesillas zum ersten Mal verlassen hat. In ihren neuen Kleidern, mit ihrem blonden, sorgsam zu Zöpfen geflochtenem Haar sieht sie entzückend aus. Wie kann sie in diesem finsteren Schloß überleben, wo sie ohne Gespielin, ohne Zerstreuung aufwächst? Das Mädchen, das zuerst etwas schüchtern war, ist in der Gesellschaft seiner Geschwister, die rührend um es bemüht sind und es mit Geschenken überhäufen, sehr bald aufgeblüht. Erstaunt hat es von den neuen Speisen gekostet, die Kleider der flämischen Damen bewundert und lauthals über die Späße ihrer kleinen herumtollenden Hunde gelacht.

Die Messe geht dem Ende zu. Als die Klosterglocken an diesem Wintermorgen dumpf zu läuten beginnen, strömt das Volk herbei, um seinen neuen Herrscher in Augenschein zu nehmen.

Bewegt verläßt Chièvres sein Betpult und schließt sich dem

Zug an, der sich hinter dem jungen König und den Infantinnen formiert, während die letzten Harmonien des Chorgesangs verklingen. Die Prunkgewänder glitzern, ein Gewirr von Stimmen entsteht. Von diesem Tag an, da Philipps Sohn das spanische Erbe in Besitz nimmt, kann der Erzherzog in Frieden ruhen, und ihrer aller Pläne, die durch seinen plötzlichen Tod durchkreuzt wurden, werden sich endlich verwirklichen lassen. In Karls Gefolge befindet sich kein einziger Flame, der für die demütigenden Tage des Unglücks nicht Rache nehmen und das spanische Gold nicht mit vollen Händen schöpfen will. Chièvres und seine Gemahlin Ana haben sich geschworen, in der Stunde der Vergeltung nicht als letzte die Hand aufzuhalten.

Auf dem Kirchplatz nimmt Karl, stumm und noch etwas linkisch, die Huldigungen seines Volkes entgegen. Der junge Mann, der ständig von seinen Räten und Höflingen umgeben ist, mißtraut den neuen Gesichtern, den unbekannten Gebräuchen.

Im Coudenbergpalast schleicht er sich nachts manchmal in die Ahnengalerie. Sein Urgroßvater Karl der Kühne und sein Vater Philipp starren ihn dort im flackernden Licht der Kerze an. Er geht ein wenig weiter und bleibt lange vor dem Porträt seiner Mutter stehen. Die junge Braut liest in einem Gebetbuch, das sie in Händen hält. Warum all diese Geheimnistuerei um seine Mutter? Seine Tante Margarete, sein Erzieher und sein Kammerherr weichen all seinen Fragen aus, als würde sich der Teufel dahinter verbergen. Die Königin sei krank, lautet die Antwort jedesmal, nur Einsamkeit und Ruhe könnten sie heilen.

Wenige Schritte hinter Karl reitet Willem van Chièvres stumm neben Andrian van Utrecht.

»Es ist Unsinn, noch länger zu zögern«, bemerkt Utrecht schließlich. »Ich habe die nötigen Befehle erteilt, damit wir schon morgen nach Valladolid aufbrechen können.«

»Und Cisneros? Es heißt, seine Tage seien gezählt.«

»Karl wird sich nicht an sein Sterbebett begeben. Es ist sinnlos, den Schlamm der Vergangenheit aufzuwühlen. Gott steht uns bei, indem er den Kardinal zu sich ruft.«

Als sie die Festung von Tordesillas erreichen, blicken die beiden Männer zu den Zinnen empor. Ob Johanna sie schon gesehen hat?

»Der Wahnsinn bahnt ihm den Weg«, murmelt Utrecht.

Der Wind wirbelt pfeifend über die Plattform hoch über dem Duero und fegt dann hinab ins flache Land, einige Raubvögel davontragend, deren dunkle Schatten Unheil anzukündigen scheinen.

»Die Königin wird büßen.«

Utrecht schaut seinen Gesprächspartner nicht einmal an.

»Wir müssen sie einer schärferen Disziplin unterziehen«, fährt Chièvres fort, »und Hernán Duque durch einen Mann ersetzen, der uns ganz und gar ergeben ist. Ich habe mit dem Marqués de Denia gesprochen. Er würde diese Aufgabe übernehmen. Ich halte ihn für den richtigen Mann.«

»Ausgezeichnet«, murmelt Utrecht. »Außerdem wollen wir dafür sorgen, daß er von guten Priestern unterstützt wird. Mit der Hilfe Unseres Herrn wird es ihnen gelingen, den schrecklichen Starrsinn der Königin zu brechen.«

»Und die Infantin Katharina?«

»Karl will sie zu sich holen. Kein vernünftiger Entschluß, wie mir scheint. Sobald sich der Infant Ferdinand nach Flandern eingeschifft hat, wird Karl freie Hand haben. Wir werden Ferdinand nach Santander begleiten.«

Beltrán Plomon weiß nicht, was tun. Seit zwei Jahren arbeitet er als Diener im Schloß und hat mit der Zeit das Vertrauen der Königin gewonnen. Öfter schon hat sie ihn mit kleinen Geschenken bedacht oder freundliche Worte an ihn gerichtet, was ihn jedesmal tief gerührt hat. Der Infantin bringt er Kunststücke bei, er erzählt ihr Geschichten aus seinem Dorf, lehrt sie die Namen von Pflanzen und Tieren.

»Ich kann nicht ohne das Wissen meiner Königin handeln!«

»Es ist ein Befehl Seiner Majestät des Königs.«

Die am Vortag heimlich in Tordesillas eingetroffenen königlichen Gesandten haben den neuen Kerkermeister Bernardo de Denia mühelos überreden können, Katharina von ihrer Mutter fortzuschaffen. Dazu aber ist die Mithilfe des alten Kammerdieners nötig, des einzigen Mannes, der Zugang zu den Gemächern der Infantin hat.

»Du mußt gehorchen«, beharrt der Edelmann.

Plomon senkt den Kopf. Der Gedanke, seine Stellung zu verlieren, ist ihm unerträglich; er wird sich fügen müssen.

»Doña Juana hängt an ihrer Tochter«, protestiert er ein letztes Mal. »Sie ihr fortzunehmen heißt, ihr Leben zu zerstören.«

Nachdem Plomon gewartet hat, bis die Königin eingeschlafen ist, bricht er mit zwei Gehilfen eine Öffnung in die Wand des Korridors, der an den Wohnräumen der Infantin vorbeiführt und immer verlassen daliegt. In wenigen Stunden wird man durch das Loch in das Schlafgemach des Mädchens eindringen können und es der kleinen Eskorte übergeben, die an der Zugbrücke wartet, um es nach Valladolid zu ihren Geschwistern zu geleiten. Über der Festung von Tordesillas erleuchtet der Vollmond die Nacht.

»Geht Ihr als erster!« befiehlt der Edelmann. »Euch kennt die Infantin, und so wird sie nicht erschrecken.«

Beltrán Plomon schlüpft durch die Maueröffnung.

Schlaftrunken sieht die Infantin ihren alten Kammerdiener an ihr Bett treten.

»Beltrán?«

Der Mann bedeutet ihr zu schweigen.

»Kleidet Euch schnell an, Señorita! Der König läßt Euch nach Valladolid abholen.«

»Wird meine Mutter mitkommen?«

»Nicht heute, später vielleicht.«

»Dann bleibe ich hier!«

Die Zeit drängt. Jeden Augenblick kann die Königin, die nebenan schläft, von dem Lärm aufwachen.

»Euer Bruder wünscht es. Er erwartet Euch zusammen mit Eurer Schwester in seinem prächtigen Palast.«

Die Infantin ist beunruhigt und überlegt. Obwohl ihr bei der Vorstellung, ihre Geschwister wiederzusehen, das Herz höher schlägt, will sie nicht ohne die Erlaubnis ihrer Mutter gehen.

Im Laufe der langen Jahre der Einsamkeit sind Mutter und Tochter insgeheim zu Leidensgefährtinnen geworden, die in einer zärtlichen Verbundenheit leben, deren Wert nur sie allein ermessen können. Obwohl die Infantin erst elf Jahre alt ist, besitzt sie eine erstaunliche Reife, sie versteht vieles und erlebt die gemeinsamen Stunden des Schweigens als Augenblicke gegenseitiger Liebe.

Hinter dem Mauerloch lauert ein riesiger Schatten, Flüstern und Geräusche von Schritten sind zu hören.

»Ich will Tordesillas nicht ohne Wissen meiner Mutter verlassen!«

Tränen laufen dem Mädchen über die Wangen.

»Kleidet sie an!« befiehlt eine Stimme.

Zwei fremde Frauen betreten das Zimmer, schlagen die Bettdecke zurück und kleiden die schluchzende Infantin eilig an.

»Laßt meine Tochter holen!«

Johanna ist unruhig, sonderbare Geräusche haben ihren Schlaf gestört. Seit dem kurzen Besuch von Karl und Eleonore hat sie die Lust am Leben wieder gänzlich verloren. Hernán Duque hat Tordesillas verlassen und mit ihm die wenigen Annehmlichkeiten, die ihr noch beschieden waren. Bernado de Denia ist, wie Ferrer, ein gnadenloser Kerkermeister.

Katharina läßt auf sich warten. Ob sie krank ist? Johanna macht sich Sorgen um ihre *niña*, ihre letzte Liebe, die einzige, die ihr noch Momente des Glücks bereitet.

»Die Infantin ist verschwunden!«

Der Schrei ihrer Dienerin Maria läßt Johanna das Blut in den Adern gefrieren, sie spürt das gleiche Entsetzen wie damals, als ihr Vater ihr den kleinen Ferdinand nahm. Sie wirft sich hastig einen Schal über die Schultern und stürzt ins Nachbarzimmer. Neben dem gähnenden Loch in der Mauer liegen Kleider am Boden verstreut.

»Sieh nur, Maria!«

Die Königin deutet auf die Öffnung wie auf den Rachen eines Ungeheuers, das ihr Kind verschlungen hat.

»Banditen haben sie entführt!«

Sie rafft die Röcke ihres Nachtgewands, kriecht durch das Loch in den dunklen Korridor, stolpert und stürzt zu Boden, steht wieder auf. Gott hat nicht das Recht, ihr auch noch ihre Tochter zu nehmen! Wie versteinert müssen die Dienerinnen hilflos mit anhören, wie ihre Königin wirre Reden führt.

»Ihre Majestät die Königin wird sterben. Sie weigert sich hartnäckig, zu essen und zu trinken, bis sie weiß, wo ihre Tochter ist.«

Karl, der seine Verwirrung zu verbergen sucht, tut so, als würde er die Seite des Buches zu Ende lesen, das er in Händen hält. Seit gestern quälen ihn heftige Gewissensbisse. Beim Nachtmahl hat ihm Eleonore den heftigen Vorwurf gemacht, voreilig gehandelt zu haben. Die kleine Katharina, die jetzt in kostbare Gewänder aus Samt und Seide gekleidet ist, vermag die Begeisterung ihrer neuen Freunde nicht zu teilen, nichts scheint ihr Freude zu machen, weder das hübsche Stundenbuch mit den kostbaren Illustrationen, ein Geschenk ihres Bruders, noch das Kollier aus rosafarbenen Perlen, das Eleonore ihr um den Hals gelegt hat, noch die verschiedenen süßen Leckereien, die ihr ständig von Damen angeboten werden, die sich allzu beflissen darum bemühen, ihr zu gefallen.

Karl legt schließlich sein Buch beiseite.

»Wann habt Ihr die Nachricht erhalten?«

»Vor wenigen Minuten, Majestät.«

Im Palast von Valladolid herrscht reges Treiben. Sekretäre kommen und gehen, Pagen eilen die Freitreppe hinauf, Hofdamen und Edelmänner, von dem jungen Fürsten mit Gunst überhäuft, treffen zu fröhlichen Geselligkeiten ein. Nach dem Treueeid der Cortes kann ihnen niemand mehr die Macht und das kastilische Gold streitig machen.

»Ich will nachdenken; wartet meine Antwort ab!«

Nur seine Räte können ihm helfen, die richtige Entscheidung zu treffen.

Chièvres kann seinen Unmut kaum verbergen. Er hat diese Kinderei nie gebilligt. Die Infantin Katharina ist eine Bürde, die niemand auf sich nehmen kann. In wenigen Tagen müssen sie nach Aragón aufbrechen, wo sie die gleichen Probleme vorfinden werden wie zuvor in Kastilien. Aus Deutschland erwarten sie Neuigkeiten von Maximilian, der den Versuch unternimmt, seine Nachfolge im Kaiserreich zu regeln. Das atemberaubende Machtspiel in Europa läßt Chièvres keine Zeit, sich mit solchen Belanglosigkeiten zu befassen.

»Laßt die Infantin zu ihrer Mutter zurückkehren, Majestät!«

»Hieße das nicht zu kapitulieren?«

»Sei's drum! Geleitet Eure Schwester zurück nach Tordesillas, sucht Ausflüchte, um ihre Abwesenheit zu rechtfertigen! Ihr braucht Ihre Majestät nicht mehr zu ködern.«

Ein plötzliches Gefühl von Trauer schnürt dem jungen König das Herz zusammen; er hätte es vorgezogen, unschuldig zu bleiben, seine Mutter nicht noch ein zweites Mal zu verlieren. Aber Chièvres hat recht. Johanna muß ihr Geheimnis um jeden Preis hüten, muß Buße tun und zu Gott zurückkehren. In seiner übergroßen Frömmigkeit hat sich Karl die Erlösung der Königin als einziges Ziel gesetzt. Der Rest ist Sache des Marqués de Denia, des Schloßvogtes und Gouverneurs der Stadt Tordesillas, die zu einem befestigten Lager geworden ist. Seine Mutter muß Stillschweigen wahren, und wenn sie spricht, hat niemand das Recht, ihr Gehör zu schenken. So wird die Vergangenheit für immer sterben.

Johanna ist früh aufgestanden und kleidet sich allein an. Trotz der Mauer des Schweigens, die sie umgibt und von der Außenwelt abschneidet, ist das wunderbare Gerücht über die Aufstände bis an ihr Ohr gedrungen. Empört über die burgundische Verschwendungssucht, die mit spanischen Steuergeldern finanziert wird, begehrt das kastilische Volk bereits auf. Kaum hat Karl Spanien verlassen, um nach Maximilians Tod die Kaiserkrone entgegenzunehmen, da bringt die Ernennung des flämischen Adrian van Utrecht zum Landvogt das Pulverfaß auch schon zum Explodieren.

Ihren Blick im Spiegel meidend, setzt Johanna mit Sorgfalt ihre Haube auf. Denia drängt sie zur Eile, damit sie ihren eben eingetroffenen Gast empfängt. Wer will sie sprechen und warum? Seit Jahren schien sie bei allen in Vergessenheit geraten zu sein. Vergebens hatte sie verlangt, daß die Cortes sich bei ihr einfinden, und auch ihr Versuch, ihrem Kerkermeister die Wahrheit abzuringen, war gescheitert.

»Doña Juana«, sagt Maria de Cardama, »erlaubt, daß ich Euch ein paar Schmuckstücke bringe. Ihr müßt heute Königin sein.«

»Wo ist die Infantin?«

»Bei Pater Juan de Avila, er unterrichtet sie in Latein.«

Seitdem Karl halbherzig versucht hat, ihr ihre Tochter zu entreißen, fragt Johanna unentwegt nach ihr. Mit ihren dreizehn Jahren beginnt Katharina, sich zur Frau zu entwickeln, ihre Gesichtszüge werden feiner, ihr Körper rundet sich. Sie steht nicht mehr stundenlang am Fenster, um den Kindern beim Spielen auf der Promenade zuzusehen, sondern verbringt Stunden über ihrer Stickarbeit und liest unermüdlich fromme Bücher, die sie von ihrem Beichtvater ausleiht. Ihrer Mutter bringt sie unendliche Geduld entgegen; sie versteht es als einzige, sie zu beruhigen, sie zum Essen und zur Nachtruhe zu bewegen.

»Maria, muß ich wirklich dort erscheinen?«

»Gewiß, Majestät«, entgegnet die Dienerin, während sie den Spitzenkragen zurechtrückt, der das strenge dunkle Tuch ein wenig belebt. »Zeigt Don Bernardo, wer Ihr seid!«

Als die Königin den Empfangssaal betritt, merkt sie an Denias Miene, daß er Angst hat. Er hat neue Möbel herbeischaffen, überall Vasen mit prächtigen Blumen aufstellen und eine Mahlzeit auftragen lassen. So wirkt der strenge Raum nicht mehr wie ein verlassener Korridor, sondern wie ein Ehrensaal. Lächelnd eilt der Kerkermeister seiner Königin entgegen.

»Doña Juana, Seine Eminenz Antonio de Rojas, Erzbischof von Granada, bittet untertänigst um eine Audienz. Er leitet den Vorsitz des Rates von Kastilien und will Euch Neuigkeiten von Seiner Majestät überbringen.«

Erstaunt gewahrt Johanna den Prälaten, der sie mit drei tiefen Verbeugungen begrüßt.

»Ich kann Euch nur einen kurzen Augenblick gewähren, Eminenz.«

Doch schon führt Denia Johanna zu einem Prunksessel und ruft einen Diener, der Erfrischungen herbeiträgt.

»Ich habe Nachrichten, die Eure Majestät interessieren dürften«, erklärt der Erzbischof lächelnd.

Johanna erwidert sein Lächeln nicht. Sie schaut zum Fenster hinaus. Am Himmel braut sich ein Gewitter zusammen.

»Doña Juana«, fährt Rojas unbeeindruckt fort, »mir ist die Ungeheuerlichkeit zu Ohren gekommen, daß Ihr bis heute nicht vom Tod Eures Vaters wißt.«

Bei der Erwähnung von Ferdinands Namen zuckt die Königin, wie vom Blitz getroffen, zusammen. Panische Angst steigt in ihr auf.

»Seine Majestät Don Carlos, der sich bereit gefunden hat, die Macht zu übernehmen, weilt in Deutschland, wo man ihn nach dem Tod seines Vaters zum Kaiser gewählt hat«, fügt der Prälat hinzu, erleichtert über das Schweigen der Königin.

Er hatte mit Fragen und Vorwürfen gerechnet, doch Johanna mustert ihn nur mit finsterem Blick.

»Ich habe die Ehre, zum Vorsitzenden seines kastilischen Rates gewählt worden zu sein.«

In aller Ausführlichkeit beschreibt Rojas die überstürzte Abreise Karls, den Beginn einer Revolte, die mit jedem Tag an Gewalt zunimmt. Verräter wie Juan de Padilla hätten die Absicht, mit den Comuneros eine Regierung zu bilden, in der Bürgerliche und Gelehrte eine vorherrschende Rolle einnehmen sollten. Man müsse die Aufständischen in die Knie zwingen. Sie, Königin Johanna, solle, nein, müsse ein Edikt zur Auflösung dieser schändlichen Junta unterschreiben.

Johanna pocht das Blut in den Schläfen. Die Worte des Prälaten reißen sie aus ihrer langen Abgeschiedenheit, erläutern Geschehnisse, deren Existenz sie nur vermuten konnte, und konfrontieren sie gewaltsam mit einer Zeit, die man ihr gestohlen hat. Mit ungeheurer Anstrengung gelingt es ihr, Antonio de Rojas Bericht nun aufmerksam zu verfolgen. Demnach hat man sie also nicht bestrafen wollen, als man sie einfach einsperrte, sondern es war der Versuch, sie zu vernichten!

Der Präsident des Rates von Kastilien hat seinen Vortrag beendet. Ungeduldig warten er und Denia auf einen Kommentar, eine Antwort Johannas, doch die Königin scheint nicht bemerkt zu haben, daß Rojas verstummt ist.

Schließlich blickt sie auf.

»Glaubt mir, Eminenz, alles, was ich da höre und sehe, erscheint mir wie ein Traum! Seit fünfzehn Jahren verschweigt man mir die Wahrheit.« Und während sie auf ihren Kerkermeister zeigt, fügt sie hinzu: »Und der Mann da ist der größte aller Lügner.«

»Aber Majestät!« stammelt Denia. »Ich habe Euch doch nur Kummer ersparen wollen!«

Schnell wendet sich Rojas wieder seiner Aufgabe zu. Er ist nicht nach Tordesillas gekommen, um einer Abrechnung beizuwohnen, sondern um der Königin eine Unterschrift abzuringen. Mit diskreter Handbewegung winkt er seinen Sekretär herbei.

»Majestät, in Euren Händen liegt nächst Gott das Schicksal des Königreichs. Wenn Ihr dieses Papier unterschreibt, vollbringt Ihr größere Wunder als der heilige Franziskus.«

Einen Augenblick schweigt Johanna benommen. Wann wird man endlich aufhören, sich ihrer zu bedienen? Noch vor wenigen Jahren hätte sie vor Empörung aufbegehrt, heute empfindet sie nur noch Abscheu und Verachtung.

»Eminenz, ich werde nichts unterschreiben. Ich muß die Angelegenheit bedenken. Kommt ein anderes Mal wieder!«

»Aber das ist unmöglich, Majestät, die Aufständischen stehen schon vor den Toren von Tordesillas.«

Rojas erkennt an Johannas Blick, daß sie weit weniger sinnesverwirrt ist, als alle behaupten.

»Ich flehe Euch an, Majestät«, beharrt er fast demütig.

»Don Bernardo, führt mich in meine Gemächer zurück!«

Johanna läuft so schnell durch die langen Korridore, daß Maria Mühe hat, ihr zu folgen. Die Dienerin ist besorgt. Sie weiß, daß ihre Königin nach jeder Phase des Übereifers häufig lange Wochen in eine dumpfe Teilnahmslosigkeit verfällt, in einen Dämmerzustand, in dem sie nur ihren schmerzlichen Erinnerungen nachhängt und der gelegentlich von heftigen Zornausbrüchen unterbrochen wird. Nachts wird sie dann von Alpträumen heimgesucht. Sie ruft nach ihrem verstorbenen Gemahl, fleht ihn an zurückzukommen, schreit den Namen ihres Vaters, als riefe sie den Teufel an. Dienerin, Beichtvater und Infantin brauchen oft Tage, um sie wieder zur Ruhe zu bringen.

»So beeil dich doch, Maria!« schreit Johanna. »Ich will bereit sein, wenn die Meinen Denia davonjagen.«

In höchster Erregung ist Johanna auf die Galerie gelaufen, die den Blick auf den Duero freigibt. Jetzt kann man sie nicht mehr belügen; sie weiß, daß ihre Befreier unterwegs sind zu ihr, der rechtmäßigen Königin. Nun wird sich endlich offenbaren, wie berechtigt jene Entscheidung war, die ihr Leben zerstört und sowohl ihren Geist wie ihre Seele angegriffen hat.

In der Ferne ertönen Trompetengeschmetter und Hurrarufe. So ist der lang ersehnte Augenblick endlich gekommen! Das Herz schlägt Johanna zum Zerspringen.

Doch wenn nun niemand die alte Frau, die sie mit ihren zweiundvierzig Jahren geworden ist, zur Königin haben will? Sie weiß nichts mehr von Spanien, nichts mehr von der Welt. An die Wand gelehnt, ringt Johanna die Hände. Ihr Gefängnis ist jetzt in ihr selbst, und es ist weit grausamer als das ihrer Kerkermeister.

»Doña Juana!« ruft Maria atemlos. »Die Euren erwarten Euch! Zeigt Euch auf der Freitreppe!«

Die Dienerin muß sie am Arm zum Treppenabsatz führen.

»Hoch lebe unsere Herrscherin! Hoch lebe Doña Juana!«

Ein Dutzend Edelleute sind in den Schloßhof eingeritten. Sie springen vom Pferd, entblößen die Häupter, verneigen sich tief. Angeführt von Juan de Pachilla, steigen drei Männer mit forschen Schritten die Stufen empor.

»Majestät, die Flammen, die in Medina del Campo aufgelodert sind, breiten sich über ganz Kastilien aus. Die Einwohner von Tordesillas haben uns die Tore ihrer Stadt weit geöffnet, damit wir, Eure ergebensten Diener, Euch befreien können.«

Johanna ist außer sich vor Glück, als Padilla, ein Knie am Boden, ihre Hände küßt.

In einer spontanen Geste der Freude, wie man sie seit Jahren nicht mehr bei der Königin erlebt hat, richtet sie Padilla wieder auf, und dabei drückt sie einen Moment lang die Hände des entschlossenen Hauptmanns.

In der Festung von Tordesillas herrscht plötzlich reges Treiben. Nachdem sich bis zur nächsten Versammlung der Cortes eine provisorische Regierung gebildet hat, treffen täglich Reiter ein, eilen Sekretäre geschäftig ein und aus.

Anfangs außer sich vor Glück, ist Johanna nachdenklich geworden. Sie versteht kaum, was man ihr erklärt, weigert sich, Entscheidungen zu treffen, aus Furcht, sie könnten sich wieder einmal gegen sie selbst richten. Padilla muß seine ganze Überredungskunst aufbringen, damit sie bisweilen an den Sitzungen der Junta teilnimmt.

In den drückend heißen Augustnächten findet sie oft keinen Schlaf. Dann verläßt sie ihr Bett und tritt ans Fenster. Wo ist Philipp? Hat man ihn in Santa Clara behalten? Jeden Abend beschließt sie, am nächsten Tag das Kloster zu besuchen, doch jeden Morgen verwirft sie ihren Entschluß. Was sollte sie tun, wenn der Sarg verschwunden wäre? Tränen rinnen über ihr welkes Gesicht. Sie hat die Liebe des einzigen Mannes, der ihren Körper und ihr Herz entflammte, nicht zu gewinnen vermocht, hat die Zuneigung ihres Vaters verloren, ständig den Zorn ihrer Mutter geweckt, und ihre Kinder hat man ihr entrissen. Die Comuneros irren sich, sie ist nicht Königin, sondern nur ein Schatten, dazu verdammt, in diesen Mauern umherzuirren.

Mit großem Gepränge beraten sich die Cortes in der Festung von Tordesillas. Johanna führt den Vorsitz bei ihrer ersten Versammlung. »Ich, die Königin …«, beginnt sie verhalten ihre Ansprache. Das Reden fällt ihr schwer, und sie fürchtet, die Stimme könne ihr versagen. Schonungslos hat man Denia und seine Frau aus Tordesillas vertrieben; zornig hat der Marqués Rache geschworen. Katharina stellt tausend Fragen, die Johanna ebenso wenig zu beantworten weiß wie die der Haushofmeister und Sekretäre. Ein Kammerherr hat die Verantwortung für die Hofhaltung übernommen, über die Johanna nicht einmal unterrichtet werden möchte.

»Majestät«, ruft der Vorsitzende der Cortes, »von heute an trefft Ihr die Entscheidungen, und wir gehorchen. Kein anderer als Eure Majestät ist befugt, unser Land zu regieren. Prinz Karl ist nichts als ein Thronräuber. Indem Ihr dies laut verkündet, entwaffnet Ihr Eure Feinde.«

Johanna antwortet nicht. Dieser freundliche Mann, der ihr eben noch die Hände geküßt hat, erscheint ihr plötzlich wie ein Ungeheuer, das sie ergreifen will. Sie senkt den Kopf, will sich sofort in ihre Gemächer zurückziehen. Zwei Dienerinnen müssen kommen, um sie ins Bett zu bringen.

Und wenn sich nach Philipp und Ferdinand jetzt auch Karl gegen sie wendet? Unter keinen Umständen wird sie ihren Sohn provozieren.

»Niemals wird meine Mutter regieren!«
Rodrigo Niño, der Sonderbeauftragte von Adrian van Utrecht, hat dem Kaiser soeben einen langen Brief überreicht, dem der einstige Erzieher Karls mit eigener Hand die Zeilen hinzugefügt hatte: »Die Dinge stehen noch weit schlimmer als alles, was Ihr in diesem Schreiben lest. Schenkt dem Überbringer Euer volles Vertrauen!«

»Majestät, kommt nach Spanien zurück!« drängt Niño. »Ihr allein könnt die Ordnung wiederherstellen.«

Karl geht unruhig auf und ab. Er hatte gehofft, die Vergangenheit sanft auslöschen zu können, aber da seine Mutter den Brand neu entfacht, zwingt sie ihn, tatkräftig einzuschreiten.

»Don Rodrigo, reist umgehend nach Spanien zurück, um van Utrecht zu beruhigen! Mit der Macht, die ich ihm übertrage, wird meine Mutter sofort zurück in den Schatten gedrängt werden, und die Junta wird ohne ihre Bürgschaft auseinanderfallen.«

Mehr Zeit kann er den spanischen Problemen nicht widmen. Um sich der schon allzusehr auf ihm lastenden Pflichten zu entledigen – die deutschen Fürsten zu besänftigen, ohne die kaiserlichen Vorrechte aufzugeben, die Gebietsansprüche des französischen Königs zu durchkreuzen, die Türken aus Europa zu vertreiben –, hat Karl seinem Bruder Ferdinand die österreichischen Besitzungen abgetreten. In dieser angespannten Lage ist es ihm unmöglich, seine Mutter zu schonen. Johanna muß sich der Staatsräson beugen.

»Doña Juana«, flüstert Juan de Avila, »ich muß eine Angelegenheit von größter Wichtigkeit mit Euch besprechen.«

Es scheint so, als hielten mit den milden Tagen des Oktobers alle, die im Schloß weilen, endgültig dort Einzug. Unentwegt von Bitten und Fragen der Juntamitglieder bestürmt, zieht sich Johanna wieder in sich zurück. Wie kann man von ihr schnelle Entscheidungen erwarten, nachdem man sie jahrelang ins Abseits gedrängt hat? Das Herrschen ist ihr lästig, sie hat nur noch den Wunsch, die Festung zu verlassen, mit Philipps Sarg nach Granada zu ziehen und sich zu einer ewigen Frühlingsnacht in der Alhambra niederzulassen.

»Später, Vater, ich bin erschöpft.«

Johannas Beichtvater, der am Vortag eine geheime Botschaft vom Reichsverweser Adrian van Utrecht erhalten hat, weiß nicht, was er tun soll. Da er der einzige in Tordesillas ist, auf den die Königin noch hört, hat man ihn mit einer höchst heiklen Aufgabe betraut.

»Könnten wir nicht einen Spaziergang zusammen machen, Majestät?«

»Es sind zu viele Menschen da; ich will niemanden sehen.«

»Dann laßt uns in den Innenhof gehen.«

»Aber ich will nicht beichten, Vater!«

»Es geht nicht um eine Beichte, Doña Juana, sondern um ein wichtiges Gespräch.«

Nach den jahrelangen Lügen mißtrauisch geworden, zögert die Königin.

»Sagt, was Ihr mir zu sagen habt, und erspart Euch Eure Ausflüchte!«

Sie hat schon immer gewußt, daß die neuen Hoffnungen, die sie aus ihrer Benommenheit gerissen haben, sich eines Tages wie ein Traum verflüchtigen werden.

»Doña Juana«, sagt Juan de Avila schließlich, »der Reichsverweser Adrian van Utrecht hat Befehle von Eurem Sohn erhalten. Seine Majestät verlangt, daß Ihr Euch fortan von diesen Aufständischen fernhaltet.«

»Es sind meine Getreuen.«

»Majestät, sie mißbrauchen Euch für ihre ehrgeizigen Pläne. Der König ist überzeugt, daß sie in Wahrheit keine Rücksicht auf Euch nehmen.«

»Ein Sohn hat nicht das Recht, seine Mutter zu tadeln. Wie kann Karl es wagen, mich zu rügen!« entgegnet ihm Johanna zornig.

In einer Wasserlache zu Johannas Füßen liegen Blumen aus der Vase, die sie in ihrer Erregung umgestoßen hat.

»Ich werde nichts unterzeichnen. Laßt mich fortan in Ruhe!«

Bestürzt hält Padilla das Schreiben in Händen, das er der Königin reichen wollte.

»Majestät, nur eine einzige Unterschrift, und Prinz Karl kann Euch nichts mehr anhaben.«

»Ich werde nichts unterzeichnen.«

Mit einem raschen Blick befragt der Kommandant seine Ratgeber. Wenn sich die Königin von ihnen abwendet, gerät ihre Revolution in Gefahr. Schon die Ernennung des alten Admirals von Kastilien, Don Fadrique Enríques, und des Konnetabels Don Iñigo de Velasco zu Mitregenten Utrechts hat ihre Position beträchtlich geschwächt. Im Land bereitet sich ein Gegenangriff vor, der selbst die sichersten Stellungen bedroht. Mehrere Städte, wie Burgos, sind bereits gefährdet.

»Majestät, laßt Euch von niemandem einschüchtern!«

»Padilla«, ruft die Königin aus, »ich verbiete Euch, mir Befehle zu erteilen!«

Hartnäckig weicht Johanna den Comuneros aus. Karl hat recht, sie sind allesamt Gauner, die nicht die geringste Achtung vor ihr haben.

Nach der fiebrigen Erregung der letzten Monate löst sich plötzlich ihre Anspannung, und ihre Ängste weichen. Sie muß keine Entscheidungen mehr treffen, keine Zukunftspläne mehr schmieden. Mit langsamen Schritten kehrt Johanna in ihre Gemächer zurück, wo sie sich erneut einschließt. Padilla und andere flehen vor ihrer Tür, sie solle wenigstens wieder an ihren Ratssitzungen teilnehmen, sie aber gibt nicht einmal eine Antwort.

Eines Abends dringt der Kommandant, ohne zu klopfen, in ihr Schlafgemach ein. Auf ihren Kissen kauernd, beobachtet die Königin mit starrem Blick, wie er näher kommt.

»Majestät«, beschwört Padilla sie in vertraulichem Ton. »Ich muß Euch vor einer großen Gefahr warnen. Die Soldaten des Prinzen, Eures Sohns, wollen die Infantin Katharina entführen. Gestattet uns, Euch zu beschützen!«

Johannas Schweigen bringt den Kommandanten zur Verzweiflung.

»Ich muß darauf bestehen, Majestät. Schließt Euch Euren Verteidigern an, unterschreibt eine Vollmacht gegen Eure Feinde, und wir sind bereit, für Euch zu sterben!«

»Lügen, nichts als Lügen! Ich glaube niemandem mehr, Don Juan, nicht einmal Euch. Geht!«

Padilla ist fassungslos. Aus unerfindlichen Gründen ist die Königin nicht mehr auf ihrer Seite.

»Majestät, Ihr werdet Eure Verblendung bereuen. Ohne unseren Schutz werdet Ihr hinter den Mauern dieser Festung an Einsamkeit und Selbstvorwürfen zugrunde gehen.«

Der Dezember ist ins Land gezogen. Johanna weiß, daß die Truppen ihres Onkels Enriquez gegen Tordesillas vorrücken, um die letzten Comuneros zu vertreiben. Das Abenteuer ist zu Ende.

Durch das zum Innenhof geöffnete Fenster hört man den Ruf einer Eule. Der Mond taucht das alte Gemäuer in milchiges Licht. Katharina ist neben ihr eingeschlafen. Die Infantin wird immer hübscher – das Ebenbild eines Vaters, dessen Namen weder Mutter noch Tochter jemals erwähnen.

In der Ferne ist Lärm zu hören. Ist es eine Sinnestäuschung, oder sind es Karls nahende Truppen?

Leise hat Maria das Gemach der Königin betreten.

»Sollten wir nicht versuchen zu fliehen, Doña Juana?«

»Niemals werde ich ohne Philipp aufbrechen!«

Ihre Stimme klingt schrill und verzweifelt. Maria ergreift die eiskalte Hand ihrer Herrin. Johanna zittert wie ein verirrtes Kind.

»Wir werden nach Granada gehen«, flüstert sie. »Dorthin, wo meine Mutter mir zum ersten Mal von ihm erzählt hat.«

Am 5. Dezember um drei Uhr nachmittags blasen die Trompeten des Grafen von Haro, des ältesten Sohns des Konnetabels, zum Angriff.

In der Zitadelle von Tordesillas bereiten sich die Rebellen auf ihren Gegenangriff vor. Sogar die Geistlichen und die Frauen haben auf dem Wehrgang Stellung bezogen. Ihnen gegenüber bedeckt ein Heer von über zweitausend Reitern und sechstausendfünfhundert Fußsoldaten mit einem Dutzend Kanonen die Ebene. Die Sturmglocken von San Antolin läuten ohne Unterlaß. Padilla und die Seinen wohnen noch einmal der Messe bei. Der Kommandant ist zuversichtlich, die Comuneros sind siegesgewiß, ihre schwere Artillerie ist der des Gegners überlegen. Die im Schloß verbliebene Besatzung wird sich mutig schlagen. Niemand wird ihre Königin entführen können, ohne zuvor ihre Wachen bis auf den letzten Mann niedergemetzelt zu haben. Obwohl der Dezember gerade erst angebrochen ist, herrscht bereits eine schneidende Kälte. Als Padilla die Kirche verläßt, betrachtet er nachdenklich den verhangenen Himmel. Bis die Sonne untergegangen ist, wird Gott über das Schicksal seines Lagers und das Spaniens entschieden haben.

Durch eine mühsam in den Mauerring geschlagene Bresche dringen die Truppen des Königs in die Stadt ein und überfluten sogleich alle Gassen Tordesillas'. Überall lodern Feuer auf und zwingen die Verteidiger, immer weiter zurückzuweichen. Haus für Haus wird die Stadt den Aufständischen wieder entrissen. Während die Flammen die Gassen in ein gelbes Flackerlicht tauchen, hört man die gellenden Schreie der Verwundeten.

»Schnell, Doña Juana!«

Pedro de Ayala, der für den persönlichen Schutz der Königin verantwortlich ist, packt diese am Arm, zerrt sie nach draußen. Mit Gottes Hilfe werden sie vielleicht die Zugbrücke überqueren und nach Medina del Campo entkommen können, das noch in den Händen der Rebellen ist.

Johanna läßt sich mitschleifen. Im Hof werden sie von einem unbeschreiblichen Durcheinander aufgehalten. Die Pferde wiehern und bäumen sich auf, die Maultiere sträuben sich trotz heftiger Peitschenhiebe, die Karren zu ziehen, vor die man sie gespannt hat. Priester und Frauen schleppen Eimer voll Wasser herbei, um einen beginnenden Brand zu löschen.

In dem Menschengewühl reißt sich die Königin plötzlich von de Ayala los, rennt immer geradeaus und überquert die Zugbrücke. Um Atem zu schöpfen, bleibt sie einen Augenblick stehen, sieht die Feuersbrunst in den Straßen der Stadt hell auflodern. Längst ist die Dunkelheit hereingebrochen. Schnell setzt sie ihren Weg fort, eilt auf das Kloster zu, tritt durch das Tor in den Hof. Dort haben sich die zu Tode erschrockenen Nonnen versammelt und singen fromme Lieder, während ein alter Priester vor einem silbernen Standbild der heiligen Jungfrau von Guadalupe den Weihwedel schwingt.

»Wo ist die Äbtissin?«

Die Nonnen verstummen sogleich, starren entgeistert diese verstörte Frau an, die ihrer Königin ähnlich sieht. Eine von ihnen tritt vor und verbeugt sich tief.

»Bringt mich zum Sarg des Erzherzogs, meines Gemahls!«

Die Kapelle riecht nach Moder, Wachs und Weihrauch. Vor dem Altar erblickt Johanna in einer schmalen Holzkonstruktion den Sarg, mit einem kostbaren Damasttuch bedeckt. Langsam geht Johanna darauf zu. Ihr Herz klopft zum Zerspringen.

»Philipp?« fragt sie.

Zwölf Jahre hat sie auf dieses Wiedersehen gewartet.

»Ich bin gekommen, dich zu holen.«

Johanna streckt die Hand aus und streicht zärtlich über das mit Stickereien verzierte Tuch.

»Niemals mehr will ich dir weh tun, glaubst du mir das?« flüstert sie, die Lippen auf den Sarg gepreßt. »Siehst du, wir beide haben unseren eigenen Staub überlebt.«

In einer zärtlichen Regung, die sie nicht unterdrücken kann, schmiegt sie die Wange an den seidigen Stoff, schließt die Augen. Sie möchte hier schlafen und alles vergessen.

»Doña Juana, womit kann ich Euch dienen?«

Die Stimme der Äbtissin läßt die Königin zusammenzucken. Die Zeit der letzten Ruhe ist noch nicht gekommen.

»Mutter, laßt sogleich den Reisekarren herrichten, mit dem der Sarg des Erzherzogs hierher gebracht wurde!« befiehlt Johanna. »Wir brechen nach Granada auf.«

Entsetzt sieht die Äbtissin ihre Königin an; sie ist also wirklich verrückt, ganz so, wie viele behaupten!

»Doña Juana, der Karren steht schon so lange in der Scheune, daß er längst morsch ist.«

»Die Zeit drängt«, fällt ihr Johanna ins Wort, »widersetzt Euch meinen Befehlen nicht!«

Ein letztes Mal küßt sie den Sarg, wendet sich mit Bedauern ab und eilt hinter der Äbtissin in die Scheune, wo Pflüge und allerlei anderes landwirtschaftliches Gerät untergebracht sind. Im Schein einer Fackel, die der alte Priester in Händen hält, erblickt Johanna im äußersten Winkel den riesigen, verstaubten Holzkarren, der in Burgos gezimmert worden war.

»Wo sind Eure Maultiere?«

»Wir besitzen nur zwei, Doña Juana.«

»Laßt sie holen!«

Die Äbtissin zuckt mit den Schultern. In dieser apokalyptischen Nacht bleibt den Dienerinnen des Herrn nichts erspart.

Bald darauf erscheinen zwei Männer, die die beiden Maulesel am Zügel führen. Langsam und mit spöttischem Lächeln heben sie die Deichsel an. Knirschend setzt sich der Karren in Bewegung, doch schon nach wenigen Metern fällt er mit ohrenbetäubendem Lärm in sich zusammen. Die Hände vors Gesicht geschlagen, bricht Johanna in Schluchzen aus.

In der Stadt breitet sich das Feuer immer weiter aus, es hat schon die Herberge und die Viehhalle erreicht. Wie eine Schlafwandlerin tritt die Königin durch das Klostertor auf die Straße. Der beißende Geruch von verkohltem Fleisch nimmt ihr den Atem.

»Rettet Euch«, ruft ein Stallknecht, der sich mit drei Pferden in Sicherheit bringt, »es heißt, die Pulverfässer würden explodieren!«

Verstört blickt sich Johanna nach allen Seiten um. Das Schloß ist nicht mehr fern. Wenn sie sich beeilt, ist sie bald dort.

Wie Donnerschläge dröhnen die Kanonen. Gestalten kommen ihr entgegen, stoßen sie heftig beiseite. Diese Menschen, die behaupten, sie seien bereit, für die Königin zu sterben, erkennen sie nicht einmal.

»Wohin gehen wir, Mutter?«

Im Hof blicken sich die Infantin und Maria fragend an. Kein

einziges Maultier steht bereit. Sollen sie zu Fuß durch die Lande fliehen, wo es von Soldaten wimmelt?

Mit einer vagen Handbewegung zeigt Johanna auf ein Ziel irgendwo weit in der Ferne.

»Ich bin die Königin, ich gehe, wohin ich will.«

Zärtlich nimmt die Infantin die Hand ihrer Mutter.

»Kehren wir heim, Mutter, heim ins Schloß von Tordesillas.«

EINEN AUGENBLICK HÄLT DIE NADEL über der Stickerei an, sticht in den Stoff, um erneut zu verharren. Das goldene Licht der herbstlichen Sonne ergießt sich über die Hauben und Arme der beiden Dienerinnen und beleuchtet den dunkelgrauen Rock der Königin, die aufmerksam lauscht. Eine weiße Haarsträhne löst sich und fällt über ihre zerfurchte Stirn. Mit gewohnter Geste streicht Johanna sie zurück.

»Ein ehemaliger Schweinehirt!« bemerkt eine der Frauen. »Woher er nur den Mut nimmt?«

»Nenn es lieber Gier!« entgegnet die andere. »Man sagt, in Eldorado seien alle Felsen, ja sogar der Staub aus Gold und Edelsteinen.«

»Eldorado ...« Das Wort erregt Johannas Aufmerksamkeit, läßt sie träumen. Sie stellt sich Ströme von Saphiren vor, die durch Gebirge aus Smaragden fließen.

»Wer ist bis nach Eldorado gekommen?« fragt sie versonnen.

»Don Francisco Pizarro, Doña Juana.«

»Wirklich?«

Ein Lächeln huscht über das Gesicht der Königin. Heute lassen Alpträume und Ängste ihr eine kleine Atempause. Mühsam richtet sie sich auf, ihr Rücken und ihre von Rheuma geplagten Schultern bereiten ihr grausame Schmerzen, doch sie wehrt sich hartnäckig dagegen, daß man ihr Erleichterung verschafft.

Der Wind fegt in das Zimmer und läßt auf der weißgekalkten Wand gegenüber von Johanna den Schatten eines Rosenbuketts tanzen, das die Marquesa de Denia in einer Vase arrangiert hat. Seitdem die Denias nach Tordesillas zurückgekehrt sind – elf Jahre ist es her –, ist kein Tag vergangen, an dem diese Kerkermeister die Königin nicht haben spüren lassen, daß sie die alleinigen Herren im Schloß sind. Johannas Seele indes hat sich längst von der Welt, von der Zeit gelöst, und der Hochmut der Denias läßt sie gleichgültig. Seit der Abreise ihrer geliebten Tochter Katharina, die sich mit dem König von Portugal vermählt hat, ist der Himmel über ihr ohne Gott, ohne Zukunft. Zwei Tage hat sie am Fenster gestanden und in die Richtung gestarrt, in die der festliche Zug verschwunden war.

Die seltsamen Abenteuer des Eroberers fesseln die Königin, und sie legt ihre Handarbeit zur Seite. Mit hundertdreiundsiebzig Männern, drei Priestern und einer Kanone hat Pizarro die Anden auf so schmalen Pfaden überquert, daß bei jedem ihrer Schritte ein Sturz in den Abgrund drohte. Auf der anderen Seite des Gebirges erwartete sie der Große Inka an der Spitze von fünfzigtausend Kriegern.

Johanna stockt der Atem. Sie kennt ihn gut, den Tod, er ist ein Feind, der sie unablässig verfolgt. Nachts hält sie die Augen so lange wie möglich geöffnet, um sich nicht von ihm überraschen zu lassen. Ihre Tochter Isabella, Königin von Dänemark, ist tot, Margot ist tot, Manuel von Portugal, ihr zweifacher Schwager, ist tot. Stimmen rufen sie, flüstern ihr unverständliche Worte ins Ohr. Sie nimmt all ihre Kräfte zusammen und schreit laut auf, um sie zu verjagen. Dann droht ihr der Marqués de Denia: Wenn sie sich nicht beherrschen könne, werde er sie in eine fensterlose Zelle bringen.

Johanna, die sich bemüht, der Schilderung ihrer Dienerin aufmerksam zuzuhören, verzieht angestrengt ihr Gesicht. Die Stimme der Erzählerin wird erregter, als sie von der Gefangennahme des Großen Inka berichtet, eines Wilden, der von seinem Volk wie ein Gott verehrt wird. Sie beschreibt die Kleidung, die Waffen der Krieger, die Flucht der Eroberer mit ihrem Gefangenen, der über und über mit Gold und Edelsteinen geschmückt ist. Die Kanone dröhnt, schlägt die zu Tode erschrockenen Indianer in die Flucht, während ein tropisches Gewitter den Himmel verdunkelt und grelle, kurze Blitze die Wolken durchzucken. Das Wort »Gewitter« läßt Johanna an Granada denken, wohin Philipp eines Morgens ohne sie aufgebrochen ist. Als sie die Totenglocke von Santa Clara läuten hörte, fragte sie, ob eine der Nonnen gestorben sei.

»Doña Juana, König Carlos hat die sterbliche Hülle seines Vaters geholt, um sie nach Granada zu überführen.«

»Er wird also nie wiederkommen, nicht wahr?«

Die Dienerin hatte gelächelt.

»Monseigneur wird in Frieden an der Seite von Don Fernando und Doña Isabella ruhen.«

Wochenlang hatte der Schmerz für Johanna die Sonne verdunkelt. In ihren Gemächern hatte sie mit Tränen in den Augen alte andalusische Klagelieder gesungen, sich dann auf dem Boden ausgestreckt und sich, die Wange auf den Steinfliesen, mit starrem Blick ganz ihrer Traurigkeit hingegeben. Sie hatte geglaubt, daß ihre Eltern und ihr Gemahl sich, so vereint, gewiß gegen sie verbünden würden, um ihren Widerstand zu brechen, sie niederzuzwingen, sie zu vernichten. In einem wilden Wutausbruch war sie aufgesprungen, hatte Schüsseln und Teller, die in Reichweite standen, gegen die Wand geworfen. Unter den höhnischen Blicken Denias hatten zwei Diener sie in ein finsteres Gemach gebracht.

Als Johanna nun Jahre später an Granada zurückdenkt, empfindet sie keinen Zorn mehr. Sie erinnert sich nur der Milde des Windes, des Duftes der Hyazinthen und Rosen, ihrer lange vergangenen Jugendzeit. Warum hat sie Philipp so geliebt? Das Vergessen tilgt das Bedauern, glättet die Falten der Vergangenheit. Nichts mehr vermag ihre Gedanken lange zu beschäftigen, weder die Vermählung Eleonores mit Franz I., König von Frankreich, noch die Geburt von Philipp, dem Sohn Karls, noch die verzweifelten Kämpfe ihrer Schwester Katharina in England gegen die drohende Scheidung.

Obwohl ihr Beichtvater sie zu einem Sündenbekenntnis drängt, bleibt sie stumm. Sie wühlt in ihren Erinnerungen, erforscht ihr Gedächtnis.

Sonne und Monde sind vergangen. Philipp ist nicht durch sie gestorben. Er schlief neben ihr und wurde ihr vom Wind Kastiliens entrissen. Katharina ist fort. Frühling und Winter haben ihre Gesichter ausgelöscht, ihre Stimmen erstickt. Doch morgen wird sie zu ihnen reisen. Ja, morgen wird sie befehlen, ein Maultier zu satteln. Sie wird sich in Samt und Seide kleiden und, geschmückt mit ihrem Geschmeide aus dem Besitz der Habsburger und der Trastámara, erhobenen Hauptes Tordesillas verlassen.

»Doña Juana«, sagt eine der beiden Dienerinnen schroff, »wenn Ihr heute abend noch einmal Euer Geschirr zertrümmert, werdet Ihr morgen nichts zu essen bekommen.«

»Doña Juana, Unser Herr Christus gibt dem menschlichen Leben keinen Sinn, Er ist der Sinn.« Mit geschlossenen Augen lauscht Johanna Francisco de Borja, dem Beichtvater, den ihre Enkeltochter Juana, das jüngste Kind Karls, ihr gesandt hat. Ihr gepeinigter Körper besteht nur noch aus Wunden und Geschwüren. Seit Wochen versucht der Geistliche, sie zur Beichte zu bewegen, spricht mit Nachdruck von schweren Sünden, die sie begangen haben könnte. Was will er damit andeuten?

»Vater, ich habe niemals eine Todsünde begangen.«

»Doña Juana, Ihr steht vor dem Gericht Gottes, der zwar ein barmherziger Richter ist, den man aber nicht täuschen kann.«

Die sanfte Stimme wiegt sie ein. Francisco de Borja ist ein spanischer Grande. Er hat sich aus der Welt zurückgezogen und ist einem Orden beigetreten. Johanna hat ihn früher gut gekannt, sie brachten sich gegenseitig Wertschätzung entgegen, warum quält er sie jetzt so? Er erforscht ihre Seele, beschwört schmerzliche Erinnerungen, unerträgliche Gefühle herauf. Mit ihren fünfundsiebzig Jahren lebt Johanna nur noch für den Augenblick.

»Ich bin zu alt, um Euch zu verstehen.«

Borja ergreift ihre Hand, drückt sie liebevoll in der seinen.

»Alt? Im Gegenteil, Doña Juana, vor Gott seid Ihr ein Kind. Findet zu Eurer kindlichen Unschuld zurück, und Ihr werdet von einem Glück erfüllt sein, das niemand Euch nehmen kann! Erinnert Euch der vergangenen Jahre und versucht zu verstehen, weshalb Ihr Euch so verhärtet habt! Dann wird Euch verziehen.«

»Geht!« murmelt Johanna. »Ich sehe Euch morgen wieder.«

Zwischen dem Tod und ihr ist kein Platz mehr für neues Leid. Die Dunkelheit sinkt herab. Weit unten tosen die Fluten des Duero. Ist es die Nacht oder der Fluß, der sie verschlingen wird? Johanna versucht zu trinken, doch ihre geschwollene Zunge hindert sie daran. Heute ist das schützende Schweigen nur noch Leere, und die Angst schnürt der alten Frau die Eingeweide zusammen. Obwohl Borja gegangen ist, ist er noch immer präsent, gewaltig und furchterregend. Wird sie von Gott gerichtet oder von Philipp verdammt? Jenseits der schützenden Mauern von Tordesillas warten ihr Vater, ihr Gemahl, ihr Sohn, um sie zu peinigen, sie in Stücke zu reißen. Wird sie ihnen noch einmal entkommen können? Johanna wird von einem heftigen Lachen geschüttelt, dann schlägt sie die Hände vors Gesicht und bricht plötzlich in Tränen aus.

Kaum hat sie eine Stunde oder zwei geschlafen, ist Borja schon wieder an ihrem Bett. Kniend spricht er die Morgengebete, den Blick verklärt auf das Elfenbeinkreuz über Johannas Lager gerichtet. Er sieht nicht das schmerzverzerrte Gesicht, das weiße, struppige Haar auf den Kissen. Für ihn existiert nicht die Frau, sondern nur noch die Sünderin, die er in den Schoß seiner Kirche zurückführen muß. Die Zeit drängt. Nach den Worten ihres alten Arztes hat die Königin, von Geschwüren zerfressen, nicht mehr lange zu leben.

»Hört Ihr mich, Doña Juana?«

Johanna träumt mit offenen Augen. Nach einer Reise von Stadt zu Stadt erreicht sie die Wüste, wo der Schmerz des Lebens erlischt. Ihr ist heiß, ihr Körper glüht vom Fieber.

»Doña Juana«, beharrt der Jesuit, »ich weiß, daß Ihr mich hört. Warum verweigert Ihr Euch der Liebe?«

»Es gibt keine Liebe«, murmelt die Königin.

»Majestät, die Liebe ist wie das Wogen des Meeres. Kämpft Ihr dagegen, so seid Ihr dem Tode geweiht, gebt Ihr Euch ihm hin, so seid Ihr gerettet.«

»Ich habe daran geglaubt, mein Vater, als ich sechzehn war, doch das Leben hat mir schon bald die letzten meiner Illusionen geraubt.«

»Das ist Hochmut!« ruft der Priester aus. »Hochmut!«

Die Königin richtet sich so unvermittelt auf, daß Borja zurückweicht.

»Vater, ich verbiete Euch, über mich zu richten! Was wißt Ihr schon von meinem Leben?«

»Das, was Gott mir zu wissen gestattet hat, um Euch zu Ihm zurückzuführen.«

»Ich habe mich verteidigt, Don Francisco, ich habe die Ehre meines Landes verteidigt, und dafür hat man mich 46 Jahre lang eingesperrt, mich entmündigt, mich gedemütigt.«

Johanna sinkt in die Kissen zurück. Ihre Stirn ist schweißbedeckt, ihr Atem geht schwer.

Und wieder betet Borja, murmelt eintönige Litaneien vor sich hin.

Johanna friert. Mit zitternden Händen zerrt sie die Wolldekken bis hoch über ihre Schultern. Ihr Rücken, ihr Gesäß, ihre Schenkel, die mit eiternden Wunden bedeckt sind, brennen wie Feuer, ihre Hände und Füße aber bleiben eiskalt.

Die Nacht erlöst sie von Borja, von den Denias, von ihren Dienerinnen. Jetzt kann sie sich ihren Träumen hingeben, mit dem schützenden Dunkel verschmelzen. Ob Gott sie beobachtet? Seitdem der Geistliche in Tordesillas eingetroffen ist, fürchtet Johanna diesen unsichtbaren, aber allgegenwärtigen Blick, von dem er unentwegt zu ihr spricht. Fest in ihre Decken gewikkelt, erforscht die Greisin die Dunkelheit ihres Zimmers, die nur von dem gelben Licht einer Kerze durchbrochen wird. Es ist zu finster, sicher verbirgt sich jemand zwischen den Steinen der Wände und belauert sie.

»Mehr weiß ich nicht«, murmelt sie, »laßt mich in Frieden!«

Die alte Frau klammert sich an die Decke.

»Gekreuzigter Jesus!« ruft sie mit lauter Stimme. »Zu lange hast Du mich im Stich gelassen, jetzt ist es zu spät.«

»Die Erinnerungen, die Gott Euch zurückgibt, sind ein erster Schritt zum Leben, Doña Juana.«

In einem Atemzug hat Johanna von ihrer letzten Rückkehr nach Spanien vor neunundvierzig Jahren gesprochen, von ihrer ständigen Angst vor einer Einkerkerung, von ihrer letzten Hoffnung. Alles ist plötzlich so klar in ihrer Erinnerung, daß ihr die Worte mühelos über die Lippen kommen. Wie ein offenes Buch, in dem sie lesen kann, liegt ihre Vergangenheit vor ihr, ohne daß sie von einer Gefühlsregung überwältigt wird. Ist es das, was Borja so herbeisehnt?

Der Jesuit zündet vor einem Reliquienschrein der heiligen Clara Weihrauch an, der in Spiralen an den kahlen Wänden emporsteigt, sich um die geschnitzten Pfosten von Johannas Bett windet. Gewiß lauern rund um das Sterbelager der Königin Dämonen, doch Borja, durch seinen Glauben geschützt, ist sicher, daß er sie vertreibt. Mit leiser, gleichgültiger Stimme gibt Johanna Bruchstücke ihrer Vergangenheit preis: Kindheits- und Jugenderinnerungen, in denen ständig die Namen von Isabella und Ferdinand wiederkehren. Die Sterbende entsinnt sich der Farbe eines Kleides, einer Leckerei, die sie mit ihren Geschwistern geteilt hat. Borja wagt nicht, sie zu unterbrechen. Jetzt sucht Johanna nach Worten, die Gefühllosigkeit ihrer Stimme ist tiefer Trauer gewichen. Sie erzählt von ihrer Reise nach Flandern, ihren jungfräulichen Ängsten, dann bricht plötzlich der Name Philipp wie ein Seufzer aus ihr heraus. Um besser zu hören, rückt der Jesuit näher, beugt den Kopf tiefer zu ihr. Johanna zögert, beißt sich auf die Lippen, offensichtlich quälen sie Erinnerungen, die lange verschüttet waren.

»Ich möchte trinken.«

Als Borja ihr einen Becher Wasser mit einem Spritzer Wein reichen will, klammert sich die Königin unvermittelt an seinen Arm wie eine Ertrinkende an eine rettende Planke. Der Priester muß seinen Widerwillen beherrschen, damit er die verwirrte Greisin nicht zurückstößt. Nach einem letzten Kampf räumt Satan schließlich das Feld. Die mageren Finger der Königin krallen sich in den Arm des Priesters, ihre Augen funkeln.

»Er war der schönste aller Männer, und ich habe ihn auf den ersten Blick geliebt.«

»Erzählt mir von ihm, meine Tochter!« flüstert der Priester. Bewußt vermeidet er es, den Namen Philipps auszusprechen.

»Sein blondes Haar«, murmelt Johanna, »seine blauen Augen, sein Mund, das ist es, was ich als erstes gesehen habe. Ich war so unschuldig! Und doch brannte ein wildes Feuer in mir.«

»Das Feuer des Teufels.«

Aber Johanna hört den Priester nicht, sie ist sechzehn Jahre alt, sie ist wieder die junge Braut im Palast in Lier, am Ufer der Nethe. Der Oktober ist so mild! Die Türme des Beginenhofs spiegeln sich im grünlichen Wasser.

»Der Duft seiner Haut machte mich trunken, ich wollte sogleich meine Lippen darauf drücken.«

Der Priester weicht instinktiv ein wenig zurück und bekreuzigt sich. Der Dämon sucht, ihn zu verwirren, um ihn zu vertreiben, doch er wird bleiben, auch wenn er die schlimmsten Dinge anhören muß.

»Ich erinnere mich an das Bett, an die Decke, an die Kissen, in die unsere Körper sich gruben. Er nannte mich ›Freundin‹, ich ihn ›Liebster‹, als sich unsere Lippen fanden. Ich fürchtete mich ein wenig. ›Blast die Kerze aus!‹ flüsterte ich. Er hat gelacht, mich fest in die Arme geschlungen, und ich blieb stumm, als er mich zum ersten Mal nahm, stumm vor Schmerz und vor Lust.«

Mit trockenen Lippen murmelt Borja ein Gebet und hört doch jedes ihrer Worte.

»In den langen Stunden der Nacht lernte ich langsam jeden Teil seines Körpers kennen, ohne freilich zu wagen, ihn mit den Fingern zu berühren. Unter seiner morgendlichen Liebkosung ist mein Fleisch erwacht.«

»Zum Bösen erwacht, meine Tochter, zum Bösen, das nach und nach von Eurem Geist wie von Eurer Seele Besitz ergriff, um sie Eurem Schöpfer zu entfremden.«

»Warum bin ich nicht mit sechzehn gestorben?«

Ihre Stimme wird vom Schluchzen unterbrochen, ihre Augen aber bleiben trocken, allzu leuchtend.

»Ich habe alles gegeben, meinen Körper, meine Erinnerung, meine Zukunftsträume. Mein Fleisch war seine Erde, wo er sich ausruhen, seine Lust finden, seinen Samen einpflanzen konnte. Wenn er in mir war, fand ich Frieden, war ich unbesiegbar. Mich durchsetzen? Das habe ich nie gekonnt. Ich war gefangen in meinem Liebesschloß. Dann ist das Leid gekommen, und meine maurischen Sklavinnen waren mein einziger Trost. Die Frauen haben ihn mir geraubt.«

»Ihr hättet beten, Euch Gott zuwenden müssen, mein Kind.«

»Gott …«, wiederholt Johanna. »Wo war er in Brüssel? Nie hat er zu mir gesprochen, nie hat er mir Trost gespendet. Und doch ist aus meinem Schmerz nur noch mehr Liebe erwachsen.«

»Es gibt keine Liebe, die nicht auch Schmerz ist. Ihr habt wieder einmal aus Hochmut gesündigt«, predigt Borja.

»Dann kam die Zeit der Demütigung, eine Zeit des Sturmes, der nicht mehr liebkost, sondern zerbricht und zerstört. Vater, ich habe gegen den Sturm ankämpfen wollen, aber ich war wohl verrückt, man kann ihn nicht aufhalten. Und schließlich hat sich der Zyklon über mir entfesselt.«

»Den Sturm aufhalten – was wollt Ihr damit sagen, mein Kind? Ein Leben auslöschen vielleicht?«

Da schlägt Johanna die Hände vor den Mund, als wolle sie einen Schrei unterdrücken, wirre Haarsträhnen verdecken ihr Gesicht.

»Doña Juana, ich nehme Euch die Beichte ab. Ihr sprecht nicht mit mir, sondern mit Jesus Christus, Unserem Herrn.«

Die feierliche Stimme Borjas erfüllt die Sterbende mit Entsetzen. Gott schenkt ihr endlich Gehör, und vor Seinem Richterstuhl kann niemand lügen. Zu sprechen bedeutet ein unerträgliches, letztes Martyrium, das sie vor ihrem Tode erdulden muß.

»Er wünschte meinen Tod herbei, um Kastilien an sich zu reißen. Er mußte gehen, und ich habe ihm in meinem Herzen Lebewohl gesagt.«

»Doña Juana, bereut Ihr Eure Sünden vor Christus, der Euch hört, und bittet Ihr Euren Schöpfer um Vergebung?«

»Wenn ich mich versündigt habe, so hat mich Gott schon genug bestraft.«

Der Kopf der Königin sinkt zurück, ihre Augen fallen zu.

»Möge Christus, unser Retter, meine Tränen trocknen!«

Borja segnet sie. Die Sterbende ist in Gottes Händen; jetzt weiß er, daß er es verantworten kann, sie loszusprechen.

»Ich habe Ihrer Majestät die Absolution für ihre Verfehlungen erteilt.«

Denia runzelt die Stirn. Dieser Borja scheint ihm allzu nachsichtig, allzu versöhnlich zu sein. Mit Sicherheit wird der König genaue Einzelheiten über die letzten Stunden seiner Mutter erfahren wollen und sich mit einem Anflug von Reumütigkeit nicht zufriedengeben. Karl von Habsburg nimmt es ernst mit der Religion.

»Vater, ich will keineswegs das Beichtgeheimnis unterlaufen, aber um mich vor dem König verantworten zu können, möchte ich den Rat eines anderen Geistlichen einholen. Ich werde sogleich einen Kurier nach Salamanca entsenden, um Pater Domingo de Soto kommen zu lassen. Es wird Euch nicht unbekannt sein, daß er zu den bedeutendsten Theologen des Reiches zählt. Pater Domingo ist Beichtvater Seiner königlichen Majestät und wird somit sein Vertrauen besitzen. Im vollen Einvernehmen mit Euch wird er entscheiden, ob Doña Juana die Kommunion und die Letzte Ölung empfangen darf.«

Während der Dominikaner ans Lager der Königin tritt, schickt er in energischem Ton den Arzt, seine Gehilfen und die Dienerinnen aus dem Krankenzimmer. Johannas Ende scheint gekommen; neue Geschwüre sind aufgetreten, und das Fieber ist so hoch, daß die Sterbende unentwegt zittert und jede Aufnahme von Nahrung und Flüssigkeit verweigert.

Der Theologe kniet auf den eiskalten Steinfliesen nieder und vertieft sich in ein langes Gebet. Hinter ihm stehen mit ernster Miene Denia, Borja und einige Diener. Nur der Jesuit hat Tränen in den Augen. Auch wenn er nicht sicher ist, daß seine Königin wirklich bereut, weiß er doch, daß sie nicht vom Teufel besessen ist. Ist sie nicht vielmehr ein Opfer gewesen? Einige vertrauliche Mitteilungen in ihrer Beichte haben Arglist und Niedertracht offenbart, durch die manche Sünde verzeihlich wird. Gott allein wird ein unvoreingenommener Richter sein.

Pater Domingo de Soto erhebt sich und nimmt auf einem Schemel an der Seite der Sterbenden Platz.

»Majestät, Euer Beichtvater Francisco Borja dankt dem Herrn für die Reue, die Ihr gezeigt habt. Doch bevor Ihr vor Seinen Richterstuhl tretet, möchte ich, daß wir gemeinsam ein Reuebekenntnis sprechen.«

Der Königin ist so heiß, daß ihr Leinenhemd an ihrer schorfigen Haut klebt. Warum ist der Sommer so früh gekommen? In

Brüssel brannte bis zum Mai das Feuer in den Kaminen, und im kalten Hauch der Nächte schmiegten sich die Schlafenden tiefer in die Kissen.

Johanna röchelt. Und doch muß sie sich aufrichten, um Philipp zu empfangen. Heute abend wird er kommen, er hat es versprochen, und sie muß sich für seinen Empfang schmücken, um sein Verlangen durch eine traumhafte Erscheinung zu stillen.

»Bist du es?« flüstert sie.

»Doña Juana, ich bin Pater de Soto. Wiederholt das Gebet, das ich Euch vorsprechen werde! ›Laßt Euch erweichen, o mein Herr, von der Reue eines wahrhaft bußfertigen Herzens …‹«

Philipp spricht zu leise. Johanna versteht nicht, was er sagt. Gesteht er ihr endlich seine Liebe? Ihr Leib ist nur noch Schmerz, warum tritt Philipp nicht näher und schließt sie in die Arme, um die Pein zu lindern? Sieht er nicht, daß sie sich am Rande des Abgrunds befindet?

»›… eines Herzens, das seine Fehler mehr ob des Mißfallens, das sie Euch bereiten, bereut, als wegen der Strafen, die sie verdienen.‹«

Warum spricht er noch immer von ihren Fehlern? Warum klagt man sie seit jeher an, warum behandelt man sie wie eine Verbrecherin? Philipp verstummt. Verlangt er, daß sie um Vergebung bittet, bevor er sie mitnimmt?

Ihre Lippen sind so trocken, sie bewegt sie nur mit Mühe.

»Vergib mir«, stammelt sie, »öffne mir die Arme, damit ich meine Hände um deinen Hals schlingen, deine Lider und deinen Mund küssen kann!«

Der Dominikaner lauscht aufmerksam, doch er kann die Worte der Königin kaum verstehen. Er hat wohl gehört, daß sie »vergib mir« gesagt hat, der Rest war unverständlich.

»Doña Juana, könnt Ihr weitersprechen? ›Laßt Euch erweichen von der Reue eines Herzens, das aufrichtig beklagt, Euch mißfallen zu haben, Euch, der Ihr unendlich gut und unendlich würdig seid, geliebt zu werden.‹«

Philipp hat »ich liebe dich« gesagt, er hat ihr verziehen. Zusammen wollen sie sich niederlegen, sich am Boden ausstrecken, sich mit Blättern und Steinen bedecken, um endlich Ruhe zu finden.

Die Königin hat die Augen geschlossen. Der Geistliche ist verstummt. Wie soll er echte von falscher Reue unterscheiden? Lange grübelt er schweigend, und niemand wagt, sich zu rühren. Er hat »vergib mir« verstanden, doch niemand, nicht einmal die Königin, kann sich anmaßen, ihren Schöpfer mit »du« anzureden.

Schließlich erhebt sich der Priester.

»Pater Borja, ich kann nicht gestatten, daß Ihre Majestät die Kommunion empfängt, die Letzte Ölung aber kann sie erhalten.«

So viele Menschen drängen sich jetzt um ihr Bett, daß Johanna, als sie die Augen öffnet, von schrecklicher Angst erfaßt wird. Ist man gekommen, um sie erneut in Haft zu nehmen? Und wenn Philipp sie wieder im Stich läßt? Die Dunkelheit bricht herein, das Licht der Fackeln schmerzt.

»Suscipe, Domine, ancillam tuam, in loco sperandae sibi salvationis a misericordia tua.«*

»Amen«, erwidern die Anwesenden einstimmig.

Johanna will sich aufrichten, um zu fliehen, doch sie vermag es nicht. Eine Träne, eine letzte, rinnt ihr über die Wange.

»Die Königin zeigt echte Reue«, murmelt Borja. »Gott hat uns erhört.«

Jetzt sinken alle, eine Kerze in Händen, auf die Knie. Verzweifelt sucht Johanna nach einem freundlichen Gesicht. Wer wird ihr eine hilfreiche Hand reichen? Borja, der an ihrem Lager kniet, sieht sie eindringlich an. Dieser Mann war der letzte, der ihr Wohlwollen entgegengebracht hat.

* »Herr, nimm Deine Magd auf, die an diesem Ort auf Erlösung durch Deine Barmherzigkeit hofft.«

»Don Francisco«, murmelt sie.

Der Jesuit erhebt sich, tritt näher und beugt sich so tief über sie, daß ihre Köpfe sich fast berühren.

»Helft mir!« spricht sie schwer atmend.

»Doña Juana, Ihr müßt Unseren Herrn Jesus Christus bitten, Euch zu helfen, denn er liebt Euch unendlich.«

»Jesus?« fragt die Sterbende.

Borja zeigt ihr ein Kruzifix, das sie lange anstarrt. Jesus ist gekommen, sie zu befreien, Don Francisco hat nicht gelogen. Auf dieses Kreuz, an dem ihr Retter mit dem Tode ringt, wird auch sie sich legen. Sterben ist Teilen.

»Jesús Christo cruzificado, ayudame!«*

Die Nacht trägt Johanna davon, und das Morgengrauen des 12. April 1555, ein Karfreitag, öffnet ihr für immer die Tore von Tordesillas.

Keine einzige Glocke läutet für die Königin von Kastilien, León, Granada, Valencia, Sardinien, Mallorca, Katalonien, Rosellón, Cerdaña, Sizilien, Indien und den ozeanischen Inseln und Festländern.

1574 ließ ihr Enkel Philipp II. sie nach Granada überführen, wo sie neben ihren Eltern und ihrem Gemahl Philipp von Habsburg ruht.

* »Gekreuzigter Jesus, hilf mir!«

Heinrich von Trastámara
oder Heinrich II. von Kastilien * 1333 † 1379

Juan I. von Kastilien * 1358 † 1390
∞ Eleonore von Aragon

Heinrich III. von Kastilien * 1397 † 1406
∞ Katharina von Lancaster

Juan II. von Kastilien
* 1405 † 1454
1. ∞ Maria von Aragon ··· 2. ∞ Isabella von Portugal

Maria von Kastilien

Heinrich IV.
von Kastilien
* 1425 † 1474
1. ∞ Blanca
von Navarra
2. ∞ Juana von Portugal

Alfonso
* 1453 † 1468

Isabella
die Katholische
* 1451 † 1504
∞ Ferdinand
der Katholische

Juana la Beltraneja
* 1462 † 1530

Isabella
* 1470 † 1498
1. ∞ Alfons
Prinz von Portugal
2. ∞ Emanuel
von Portugal

Don Juan
* 1478 † 1497
∞ Margarete
von Österreich

Johanna
die Wahnsinnige
* 1497 † 1555
∞ Philipp
der Schöne
* 1478 † 1506

Eleonore
* 1498 † 1558
1. ∞ Emanuel
von Portugal
2. ∞ Franz I.
von Frankreich

Karl V.
Kaiser und König
von Spanien
* 1500 † 1558
∞ Isabella
von Portugal

Isabella
* 1501 † 1525
∞ Christian
von Dänemark

Das Geschlecht der Trastámara

Ferdinand von Aragon
* 1380 † 1416
∞ Eleonore von Kastilien

Maria von Aragon
∞ Juan II.
von Kastilien

Juan II. von Navarra
und von Aragon
* 1397 † 1479
1. ∞ Blanca von Navarra
2. ∞ Joana Enriquez

Alfonso V.
von Aragon
König beider Sizilien
* 1386 † 1458

Carlos
Prinz von Viana
† 1461

Blanca
∞ Heinrich IV.
von Kastilien

Eleonore
∞ Gaston IV.
von Foix

Ferdinand
der Katholische
* 1452 † 1516
∞ Isabella
die Katholische

Maria
* 1482 † 1517
∞ Emanuel
von Portugal

Katharina
* 1485 † 1536
1. ∞ Arthur
Prinz von Wales
2. ∞ Heinrich VIII.
von England

Johanna
∞ Fernando
von Neapel

Ferdinand
Kaiser von
Deutschland
* 1503 † 1564
∞ Anna von Böhmen
und Ungarn

Maria
* 1505 † 1558
∞ Ludwig II.
von Ungarn

Katharina
* 1507 † 1577
∞ Juan
von Portugal

Bibliographie

Anonym: Deuxième voyage en Espagne de Philippe le Beau (1506)

Auton, Jean d': Chroniques de Louis XII.

Bennassar, Bartélomé: Valladolid au Siècle d'or

Bennassar, Bartélomé: L'Inquisition espagnole

Bergenroth, G. A.: Archives royales de Simancas

Bergenroth, Gachard: Recueil de pièces concernant Jeanne la Folle

Bodin, Ghislaine de: La Cour de Malines, Marguerite et la Pré-renaissance

Boissonade, Pierre: Histoire de la réunion de la Navarre et de la Castille

Bulletin de l'Académie royale de Belgique (1870) Band XXVII, XXVIII, XXX

Cardini, Franco: Europa im Jahr 1492

Cazaux, Yves: Marie de Bourgogne

Defourneaux, Marcelin: La Vie quotidienne en Espagne au Siècle d'or

Dubreton, Jean-Lucas: Charles Quint

Duviols, Marcel: La Cour de Charles Quint

Erlanger, Philippe: Isabella die Katholische

Fuensalida, Gutiere Gomez de: Correspondencia (1488–1506)

Gachard, M.: Les Derniers Moments de Jeanne la Folle

Gachard, M.: Jeanne la Folle et Saint François de Borja

Gachard et Piot: Collection des Voyages des Souverains des Pays-Bas

Heune, Alexandre: Histoire du règne de Charles Quint

Hommel, M. Luc: Philippe le Beau ou le prince naturel

Hulst, Henri d': Le Mariage de Philippe le Beau avec Jeanne de Castille
Lalaing, Antoine de: Voyage de Philippe le Beau en Espagne (1501)
Lewis, W.: Charles V.
Mahn-Lot, Marianne: Portrait historique de Christophe Colomb
Manus, André: Psychoses et névroses de l'adulte
Martír de Anglerius, Pedro: Documentos Ineditos para la Historia de España
Miller, Townsend: Reines de Castille
Molinet, Jean: Chroniques (1488–1506)
Pérez, Joseph: Isabelle et Ferdinand. La Révolution des communidades de Castilles
Pfandl, Ludwig: Johanna die Wahnsinnige
Quillet, Bernard: Louis XII.
Quinsonas, E. de: Matériaux pour servir à l'histoire de Marguerite d'Autriche
Redondo, Augustin: Antonio de Guevara et l'Espagne de son temps
Saintenoy, P.: Les Arts et les artistes à la Cour de Bruxelles
Santa Cruz, Alonzo de: Crónica de los Reyes Católicos
Uythebrouch, André: Mille ans de vie quotidienne

Titel der Originalausgabe: Un amour fou
Originalverlag: Oliver Orban

Aus dem Französischen von Bettina Runge
Lektorat: Regina Maria Hartig
Gesamtgestaltung: Axel Bertram, Berlin
Umschlaggestaltung unter Verwendung des Gemäldes
»Johanna von Kastilien«. Juan de Flandes, um 1496–1500.
Öl auf Eichenholz. Wien, Kunsthistorisches Museum
Satz: Kremerdruck GmbH, Lindlar-Hartegasse
Gesetzt aus der 10 Punkt ITC Esprit Buch der Linotype-Hell AG
Druck und Einband: Friedrich Pustet, Regensburg

Printed in Germany
ISBN 3-7857-0727-4